Franz Liszt's Briefe

Band I

Von Paris bis Rom

Elibron Classics
www.elibron.com

Elibron Classics series.

ISBN 1-4212-5524-3 (paperback)
ISBN 1-4212-5523-5 (hardcover)

This Elibron Classics Replica Edition is an unabridged facsimile of the edition published in 1893 by Breitkopf und Härtel, Leipzig.

Franz Liszt's Briefe.

Gesammelt und herausgegeben

von

La Mara.

Erster Band.

Von Paris bis Rom.

Leipzig

Druck und Verlag von Breitkopf & Härtel

1893.

Seiner Königlichen Hoheit

KARL ALEXANDER

Grossherzog von Sachsen

dem hohen Freund und Beschützer Franz Liszt's
und seiner Kunst

in Ehrfurcht dargebracht.

Meisenbach Riffarth & Co. Berlin, grav.

Verlag von Breitkopf & Härtel, Leipzig.

Als Franz Liszt am 31. Juli 1886 aus dem Leben ging, empfand ich es als eine mir vorbehaltene Pflicht des Dankes für seine Freundschaft, die seit früher Jugend mein Leben erleuchtet, mein Streben beflügelt hatte, ihm durch und mit sich selbst ein Denkmal zu setzen. Ich wusste, welch kostbares Vermächtniss er — ob auch in aller Herren Länder verstreut — in seinen Briefen hinterlassen, und es verlangte mich, dasselbe als ein Ganzes der Welt darzubieten.

Auch die vertrauteste Freundin des Meisters, die Erbin seines künstlerischen Nachlasses, die ihm nun nachgegangene Fürstin Caroline Wittgenstein, hatte bereits eine Herausgabe seiner Briefe in's Auge gefasst. Ihr Wunsch begegnete dem meinen, und um unberufene Hände ein für allemal von der Veröffentlichung Liszt'scher Briefe auszuschliessen, legte sie deren Verlagsrecht bei Breitkopf und Härtel in sichere Hand. Ich sah mich vor eine der willkommensten Aufgaben meines Lebens gestellt. Ihre Lösung habe ich mir nicht leicht gemacht. Allenthalben, wo ich Liszt'sche Briefe wusste oder vermuthete, klopfte ich an. Es waren ihrer viele hundert Thüren — und nahezu überall wurde mir bereitwillig aufgethan. Ein Jeder fast gab, was er zu geben hatte. Freilich versteckt sich ohne Zweifel noch manches, ja vieles Werthvolle an mir unbekannter Stelle. Es findet, so hoffe ich, vielleicht durch gegenwärtige Sammlung angeregt, noch seinen Weg zu mir, um — gleich jetzt verloren Scheinendem, wie dem Briefwechsel mit Liszt's Mutter, mit Berlioz, Tausig,

Fürst Felix Lichnowsky und Anderen — nachmals zu Ehren des grossen Meisters noch an's Licht zu kommen.

Das Ergebniss meines emsigen Suchens liegt hiermit in zwei Bänden vor. Ein halbes Hundert nur etwa unter den darin enthaltenen 659 Briefen war bisher durch den Druck bekannt. In weit überwiegender Mehrzahl durfte ich die Autographen benutzen. Wo mir nur Concepte oder Skizzen, indirecte Abschriften oder Abdrucke zu Gebote standen, wurde dies bemerkt. Um Weitläufigkeiten zu vermeiden, sind die Eigenthümer der Originale nur in den Fällen genannt, wo sich diese nicht mehr im Besitze der Adressaten oder deren nächster Angehörigen finden. Einige wenige Briefe blieben nur unvollständig erhalten, bei andern wurden aus dieser oder jener Rücksicht Auslassungen nothwendig. Sie sind — da Liszt sich des dafür üblichen Zeichens: einer Anzahl von Punkten, zur Gliederung seiner Sätze selbst mit Vorliebe bediente — durch .—. kenntlich gemacht.

Im Übrigen gebe ich die Briefe, deutsche wie französische, treu nach dem Originale, mit all den kleinen Freiheiten und Eigenthümlichkeiten wieder, die der Schreibende sich gestattete, gleichviel ob sie dem Sprachgebrauch entsprechen oder nicht. Das individuelle Gepräge sollte ihnen gewahrt bleiben. Echt und unverfälscht, wie der Meister sich im Leben gab, wollen wir ihn auch im Tode besitzen. Möge aus der bunten Vielheit charakteristischer Einzelzüge, die seine Briefe vergegenwärtigen, in unverkümmerter Wahrheit und Klarheit das Gesammtbild der grossen Lichterscheinung hervorgehen, als welche Franz Liszt als Künstler und Mensch im Gedächtniss der Nachwelt für alle Zeiten fortzuleben berufen ist.

Leipzig, 15. November 1892.

La Mara.

Inhalt.

Virtuosen- und Wanderjahre.

1. An Carl Czerny in Wien*).

Mon bien cher Maître,

Quand je songe à toutes les immenses obligations que je vous dois, et quand je considère en même temps combien je suis resté de temps sans vous donner signe de souvenir, je deviens véritablement honteux et malheureux, et je désespère que vous me pardonniez jamais! Oui, me disais-je alors, avec un sentiment profond d'amertume, je suis un ingrat, j'ai oublié mon bienfaiteur, j'ai oublié ce bon Maître à qui je dois et mon talent et mes succès ... à ces mots une larme me vient à l'œil, et je vous jure que jamais larme de remords ne fut plus sincère que celle-là! Recevez-la comme une expiation cette larme, et pardonnez-moi, car je ne puis supporter plus longtemps l'idée que vous avez de la rancune contre moi. N'est-ce pas, mon bon Maître, vous me pardonnez? Embrassez-moi donc... bien! Me voici le cœur léger.

Vous avez sans doute appris que j'ai joué ici avec le plus grand succès, et toute la gloire doit vous en être rapportée, vos admirables œuvres? Je comptais jouer après-demain à un concert très brillant que je devais donner au Théâtre de S. A. R. — Madame, qui devait y assister ainsi que la Duchesse d'Orléans — vos variations sur le *Pirate*; mais l'homme propose et Dieu dispose: j'ai été atteint subitement de la rougeole, et il a fallu dire adieu au concert; mais la partie n'est pas perdue pour être remise, et j'espère bien avoir la joie de faire entendre

*) Autograph im Besitz von Hrn. Alfred Bovet in Valentigney. — Adressat Liszt's früherer Lehrer, der bekannte Wiener Musikpädagog und Verfasser zahlreicher instructiver Werke (1791—1857).

aussitôt après que je serai rétabli, ces belles variations devant un nombreux public.

Pixis[1]) et plusieurs autres personnes m'ont beaucoup parlé de quatre Concertos que vous aviez récemment terminés, et dont la réputation fait déjà bruit à Paris; je serais bien heureux, mon cher Maître, si vous me chargiez de la commission de les faire vendre; cela me serait très facile, et j'aurais de plus le plaisir de les jouer *de première main*, soit à l'Opéra, soit à de grands concerts. Si ma proposition vous agrée, envoyez-les-moi par l'Ambassade d'Autriche, en me marquant le prix que vous voulez en avoir. Quant aux passages à changer, s'il y en a, vous n'auriez qu'à les indiquer avec du crayon rouge, selon votre habitude à moi bien connue, et je les ferais remarquer à l'éditeur avec le plus grand soin. Donnez-moi par la même occasion des nouvelles de la musique et des pianistes de Vienne, et dites-moi enfin, mon bon Maître, quels sont ceux des morceaux que vous avez composés, que vous jugez devoir faire le plus d'effet en société.

Je termine en vous embrassant de tout mon cœur, et en vous priant de nouveau de me pardonner l'indigne silence que j'ai gardé envers vous: soyez persuadé qu'il m'a fait bien autant de mal qu'à vous!

Votre bien tendre et reconnaissant élève

F. Liszt.

23 Décembre 1828.

P. S. Veuillez me répondre le plus tôt possible, car j'attends avec empressement une lettre de vous; embrassez aussi de ma part vos excellents parents. Je joins ici mon adresse: (rue Montholon No. 7bis).

2. An de Mancy in Paris*).

[23 Décembre 1829.]

Mon cher Mr de Mancy,

Je suis tellement chargé de leçons que tous les jours,

---

1) Geschätzter Pianist (1788—1874), lebte eine Zeitlang in Paris.
*) Autograph im Besitz von Hrn. Etienne Charavay in Paris.

depuis huit heures et demie du matin jusqu'à 10 heures du soir, j'ai à peine le temps de respirer. Veuillez donc bien me pardonner, si je ne viens pas comme je l'aurais desiré, déjeuner avec Madame de Mancy, mais cela m'est tout à fait impossible. Tout ce que je pourrai faire ce serait de venir sur les 10 heures, si cela n'est pas trop tard pour un jour de noces, et je prierai alors M. Ebner[1]) de vouloir bien m'accompagner. Je ne vous en écris pas plus long, car j'ai une élève qui m'attend depuis une heure. D'ailleurs nous n'en sommes pas sur le chapitre des cérémonies. Tout à vous

F. Liszt.

3. An Carl Czerny*).

Mon cher et bien-aimé Maître,

Il me serait impossible de vous expliquer comment et pourquoi j'ai resté si longtemps sans vous donner de mes nouvelles. D'ailleurs maintenant je n'ai que cinq minutes pour vous écrire, car Mr Luden, pianiste de Copenhague, doit partir tout à l'heure, et à moins de retarder son voyage, il faudra que j'abrège; mais ce qui est différé n'est pas perdu, ainsi donc prenez courage, bientôt vous recevrez de moi une grosse, énorme lettre que j'aurai soin d'affranchir, car je ne voudrais pas vous ruiner.

Dans tous les cercles d'artistes où je vais dans *ce pays-ci*, je plaide *terriblement* votre cause: nous désirons tous que vous arriviez passer quelque temps à Paris; cela vous ferait sûrement beaucoup de bien et vous êtes si généralement estimé que sans doute vous serez très content de l'accueil que vous recevrez ici. Si jamais vous aviez ce projet, *écrivez-moi, je vous en supplie, car je ferai pour vous ce que je ferais pour mon père.* J'ai fait une étude toute particulière de votre *admirable* Sonate (œuvre 7), ensuite je l'ai jouée dans

---

1) Carl Ebner, Ungar, talentvoller Violinvirtuos (1812—1836).

*) Autograph im Musikvereins-Archiv in Wien. In deutscher Uebersetzung abgedruckt: »La Mara, Musikerbriefe aus fünf Jahrhunderten«. II. Leipzig, Breitkopf und Härtel. 1887.

plusieurs réunions de connaisseurs (ou soi-disants tels); vous ne pouvez vous imaginer l'effet qu'elle a produite; j'en ai été confondu. C'est dans un accès d'enthousiasme que lui a causé le *Prestissimo*, que Mr *Luden* m'a demandé deux mots qui puissent l'introduire auprès de vous; je connais votre bonté, je ne pourrais jamais en perdre le souvenir. *Je le recommande donc avec confiance à vos bons soins*, en attendant que je sois moi-même assez heureux pour vous embrasser et vous témoigner (bien faiblement) toute la reconnaissance et l'admiration dont je suis pénétré.

Paris, 26 Août 1830. F. Liszt.

4. An Alphonse Brot in Paris*).

[Anfang der 30er Jahre, Paris.]

Vous seriez bien aimable, mon cher Monsieur Brot, de venir dîner sans façon avec nous demain Lundi, vers 6 heures; je ne vous promets pas un bon dîner, ce n'est pas notre affaire à nous autres pauvres artistes; mais vous en serez dédommagé, j'espère, par la bonne compagnie que vous y retrouverez. Monsieur Hugo[1]) et Edgard Quinet[2]) m'ont promis de venir. Tâchez donc de ne pas nous manquer, car vous nous manqueriez beaucoup. Ma bonne mère m'a chargé de vous en bien prier, car elle vous aime bien. A demain, n'est-ce pas?

Mille amitiés et remercîments. F. Liszt.

Je suis allé au moins 6 fois chez vous sans avoir le plaisir de vous rencontrer.

61, rue de Provence.

5. Monsieur Pierre Wolff (fils), rue de la Tertasse à Genève, Suisse**).

Nous disons: »Il est temps. Exécutons, c'est l'heure«.
Alors nous retournons les yeux — La Mort est là!

---

*) Autograph im Besitz von Hrn. Etienne Charavay in Paris.
1) Der Dichter.
2) Französischer Schriftsteller, Philosoph.
**) Autograph im Besitz von Hrn. Gaston Calmann-Lévy in Paris.

Ainsi de mes projets. — Quand vous verrai-je, Espagne,
Et Venise et son golfe, et Rome et sa campagne,
Toi, Sicile, que ronge un volcan souterrain,
Grèce qu'on connaît trop, Sardaigne qu'on ignore,
Cités de l'Aquilon, du Couchant, de l'Aurore,
Pyramides du Nil, Cathédrales du Rhin!
Qui sait? — jamais peut-être!

La vie terrestre n'est qu'une maladie de l'âme, une excitation que les passions entretiennent. L'état naturel de l'âme, c'est la quiétude!

2 Mai [1832] Paris.

Voici quinze jours que mon esprit et mes doigts travaillent comme deux damnés, = Homère, La Bible, Platon, Locke, Byron, Hugo, Lamartine, Chateaubriand, Beethoven, Bach, Hummel, Mozart, Weber sont tous à l'entour de moi. Je les étudie, les médite, les dévore avec fureur; de plus je travaille 4 à 5 heures d'exercices (3^{ces}, 6tes, 8^{taves}, Trémolos, Notes répétées, Cadences, etc. etc.). Ah! pourvu que je ne devienne pas fou — tu retrouveras un artiste en moi! Oui, un artiste, tel que tu demandes, tel qu'il en faut aujourd'hui!

»Et moi aussi je suis peintre«, s'écria Michel-Ange la première fois qu'il vit un chef-d'œuvre, ...quoique petit et pauvre, ton ami ne cesse de répéter ces paroles du grand homme depuis la dernière représentation de Paganini. René, quel homme, quel violon, quel artiste! Dieu, que de souffrances, de misère, de tortures dans ces quatre cordes!

Tiens, voici quelques-uns de ses traits:

Quant à son expression, sa manière de phraser, son âme enfin! — — — — — — —

8 Mai [1832].

Mon bon ami, c'est dans un accès de folie que je t'écrivis ces dernières lignes; un travail forcé, des veilles et ces violences de désir (que tu me connais) avaient incendié ma pauvre tête: J'allais de droite à gauche; puis de gauche à droite (comme une sentinelle d'hiver qui gèle) chantant, déclamant, gesticulant, appelant à grands cris: en un mot je délirais. Aujourd'hui l'un et l'autre, l'âme et la bête (pour parler le spirituel langage de Mr de Maistre) sont un peu mieux équilibrées; car le volcan du cœur n'est pas éteint, mais il travaille sourdement. — Jusqu'à quand? —

Adresse tes lettres à MonsieurReidet, receveur-général sur le port à Rouen.

Dis mille choses aimables à ces dames Boissier. Je te parlerai un jour des motifs qui m'ont empêché de partir pour Genève = à ce sujet je te demanderai un témoignage.

Bertini est à Londres — Madame Malibran fait sa tournée d'Allemagne; Messemaecker (comment se trouve-t-il là?) mange ses choux de Bruxelles, Aguado traîne à la remorque l'illustre maëstro Rossini. = Ah — Hi — Oh — Hu!!!

6. An Ferdinand Hiller*).

Voici la vingtième fois, au moins, que nous nous donnons

*) Der von F. Niecks (»F. Chopin als Mensch und als Musiker.« Bd. I. Deutsch von Langhans. Leipzig, Leuckart, 1890) veröffent-

rendez-vous, tantôt chez moi, tantôt ici, dans l'intention de vous écrire, et toujours quelque visite ou quelqu'autre empêchement imprévu nous survient. Je ne sais si Chopin sera de force à vous faire des excuses, pour moi, il me semble que nous avons outrepassé la grossièreté et l'impertinence de telle façon que les excuses ne sont plus ni permises ni possibles.

Nous avons vivement partagé vos chagrins, et plus vivement desiré encore d'être auprès de vous afin de tempérer autant que possible l'amertume de votre cœur.[1])

[Il a si bien dit que je n'ai rien à ajouter pour m'excuser particulièrement de ma négligence ou paresse, ou grippe ou distraction ou ou ou — — — vous savez que je m'explique mieux en personne et quand cette automne je vous reconduirai tard chez votre mère par les boulevards je tâcherai d'obtenir votre pardon. — Je vous écris sans savoir ce que ma plume barbouille parce que Liszt dans ce moment joue mes études et me transporte hors de mes idées honnêtes. — Je voudrais lui voler la manière de rendre mes propres études. Quant à vos amis qui restent à Paris, j'ai souvent vu cet hiver et ce printemps la famille Leo[2]) et *ce qui s'en suit.* Il y a eu des soirées chez certaines Ambassadrices — et il n'y en avait pas une seule où on n'aie parlé de quelqu'un qui reste à Frankfort. Madame Eichthal vous dit mille belles choses — Plater,[3]) toute la famille a été fort attristée de votre départ et m'a chargé de vous témoigner sa condoléance.] Madame d'Appony[4]) m'en a beaucoup voulu de ne pas vous avoir conduit chez elle avant votre départ: elle espère que lorsque vous reviendrez vous voudrez bien encore vous rappeler de

---

lichte Brief ist von Liszt und Chopin gemeinsam verfasst, und von Chopin's Freund, dem Violoncellisten Franchomme, mitunterzeichnet. Das von Chopin Geschriebene ist hier durch eckige Klammern gekennzeichnet. — Adressat der bekannte Componist und Schriftsteller, nachmals Director des Conservatoriums und der Concertgesellschaft in Cöln (1811—1885).

1) Hiller hatte seinen Vater verloren.

2) August Leo, Banquier in Paris.

3) Graf Plater, Landsmann Chopin's, auch Liszt befreundet.

4) Appony, österreichischer Gesandter in Paris,

la promesse que vous m'avez faite. Je vous en dirai autant d'une certaine Dame qui n'est pas ambassadrice.

Connaissez-vous les merveilleuses Études de Chopin? — — [Elles sont admirables! — et encore leur durée ne sera que jusqu'au moment où les vôtres vont paraître] =, petite modestie d'Auteur!!! [Petite grossièreté de la part du régent — car pour mieux vous expliquer la chose, il corrige mes fautes d'orthographe] d'après la méthode de Monsieur Marlet.

Vous nous reviendrez au mois de [septembre n'est-ce pas? tâch]ez de nous prévenir du jour; nous avons résolu de vous faire une sérénade (ou charivari). La compagnie des artistes les plus distingués de la capitale = M. Franchomme (présent), Madame Petzold, et l'abbé Bardin[1]), les coriphées de la rue d'Amboise (et mes avoisinantes), Maurice Schlesinger[2]), oncles, tantes, neveux, nièces, beaux-frères, belles-sœurs et et = [en plan du troisième etc.]

Les éditeurs responsables F. Liszt.

[F. Chopin.] (Aug. Franchomme.)

[A propos j'ai rencontré hier Heine qui m'a chargé de vous grüssen herzlich und herzlich. —

A propos encore grâce pour tous les vous — je te prie de me les pardonner. Si tu as un moment à perdre, donne-nous de tes nouvelles qui nous sont bien chères. Paris. Rue de la chaussée d'Antin N° 5. J'occupe à présent le logement de Franck[3]) — il est parti pour Londres et Berlin. Je me trouve parfaitement dans les chambres qui étaient si souvent notre point de réunion. Berlioz t'embrasse.

Quant au père Baillot il est en Suisse à Genève, et alors tu devines que je ne peux pas t'envoyer le concerto de Bach.

Le 20 Juin 1833.]

---

1) Leidenschaftlicher Freund der Musik, der viel Künstler bei sich sah.

2) Musikverleger.

3) Dr. Hermann Franck, Schriftsteller, Freund Chopin's und vieler anderer Berühmtheiten; in den vierziger Jahren auch vorübergehend Redacteur der Brockhaus'schen »Deutschen Allgemeinen Zeitung«.

7. An Abbé F. de Lamennais*).

Voilà bientôt quatre mois, cher père, que nous nous sommes quittés, et je me sens bien triste de n'avoir pas un mot de vous! — toutefois je ne veux pas me plaindre, car il me semble que vous ne devez plus douter de ma profonde et filiale affection ... bien plus, je sais même que vous avez bien voulu l'accepter, et si humble qu'elle fût, la compter pour quelque chose ... que puis-je donc désirer davantage? ...

Eugène dont l'amitié fraternelle me devient de jour en jour plus précieuse m'a donné souvent de vos bonnes nouvelles. La dernière fois que je le vis, il me dit confidentiellement que vous travailliez à une sorte d'Introduction, ou Préface développée à vos œuvres. — Quoique je sache très bien n'avoir même pas *voix approbative* au chapitre, je me permettrai pourtant de vous dire combien je suis content de vous savoir occupé de cette tâche. Pour vous d'abord, je crois que vous le devez — votre nom et votre gloire en resplendiront encore plus puissamment. Pour le public ensuite ce sera un chef-d'œuvre de plus, (et cette denrée devient passablement rare par le temps qui court,) et qui en outre aura le double avantage de l'aider et de le fixer dans la compréhension de vos travaux passés, en même temps qu'il le préparera et l'initiera à votre pensée d'avenir.

Pour nous enfin, qui vous aimons, et qui serions glorieux et fiers de nous dire un jour vos disciples, nous nous en réjouissons parce que le monde apprendra à vous mieux connaître

---

*) Autograph im Besitz von Hrn. Alfred Bovet in Valentigney. — Adressat berühmter französischer Schriftsteller (1782—1854), der seiner glänzenden Apologie des Katholicismus: »Essai sur l'indifférence en matière de religion« (1817—1823) in den »Paroles d'un croyant« (1834), ein »wahres Hoheslied der Revolution im erhabensten Bibelstil« folgen liess und kirchliche und politische Freiheit mit wahrer Religiosität in Einklang zu bringen suchte. Letztgenanntes Werk machte beispielloses Aufsehen, zog ihm aber das Anathema der Kirche zu. Auf Liszt, der intim mit ihm verkehrte, gewann er tiefen Einfluss.

par ce moyen, et que probablement ce nous sera encore une occasion de témoigner de notre admiration sympathique comme de notre inaltérable dévouement pour vous.

A moins de circonstances bien imprévues, je viendrai de nouveau vous demander l'hospitalité pour quelques jours vers la mi-Juillet; je compte assez sur votre sincérité pour me dire que vous ne voulez pas de mon individualité si elle devait par trop vous ennuyer ou vous gêner. — Avant cela, j'aurai l'honneur de vous envoyer une petite œuvre, à laquelle j'ai eu l'audace d'attacher un grand nom — le vôtre. — C'est un *De profundis* — instrumental. Le plain-chant que vous aimez tant y est conservé avec le faux bourdon. Peut-être cela vous plaira-t-il un peu; du moins l'ai-je fait en mémoire de quelques heures passées (je voudrais dire *vécues*) à La Chênaie.

Adieu, cher père. Je ne vous donne pas de nouvelles de Paris, — vous savez tout cela. Vous savez que Ballanche veut être académicien et accepte pour concurrents Salvandy et Dupaty, — vous savez le petit échec de Janvier, — les misérables petites intrigailleries de cour et de journal et de sacristie; — vous savez en un mot combien les hommes manquent aux sentiments élevés et généreux, et comment ils exploitent ignoblement des petits bouts d'intérêts auxquels mentent encore leurs paroles et leurs actions.

Adieu donc, cher père. Pensez le plus souvent possible à tout le bien que vous avez fait, — à celui que les hommes sont en droit d'attendre de vous. Souvenez-vous aussi parfois du secours et des richesses d'affection que vous m'avez prodigués à moi en particulier, et puisse ce souvenir vous être un peu doux!...

Tout à vous, pour la vie = de cœur et d'âme

14 Janvier 1835. F. Liszt.

Demain matin je dois partir pour 2 mois. Si vous aviez la bonté de m'écrire avant mon retour, veuillez bien toujours adresser rue de Provence 61, — ma mère me fera tenir votre bonne lettre.

8. An seine Mutter*).

[183?]

Chère mère,

Veuillez bien m'envoyer *de suite*, sans nul retard, le »*Glossaire du Pianiste*« que vous trouverez chez Lemonier, rue de l'Echelle.

Mettez-le sous bande et jetez-le seulement à la poste (grand bureau), cela me parviendra Lundi ou Mardi au plus tard. —

Adressez à Mr Hermann Cohen[1]), grande rue No. 8. J'ai énormément de choses à faire ce matin. Il me reste à peine le temps de vous dire que je vous aime de tout mon cœur, et que je me réjouis outre mesure de vous revoir prochainement — c'est à dire dans 6 ou 8 mois. F. Liszt.

Vous aurez de mes nouvelles par Mr. Pinondel qui a passé un jour avec nous.

9. Monsieur l'Abbé F. de Lamennais. La Chênaie**).

[Paris, 28 Mai 1836.[2])]

Cher et vénérable père,

Je vous attendrai. — Quelque douleur qu'il y ait au fond de mon âme, il me sera doux et consolant de vous revoir.

---

*) Nach einer Abschrift des in Russland befindlichen Originals durch Hrn. Wladimir Stassoff in Petersburg. Der Brief ist an sich unbedeutend; doch ist es der einzige an Liszt's Mutter gerichtete, welcher d. Herausg. zu Händen kam, und giebt von dem innigen Verhältniss des Künstlers zu seiner Mutter ein neues Zeugniss.

1) Vielgenannter Schüler und Liebling Liszt's, der, 1820 in Hamburg geboren, in Paris als Pianist gefeiert, von George Sand (»Lettres d'un voyageur«) als »Puzzi« verewigt, Liszt nach Genf folgte und dort Unterricht ertheilte. 1850 trat er in den Carmeliterorden ein und starb als Pater Augustin im Jan. 1871 in Berlin, dahin er mit gefangenen Franzosen gekommen war.

**) Autograph im Besitz von Hrn. Marshall in London.

2) Laut Poststempel.

Vous êtes si admirablement bon pour moi! et je souffrirais tant de rester si longtemps loin de vous! —

Au revoir donc, encore une fois — dans 8 jours n'est-ce pas, au plus tard? Je ne fais plus autre chose que vous attendre.

A vous, avec le plus profond respect et le plus sincère dévouement F. Liszt.

10. Mademoiselle Lydie Pavy à la Glacière. Lyon*).

St. Gervais, 22 Août [1836].

Votre post-scriptum mérite une punition, et la voici datée de St. Gervais. Je ne sais si votre aimable belle-sœur, Madame Pavy, jugera ce timbre de St. Gervais digne de figurer dans sa collection; quoiqu'il en soit, je n'en ressens pas un moindre plaisir à m'entretenir quelque peu avec vous, toujours si charmante, si diverse, si excellente, et permettez-moi de le dire, si aimable pour moi.

Mademoiselle Mérienne que je n'ai revue que ces jours derniers (car il est bon que vous sachiez que pendant tout le mois de Juillet, de glorieuse mémoire, j'ai à peine daigné descendre une ou deux fois à Genève; j'habitais une petite bicoque sur la *montagne*, d'où par parenthèse, il m'eût été très aisé de vous lancer *sermons* et *lettres*); Mademoiselle Mérienne (que vous dirai-je après une si énorme parenthèse, assez semblable) (par nouvelle parenthèse) à ces discours déclamés de Plantade ou de Lhuillier qui coupent court à la musique et admettent toutefois qu'il y en ait, soit au commencement, soit à la fin — Mademoiselle Mérienne — au diable Mlle. Mérienne! vous devinez d'ici qu'elle m'a donné de vos nouvelles, qu'elle est une personne délicieuse, ravissante, qu'elle fait d'admirables portraits et que le mien entre autres a merveilleusement réussi. Etc., etc. et toujours etc....

Et pourtant je voudrais vous en parler de cette bonne Mademoiselle Mérienne, car elle m'a dit une multitude de choses charmantes à votre occasion, ce qui ne vous étonnera

---

*) Autograph im Besitz von Hrn. Etienne Charavay in Paris.

certainement pas. Mais comment m'y prendre après tout ce préambule de parenthèses? Oh! m'y voilà. — Dans 3 ou 4 semaines, je viendrai frapper à votre porte. — Et alors? Eh bien alors, nous en jaserons tout à notre aise. Tant pis pour vous si vous n'êtes pas contente de mon ingénieux stratagème. Maintenant parlons affaire, oui, sérieusement, parlons affaire!

Mr. votre frère est-il de retour de son voyage? Sa santé est-elle bonne? Ne lui est-il arrivé aucun accident en route? Vous vous étonnez peut-être de ma sollicitude; mais tout à l'heure vous la comprendrez sans peine, lorsque je vous aurai appris combien je suis terriblement intéressé à ce que son trajet se soit heureusement accompli.

Figurez-vous qu'il ne me reste en ce moment que 200 frs. dans ma bourse (somme prodigieusement modique pour un voyageur) et que c'est Mr. Pavy qui devient ma Providence financière, attendu que c'est à lui que ma mère a remis mon petit revenu trimestriel de mille francs.

Or à ce propos il faut que je vous confie un petit secret qui jusqu'ici n'est connu que de deux bourgeois, M. Mrs Paccard et Roger (les beaux noms de confidents que voilà, n'est-ce pas?) et que je vous prie de vouloir bien faire connaître au plus tôt à Mr. votre frère. Il s'agit d'un petit chiffon de papier (que ces nègres de banquiers appellent *traite*, je crois), équivalent à mille francs, à l'aide duquel M. M. Paccard et Roger sont autorisés par ma signature, qui est au bas, de réclamer la dite somme de mille francs (remise à Mr. Pavy par ma mère à Paris,) à Mr. Pavy fils, à Lyon, demeurant à la Glacière, à partir du 22 Août 1836.

Pardon, mille fois pardon, de vous ennuyer de semblables détails, mais je n'aurais jamais eu le courage d'en écrire directement à Mr. votre frère, à cause de ma profonde ignorance en matière de finance.

Vous me dites avoir passé une partie de la belle saison à la campagne — pourquoi ne pas vous être arrangée de manière à courir un peu les montagnes de la Suisse? J'aurais eu tant de plaisir à vous en faire les honneurs, Mademoiselle Mérienne aussi ... mais ne parlons plus de Mlle. Mérienne (qui par parenthèse doit se retrouver déjà une douzaine de fois dans ce billet) de peur de retomber de nouveau dans d'inextricables parenthèses.

Au revoir donc, dans 5 semaines au plus tard je viendrai me réchauffer à votre Glacière. F. Liszt.

11. An Abbé de Lamennais*).

Mon ami Louis de Ronchaud m'écrit qu'il a eu l'honneur de vous voir, cher père, et que vous avez bien voulu le charger d'un affectueux souvenir pour moi. Je suis bien heureux de savoir que vous me gardez toujours cette précieuse et amicale bienveillance dont vous m'avez déjà donné tant de preuves et que je m'efforcerai toujours de mériter autant qu'il sera en mon pouvoir.

Je suis encore bien peu avancé dans mon voyage d'Italie. La beauté des sites, le besoin d'écrire avec un peu de suite, et aussi, pour tout dire, quelques succès tout à fait inattendus, m'ont retenu à Milan et dans les environs (Como et les délicieux bords du lac) beaucoup au delà de mes prévisions. Sous le rapport musical, la présence de Rossini que je vois fréquemment donne un certain mouvement à ce pays. J'y ai été singulièrement bien accueilli; aussi y passerai-je probablement tout le gros hiver et ne partirai pour Venise que vers le commencement de Mars. De là j'irai à Florence et à Rome où je compte rester assez longtemps.

D. vous aura sans doute parlé de notre séjour de Nohant l'été dernier. Il y a perdu, je crois, bon nombre de vieilles préventions à mon égard. Ça m'a été une douce satisfaction que d'apprendre par lui combien en plusieurs occasions vous avez été bon et indulgent pour moi, au point même de le contredire et de me défendre chaleureusement contre lui et d'autres qui me connaissaient encore moins. J'avais chargé notre *souterrain* ami de me défendre à son tour d'un léger tort dont je n'avais que l'apparence, ce qui est encore de trop, et dont je crois m'être entièrement justifié. Je ne sais

*) Autograph im Besitz von Hrn. Alfred Bovet in Valentigney.

si dans sa noble insouciance il y aura songé. Quoiqu'il en soit, je compterai toujours sur votre paternelle affection, plus que sur tout le reste.

Que vous dirai-je de l'Italie, que vous ne sachiez et que vous n'ayez dit de manière à désespérer à tout jamais les *faiseurs d'observations*! — C'est toujours le même *statu quo*, l'excellent et bien-heureux gouvernement que vous savez. — J'espère et désire ardemment votre prochain livre[1]) que je lirai de cœur et d'âme comme tout ce que vous écrivez depuis quatre ans. Ce sera pour moi quelques bonnes et nobles émotions de plus, que je vous devrai. Resteront-elles à jamais stériles? Ma vie sera-t-elle toujours entachée de cette oisive inutilité qui me pèse? L'heure du dévouement et de *l'action virile* ne viendra-t-elle point? Suis-je condamné sans rémission à ce métier de baladin et d'amuseur de salons?

Quelque soit ma pauvre et humble destinée, ne doutez point de mon cœur. Ne doutez point du profond respect et de l'inaltérable dévouement que vous m'avez inspirés.

A vous, pour toujours

Como, 18 Décembre 1837. F. Liszt.

12. An Breitkopf und Härtel in Leipzig*).

Venise, 5 Avril 1838.

Je vous remercie beaucoup, Messieurs, de l'obligeante lettre que vous avez bien voulu m'écrire. Je n'ai eu jusqu'à cette heure que de très excellents rapports avec Mr. Hofmeister qui a la bonté de publier la majeure partie de mes ouvrages en Allemagne. Ne connaissant pas bien les lois qui régissent la propriété littéraire et musicale en Saxe, je lui avais parlé des Symphonies de Beethoven dont j'ai entrepris *l'arrangement*, ou pour dire plus exactement, la *partition* de Piano. A vrai dire ce travail n'a pas laissé que de me coûter une certaine peine; à tort ou à raison je le crois assez *différent*, pour ne

1) Wahrscheinlich »Le livre du peuple«. Paris 1837.

*) Autograph im Besitz von Hrn. Kammervirtuos Herrmann Scholtz in Dresden.

pas dire supérieur, à ceux du même genre qui ont paru jusqu'à présent. La récente publication des mêmes Symphonies *arrangées* par Mr. Kalkbrenner me fait désirer que les miennes ne restent pas plus longtemps en portefeuille. Je compte en surplus les *doigter* soigneusement, ce qui joint aux indications des divers instruments (indication importante dans ce genre de choses), rendra à coup sûr cette édition beaucoup plus complète. Si donc Mr. Hofmeister est, comme je crois, dans l'impossibilité de les éditer, je vous serais très reconnaissant de vouloir bien vous en charger. La réputation de votre maison est européenne, et je me souviens parfaitement avoir eu le plaisir de voir Mr. Raymond Haertel à Paris. Ce me sera un plaisir de conclure cette petite affaire avec vous, à raison de *8 francs par page.*

Jusqu'à présent je n'ai terminé que 3 Symphonies (celle en *la majeur)*, mais selon que vous le désireriez je pourrais m'engager à livrer les autres successivement, ou bien borner mon travail aux 4 Symphonies les plus importantes (s'il est permis d'énoncer cette opinion) : La pastorale, *ut* mineur, *la* majeur, et l'héroïque. Je crois que ce sont celles qui ont le plus d'effet au piano.

Je pars demain pour Vienne, où je compte rester jusqu'à la fin du mois d'Avril. Veuillez bien m'adresser chez Mr. Tobias Haslinger jusqu'au 25 Avril, plus tard chez Mr. Ricordi, Milan, qui s'est chargé de me faire parvenir toutes mes lettres pendant mon séjour d'Italie. Mille compliments et remercîments affectueux. F. Liszt.

13. An Robert Schumann [1].

(Ohne Datum, von R. S. empfangen am 5. Mai 1838.)

Mon cher Monsieur Schumann,

Je n'essaierai pas de vous dire combien je suis reconnaissant et touché de votre amicale lettre. Mademoiselle Wieck que

1) Adressat unser berühmter deutscher Tondichter (1810—56). Liszt hatte seine op. 5, 11 u. 14 mit ebensoviel Wärme als Verständniss in der »Gazette musicale« 1837 besprochen, was beide einander schnell nahe brachte.

j'ai été assez heureux pour rencontrer ici, vous exprimera mieux que je ne le pourrais toute la sympathie, toute l'admirative affection que j'ai pour vous. J'ai été tellement nomade ces derniers temps que les morceaux que vous avez bien voulu m'adresser à Milan, ne me sont parvenus que la veille de mon départ de Venise il y a une quinzaine environ, et depuis nous avons tellement parlé de vous matin et soir qu'il ne me vint presque pas l'idée de vous écrire. Enfin aujourd'hui je reçois à mon grand étonnement un nouveau témoignage de votre amical souvenir, et je ne veux vraiment pas tarder de vous dire merci et merci encore. Aussi viens-je de quitter une société charmante de fort jolies femmes pour vous écrire ces quelques lignes. En vérité vous ne devez guère me savoir gré de ce petit sacrifice, car ce m'est un extrême plaisir de m'entretenir quelque peu avec vous.

Le *Carneval* et les *Fantasiestücke* m'ont extraordinairement intéressé. Je les joue vraiment avec délices, et Dieu sait que je ne puis pas en dire autant de beaucoup de choses. Pour parler franc et net, il n'y a absolument que les compositions de Chopin et les vôtres qui soient d'un puissant intérêt pour moi. *Le reste ne vaut pas l'honneur d'être nommé* .... à peu d'exceptions près du moins, afin d'être conciliant comme *Eusébius.*

D'ici à 6 semaines, 2 mois je vous ferai parvenir mes 12 Etudes et une demi-douzaine de Fantasiestücke (Impressions et Poèmes) — je les tiens pour moins mauvais que d'autres de ma façon. Je serai heureux de penser qu'ils ne vous déplaisent pas.

Vous avouerai-je que je n'ai pas été très-émerveillé des Etudes de Henselt, et que je les ai trouvées au-dessous de leur réputation? Je ne sais si vous partagez mon opinion, mais cela me paraît bien *insouciant* somme toute. C'est joli à entendre, c'est fort joli à regarder, l'effet en est excellent, l'impression (grâce à notre ami Hofmeister) est très-soignée; mais au total je doute que H. soit autre chose qu'une médiocrité distinguée [1]). Du reste il est fort jeune et sans doute il se développera. Espérons du moins.

1) Wie sehr Liszt später Henselt's Concert und andre seiner

Je regrette extrêmement de ne pas pouvoir vous faire une petite visite à Leipzig dèsàprésent. C'est un de mes plus vifs désirs que celui de faire personnellement votre connaissance et de passer quelques jours avec vous. Mais cela ne se pouvant faire maintenant, tâchons du moins de ne pas rester tout-à-fait séparés et combattons de notre mieux la paresse d'écrire qui est, je crois, égale des deux côtés.

Dans une quinzaine de jours je retournerai à Venise. Je serai de retour à Milan à l'époque du couronnement (vers la fin d'Août). L'hiver prochain, je compte le passer à Rome, si le choléra ou quelqu'autre fléau ne vient à la traverse. Je ne vous engage pas de venir en Italie. Vous seriez trop blessé dans vos sympathies. C'est à peine si l'on sait par ouï que Beethoven et Weber ont été de ce monde.

Ne ferez-vous point graver ce que vous m'avez envoyé? Haslinger l'aurait volontiers, je crois, et ce me serait un grand plaisir de voir mon nom associé au vôtre.

S'il m'était permis de vous faire une prière, je vous demanderais d'écrire quelques Trios ou bien un Quintetto ou un Septuor. Il me semble que vous feriez cela admirablement, et depuis longtemps il n'a été rien publié de remarquable dans ce genre. Si jamais vous vous déterminez à cela, avertissez-moi de suite. Je tiendrai à honneur de le faire connaître au public.

Adieu, mon cher Monsieur Schumann; et gardez-moi toujours votre bonne affection et recevez de nouveau l'expression de ma vive sympathie et de mon dévouement. F. Liszt.

14. An die »Gesellschaft der Musikfreunde« in Wien*).

Messieurs,

Je suis extrêmement reconnaissant de l'honneur que vous avez bien voulu me faire en m'admettant parmi vous en qua-

---

Compositionen schätzte, ist bekannt und findet sich in einem später folgenden Briefe an Baronin Wrangel vom Mai 1883 ausgesprochen.

*) Autograph im Archiv der Gesellschaft zu Wien.

lité de *membre* du *Musik-Verein* de Vienne. Je ne puis malheureusement guère me flatter d'avoir mérité jusqu'ici cette distinction; mais qu'il me soit permis de le dire, il ne tiendra pas à moi que je ne m'en rende moins indigne.

Si jamais l'occasion se présentait d'être agréable ou utile à la Société du Musik-Verein, soyez persuadés que je la saisirai avec empressement, et que vous avez désormais des droits à ma reconnaissance et à mon dévouement.

Veuillez bien, Messieurs, agréer l'expression de ma considération la plus distinguée.

Venise, 1 Juin 1838. F. Liszt.

15. An Simon Löwy in Wien*).

Je suis bien sensible, mon cher Monsieur, à votre amical souvenir. Votre bonne lettre est venue me trouver au milieu de tout le brouhaha officiel des Fêtes du couronnement. Que diable allai-je faire dans cette galère? Je n'en sais vraiment rien. Grâces à Dieu nous voici au bout, sains et saufs, réjouis, divertis jusqu'à satiété.

J'ai retrouvé à Milan un certain nombre de mes relations de Vienne. Une ou deux des personnes que vous ne voulez pas me nommer, (et dont je respecte l'anonyme) y étaient également. Je sais qu'une bonne partie des gens qui m'abordent le sourire sur les lèvres, et les protestations d'amitié à la bouche, n'ont rien de plus pressé que de me déchirer à belles dents, aussitôt qu'ils se trouvent hors de ma portée. C'est du reste le sort de tout le monde — je m'y résigne volontiers, comme à toutes les absurdes et odieuses nécessités de ce bas monde. Il y a d'ailleurs cela de bon dans ces tristes expériences des rapports multipliés avec les hommes: c'est qu'on apprend à mieux goûter, à mieux apprécier le

---

*) Autograph im Besitz von Hrn. Buchhändler O. A. Schulz in Leipzig. — Adressat ein Liszt nahe befreundeter Wiener Banquier. Ihm sind die aus Schubert'schen Walzern geschaffenen »Soirées de Vienne« gewidmet.

dévouement des quelques amis que le hazard vous a fait rencontrer sur votre chemin.

D'ici à quelques jours je me remets en route pour Bologne, Florence et Rome. Malgré tout mon désir de retourner à Vienne, où l'on a été si indulgent, si bienveillant pour moi, je ne prévois pas encore l'époque à laquelle je pourrai m'y rendre. Quelqu'ajourné que soit ce voyage, j'espère pourtant, mon cher Monsieur, que vous voudrez bien me conserver jusque-là les sentiments d'affection que vous me tenez si gracieusement. Recevez aussi l'expression de ma considération la plus distinguée et de mon dévouement affectueux.

Milan, 22 Septembre 38. F. Liszt.

Veuillez bien remettre le petit billet ci-joint à la belle personne-qui a bien voulu se souvenir de moi d'une manière aussi gracieuse.

16. An den Musikverleger Pacini in Paris*).

Mon cher Monsieur Pacini,

Vous recevrez d'ici à 2 ou 3 jours au plus le manuscrit que vous me demandez pour le livre des Cent-un.[1] C'est Mr Hugot qui a bien voulu se charger de vous le porter.

Ainsi que le titre vous l'indique c'est une Etude (di Bravura) d'après Paganini.[2] Vous m'obligerez en recommandant au graveur de la graver très *au large*. Vous ferez bien aussi, je crois, de réimprimer à la suite cette même *Etude facilitée*, que je vous ai envoyée également. Ce second arrangement est de M. Schumann, jeune compositeur d'un très-haut mérite. Il est plus à la portée de tout le monde, et aussi plus exact que ma *paraphrase*.

---

*) Autograph im Besitz von Hrn. Alfred Bovet in Valentigney.

1) Ein Collectiv-Werk mit Beiträgen zeitgenössischer Berühmtheiten.

2) Bravourstudien nach Paganini's Capricen für Pfte. bearbeitet, erschienen 1839 bei Haslinger, Wien. Eine 2. neubearbeitete Ausg. Clara Schumann gewidmet: »Grandes Études de Paganini«, Breitkopf & Härtel, 1851.

Mille pardons de vous avoir fait attendre si longtemps pour si peu de chose, et mille amitiés pour Emilien.

Tout à vous affectueusement F. Liszt.

Veuillez bien envoyer les épreuves corrigées de cette étude à Haslinger, Editeur de Musique de la Cour, à Vienne, Graben. Il *faudra au moins 2 épreuves corrigées.* Prego! Prego!! ne laissez de fautes que ce qu'il en faut absolument pour qu'une édition soit censée correcte.

Padoue, 30 Sept. —38.

17. An Breitkopf & Härtel in Leipzig*).

Je suis vraiment désolé, Messieurs, de la peine que vous avez bien voulu prendre au sujet de ces malheureuses Symphonies, et je ne sais comment vous témoigner toute ma reconnaissance. Ainsi que j'ai déjà eu l'honneur de vous le dire, Mr. Mori s'est engagé précédemment à éditer ces Symphonies, et puisque vos démarches n'ont pas été *couronnées* de succès, je me tiendrai à ce premier éditeur dont du reste je n'ai qu'à me louer jusqu'ici.

Vous pourrez donc publier d'ici à 2 ou 3 mois cet ouvrage [1]. Seulement il est essentiel que j'en corrige la dernière épreuve pour que l'édition en soit absolument *correcte.* Je désire d'ailleurs ajouter le doigter à plusieurs passages afin d'en faciliter l'étude aux amateurs. Soyez donc assez bon pour me faire parvenir par *l'Ambassade* (ou par toute autre occasion qui ne soit pas par trop coûteuse) *2 épreuves* à *Rome,* où je serai dans une douzaine de jours et où je compte rester jusqu'à la mi-mars.

J'espère, Messieurs, que vous n'aurez pas à regretter les obligeantes avances que vous avez bien voulu me faire en cette circonstance, et dont je vous suis sincèrement reconnais-

*) Dies der erste der im Archiv der Firma vorhandenen Lisztschen Briefe.

1) Die »Clavierpartituren« der C-moll und der Pastoral-Symphonie von Beethoven.

sant. Si vous aviez la bonté de joindre aux épreuves des Symphonies de Beethoven ceux des Lieder de Beethoven (ou Weber) que vous désireriez que je transcrive pour piano seul, je vous donnerai alors une réponse positive relativement à ce petit ouvrage que je serais charmé de faire pour vous, mais auquel je ne puis souscrire à l'avance, ne connaissant pas les Lieder dont vous êtes propriétaire. Si *Leyer und Schwert* était publié chez vous, je m'en occuperai volontiers. Ich glaube diese Lieder, oder wenigstens 4 oder 5 davon, wären ziemlich *dankbar* für's Clavier.

Recevez, Messieurs, l'expression de mes sentiments les plus distingués et les plus dévoués.

Florence, 3 Janvier 39. F. Liszt.

18. An die Fürstin Christine Belgiojoso in Paris*).

Il y aurait de la fatuité à moi, Princesse, de me plaindre de votre silence. Vos lettres m'ont toujours été une faveur, un charme. Ce n'est pas à dire que j'y aie le moindre droit. Cependant, puisque vous ne me répondez plus, j'espère que vous me permettrez du moins de vous dire combien je suis sensible aux moindres marques de votre bienveillance, et quel prix j'attache à votre souvenir.

Quelques numéros de la Gazette ou Revue musicale qui me sont tombés par hazard entre les mains chez un de mes amis russes, (car dans cette bienheureuse patrie des arts et de la musique en particulier, vous pensez bien qu'il n'y a personne d'assez sot pour dépenser 30 francs d'abonnement à la Revue musicale) m'ont appris que vous aviez décidément élevé autel contre autel, et fait retentir de magnifiques harmonies votre charmant salon. J'avoue que c'est là peut-être le seul regret de mon hiver. J'aurais tant vivement voulu être là, vous admirer, vous applaudir. Plusieurs personnes

*) Autograph im Besitz von Hrn. Alfred Bovet in Valentigney. — Adressatin berühmt als Schriftstellerin und Patriotin. In ihren Salons fand 1837 ein Wohlthätigkeits-Concert statt, in dem Liszt und Thalberg mitwirkten.

qui ont eu le bonheur d'assister à ces soirées si choisies m'en ont parlé avec ravissement.

Quel contraste avec les ennuyeux *soliloques musicaux* (je ne sais quel autre nom donner à cette invention de ma façon), dont j'ai imaginé de gratifier les Romains, et que je suis capable d'importer à Paris, tant mon impertinence devient incommensurable! — Figurez-vous que de guerre lasse, ne pouvant parvenir à composer un programme qui eût le sens commun, j'ai osé donner une série de Concerts à moi tout seul, tranchant du Louis XIV et disant cavalièrement au public »le Concert c'est moi«. — Pour la curiosité du fait je vous transcris ici un des programmes de ces Soliloques.

1. Ouverture de Guillaume Tell, exécutée par M. L.
2. Réminiscences des Puritains. Fantaisie composée et exécutée par le même susdit!
3. Etudes et Fragments par le même au même!
4. Improvisation sur des motifs donnés, — toujours par le même.

Et voilà tout. Ni plus ni moins. Seulement durant les intervalles, conversations animées, et enthousiasme s'il y a lieu!

A propos d'enthousiasme, je devrais bien vous parler au moins de St.-Pierre. Cela est de rigueur quand on date de Rome. Mais d'abord je vous écris d'Albano, d'où je ne puis découvrir que la coupole, et ensuite ce pauvre St.-Pierre a été tellement travesti, tellement enjolivé à force de guirlandes de papier mâché, de méchants rideaux d'alcôve, etc. etc., le tout en l'honneur des 5 ou 6 derniers saints que sa Sainteté vient de canoniser, que je m'efforce d'en écarter le souvenir. Par bonheur il n'y a pas eu de faiseurs de miracles à exalter au Colysée et au Campo vaccino, sans quoi il eût été impossible de vivre à Rome.

Sauf événement, je compte toujours passer la fin de l'hiver prochain (Mars et Avril) à Paris. Me permettrez-vous alors de remplir tous les vides de ma correspondance rue d'Anjou?[1]) — Je compte toujours sur votre amicale et

1) Hier wohnte die Fürstin.

indulgente bonté. Mais la pousserez-vous jusqu'à me donner signe de vie avant la fin de mon séjour en Italie? Je ne sais. En tous cas, les lettres adressées *poste restante* Florence me parviendront jusqu'au 1 Septembre prochain.

Veuillez bien agréer, Madame la Princesse, l'expression de mes sentiments les plus respectueux et les plus dévoués.

Albano, 4 Juin —39. F. Liszt.

Veuillez bien être assez bonne pour me rappeler affectueusement au souvenir de Mme votre sœur et de M^r^ d'Aragon.

19. An Robert Schumann*).

Albano, 5 Juin 1839.

Mon cher Monsieur Schumann,

Au risque de vous paraître bien monotone, je vous dirai encore que les derniers morceaux, que vous avez eu la bonté de m'envoyer à Rome, me semblent admirables d'inspiration et de facture. La Fantaisie qui m'est dédiée est une œuvre de l'ordre le plus élevé — je suis en vérité fier de l'honneur que vous me faites en m'adressant une si grandiose composition[1]. Aussi veux-je la travailler et la pénétrer à fond, afin d'en tirer tout l'effet possible.

Quant aux *Kinderscenen,* je leur dois une des plus vives jouissances de ma vie. Vous savez ou vous ne savez pas que j'ai une petite fille de 3 ans que tout le monde s'accorde à trouver *angélique* (voyez quelle banalité!). Son nom est Blandine-Rachel et son surnom *moucheron.* Il va sans dire qu'elle a un teint de rose et de lait et que ses cheveux blonds dorés lui viennent jusqu'au talon tout comme à une sauvage. C'est du reste l'enfant le plus silencieux, le plus doucement grave, le plus philosophiquement gai du monde.

---

*) Nach einer Abschrift auf der Kön. Bibliothek zu Berlin.

1) Op. 17, C-dur. Mit dem Motto:
Durch alle Töne tönet
Im bunten Erdentraum
Ein leiser Ton gezogen
Für den, der heimlich lauschet.

J'ai tout lieu d'espérer aussi qu'elle ne sera pas musicienne, ce dont Dieu la garde!

Eh bien! mon cher Monsieur Schumann, deux ou trois fois par semaine (aux beaux bons jours!), je lui joue dans la soirée vos Kinderscenen, ce qui la ravit et moi bien plus encore, comme vous imaginez, au point que souvent je lui répète 20 fois la première reprise sans aller plus avant. Vraiment je crois que vous seriez content de ce succès, si vous pouviez en être témoin!

Je crois déjà dans une de mes lettres précédentes vous avoir exprimé le désir que j'éprouvais, de vous voir écrire quelques morceaux d'ensemble, Trios, Quintettes ou Septuors. Me pardonnez-vous d'insister encore sur ce point? Il me semble que vous en seriez plus capable que qui que ce soit aujourd'hui. Et je suis convaincu que le succès, même *le succès marchand* ne leur manquerait point.

Si d'ici à l'hiver prochain vous pouviez terminer quelqu'œuvre d'ensemble, je me ferais un véritable plaisir de la faire connaître à Paris, où ces sortes de compositions lorsqu'elles sont bien exécutées, ont plus de chance de succès que vous ne pensez peut-être. Je me chargerai même volontiers du placement de votre manuscrit, si vous le désiriez, ce qui ne vous empêcherait d'ailleurs nullement d'en disposer *pour l'Allemagne.*

En attendant je compte jouer en public votre *Carnaval*, quelques-uns des *Davidsbündlertänze* et des *Kinderscenen.* Le Kreisleriana et la Fantaisie qui m'est dédiée, sont de digestion plus difficile pour le public — je les réserverai pour plus tard.

Jusqu'ici je ne connais de vous que les ouvrages suivants:

Impromptus sur un thème de Clara Wieck.

Pianoforte-Sonate, Clara zugeeignet.

Concert sans Orchestre.

Etudes symphoniques. Davidsbündlertänze. Kreisleriana.

Carnaval. Kinderscenen und meine Fantasie.

Si vous aviez la bonté de me compléter vos œuvres, cela me ferait grand plaisir, je voudrais les faire relier ensemble en 3 ou 4 volumes. Haslinger vous enverra de son côté mes Etudes et mes autres publications au fur et à mesure qu'elles paraitront.

Ce que vous me dites de votre vie intime, m'a vivement intéressé et touché. Si je pouvais, je ne sais comment, vous être le moins du monde agréable ou utile dans ces circonstances, disposez complètement de moi. Quoiqu'il advienne, comptez sur ma plus absolue discrétion, et sur mon sincère dévouement. *Si ce n'est pas trop vous demander*, dites-moi si c'est de *Clara* que vous me parlez. Mais pour peu que cette question vous paraisse *déplacée*, ne me répondez point.

Avez-vous rencontré à Leipzig Mr. Frank, [1] actuellement rédacteur de la Gazette universelle de Leipzig? D'après le peu que je sais de lui (car il a été surtout lié avec Chopin et Hiller, bien plus qu'avec moi), je le crois capable de vous comprendre. Il a laissé un charmant souvenir à Rome. Si vous le voyez, faites-lui mes plus affectueux compliments.

Mes projets sont toujours les mêmes. C'est toujours au commencement de Décembre que je compte être à Vienne et à la fin de Février à Paris. Je serai capable d'aller vous chercher à Leipzig si vous me permettez de faire le voyage de Paris avec vous. Tâchez!

Adieu, mon cher Monsieur Schumann, écrivez-moi bientôt (adressez *chez Ricordi à Florence*. Je serai environ à Lucques jusqu'à la mi-Septembre), et comptez en tout temps et toute occasion sur ma sincère estime et ma vive affection.

Tout à vous amicalement F. Liszt.

20. An Breitkopf & Härtel.

[Juni 1839. Mailand.]

Messieurs,

Il y a environ 3 semaines, j'ai remis à Mr Ricordi (qui se trouvait de passage à Rome) les épreuves des 2 Sympho-

---

1) Dr. Hermann Frank redigirte Brockhaus' »Deutsche Allgemeine Zeitung« ein Jahr lang.

nies que vous m'avez adressées. J'espèr equ'elles vous sont parvenues à l'heure qu'il est. Pardon de les avoir gardées si longtemps, et pardon aussi de les avoir corrigées avec tant de soin. Mais d'abord elles ne me sont arrivées que vers le 20 Février — ensuite je ne savais par quel moyen vous les envoyer directement, car les diligences dans ce bienheureux pays offrent si peu de sécurité. Je me suis donc trouvé forcément (quoique bien involontairement) en retard.

Permettez-moi de vous en demander une 2de épreuve (car il m'importe extrêmement que l'édition en soit aussi correcte que possible), et cette fois je vous prierai de m'adresser *trois épreuves* de chaque Symphonie, afin que je puisse en expédier une pour Paris et l'autre pour Londres. Probablement il n'y aura plus de correction à faire sur cette seconde épreuve, et dans ce cas je vous en préviendrai par 2 mots (sans vous renvoyer votre épreuve) en vous indiquant en même temps la date de la publication.

Mon intention étant de visiter Vienne, Munich, et peut-être Leipzig au commencement de l'année prochaine (avant de passer en Angleterre au mois d'Avril), je profiterai de cette occasion pour faire entendre les Symphonies à mes Concerts, afin de leur donner une certaine publicité.

J'ai parcouru les *Lieder* que vous avez eu la bonté de m'adresser — je m'occuperai certainement de l'Adelaïde; quelque difficile qu'elle me paraisse à transcrire simplement et élégamment. Pour les autres, je crains ne pas trouver le temps nécessaire. Le bon Haslinger d'ailleurs m'accable de Schubert. Je viens de lui envoyer encore 24 nouveaux Lieder (Schwanengesang und Winterreise) et pour le moment je me sens un peu fatigué de cette besogne.

Serez-vous assez bon pour me faire parvenir en même temps que les épreuves des Symphonies de Beethoven, les Préludes et Fugues de Mr Mendelssohn? C'est un ouvrage extrêmement remarquable et qu'il m'a été impossible de me procurer en Italie. Je vous serai tout à fait reconnaissant si vous voulez bien me l'adresser.

Quand vous verrez Mr Schumann, veuillez bien me rappeler très amicalement à son bon souvenir. J'ai reçu la Fantaisie qu'il m'a fait l'honneur de me dédier ainsi que les Kinderscenen. Ne devez-vous point publier un cahier d'Etudes de lui? Je serais extrêmement curieux de les connaître. Tous ses ouvrages m'intéressent à un haut degré. Il me serait difficile d'en dire autant de beaucoup de compositions de mes très honorés collègues, à quelques exceptions près.

Veuillez bien recevoir, Monsieur, l'expression de mes sentiments les plus affectueux et les plus dévoués.

F. Liszt.

Adressez les Symphonies à *Mr Ricordi, Florence.* Du 15 Juin au 1r Septembre j'habiterai aux environs de Lucques. L'adresse de Ricordi est *la plus sûre.*

21. An das Beethoven-Comité zu Bonn*).

Meine Herren,

Da die Subscription für Beethoven's Monument nur langsam vorwärts schreitet und daher die Ausführung dieses Unternehmens noch ziemlich ferne zu liegen scheint, so erlaube ich mir, Ihnen einen Vorschlag zu machen, dessen Genehmigung mich sehr glücklich machen würde[1]).

Ich erbiete mich, die zur Errichtung des Denkmals noch erforderliche Summe aus meinen Mitteln zu vervollständigen, und verlange dafür kein anderes Vorrecht als das, den Künstler

*) Abgedruckt in L. Ramann's Liszt-Biographie Bd. I.

1) In Bonn, Beethoven's Geburtsstadt, hatte sich ein Comité zur Errichtung eines Beethoven-Denkmals gebildet. Doch trotz der Zustimmung, welche der Aufruf fand, flossen die Beiträge so spärlich ein, — Paris z. B. steuerte nur 424 Francs 90 Cent. bei — dass Liszt, als er dies aus einer Zeitungsnotiz las, sofort den im nachstehenden Brief ausgesprochenen grossherzigen Entschluss fasste. »Ein so mühsam zusammengetrommeltes, filziges Almosen darf unseres Beethoven's Gruft nicht bauen helfen!« schrieb er an Berlioz. So dankt das deutsche Volk das seinem grössten Tonmeister in Bonn auferbaute Monument zum grossen Theile Franz Liszt.

bezeichnen zu dürfen, welchem die Ausführung der Arbeit übertragen wird. Dieser Künstler würde Bartolini in Florenz sein, der allgemein als erster Bildhauer Italiens geschätzt wird.

Ich habe vorläufig mit ihm von der Sache gesprochen, und er versicherte mir, dass ein Denkmal in Marmor (ungefähr im Preis von 50—60 000 Francs) in zwei Jahren vollendet sein könne und er bereit sei, die Arbeit sogleich zu beginnen.

Ich habe die Ehre etc.

Pisa, den 3. October 1839. Franz Liszt.

22. An Graf Leo Festetics in Pest*).

Cher Comte,

Voudrez-vous encore de moi à Pesth cette année? Je ne sais. En tout cas, vous êtes menacé de ma présence du 18 au 22 Décembre prochain. Je vous arriverai un peu plus vieilli, plus mûri, et, permettez-moi de le dire, plus *ausgearbeitet als Künstler* que vous ne m'avez connu l'année dernière, car j'ai énormément travaillé depuis ce temps en Italie. J'espère que vous m'aurez gardé votre bon souvenir et que je pourrai toujours compter sur votre amitié qui m'est précieuse.

Quelle joie, quel bonheur profond ce me sera de me retrouver dans ma patrie, de me voir entouré de tant de nobles et vigoureuses sympathies, dont, grâce à Dieu, je n'ai point démérité dans ma vie lointaine et vagabonde. Quelles sensations, quelles émotions se presseront alors dans ma poitrine! Tout cela, cher comte, je renonce et je renoncerai toujours à vous l'exprimer, car je ne le saurais en vérité. Qu'il vous suffise de savoir que le sentiment de la patrie, de ma chevaleresque et grandiose patrie, est resté vivant au plus profond de mon cœur — et que, si malheureusement il y a peu d'apparence que jamais dans ma vie je puisse témoigner à mon pays combien je garde pour lui d'amour et de dévoue-

---

*) In F. v. Schober's »Briefen über Liszt's Aufenthalt in Ungarn« gedruckt.

ment, ces sentiments n'en restent pas moins inaltérables dans mon cœur.

Mais je ne veux pas vous fatiguer davantage de moi et de mes sentiments.

J'oubliais de vous dire que depuis près de huit jours je suis retenu au lit par une très-forte fièvre, qui aurait pu aisément devenir plus grave encore. Mon second concert en a forcément été remis. Aujourd'hui mon médecin m'a permis de jouer mercredi — je ne sais vraiment si je le pourrai, car ma main tremble énormément.

Pardonnez-moi cette horrible écriture, mais j'avais besoin de vous dire quelques mots. C'est une sorte d'anticipation sur Pesth qui m'est douce.

A revoir donc bientôt, cher comte; en attendant, comme toujours croyez-moi bien tout à vous d'amitié

24 Nov. 39 au lit. F. Liszt.

23. An Clara Wieck[1].

Pesth, 25 Décembre 1839.

Combien je suis reconnaissant, Mademoiselle, du bienveillant souvenir que vous voulez bien me garder! Et combien je me réjouis déjà du plaisir de vous revoir et de vous réentendre bientôt à Leipzig. J'ai été si désolé de ne pas me trouver à Paris l'hiver dernier quand j'ai su que vous deviez y passer quelque temps. J'aurais peut-être pu vous y être de quelque toute petite utilité. Vous savez qu'en tout temps et en tout pays je serai toujours tout à vos ordres.

Je deviendrais trop long si je me permettais de répondre avec détail à vos aimables questions sur mes nouvelles compositions. J'ai énormément travaillé en Italie. Sans exagération, je crois avoir écrit de 4 à 500 pages de Musique de Piano. Si vous avez la patience d'en entendre un demi-tiers, je serai charmé de vous le jouer tant bien que mal.

Les études d'après Paganini qui vous sont dédiées, ne

---

1) Die grosse Clavierkünstlerin, nachmals Schumann's Gattin.

paraitront que dans deux mois — mais je vous en apporterai les épreuves, qui sont corrigées depuis longtemps, à Leipzig.

Encore mille grâces et mille tendres et respectueux souhaits pour tout ce qui peut contribuer à votre bonheur. Et surtout à bientôt.

Tout à vous d'admiration et de sympathie F. Liszt.

24. An Robert Schumann in Leipzig*).

[Dresden, 27. März 1840.]

Mon cher Schumann,

Tout est à merveille. Seulement je désirerais jouer le Hexaméron en *dernier lieu,* pour finir avec orchestre. Faites donc mettre les Etudes et le Carnaval après le Concerto de Mendelssohn.[1])

Mille amitiés à Mendelssohn et Hiller — et tout à vous

F. Liszt.

Je reviendrai sûrement Lundi matin — car Dimanche je donnerai Concert pour les Pauvres ici. Si pourtant il m'est possible de partir encore Dimanche . . . . mais j'en doute.[2])

25. An Franz von Schober in Wien**).

Metz, 3 Avril 40.

Je n'ai point eu de vos nouvelles à Leipzig, cher Schober,

---

*) Autograph in der Kön. Bibliothek zu Berlin.

1) Bezieht sich auf Liszt's drittes Concert in Leipzig am 30. März 1840, zum Besten des Orchester-Pensionsfonds.

2) In Begleitung vorstehenden Briefes schreibt ein Freund Carl K[rägen?] an Schumann: »Er [Liszt] hat mir das herrliche Mendelssohnsche Concert vorgespielt! Es war göttlich! Morgen liest Tieck den Faust bei meiner Mutter für Liszt und Liszt spielt mit Lipinski bei uns! Kommen Sie doch dazu her! ach! könnten Sie doch Mendelssohn bewegen, mit seiner Gattin ebenfalls zu kommen!«

**) Autograph sämmtlicher hier gegebener Briefe an Schober im Besitz von Frau Babette Wolf in Dresden. — Adressat Dichter ainsi que je comptais. Je crains d'avoir été bien indiscret en vous priant de vouloir bien vous charger de ce travail, auquel j'aurais attaché tant de prix, venant de vous[1]). Mais je ne veux plus en parler. Si par hazard vous l'aviez fait, je vous serais reconnaissant de me l'envoyer — autrement qu'il n'en soit plus question.

Savez-vous que j'ai été poursuivi d'un regret constant pendant tout ce voyage: le regret de ne pas vous avoir déterminé à m'accompagner. Votre société m'a toujours été bonne et fortifiante: je ne sais pourquoi j'imagine que nous viverions doucement ensemble. Vos qualités, vos défauts (si vous en avez), votre caractère et votre humeur tout me plaît et m'attache chez vous. Vous savez que j'ai la prétention de vous comprendre et de vous apprécier .... Verriez-vous une grande difficulté à me rejoindre quelque part l'automne prochain, à Venise par exemple, et à faire un tour d'Europe avec moi? Répondez-moi franchement sur ce point. Encore une fois, la question d'argent n'en est point une. Tant que nous serons ensemble (et je désirerais que vous ayez au moins 3 ans de libre devant vous) ma bourse sera la vôtre, à la seule condition que vous consentiriez à vous charger de la dépense commune — et que vous soyez bien persuadé à l'avance de la reconnaissance que je vous en aurai.

Pardon, cher excellent ami, d'entrer ainsi brutalement en matière — mais nous avons trop causé, ce me semble, pour que votre délicatesse si excessive sur certains points en puisse être blessée.

J'ai renvoyé Kiss de Dresde. C'est un excellent garçon, mais par trop maladroit, et manquant d'un certain *point d'honneur*, sans lequel on n'est pas homme à mon sens. Je

---

und Schriftsteller, intimer und verdienter Freund Franz Schubert's, starb als Weimar'scher Legationsrath 1882 in Dresden.

1) Gegenüber den entstellenden Berichten verschiedener Blätter über Liszt's Besuch in Ungarn (Januar 1840), erachtete Schober als Augenzeuge eine berichtigende Darstellung für geboten, die er in Form von »Briefen über Liszt's Aufenthalt in Ungarn« allerdings sehr nachträglich (Berlin, Schlesinger 1843) veröffentlichte.

suis donc seul maintenant et ne veux plus m'emplâtrer de personne. Un ancien élève à moi, Monsieur Herrmann, a pris à tâche de m'arranger mes concerts, ce qui m'a été un grand soulagement.

A propos de concert, j'en ai donné 6 (en 9 jours!) à Prague. 3 à Dresde et autant à Leipzig (en 12 jours) — aussi suis-je éreinté de fatigue — et me sens-je un grand besoin de repos. C'est bien choisi, n'est-ce pas!

Adieu, cher excellent ami — donnez-moi bientôt de vos nouvelles — (adressez rue Pigalle 19, Paris) et comptez bien entièrement sur moi — nunc et semper.

Tout à vous d'amitié F. Liszt.

Soyez assez complaisant pour entrer en passant chez *Diabelli*[1]) et recommandez-lui encore de ne pas publier la 3me partie des Mélodies hongroises (que je lui ai envoyées par Härtel) sans m'en adresser une épreuve à corriger à Paris, préalablement. Adieu.

Mille amitiés à Kriehuber[2]) et Löwy. Pourquoi ce dernier ne m'écrit-il pas?

26. An Maurice Schlesinger, Redacteur der »Gazette musicale« in Paris*).

Monsieur le Rédacteur,

Permettez-moi de réclamer contre une assertion inexacte de votre avant-dernier numéro:

»M. M. Liszt et Cramer *demandent* la Légion d'Honneur etc.«

Je ne sais si M. Cramer (qui vient d'être nommé) a effectivement demandé la croix.

En tout cas, je pense que vous applaudirez comme tous à une nomination si parfaitement légitime.

---

1) Wiener Musikverleger.

2) Bekannter Wiener Maler und Lithograph, von dem eine ganze Reihe Liszt'scher Porträts herrührt.

*) Mitgetheilt von L. Ramann »Franz Liszt« Bd. II, 1.

Quant à moi, s'il est vrai que mon nom ait figuré sur la liste des candidats, cela n'a pu être qu'entièrement à mon insu.

Il m'a toujours semblé que ces sortes de distinctions ne pouvaient être qu'*acceptées*, mais jamais »demandées«.

Agréez, Monsieur le Rédacteur etc.

Londres, 14 Mai 1840. F. Liszt.

27. An Franz von Schober.

[London, Mai oder Juni 1840.]

Mon excellent ami,

Il y a quinze jours ma mère m'écrivait qu'elle avait confié plusieurs lettres à mon adresse venues d'Allemagne à un Monsieur, qui devait me les porter à Londres. Je suppose qu'il y en avait une de vous dans le nombre, mais jusqu'à présent je n'ai rien reçu.

Permettez-moi donc d'insister encore sur la demande, que je vous ai déjà faite, de venir pour quelque temps (un an ou deux, et plus s'il vous est possible) avec moi; car je le sens intimement, plus le temps et la distance nous séparent, plus ma pensée et mon cœur se rapprochent de vous. J'ai rarement éprouvé cela à un tel point, et mon désir de vous fixer auprès de moi augmente de jour en jour.

La persuasion où d'ailleurs je suis, que nous passerions une douce et sérieuse vie ensemble, me fait encore vous presser davantage.

Tâchez donc d'être libre au plus tôt, et prenez une fois une franche et amicale détermination. Je vous assure qu'il ne nous sera pas difficile d'améliorer l'un par l'autre nos deux existences, assez diversement tristes et mauvaises ainsi séparées.

Répondez-moi deux mots sur ce point — qui est à vrai dire le seul important pour tous deux dans ce moment. Parlez-moi en tout abandon — et comptez entièrement sur moi. —

Tout à vous de cœur F. Liszt.

Adressez chez Erard, 18, great Marlborough Street.

Ai-je encore besoin de vous dire que toute question n'en sera pas une entre nous?

28. An Franz von Schober in Wien.

29 Août 1840. Stonehenge, Salisbury.

C'est avec un indicible sentiment de tristesse et d'ennui que je t'écris aujourd'hui, mon bon et excellent ami! — Ta lettre m'avait fait tant de bien, j'étais si heureux de l'idée que nous nous retrouverions à la fin de l'automne au plus tard; j'avais tant besoin de m'appuyer sur ton bras, et de retrouver ton cœur, si plein d'indulgence et de fraternels enseignements, et voilà qu'il me faut encore renoncer, ou du moins ajourner ....

Un malheureux engagement que je viens de renouveler et qui me retiendra en Angleterre jusqu'à la fin de Janvier me met dans l'impossibilité de te dire le seul mot, que je voudrais te dire »Viens«. —

L'Angleterre n'est pas un pays comme un autre: les dépenses sont énormes. Je n'oserai vraiment pas t'engager à y voyager avec moi, car ce serait presqu'une ruine. D'ailleurs nous ne serions presque pas ensemble, car j'ai 3 ou 4 compagnons *forcés*, dont il m'est impossible de me séparer.

J'espérais d'être quitte de tout cela au commencement d'Octobre, mais voilà qu'il me faudra recommencer à la mi-Novembre. C'est tout au plus si j'aurai le temps de faire mon voyage de Russie cette année, voyage que je suis en quelque sorte obligé à faire après la gracieuse invitation de Sa Majesté l'Impératrice à Ems. Au 15 Mai prochain je reviendrai encore à Londres, probablement par le bateau à vapeur qui vient en ligne directe de St. Pétersbourg.

Où te trouverai-je dans un an — quinze mois? Il est très possible que j'aille te chercher à Vienne, mais alors je ne partirai sûrement pas sans t'emmener.

J'ai quelqu' idée de passer l'hiver d'après à Constantinople.

Je suis fatigué de l'Occident; je voudrais respirer des parfums, me réchauffer au soleil, échanger la fumée du charbon de terre contre la douce fumée du narguilé. Bref, j'ai soif d'Orient! O mein Morgenland! O mein Aborniko! —

Mon oncle m'écrit que tu as été bien bon et obligeant pour lui. Je t'en remercie cordialement. — Rencontres-tu Castelli de loin en loin? Quand tu le verras, prie-le de ma part de traduire l'article, que j'ai publié dans la Revue musicale de Paris (du 23 Août) sur Paganini, et de le faire insérer dans la Theater-Zeitung. Je serais bien aise aussi qu'on le traduisît en hongrois, pour le *Hirnök* (pardon si j'estropie le mot!), mais je ne sais qui pourrait s'en charger.

A propos de hongrois! J'attacherai toujours un grand prix au travail sur mon séjour à Pesth. Envoie-le moi, aussitôt qu'il te sera possible, et adresse-le à Madame la Comtesse d'Agoult, 10 rue neuve des Mathurins, Paris. Mille amicales tendresses à Kriehuber. Ses deux portraits de moi ont été copiés à Londres. Ce sont les meilleurs sans contredit.

Adieu, mon bon, excellent Schober. Dans ma prochaine lettre je te demanderai une chose, à laquelle j'attache une assez grande importance. Il s'agit d'une Cantate pour Beethoven, que je voudrais mettre en musique et faire exécuter lors du grand Festival, que nous comptons organiser en 42 lors de l'inauguration de la Statue à Bonn.

Tout à toi de cœur et à toujours F. Liszt.

29. An Büloz, Redacteur der »Revue des deux mondes«*).

Monsieur,

Dans votre Revue musicale d'Octobre dernier mon nom se trouva prononcé à l'occasion des prétentions outrées et des succès exagérés de quelques artistes exécutants; je prends la liberté de vous adresser à ce sujet une observation.[1])

---

*) In Ramann »Franz Liszt« II, 1 abgedruckt. —

1) Man hatte die ihm in Ungarn, seinem Vaterland, erwiesenen enthusiastischen Auszeichnungen in eine Kategorie mit den Huldi-

Les couronnes de fleurs jetées aux pieds de Mesdemoiselles *Elssler* et *Pixis* par les dilettantes de New-York et de Palerme sont d'éclatantes manifestations de l'enthousiasme d'un *public*; le sabre qui m'a été donné à Pesth est une récompense donnée par une *nation* sous une forme toute nationale.

En Hongrie, Monsieur, dans ce pays de mœurs antiques et chevaleresques, le sabre a une signification patriotique. C'est le signe de la virilité par excellence; c'est l'arme de tout homme ayant droit de porter une arme. Lorsque six d'entre les hommes les plus marquants de mon pays me l'ont remise aux acclamations générales de mes compatriotes, pendant qu'au même moment les villes de Pesth et d'Oedenburg me conféraient les droits de citoyen et que le comitat de Pesth demandait pour moi des lettres de noblesse à sa Majesté, c'était me reconnaître de nouveau, après une absence de quinze années, comme Hongrois; c'était une récompense de quelques légers services rendus à l'art dans ma patrie, c'était surtout, et je l'ai senti ainsi, me rattacher glorieusement à elle en m'imposant de sérieux devoirs, des obligations pour la vie comme homme et comme artiste.

Je conviens avec vous, Monsieur, que c'était, sans nul doute, aller bien au-delà de ce que j'ai pu mériter jusqu'à cette heure. Aussi ai-je vu dans cette solennité l'expression d'une espérance encore bien plus que celle d'une satisfaction. La Hongrie a salué en moi l'homme *dont elle attend* une illustration artistique après toutes les illustrations guerrières et politiques qu'elle a produites en grand nombre. Enfant, j'ai reçu de mon pays de précieux témoignages d'intérêt, et les moyens d'aller au loin développer ma vocation d'artiste. Grandi, après de longues années, le jeune homme vient lui rapporter le fruit de son travail et l'avenir de sa volonté; il ne faudrait pas confondre l'enthousiasme des cœurs qui s'ouvrent à lui et l'expression d'une joie nationale avec les démonstrations frénétiques d'un parterre de dilettantes.

---

gungen gestellt, wie man sie Sängerinnen und Tänzerinnen darbringt, und insbesondere über die Verleihung des Ehrensäbels gespottet. Mit berechtigtem Stolze wies Liszt dies zurück.

Il y a, ce me semble, dans ce rapprochement quelque chose qui doit blesser un juste orgueil national et des sympathies dont je m'honore.

Veuillez, Monsieur, faire insérer ces quelques lignes dans votre prochain numéro, et recevoir l'assurance de ma considération distinguée.

Hambourg, 26 Octobre 1840. Franz Liszt.

30. An Franz von Schober.

Sogar Deutsch will ich Dir schreiben, lieber Schober, um Dir geschwinder zu sagen, wie sehr mich Dein Brief erfreut hat. Ich verdanke ihm eine wahrhaft wohlthuende Stunde, und das findet sich so selten in meinem unausstehlichen — monotonen Leben! Seit 14 Tagen habe ich wieder mein englisches Joch am Nacken. Jeden Tag, den Gott giebt, Concert — mit einer vorhergehenden Reise von 30 bis 50 Meilen. Und so muss es fortdauern wenigstens bis Ende Jänner. Was sagst Du dazu? —

Bin ich nicht mehr als halbtodt, so gehe ich noch Ende Februar nach Berlin und Petersburg — und komme mit dem ersten Dampfboote anfangs Mai wieder nach London. Dann gedenke ich eine Pause mit 𝄐 zu machen. Wo und wie, das weiss ich noch nicht, und hängt ganz von dem *pecuniären* Resultat meiner Reisen ab. Gerne ging ich nach der Schweiz und von da nach Venedig; doch kann ich jetzt noch gar nichts bestimmen.

. —. Leo Festetics habe ich einen langen Brief dieser Tage geschrieben. Es hungert und dürstet mich, nach Ungarn zurück zu gehen. Jede Erinnerung an dort wurzelt tief in meiner Seele .... Und doch kann ich nicht zurück!

Leid thut es mir, dass Du von Lannoy mir nichts Besseres sagst. Ich kann nicht begreifen, wie das möglich ist.

Die Nachrichten von der Königin haben mich erfreut — wenn Du etwas Mehreres hörst von ihr, so theile mir es mit. Ich habe eine Art *Schwäche* für sie.

Über die Cantate werde ich Dir später ausführlich schreiben.

Lebe wohl und vergnügt, wenn möglich, lieber Schober, schreibe mir bald wieder und bleib mir immer Freund.

F. L.

Verzeihe die *Orthographie* und *Kalligraphie* dieser Zeilen! Du weisst, dass ich gar nie Deutsch schreibe; Tobias[1]) ist, glaub' ich, der einzige, der deutsche Briefe von mir erhält.

Manchester, 5/12 40.

31. An Breitkopf & Härtel.

Londres, 7 Mai 41.

Schlesinger vient de m'apprendre que les *Mélodies de Mendelssohn* que je vous ai envoyées de Londres *ont paru*. Je ne saurais vous dire, mon cher Monsieur Härtel, combien cette publication précipitée me contrarie. Indépendamment du tort *matériel* qu'elle me fait (car avant de vous les envoyer ces Mélodies étaient vendues à Londres et à Paris), je me trouve ainsi manquer de parole à Beale et à Richault qui comptaient les publier en même temps que vous.

Le mal étant sans remède je n'ai songé qu'à en tirer une prompte vengeance. Vous me direz plus tard si vous trouvez dass es doch eine christliche Rache war.

Voici de quoi il s'agit.

Je viens d'ajouter une énorme *Cadenza* de 3 pages en petites notes, et toute une *Coda* presqu'aussi longue à l'*Adelaïde* de Beethoven. J'ai joué tout cela sans être sifflé au Concert pour le Monument de Beethoven au Conservatoire de Paris, et compte le rejouer à Londres et en Allemagne et en Russie. Schlesinger a gravé tout ce fatras tel quel. Voulez-vous en faire autant? Dans ce cas, comme je tiens essentiellement à votre édition, je vous prierai de faire graver la dernière *Coda* comme *Ossia* en petites notes, sans rien ôter à l'édition présente, de manière que les *puristes* pourront ne jouer que le texte intégral, si le *commentaire* leur déplaît par trop.

1) Tobias Haslinger, Wiener Musikverleger.

C'était chose assurément très-délicate que de toucher à l'Adelaïde, et pourtant il m'a semblé qu'il fallait l'oser. L'ai-je fait avec convenance et goût? Les juges compétents en décideront.

Dans tous les cas je vous prie de ne confier qu'à Monsieur *Schumann* le remaniement de votre édition.

Pour terminer, permettez-moi de vous rappeler que dans le temps l'Adelaïde m'a été passablement mal payée. Si vous jugez à propos de m'envoyer une *traite* sur Londres, convenable pour vous et moi, je la *recevrai toujours* avec un nouveau plaisir, pour me servir des paroles favorites de S. M. le roi des Français.

Agréez, mon cher Monsieur, l'expression de mes sentiments les plus distingués et les plus affectueusement dévoués.

F. Liszt.

Soyez assez bon pour me rappeler très affectueusement au souvenir de Mendelssohn. Quant à Schumann je lui écrirai directement sous peu.

32. An Simon Löwy in Wien*).

London, 20 Mai —41.

C'est encore d'Angleterre que je vous écris, mon cher ami. Depuis ma dernière lettre (fin de Décembre, je crois) j'ai achevé mon tour des trois Royaumes (par lequel je perds par parenthèses 1000 livres Sterling net, sur 1500 que portait mon engagement!), sillonné en tous sens la Belgique dont je n'ai qu'à me louer à tous égards, et enfin badaudé dans Paris pendant 6 semaines. Ce dernier séjour, je ne vous le cache point, m'a été une véritable satisfaction d'amour-propre. En y arrivant je me comparais (assez justement ce me semble) à un joueur d'écarté qui joue pour le *cinquième* point. Eh bien, il y a eu Roi et vole; 7 points plutôt que 5! [1])

---

*) Autograph im Besitz von Frau Emilie Doré in Wien.

1) »Der Fünfte« ist der Höchste bei diesem Spiel; somit sagt Liszt, dass er gewonnen habe.

Mes deux Concerts *seul* et surtout le 3me pour le Monument de Beethoven au Conservatoire, sont des Concerts *hors ligne*, tels que moi *seul* je puis *les donner* en Europe à l'heure qu'il est.

Les récits des journaux n'ont pu vous donner qu'une idée très incomplète. Sans fatuité ni illusion aucune, je crois pouvoir dire que jamais effet aussi saisissant, aussi complet, aussi irrésistible n'a été produit par un instrumentiste à Paris.

A propos de journaux, je vous envoie ci-après l'article que Fétis (mon plus redoutable antagoniste autrefois) vient de publier dans la Gazette musicale. Il est fait avec une grande habileté et résume bien la question. Si Fischhof[1]) le traduisait pour Bäuerle,[2]) cela serait d'un bon effet, ce me semble. Faites-en du reste ce qui vous plaira.

Je serai sûrement au Rhin vers la fin de Juillet et resterai dans ses environs jusqu'à Septembre. Si Fischhof y venait je serais charmé de le voir et de causer avec lui. Faites-lui en attendant mes compliments les plus affectueux et dites-lui de m'écrire quelques mots avant de se mettre en route.

En Novembre je partirai pour Berlin, et tout l'hiver prochain je le passerai en Russie.

La conduite de Haslinger à mon égard est plus qu'inexplicable. Le cher homme fait une sottise dont il se mordra les pouces bientôt. N'importe; je ne veux pas oublier combien il m'a été dévoué pendant mon premier séjour à Vienne. Croiriez-vous qu'il ne m'a pas répondu une ligne *à 4 lettres* consécutives que je lui ai écrites? — Si vous passez sur le Graben *soyez assez bon pour lui dire* que je ne lui écrirai plus, mais que j'attends de sa probité d'homme d'affaires, sinon de son amitié deux lignes qui m'apprennent le sort de deux manuscrits (Hongroises, et Canzone Veneziane) que je lui ai envoyés.

Je viens de trouver une nouvelle veine de Fantaisies — et l'exploite à force. Norma, Don Juan, Sonnambula, Mao-

1) Musiker, Professor am Wiener Conservatorium.
2) Herausgeber der »Theaterzeitung«.

metto et Moïse entassé l'un sur l'autre, Freischütz et Robert le Diable sont des *pièces de 96*, et même de 200, comme les anciens canons de la République de Gènes, je crois. Quand j'en aurai positivement fini de mon tour d'Europe je viendrai vous les jouer à Vienne, et quelque fatigué qu'on y soit de m'avoir tant applaudi, je me sens encore la force de remuer ce public si intelligent et si excellent appréciateur, que j'ai toujours tenu pour le juge-né d'un pianiste.

Adieu, mon cher Löwy — écrivez-moi bientôt — jusqu'au 15 Juin adressez 18 great Marlborough Street — plus tard Paris. Bien à vous d'amitié F. Liszt.

La Ungher [1]) est elle à Vienne? Veuillez bien lui remettre ou lui faire parvenir la lettre ci-après.

Avez-vous *oui* ou *non* expédié les deux bouts d'ambre dont je vous avais chargé lors de mon départ? Je les ai réclamés à l'ambassade, mais ils ne s'y trouvaient point. Répondez-moi deux mots à cet égard.

33. An Franz von Schober.

Ja, lieber Freund, Seiten, Tage, Jahre wären nothwendig, um Deinen lieben Brief zu beantworten. Selten hat mich etwas so tief gerührt. Nimm Herz für Herz, Seele für Seele — und seien wir für immer Freunde! —

Du weisst, wie ich täglich mehr *concis* werde. Nichts Weiteres also über mich, nichts Weiteres über Berlin — morgen Donnerstag 2 Uhr reise ich nach Petersburg.

A. habe ich gesprochen — unmöglich beiderseits. Wenn wir uns sehen und Du ganz fest beruhigt bist, sprechen wir ausführlich. Ich hoffe immer, Dich noch künftigen Herbst, entweder in Florenz oder am Rhein zu treffen.

Leo [2]) hat mir wieder geschrieben. Schreibe mir sogleich nach Königsberg, wohin ich meinen nächsten Brief an Dich adressiren soll. Aber schreibe sogleich — blos Deine Adresse.

---

1) Caroline Ungher, spätere Ungher-Sabatier, berühmte Sängerin.
2) Graf Festetics.

Brockhaus habe ich die ganze Correctur von Deiner Brochüre geschickt. Sei so gütig und gieb ihm direct Deine letzten Aufträge in Bezug auf diese Publikation. Sehr lieb wird es mir sein, in Petersburg einige Exemplare davon zu erhalten. Die Sache spricht mir ganz und gar zu; — ich danke Dir noch *herzlich* dafür..

Noch ein Händedruck in Deutschland, lieber theurer Freund, und Dich immer tief herzlich liebend F. Liszt.

Bringe mich freundschaftlich bei Sabatier[1]) in Erinnerung und disputire nicht mit ihm über mich. Für Caroline immer dieselbe Freundschaft und Ergebenheit.

3. März, Berlin, 1842.

34. An die philosophische Facultät der Universität Königsberg*).

Hochwürdige, hochgelehrte Herren!

Ich würde vergeblich versuchen Ihnen die tiefe und herzliche Bewegung auszudrücken, in die Sie mich durch Ihre seltene Ehrenbezeugung versetzt haben.

Die Doktor-Würde aus der Verleihung einer Fakultät, in der sich wie in der Ihrigen, Männer von Europäischer Bedeutung versammeln, macht mich glücklich und würde mich stolz machen, wenn ich nicht auch des Sinnes gewiss wäre, in dem sie mir verliehen worden.

Ich wiederhole, dass ich mit dem ehrenvollen Namen eines Lehrers der Musik (und um es hier zu bemerken, kann ich das Wort Musik nur in ihrer grossen, vollen *antiken* Bedeutung gelten lassen), dessen Sie, hochverehrte Herren, mich würdigen, die Verpflichtung unablässigen *Lernens* und unermüdlicher Arbeit übernommen zu haben mir wohl bewusst bin.

In der steten Erfüllung dieser Pflicht: die *Doktor-*

---

1) Der Gatte der miterwähnten, gefeierten Sängerin Caroline Unger.

*) Abgedruckt in L. Ramann »Franz Liszt« Bd. II. 1.

Würde auf eine *richtige* und *würdige* Weise zu behaupten — den schwachen Theil Wissenschaft und Technik, den ich mir anzueignen im Stande bin, als Form und Mittel des Wahren[1]) und Göttlichen mit That und Wort zu verbreiten.

In der steten Erfüllung dieser Pflicht und jedem Erfolg, der mir etwa gegönnt ist, wird sich auch die Erinnerung an Ihr Wohlwollen lebendig erhalten, und an die rührende Weise, in der ein berühmtes Mitglied Ihrer Fakultät[2]) mich davon unterrichtet hat.

Genehmigen Sie, hochwürdige Herren, den Ausdruck meiner dankbarsten Hochachtung und vollendetsten Verehrung.

Mittau, 18. März 1842. F. Liszt.

35. An den Hofmarschall Freiherrn von Spiegel in Weimar*).

Monsieur le Baron,

Il est bien difficile de répondre à une lettre aussi gracieusement flatteuse que celle que Votre Excellence a bien voulu m'écrire.

Je tiens cependant à vous dire que je voudrais de tout cœur et de toutes façons pouvoir y répondre. — Vers la mi-Octobre j'arriverai avec armes et bagages à Weimar, et si je parviens à communiquer à d'autres un peu de la satisfaction, que grâce aux hautes bontés de Leurs Altesses, et au bienveillant empressement de Votre Excellence, je ne saurai manquer d'y trouver, j'en serai vraiment heureux.

En attendant, veuillez bien agréer, Monsieur le Baron, l'expression de mes sentiments les plus respectueux et les plus dévoués.

12 Septembre 1842, Cologne. F. Liszt.

---

1) Le beau, c'est la splendeur du vrai,
L'art, c'est le rayonnement de la pensée. Anm. des Autors.

2) Die Professoren Rosenkranz und Jacobi überreichten Liszt das Doctor-Diplom.

*) Mitgetheilt von L. Ramann »Franz Liszt« Bd. II. 1.

36. An Carl Filtsch*).

Compiègne, Mercredi matin. [1842 oder 1843.]

Lieber herziger Tausendkünstler,

Wie leid thut es mir Ihnen morgen zu unserer gewöhnlichen Stunde *faux bond* zu machen! Ihre *fausses notes* wären mir gewiss viel angenehmer! mais à moins de vous arranger de façon à ce qu'on vous entende des tours de Notre-Dame au Dôme de Cologne, il y aura impossibilité matérielle à continuer nos espèces de leçons, attendu que demain soir je serai déjà arrivé à Cologne.

Si je reviendrai, et quand je reviendrai — je n'en sais trop rien. Quoiqu'il arrive, gardez-moi un bout de bon souvenir, et comptez sur mon affection et mon dévouement sincères.

F. Liszt.

Mille choses affectueuses à votre frère Joseph. Et encore Adieu — je vous embrasse de cœur.

37. An Franz von Schober in Paris.

Berlin, 4. März 1844.

Du bist eine treue liebe Seele. Ich danke Dir herzlich für Deinen allguten Brief. Gott vergelte Dir Deine Liebe für einen so abgehetzten zerstörten Schwächling meiner Art! Ich kann Dir blos sagen, dass ich sie tief und wohlthuend empfinde — und dass mir Deine Zeilen manche krampfhafte Quälungen stillen.

Ende dieses Monates sehen wir uns bestimmt in Paris. Villers[1]) kommt auch. Im Falle Seydlitz noch da ist, ent-

*) Autograph im Besitz von Graf Albert Amadei in Wien. — Adressat genialer junger Clavierspieler, geb. 1830 in Hermannstadt in Siebenbürgen, † 1845 in Venedig, studirte 1842—43 bei Chopin und Liszt in Paris und erregte concertirend dort, wie in London, Wien, Italien, Aufsehen. Laut Lenz, sagte Liszt von ihm: »Wenn der Kleine auf Reisen geht, mach' ich die Bude zu!«

1) Alexander v. Villers, der sächsischen Gesandtschaft in Wien attachirt, Freund Liszt's.

schuldige mich bei ihm. Durch meine Verspätung in Dresden erhielt ich erst gestern seinen Brief. Sogleich antworte ich ihm und adressire an Lefebre, wie er mir schreibt.

Mit dem E[rb]G[rossherzog] und Eckermann[1]) habe ich mehrmal Rücksprache genommen. Unsere Sache scheint mir ganz fest zu stehen. Künftigen Herbst werden die Knöpfe fertig sein.[2])

Meine Stube ist überfüllt. Ich bin infam Byronisch gestimmt. Sei nachsichtig und lieb wie immer!

Grüsse Sabatier's — und bleibe mir!

Dir herzlich freundschaftlich F. Liszt.

38. An Franz Kroll[3]).

Herzensguter lieber Kroll,

Was sind Sie mir für ein prächtiger Mann, und wie sehr hat mich Ihr Brief erfreut! Wahrscheinlich wissen Sie schon dass ich auch als *Krankheits-Pfuscher* einiges geleistet habe diese letzten 5 Wochen. — Gott sei Lob und Dank bin ich jetzt wieder so ziemlich auf meinen zwei schlechten Beinen, sans rheumatisme articulaire ni goutte! In einigen Tagen beginne ich meine Provinzial-Tour (Lyon, Marseille, Toulouse, Bordeaux) und so gegen Ende August dampfe ich nach Stockholm und Copenhagen. Weymar, unser gutes liebes Weymar, wird wieder unser Christtag sein! O welch schöne Äpfel und Spielereien werden wir auf unsern Christ-Baum hängen! und welche Plaudereien und Compositionen, und Projecte und Pläne! Fehlen Sie nur nicht und kommen Sie schön frisch und gesund. Überlassen Sie mir das schlechte Aussehen und fördern und füllen Sie gehörig Wangen und Backen. Diesen

1) Der Herausgeber von Goethe's »Gesprächen«.

2) Bezieht sich augenscheinlich auf Schobers's nachmalige Anstellung in Weimar.

3) Schüler und Freund Liszt's (1820—1877), seit 1849 als Clavierlehrer in Berlin lebend; machte sich durch seine Herausgabe von Bach's »wohltemperirtem Clavier« verdient.

Winter müssen wir fleissig sein und manches durchbrennen und durchprügeln.

Ihre Mazurkas sind sehr ausgezeichnet und talentvoll. Sie haben vieles hineingesteckt — und wenn Sie mir erlauben [zu] Ihnen ganz frei zu sprechen — vielleicht zu vieles — denn manches bleibt stecken. Obgleich mir die Dedication nur angenehm und erfreulich sein kann, bin ich dennoch der Meinung, dass es in Ihrem Interesse liegt, nichts vor dem künftigen Frühjahr herauszugeben. Benützen Sie den Vortheil Ihrer Jungfräulichkeit — und geben Sie gleich von Anfang an dem Publikum eine anständige Meinung Ihres Talents durch eine *Gesammt-Publication*. Schreiben Sie noch ein paar gefällige brillante Etuden — vielleicht auch ein Notturno (oder etwas Ähnliches) und eine effectvolle Fantasie über irgend ein *vornehmes* Thema. Dann publiziren Sie bei Schlesinger, Härtel oder Mechetti (und sehr gerne will ich Ihre Werke bei den Herren bevorworten) die 6 Stücke — Ihr Concert, die Cdur-Etude nebst den neueren Sachen — *ensemble*, so dass die Verleger, Kritiker, Künstler und Publicum gleich damit etwas zu thun haben. Anstatt den Leuten blos eine kleine Nascherei aufzutischen, serviren Sie ein anständiges Diner. Sehr leid thut es mir, dieser Methode nicht gefolgt zu haben, denn ich halte sie nach manchen Erfahrungen für die bedeutend vortheilhaftere, besonders für Clavier-Werke. In Weymar wollen wir darüber Weiteres und Bestimmteres sprechen. Conradi[1]) soll auch hinkommen. Die Hugenotten-Fantasie brauche ich jetzt nicht. In Weymar hat er Zeit genug dafür. En attendant wird ihm Schlesinger seine angefangene Arbeit ganz bescheiden retribuiren.

Beiliegend Briefe für Freund, welche ich Sie bitte baldigst zu besorgen.

Alles Gute und Schöne, lieber Kroll, und Ihnen herzlich ergeben

Port Marly, 11. Juni 1844. F. Liszt.

---

1) Befreundeter Musiker in Berlin.

39. An Freund*).

Je suis abominablement en retard avec vous, mon cher Freund, mais je ne veux point m'excuser, quoiqu'une maladie de plus d'un mois me soit venue assez à propos pour me justifier pleinement et au delà.

Ci-joint lettres et cartes pour le Baron Lannoy (Haslinger vous dira l'adresse), le Prince Fritz Schwarzenberg, le Docteur Löwe, Kriehuber et Simon Löwy, qui sera bientôt de retour à Vienne. Je vous prie de vouloir bien les remettre en tout cas, soit maintenant, soit plus tard. Si vous voulez me faire un plaisir, vous irez voir mon oncle, Edouard Liszt, et tâcherez de le dépêtrer un peu.

Je déteste trop les répétitions épistolaires pour vous récrire mes projets de voyage jusqu'à l'entrée de l'hiver que je viens de détailler à Kroll, et que vous savez déjà de Hanovre.

Teleky, Bethlen[1]) et Corracioni sont ici et forment une espèce de colonie que j'appelle le Tribu des Huns!

Probablement Teleky viendra me prendre à Weimar vers la mi-Février et nous irons ensemble à Vienne et Pesth — sans oublier Temesvar, Debreczin, et Klausenburg!

J'espère vous trouver alors à Vienne et serai peut-être à même de vous donner un bon coup d'épaule.

En attendant accusez-moi réception de ces lignes; amusez-vous bien et restez-moi toujours *Freund-Freund.*

Tout à vous de sincère et dévouée affection

Port Marly, 11 Juin 1844. F. Liszt.

40. An Franz von Schober.

Gibraltar, 3. März 1845.

Dein Brief erfreut mich kindisch, herzenslieber guter

---

*) Autograph im Besitz von Herrn Prof. Herrmann Scholtz in Dresden.

1) Freunde Liszt's.

Schober! Tout vient à point à qui sait attendre. Ich kann es aber kaum abwarten, Dir zu *gratuliren* und Dich wiederzusehen in Weimar.[1] Leider ist es aber nicht wahrscheinlich, dass ich vor Ende künftigen Herbstes dort eintreffen kann. Erhalte *Du* mir also *Deine Gunst* bis dahin und empfange im Voraus meinen aufrichtigsten Dank für alles, was Du bis dahin für mich gethan und *gekämpft* haben wirst, sowohl in Weimar als in Ungarn!

In Bezug auf Wien schreibt mir Löwy fast dasselbe wie Du. Aufrichtig gesagt, bin ich dem Wiener Publicum unendlich dankbar, denn dieses war es eigentlich, was mich in einem sehr critisch-apathischen Moment geschüttelt und gehoben hat[2]; fühle aber übrigens nicht die mindeste Verpflichtung, ein Jahr früher oder ein Jahr später dorthin zurückzukehren. Meine Wiener Reise wird so ziemlich das Ende meiner Virtuosen-Carrière marquiren. Hoffentlich gehe ich von da (im Monat August 1846) nach Constantinopel, um auf meiner Rückkehr in Italien meinen dramatischen *Rubicon* oder Fiasco zu passiren.

So weit meine festgestellten Aussichten.

Was eigentlich in diesem Frühjahr und Sommer mit mir geschieht, weiss ich nicht genau. Nach Paris gehe ich keinesfalls. Du weisst warum. Mein unglaublich trübseliges Verhältniss mit ..... hat vielleicht auf indirecte Weise am meisten zu meiner spanisch-portugiesischen Reise beigetragen. Ich habe keine Ursache sie zu bereuen, obgleich meine besten Freunde mich davon abhalten wollten. Parfois il me semble que ma pensée mûrit et que mes chagrins vieillissent prématurément à ce beau et profond soleil d'Espagne ...

Viel Schönes und Gutes an Eckermann und Wolff.[3] Letzterem werde ich vom *Rhein*, wo ich jedenfalls (vielleicht

---

1) Als Legationsrath daselbst.

2) Als er im Frühjahr 1838, um zum Besten seiner überschwemmten ungarischen Landsleute zu concertiren, von Venedig nach Wien kam und dort, obwohl ihm Thalberg, Clara Wieck und Henselt vorausgegangen waren, unbegrenzte Begeisterung erregte.

3) Professor W., Herausgeber des »poetischen Hausschatzes«.

4*

mit meiner Mutter und Cosima) einen Monat dieses Sommers zubringen werde, schreiben. Wenn er noch immer Lust hat, in sein und Dein Vaterland (Dänemark und Schweden) zurückzukehren, so können wir auf angenehme Weise diesen Ausflug zusammen machen, als Vacanz-Unterhaltung.

Adieu, lieber vortrefflicher Freund. Erlaube mir, auch Dich so wahrhaft zu lieben, als es ein Bedürfniss meines Herzens ist! Für immer der Deine. F. Liszt.

Was macht Villers? Wenn Du ihn siehst, sage ihm, er möchte mir ein paar Zeilen nach *Marseille*, chez M. Boisselot, facteur de Piano, adressiren.

41. An Franz Kroll in Glogau.

26 Mars 1845, Weymar.

Cher, très cher Kroll,

L'arrivée de votre lettre et du paquet qui l'accompagnait a décidé d'un point très fort en litige entre notre ami *Lupus* [1]) et Farfa-Magne-quint-quatorze! [2]) Il s'agissait de rendre sensible à cette dernière la différence qu'il y avait entre ces deux verbes allemand »Verwundern, Bewundern« et de traduire nettement à son esprit, si ingénieusement récalcitrant parfois, la progression entre Verwundern und Erstaunen. Or, voyez quelle merveilleuse solution de la difficulté votre paquet et votre lettre nous ont fournie, et combien j'ai été heureux de la démonstration suivante:

»Kroll's edles Freundschafts-Gefühl muss man *bewundern;* über den Beweis seines Fleisses durch die Copiatur der Messe kann man sich *verwundern;* sollte dieser Fleiss andauernd sich bewähren, so werden wir zuvörderst *erstaunen,* und nach und nach durch die Resultate, die er hervorbringen muss, gelangen wir wieder zur *Bewunderung.*«

Je ne sais comment vous jugerez philologiquement de cet

---

1) Vermuthlich Liszt's Freund, Professor Wolff (1791—1851).
2) Wem diese Bezeichnung gilt, bleibt unverständlich.

exemple; mais ce qu'il y a de certain c'est qu'il a paru tout à fait concluant à notre auditoire.

Ernst[1]) vient de passer une huitaine de jours ici pendant lesquels il s'est joué quelques centaines de *rubber* de Whist à l'»Erbprinz«. C'est une noble, douce et délicate nature que la sienne; et plus d'une fois pendant son séjour je me suis pris à *vous* regretter pour lui, et aussi à le regretter *lui*, pour vous. Lundi dernier il a eu la complaisance de jouer, à son ordinaire et admirable manière, au Concert du *Pensions-Fonds* de l'orchestre. Les morceaux qu'il avait choisis, étaient son nouveau Concerto pathétique (en fa ♯ mineur) et un Caprice extrêmement piquant et brillant sur des Mélodies hongroises. (Ce dernier morceau m'est dédié.) Le public s'est montré de bon aloi, voir même chaleureux, ce qui d'habitude est le moindre de ses défauts.

Milde, qui n'est guère jaseur, comme vous savez, a cependant le tact de trouver dans certaines circonstances les mots qu'il y a à dire. Aussi lorsque nous accompagnâmes Ernst au chemin de fer, il a exprimé notre sentiment à tous: »Wie schade, dass Kroll nicht hier ist!«

En général vous avez laissé ici le souvenir que vous laisserez en tout pays; celui d'un homme de cœur, de talent, de tact et d'esprit. Une seule de ces qualités suffit pour distinguer un homme de la tourbe vulgaire; mais quand on est assez bien né pour les posséder ainsi en quatuor, il faut absolument que la *volonté*, et une volonté active se mêle de la partie pour leur faire produire leurs meilleurs fruits au dehors, — ce que vous ne tarderez pas de faire, j'en suis persuadé.

Votre frère a passé ici, avant-hier, croyant vous trouver encore. Je lui ai donné votre adresse, et l'ai engagé à s'informer de vous chez Schlesinger à Berlin où il compte se trouver *le 8 Avril*. Ne manquez donc pas à prévenir de façon ou d'autre Schlesinger, aussitôt votre arrivée à Berlin.

M. de Zigesar[2]) ayant été obligé de partir en toute hâte

---

1) Der berühmte Geiger (1814—65). 2) Weimarer Intendant.

pour la Haye, à la suite de Mme la Gde Duchesse héréditaire, j'attendrai son retour pour vous envoyer les lettres pour Mr de Witzleben. Je les adresserai à Schlesinger les premiers jours d'Avril.

Nous étudions très vivement l'opéra du Duc de Coburg »Toni, oder die Vergeltung«, que nous donnerons Samedi prochain. La partition contient vraiment de jolies choses et d'un effet très agréable; malheureusement je ne saurais en dire autant du libretto.

Deine Mai-Luftschlösser wollen wir ganz solid in Weimar aufbauen — car je compte toujours vous revoir à cet époque avec notre charmant, brave et digne ami Conradi. Veuillez bien, cher Kroll, vous charger d'exprimer à Mr Germershausen ainsi qu'à sa famille, combien je suis sensible à son bon souvenir — quand j'irai à Sagan je me donnerai sûrement le plaisir de lui faire ma visite — et croyez-moi bien sincèrement toujours votre très affectionné ami F. Liszt.

42. An Abbé de Lamennais*).

Permettez-moi, illustre et vénérable ami, de me rappeler à votre bienveillant souvenir par l'intermédiaire de M. Ciabatta qui a déjà eu l'honneur de vous être présenté chez moi l'année dernière. Il vient de faire tout le voyage d'Espagne et de Portugal avec moi et pourra vous en donner les nouvelles les plus exactes. J'aurais bien voulu aussi le charger de vous remettre la partition maintenant terminée du chœur que vous avez eu la bonté de me confier (»Le fer est dur, frappons!«); mais malheureusement, il n'en est pas de la musique comme de la peinture ou de la poésie, il ne suffit pas du double regard du corps et de l'âme pour la saisir, il faut qu'elle soit exécutée et encore très-bien exécutée pour être comprise et sentie; or l'exécution d'un chœur de la taille de celui-là n'est pas chose aisée à Paris, et je ne voudrais même pas la risquer sans diriger moi-même les répétitions

---

* Autograph im Besitz von Hrn. Alfred Bovet in Valentigney.

préalables. En attendant qu'une occasion favorable se présente, permettez-moi de vous dire que j'ai été heureux de cette tâche et que j'espère ne pas y avoir entièrement failli. N'était-ce la peur de vous paraître bien indiscret, j'oserais peut-être réclamer de votre bonté la série complète de ces compositions simples et sublimes à la fois, dont vous seul avez le secret. Trois autres chœurs dans le genre de celui des Forgerons qui résumeraient les plus poétiques modes de l'activité humaine et dont le titre serait (sauf votre avis): les *Laboureurs*, les *Matelots* et les *Soldats*, formeraient une Epopée lyrique dont le génie de Rossini ou de Meyerbeer s'enorgueillirait. Je sais que je n'ai aucun droit à y prétendre; mais votre bonté à mon égard a toujours été si grande que je garde un peu l'espoir d'en obtenir cette nouvelle et glorieuse faveur. Si pourtant ce travail devait vous occasionner une seule heure d'ennui, veuillez bien regarder ma demande comme non avenue et me pardonner le regret que je conserverais de l'*irréalisation* de cette belle pensée.

Mes affaires ne me rappelant pas nécessairement à Paris, je préfère ne pas y revenir pour le moment. Au mois de Juillet je compte aller à Bonn pour l'inauguration du monument de Beethoven et y faire exécuter une Cantate que je viens d'écrire pour cette occasion. Le texte du moins en est assez neuf; c'est une sorte de *Magnificat* du Génie humain conquis par Dieu à la révélation éternelle à travers le temps et l'espace; texte qui pourrait aussi bien s'appliquer à Goethe ou Raphael, ou Colomb, qu'à Beethoven. A l'entrée de l'hiver je reprendrai mon service à la Cour de Weymar, auquel j'attache de plus en plus une sérieuse importance.

Si vous étiez assez bon pour m'écrire quelques lignes, j'en serais tout à fait heureux et reconnaissant. En les faisant remettre, soit à l'adresse de ma mère, Rue Louis le Grand 20, soit à celle de mon secrétaire Mr Belloni, rue neuve St George N° 5, elles me parviendront toujours à très-peu d'intervalle.

J'ai l'honneur d'être, Monsieur, votre très reconnaissant et dévoué serviteur F. Liszt.

Marseille, 28 Avril 45.

43. An Frédéric Chopin*).

Cher Chopin,

M. Benacci, associé de la Maison Troupenas, et à mon sens l'éditeur le plus intelligent et le plus large en affaires qui soit en France, me demande quelques lignes de recommandation pour toi. Je les lui donne d'autant plus volontiers, que j'ai la parfaite conviction qu'en toute circonstance tu n'auras qu'à te louer de ses procédés et de son activité. Mendelssohn qu'il a rencontré en Suisse il y a 2 ans en a fait son éditeur exclusif pour la France, et pour ma part je suis sur le point d'en faire autant. Ce me serait une véritable satisfaction que tu veuilles bien lui confier quelques-uns de tes manuscrits et si ces lignes pouvaient contribuer à te déterminer, je sais qu'il m'en aurait de la reconnaissance.

Bien à toi, de sérieuse et vive amitié

Lyon, 21 Mai 45. F. Liszt.

44. An George Sand**).

Sans vouloir ajouter à tous vos inévitables ennuis celui d'une correspondance dont vous n'avez guère à vous soucier, permettez-moi, cher George, de m'autoriser de votre ancienne indulgence pour les gens qui vous écrivent sans demander de réponse et de me rappeler à votre souvenir en chargeant

---

*) Autograph im Besitz von Hrn. Alfred Bovet in Valentigney. — Der grosse polnische Tondichter (1809—49) stand in Paris in nahem Verkehr mit Liszt, der ihm in seinem Werk »F. Chopin« (1851, 2. Aufl. 1879, Breitkopf & Härtel; deutsch von La Mara 1880) ein unvergängliches Denkmal setzte.

**) Autograph im Besitz von Hrn. Alfred Bovet in Valentigney. — Mit der Empfängerin, Frankreichs grösster Schriftstellerin, war Liszt langjährig befreundet; auf ihrem Musensitz Nohant war er — auch mit der Gräfin d'Agoult — ein häufiger Gast. Drei Briefe, die er 1835 u. 1837) für die »Gazette musicale« schrieb, geistreiche Causerien über Kunst, Natur, Religion, Freiheit u. s. w. (Ges. Schriften Bd. II) tragen G. Sand's Adresse.

M. Benacci de ces lignes. Elles ont bien pour but ostensible de vous recommander le susdit Benacci de manière à ce qu'à votre tour, vous vouliez bien le recommander plus particulièrement à Chopin (et par parenthèse je m'abstiendrais parfaitement de cette négociation si je n'avais la ferme persuasion que Chopin ne regrettera pas d'entrer en relations d'affaires avec Benacci, lequel en sa qualité d'associé de la maison Troupenas est un des plus gros et des plus intelligents bonnets du genre); mais au fin fond, je vous écris surtout, et pourquoi ne pas le dire tout bonnement, pour le plaisir de causer quelques instants avec vous. Ne vous attendez donc à rien d'intéressant et si mon écriture vous ennuie, jetez ma lettre au feu, sans continuer.

Savez-vous avec qui je viens de faire des conversations interminables sur vous, en vue de Lisbonne et de Gibraltar? Avec ce brave, excellent et original Blavoyer, l'Ahasverus du commerce, que j'avais déjà rencontré plusieurs fois sans le reconnaître jusqu'à ce qu'enfin il me revint en mémoire nos dîners de l'Ecu de Genève et la fameuse Pipe!

Durant ce trajet d'un mois de Lisbonne à Barcelone, nous mîmes à sec en votre honneur et gloire je ne sais combien de bouteilles de vin de Xeres, et un beau soir il me confia d'une manière si simple et si charmante son chagrin de n'avoir pu retrouver plusieurs des lettres que vous lui écrivites en Russie, je crois, et qu'on lui a volées, que je me pris d'attachement pour lui, et de son côté il en fit autant pour moi. Le fait est qu'il ne saurait exister deux *Blavoyer* sous la calotte des cieux, et sa personne est bien le seul échantillon dont il ne puisse fournir la marchandise en gros, car du reste il n'est sorte de choses dont il n'approvisionne les diverses parties du Globe.

A propos de Lisbonne et d'approvisionnement, avez-vous du goût pour les camélias? Ce me serait un bien grand plaisir de vous en expédier une petite cargaison de Porto; mais je n'ai pas osé le faire avant de savoir, si par hazard vous n'en aviez pas une antipathie prononcée.

Malgré le désintéressement avec lequel j'ai commencé cette

lettre, j'en viens pourtant sans savoir trop comment à vous demander de m'écrire. N'en faites que ce que vous voudrez; mais pardonnez-moi en tout cas de vieillir et d'en arriver à ce point où les nobles souvenirs grandissent à mesure que les mesquineries étranglantes de la vie quotidienne reprennent leur véritable niveau. Oui, dussiez-vous me trouver plus *crétin* encore que par le passé, il m'est impossible de faire bon marché de votre amitié pour moi et de ne pas attacher un très grand prix à ce que de façon ou d'autre, elle n'en vienne pas à se discorder et à se détendre complètement.

Les exigences de ma carrière actuelle ne me laisseront guère le loisir de retourner de sitôt à Paris, je n'aurai donc probablement pas l'occasion de vous voir avant deux ans. Vers la mi-Juillet j'irai à Bonn pour l'inauguration du monument de Beethoven. N'était-ce la banalité d'un voyage du Rhin, j'insisterais bien auprès de vous, pour que vous me permettiez de vous faire, ainsi qu'à Chopin, les honneurs de la rive gauche et de la rive droite (un peu moins mal que je n'étais en état de vous faire ceux de Genève!). Ma mère et mes enfants viendront me rejoindre à Cologne dans 5 ou 6 semaines; mais je ne compte pas assez sur les hazards favorables pour espérer que nous nous rencontrions jamais dans ces parages, quoiqu'après vos hivers de travail et de fatigue un voyage de ce genre vous serait à tous deux une distraction réconfortante.

A la fin de l'automne je reprendrai mon bout de service à Weymar; plus tard j'irai à Vienne et en Hongrie; et de là je reviendrai en Italie par Constantinople, Athènes et Malte.

Si donc un de ces quatre matins vous vous trouvez en belle humeur, répondez-moi un mot au sujet des camélias; en envoyant votre lettre à ma mère (20 Rue Louis le Grand) elle me parviendra aussitôt.

De toutes façons, comptez bien *toujours* et *partout* sur ma profonde amitié et mon respectueux dévouement.

F. Liszt.

Lyon, 21 Mai 45.

45. An Abbé de Lamennais*).

Oh! non, il n'y a point et il ne saurait jamais y avoir d'*indiscrétion* de vous à moi. Croyez bien que je ne me suis pas trompé sur le motif qui vous a déterminé à m'écrire avec une si grande bonté, et s'il m'était arrivé de répondre trop vivement et trop longuement, veuillez bien me le pardonner. Surtout ne me punissez pas en me retirant la plus légère parcelle de votre sainte amitié.

Mr de Lamartine chez lequel je viens de passer deux ou trois jours, à Montceau, m'ayant raconté que vous lui aviez lu »*Les Forgerons*«, je lui en ai fait entendre la musique. Permettez-moi d'espérer encore qu'un jour ou l'autre vous voudrez bien compléter la série et que pour ma part je ne resterai pas trop indigne de cette tâche.

Bien à vous de tout cœur

Dijon, 1 Juin 45. F. Liszt.

46. An Gaetano Belloni in Paris**).

Cher excellentissime Belloni,

Tout marchera et moi je ne m'arrêterai pas non plus. Bonn est en émoi depuis mon arrivée; [1] j'en finirai aisément avec l'opposition mesquine et sourde qui s'était formée contre moi.

Au moment où vous arriverez, j'aurai bien et dûment conquis ma véritable position.

Veuillez bien ajouter à la liste de vos commissions:

La croix de Charles III

---

*) Autograph im Besitz von Hrn. Alfred Bovet in Valentigney.

**) Autograph im Besitz von Hrn. Etienne Charavay in Paris. — Adressat Liszt's sehr bewährter Secretär während seiner Concertreisen durch Europa 1841—47.

1) Es galt der mehrtägigen Feier zur Enthüllung des Beethoven-Denkmals (von Hähnel) in Bonn, bei der sich Liszt, der grossmüthige Mitstifter des Denkmals, als Pianist, Componist und Dirigent betheiligte.

et la croix du Christ de Portugal, grand format. Vous savez qu'elle se porte au cou.

Ne perdez pas de temps et ne tardez pas trop à venir.

Bien à vous de tout cœur

23 Juillet 45. F. Liszt.

Mille tendresses à Madame Belloni. — Ci-joint quelques lignes pour Benacci que vous aurez la bonté de lui remettre.

47. An Madame Rondonneau in Sedan*).

Nonobstant grêle, neige, pluies et gelées me voici enfin après 48 heures de route arrivé à l'hôtel de l'Empereur romain à Francfort et j'en profite tout d'abord pour vous dire de nouveau, mais non pas une dernière fois, combien je suis sensible au charmant et affectueux accueil que vous avez bien voulu me faire pendant mon trop court, et pour ma part malheureusement, trop mauvais séjour de Sedan. Veuillez bien, Madame, être assez bonne encore pour vous constituer mon interprète et mon avocat auprès de Madame Dumaître qui a été d'une si rare et cordiale amitié pour moi. Assurément je ne pourrais confier ma cause (si mauvaise qu'elle pût être) à des mains plus délicates et à une éloquence plus persuasive, si l'éloquence n'est effectivement que »l'art de dire ce qu'il faut, tout ce qu'il faut et rien que ce qu'il faut« comme l'a définie La Rochefoucauld. Définition d'où le général Foy a tiré un grand mouvement oratoire »la Charte, toute la Charte (moins l'article 14 et autres peccadilles cependant!), et rien que la Charte.«

»Mais ne parlons pas politique« comme répondit si à propos Lablache à Giulia Grisi qui s'avisa un beau matin de critiquer Don Juan!

Parlons encore de Sedan et laissez-moi vous répéter combien je serais heureux d'être à même, un jour ou l'autre, de témoigner aux personnes que j'ai connues par votre intermédiaire quel reconnaissant souvenir j'en conserve.

*) Autograph im Besitz von Hrn. Etienne Charavay in Paris.

Veuillez bien, Madame, vous charger de mes meilleurs et plus affectueux remerciements pour M. Rondonneau et agréez, je vous prie, l'expression de mes hommages les plus respectueusement empressés et les plus dévoués.

11 Février, Francfort, 1846. F. Liszt.

P. S. — Pressé par le temps et retenu par une bête de délicatesse peut-être, je suis parti sans m'acquitter envers mon médecin.

Si vous le jugez à propos, veuillez bien me faire crédit d'un napoléon et le lui remettre de ma part: Madame Kreutzer sera mon banquier à Paris.

Adieu et à revoir.

48. Monsieur Grillparzer *).

Serez-vous assez bon, mon cher Monsieur, pour venir dîner sans façon avec plusieurs de vos amis et admirateurs vendredi prochain à 3 heures (Stadt Frankfurt)? Je serais extrêmement sensible à cette marque de bienveillance de votre part. M. Bauernfeld m'a fait espérer que vous ne me refuseriez pas. Permettez-moi de croire qu'il ne se sera pas trompé, et veuillez bien agréer de nouveau l'expression de ma plus haute considération et de ma sincère admiration.

Mardi matin. [1846?] F. Liszt.

49. An Legationsrath Franz von Schober in Weimar.

[Prag, 11. April 1846.[1])]

Lieber Freund,

Deine Commissionen sind besorgt. Die *Wartburg* ist durch

---

*) Original ohne Datum im Besitz der Baronin Mayrhofer-Grünbühel in Klagenfurt. Es dürfte dem Jahre 1846 angehören, wo Liszt vom 1. März bis 17. Mai zehn Concerte in Wien veranstaltete, auch einen grossen Theil des Sommers daselbst verlebte. Demselben Jahr entstammt eine poetische Huldigung des grossen Dichters für den unvergleichlichen Zauberer am Clavier. Der vorliegende, an sich wenig sagende Brief ist der einzige, der sich von Liszt's Hand in Grillparzer's Nachlass vorfand. 1) Laut Poststempel.

Bauernfeld an die »Allgemeine« abgesendet und wird hoffentlich nicht zu lange *warten*.[1]) Eine zweite Copie dieses Artikels habe ich nach Paris expedirt und soll dort in französischer Gestalt erscheinen. Das Märchen fungirt bereits in der Wiener Theaterzeitung — ein sehr verbreitetes Blatt (und deswegen nicht besser!), wo es ganz hübsch prangt.

Durch O. L. B. Wolff könnte man die besten Verbindungen mit Frankfurt (Journal de Francfort, von Beurmann redigirt — et par son intermédiaire, qui est au moins un intermédiaire honnête et anständig, mit dem deutschen Frankfurter Journal, oder der Oberpostamts-Zeitung, ja sogar mit der Didaskalia) anknüpfen.

Besprecht das zusammen mit Wolff!

Ebenso mit der *illustrirten* Leipziger, wo der Artikel über die Wartburg mit einer Illustration baldigst erscheinen sollte. Wolff kann das auch besorgen, und im Falle es nothwendig wäre, kann ja die Zeichnung in Gottes Namen bezahlt werden. Der Weimar'sche Staat wird ja dadurch nicht ruinirt. Pereat dem Philisterium und seinem ohnmächtigen Cretinismus!!!

An Brockhaus brauchst Du blos eine Zeile zu schreiben, und die Spalten der Deutschen Allgemeinen stehen Dir offen. Deine persönliche und officielle Stellung in Weimar berechtigen Dich ganz dazu. Später en passant durch Leipzig kannst Du sehr leicht dieses Verhältniss consolidiren.

Mein Aufenthalt in Ungarn (Pesth) wird wahrscheinlich sich auf die erste Hälfte Mai beschränken. Schwab werde ich jedenfalls besuchen. Sardanapal[2]) (italienisch) kommt höchst wahrscheinlich künftige Saison (Mai) in Wien an's Brett und Bett.

Mein Weimarer Aufenthalt diesen Sommer .... ?? —[3])

1) Ein Aufsatz über den vorzunehmenden Ausbau der Wartburg.
2) Eine von Liszt geplante Oper.
3) Fortsetzung des Briefes fehlt.

50. An Legationsrath Franz von Schober in Weimar.

Schloss Grätz (bei Fürst Lichnowsky), 28. Mai 1846.

Ihr seid curiose Leute in Weimar. Nach Possibilität schreit Ihr, und dann, sobald die Sache in Gang gebracht wird, erschreckt Ihr wieder davor! Quoiqu'il en soit, voici les instructions que je reçois de Paris — et si vous avez toujours envie d'un article sur la Wartburg dans un journal français, il faudra vous y conformer et partant envoyer à l'adresse de ma mère (20, rue Louis le grand) la petite notice indispensable.

Die Note meines Pariser Correspondenten lautet folgender Weise:

»L'article tel qu'il est ne serait publiable dans aucun journal français: il faut en faire un autre, où l'on explique en peu de mots *en quoi* et *comment* la Wartburg est historiquement intéressante pour l'Europe, et pourquoi l'Europe doit s'intéresser à sa restauration: puis faire une courte description architecturale du château; mais surtout ne pas oublier qu'on doit être lu par des Français, insouciants de ce qui se passe en Allemagne et ignorants au suprême degré d'histoire et de légende allemande.

Je me résume:

1° Un court récit historique et légendaire de la Wartburg.

2° Comment on l'a laissé tomber en ruines.

3° Comment on la restaure.

Enfin beaucoup de faits et de noms propres, comme disait excellemment M. de Talleyrand.

Einverstanden also: Sobald Du diesen *Canevas d'article* nach dieser bestellten Weise fertig hast (er kann Dir zur selben Zeit für die Illustrirte dienen), so schicke ihn an meine Mutter durch Weyland. Meine Mutter wird schon prevenirt sein durch mich, an wen sie ihn abzugeben hat.

Mit Schwab ist nichts anzufangen. Sein »Delirium« (wie ich es nenne)[1]) stand eine Woche in meiner Stube, und wir

---

1) Ein Tellurium nämlich.

standen dabei wie die Ochsen am Berge. Nie und niemals aber konnten wir es dahin bringen, dass der gute Schwab irgend eine *Basis* oder eine *preuve* seines Calcüls uns verständlich zu machen versuchte. Meine Meinung ist: que pour dégager *l'inconnu* de sa découverte, er müsste ein Exemplar an die Academie zu Wien und zwei andere an die Berliner und Pariser Academie zur Prüfung und Erörterung einsenden. Kann ich ihm in diesem Bezug mit Briefen an Humboldt und Arago angenehm sein, so will ich es recht gerne übernehmen, — aber es liegt evident am Tage, dass incompetente Privat-Sympathien bei solch einer sensitiven Erfindung nichts zu bedeuten haben und daher nichts vermögen. En attendant hat man ihm eine Subscription von 800 Gulden Münz gemacht, und die Maschine dafür für das Pesther Museum angekauft.

Die Reliquie mit authentischer Constatation liegt in dem zugesperrten Koffer bei Wolff. Ersuche den *Herrn Bibliothekar* (es würde mich wahrlich kränken, wenn er nicht ernannt wird), er möchte so gut sein und dieses kleine Heiligthum herausfinden — es ist sehr leicht zu erkennen — und mir es an Haslinger's Adresse: Graben, Wien, zusenden.

Ueber meinen Process Weiteres in Weimar. En attendant danke meinem vortrefflichen Advocaten (schnupft er?) vielmals und bitte ihn, mir seine Gunst fort zu gewähren.

Wenn ich weiss, dass es dem jungen gnädigen Herrn [1]) angenehm ist, mich diesen Sommer in Weimar zu sehen, so komme ich hin — nonobstant dem dérangement, welches diese Reise mir veranlasst. Du weisst, dass ich Ihm herzlich und persönlich *uninteressirt* zugethan bin. Ich wünschte auch, Ihm Mehreres mitzutheilen, und dafür wäre ein Sommer-Aufenthalt mit Spaziergängen (die ich in der Regel nicht ausstehen kann, wie Du weisst) passender und bequemer.

Mein Pesther Aufenthalt könnte ernste Früchte tragen — wenn nicht das *Byron*'sche Element, welches Du in mir bekämpfst, sich immer vorherrschender geltend machte....

---

1) Der damalige Erbgrossherzog und jetzige Grossherzog von Sachsen.

Leb wohl und thätig! Ein rendez-vous kann ich Dir nicht geben. *Ich bin nicht mein eigener Herr.* Im August gedenke ich nach Oedenburg und von da zu Leo und Augusz (dieser in Sgegzard) zu peregriniren. Komme ich nach Weimar, so ist es im Juli.

Adressire immer an *Haslinger.*

Adieu, lieber vortrefflicher Schober. Bleib mir gut, so wie Du mir lieb!

Dein herzlich ergebener Freund F. Liszt.

Grüsse freundschaftlichst Ziegesar und Wolff.

51. An Alexander Séroff[1]).

Je suis tout-à-fait reconnaissant, mon cher Monsieur, du bienveillant souvenir que vous avez bien voulu me garder depuis Pétersbourg,[2]) et vous demande mille excuses de n'avoir pas répondu plus tôt à votre si charmante et intéressante lettre. Les opinions musicales que vous avez la bonté de me développer étant depuis longues années complètement les miennes, je n'aurais garde d'entreprendre de les discuter aujourd'hui avec vous. Il ne pourrait tout au plus se trouver qu'un seul point sur lequel nous devons différer sensiblement; mais ce seul point n'étant autre que ma simple personne, vous trouverez bon que je me sente fort embarrassé de ma thèse, et que je m'en tire de la façon la plus commune en vous remerciant bien sincèrement de la trop flatteuse opinion que vous vous êtes faite à mon sujet.

L'ouverture de »Coriolan« est un de ces chefs-d'œuvre *sui generis,* carré par la base, sans antécédent ni conséquences dans les œuvres analogues. Vous souvient-il de l'exposition de la tragédie du même nom de Shakespeare (scène et acte I)? C'est le seul pendant que je lui sache, dans les productions

---

1) Russischer Musikkritiker und Componist (1820—71).

2) Séroff befand sich damals in der Krim.

du génie humain. Relisez et comparez en méditant. Vous êtes digne de ces hautes émotions de l'art, par la ferveur du zèle avec lequel vous desservez son culte. Votre partition de piano de l'Ouverture de Coriolan fait tout honneur à votre conscience d'artiste, et témoigne d'une rare et patiente intelligence, indispensable pour mener à bonne fin cette tâche. S'il m'arrivait de publier ma version de la même Ouverture (elle doit se trouver dans mes cartons en Allemagne) je vous demanderai la permission de vous envoyer par l'intermédiaire du Prince Dolgorouki[1]), dont je serais embarrassé de vous dire tout le bien que j'en pense — un exemplaire annoté que je vous prierai d'ajouter à l'autographe insignifiant auquel vous faites vraiment trop d'honneur en y attachant un si affectueux prix!

Veuillez bien, mon cher Monsieur, agréer de nouveau l'expression de mes sentiments les plus distingués et les plus affectueusement dévoués.

Elisabethgrad, 14 Sept. 47. F. Liszt.

52. An Carl Haslinger in Wien*).

Woronino, 19 Décembre 47.

Mon cher Karolus,

Je suis charmé d'apprendre par vous la nouvelle de l'arrivée de ma caisse de Galatz. Veuillez bien avoir la complaisance de l'expédier promptement et sûrement pour Weymar de façon à ce que je la retrouve dès mon arrivée dans cette (ville) (à la fin de ce mois) et en mon absence adressez-la à

---

1) Fürst Argontinski-Dolgorouki, eifriger Musikliebhaber, Freund Liszt's, war in der Krim reich begütert.

*) Original (ohne Adresse) im Besitz von Hrn. Alfred Bovet in Valentigney. Es ist ohne Zweifel an den obengenannten Musikverleger (Sohn des bekannten Tobias H.) gerichtet, der — Czerny's Schüler — zugleich Pianist und Componist (1816—68) und mit Liszt befreundet war.

Mr le Baron *de Ziegesar*, Chambellan de S. A. R. la Grande-Duchesse héréditaire. Par la même occasion priez Löwy de m'expédier également les autres caisses à moi appartenant et qui sont restées, soit chez lui, soit ailleurs, à mon adresse à Weymar, à moins qu'il ne préfère les prendre avec lui quand il viendra me voir.

Dans ma dernière lettre à mon oncle je l'ai chargé d'une commission pour vous, relativement à l'envoi que je vous prie de me faire des Mélodies et Rhapsodies hongroises *au complet*; plus, le Schwanengesang et la Winterreise (transcriptions) l'édition grand format, brochée en volume. Puisque vous avez fait tirer des épreuves de mes nouvelles Rhapsodies, faites de tout cela un paquet qui me sera une agréable surprise à mon arrivée.

J'ai passablement travaillé ces deux derniers mois à plusieurs choses qui ne me déplaisent pas, entre deux cigarres le matin; mais j'ai besoin de retourner en Allemagne pour quelques semaines afin de m'accorder un peu au ton général et de me récréer à la vue et à l'audition des choses merveilleuses qu'y produisent ... ma foi je ne sais trop qui en particulier, si ce n'est tout le monde en général.

Haben Sie etwas bei mir anzufris... [1]), so sagen Sie es und geben Sie mir Ihre Ideen über Schnitt und Geschmack.

Senden Sie mir auch die bei Ihnen und Mechetti herausgekommenen Schumannischen Opus (Kreisleriana etc.) nebst den 6 Pedal-Fugen von Bach, welche ich mir noch besser einstrudeln will. Wenn die 3 Sonnette (beide Gesang- und Clavier-Auflagen) schon *recorrigirt* sind, bitte auch recht schön um ein Autor-Exemplar.

Adieu, lieber Karolus. Ich recommandire Ihnen meine *Kiste* — und recommandire mich auch selbst

als Ihr ergebener Freund F. Liszt.

---

1) Ein nicht anders zu entzifferndes unausgeschriebenes und unverständliches Wort.

Es versteht sich von selbst, dass Ihnen das ausgegebene Geld für den *Transit* der Kiste sogleich ersetzt sein soll — blos *beschleunigen* Sie die Sendung.

Viel Schönes und Gutes Ihrer Frau.

Löwy wird Ihnen meinen Wunsch in Bezug auf den Credit für meinen Oncle Eduard mittheilen.

Weimar.

53. Sr. Hochwohlgeboren Herrn Baron von Dornis, Jena.*)

Das Vertrauen, das Sie, hochgeehrtester Herr Baron, in mich setzen, ist allerdings ein sehr schmeichelhaftes, aber um demselben nach Ihren Wünschen zu entsprechen, müsste ich ganz andre Mittel zu meiner Disposition stellen können, als dies wirklich der Fall ist.

Sehr erfreulich für mich wäre es allerdings, eine von Ihren so geschätzten Arbeiten zu besitzen; jedoch bei dieser Gelegenheit kann ich nicht umhin Ihnen zu bemerken, dass die zu grosse Anzahl vorhandener Büsten, Medaillons, Statuetten, Caricaturen, Medaillen und Portraits aller Gattungen von meiner Wenigkeit mich schon seit längerer Zeit zu dem Entschluss veranlasste, keine weitere Vervielfältigung zu verursachen.

Genehmigen Sie, verehrtester Herr Baron, den Ausdruck meines aufrichtigen Bedauerns, Ihrem freundlichen Wunsch nicht besser entgegen zu kommen, so wie die Versicherung der vollkommensten Achtung Ihres ganz ergebenen

Weymar, 6. März 48. F. Liszt.

54. An Legationsrath Franz von Schober in Weimar.

Schloss Gräz, 22. April 1848.

Theurer, verehrter Freund,

Dein lieber Brief hat mich in der Crisis des *Estro poetico*, welche die »Hungaria«[1]) in mir hervorgebracht, noch mehr Dir

---

*) Autograph im Besitz von Hrn. Buchhändler C. Geibel in Leipzig. — Adressat war Bildhauer.

1) Symphonische Dichtung Liszt's.

genähert, und diesem guten Einfluss zu Danke, hoffe ich, dass Du mit der Composition nicht unzufrieden sein wirst.

Seit meiner Beethoven-Cantate habe ich nichts so Ausgeprägtes und aus einem Guss Dahingestelltes geschrieben. Dieser Tage soll die Instrumentirung beendigt sein, und gelegentlich können wir es in Weimar, Dir zu Ehren, nebst »Weimar's Todten« aufführen lassen.

Ohngeachtet der Sperrung der russischen Grenze ist die F[ürstin] W[ittgenstein], mit einer besonderen officiellen Estafette begleitet, durch Radziwillow und Brody glücklich passirt und seit vier Tagen in Schloss Gräz mit ihrer so liebenswürdig interessanten Tochter etablirt. Nachdem es für die Badesaison noch etwas sehr frühzeitig ist, möchte ich sie persuadiren, vor der Carlsbader Cur (welche ihr leider sehr nothwendig geworden ist!) ein paar Wochen in Weimar zuzubringen. Sollte mir die Erfüllung dieses Wunsches gelingen, so treffe ich zwischen dem 10ten und 15ten Mai in Weimar ein, um der Fürstin ein gehöriges Appartement oder Haus zu prepariren.

Sehr würde es mich freuen, wenn Du Gelegenheit hättest, die F. W. kennen zu lernen. Sie ist unzweifelhaft ein ganz ausserordentliches und *completes* Prachtexemplar von Seele, Geist und Verstand (avec prodigieusement *d'esprit* inclusivement, bien entendu).

Du wirst nicht lange brauchen, um zu begreifen, dass ich fernerhin sehr wenig persönliche Ambition und in mir abgeschlossene Zukunft fortträumen kann. In politischen Verhältnissen mag die *Leibeigenschaft* aufhören, aber die *Seeleneigenschaft* in der geistigen Region, sollte die nicht unzerstörbar sein? . . .

Du, mein theurer verehrter Freund, wirst diese Frage gewiss nicht verneinend beantworten.

In drei Wochen hoffentlich also sehen wir uns wieder. Sei so gut und empfiehl mich unserm jungen Herrn. Was Du mir von Ihm geschrieben, erfreut mich. Baldigst Weiteres und Mehreres. Schreibe mir nicht bis dahin, denn meine Adresse wird einstweilen sehr unsicher sein; aber behalte mich lieb, wie ich Dich liebe und verehre. F. Liszt.

55. An Bernhard Cossmann in Baden-Baden[1].

Die Umstände! Die Zustände! Verehrter Herr, das sind jetzt die sehr umständlichen Redens- und Ausredensarten beim Theater- und Kapellen-Wesen. Leider trifft es sich hier auch so, obgleich unser liebes Weymar, nicht nur von der grossen Cholera, sondern selbst von den geringeren, jedoch ziemlich unangenehmen periodisch politischen Cholerinen fortdauernd befreit, an seiner Ilm ruhig träumen durfte, jedoch ... jedoch ... bin ich leider in der Verpflichtung, Ihr liebenswürdiges Schreiben nicht affirmativer Weise beantworten zu können. Sollten sich aber die Um- und Zustände nach meinem Wunsche gestalten, so würde die Weymar'sche Kapelle es sich zum Vergnügen und zur Ehre rechnen, Sie, mein verehrter Herr, baldigst als Mitglied zu besitzen.

Einstweilen genehmigen Sie die Versicherung der vollkommensten Hochachtung Ihres freundlichst ergebenen

Weymar, 18. Sept. 1848. F. Liszt.

56. An Carl Reinecke[2].

Verehrter Herr,

Ihre freundlichst gütigen Zeilen haben mich sehr erfreut, und die Aussicht, welche sie mir darin geben, Sie bald wieder in Weymar zu begrüssen, ist mir eine sehr angenehme. — Kommen Sie doch recht bald, und wenn möglich auf einige Tage; meinerseits werde ich gewiss alles versuchen, um Ihren hiesigen Aufenthalt, bestens verkürzend, zu verlängern. Das versprochene Conzert interessirt mich lebhaft; es wird uns jedenfalls einen sehr reichen Stoff zu musikalischen Plaudereien geben, und vielleicht nach manchem Plaudern setzen wir uns wieder zur Arbeit und schreiben beide ein neues Conzert. —

Wäre nicht überhaupt das beste Resultat der Critique zu neuem *Schaffen* anzuregen?

---

1) Adressat wurde 1850 Solo-Violoncellist und Kammervirtuos in Weimar, später in Moskau und ist seit 1878 Lehrer am Hoch-schen Conservatorium in Frankfurt a. M.

2) Der als Componist, Pianist und Dirigent gefeierte jetzige Capellmeister der Gewandhaus-Concerte zu Leipzig (geb. 1824).

Wie es auch sein mag, verzögern [Sie] nicht zu lange Ihre Einquartirung im *Erbprinzen*, und sein Sie versichert dass mir Ihr Besuch sehr erwünscht ist —

Freundlichst ergeben

25. März 49 — Weymar. F. Liszt.

Meinen besten schönsten Dank für den prächtigen Rock-Stoff, der mir ein ganz ansehnliches, wohlhabendes, stattliches Aussehen aneignen wird! —

57. An Graf Sandor Teleky?*)

J'ai de triples remercîments à vous faire, cher Comte, et je me sens bien simple pour cela! Vos vers aussi bien que votre prose et votre musique m'ont été les trois fois bien venus à Weymar et la Fantaisie dédiée aux royales heures de loisir de S. A. R. a très agréablement charmé les miennes aussi rares que modestes.

S'il se pouvait que vous ne vous ennuyiez pas par trop à Weymar, il serait bien aimable à vous de nous y procurer le plaisir de votre compagnie pendant un jour ou deux dans le courant de notre saison théâtrale qui finit au 15 Juin. Nous pourrions alors deviser et *musiquer* tout à l'aise (avec ou sans pots cassés, *ad libitum*), et si la Fantaisie nous en prenait, pourquoi ne nous laisserions-nous pas aller à quelque nouvelle *Fantaisie* de loisir sur le *Traum-Lied* de Tony [1]) par exemple, aux heures où nos paisibles habitants dorment, rêvent ou songent creux? A nous deux il faudrait au moins faire la paire!

Veuillez bien, cher Comte, avoir la bonté de me rappeler très *humblement* à l'indulgent souvenir de votre charmante et geistreichen Nachbarin de l'Erbprinz, et recevez de nouveau,

---

*) Das Original ohne Adresse im Besitz von Graf Albert Amadei in Wien. — Der Empfänger war vermuthlich Graf Teleky, ein Freund Liszt's, der ihm auf seinen europäischen Triumphzügen häufig Gesellschaft leistete und sich selbst in Musik und Literatur schöpferisch bethätigte. Er starb im Juni 1892.

1) Wol Baron Augusz, Liszt's 1878 verstorbener naher Freund in Szegzard.

je vous prie, la cordiale expression de mes sentiments les plus affectueux et les plus distingués.

Weymar, 5 Mai 1849. F. Liszt.

58. An Belloni?*)

Weimar, 14. Mai 1849.

Lieber B.

Richard Wagner, Kapellmeister von Dresden, ist seit gestern hier. Das ist ein Mann von bewundernswürdigem Genie, ja ein so schädelspaltendes Genie[1], wie es für dieses Land passt, eine neue und glänzende Erscheinung in der Kunst. Die letzten Ereignisse in Dresden haben ihn zu einem Entschlusse genöthigt, bei dessen Ausführung ich ihm mit allen meinen Kräften zu helfen fest entschlossen bin. Nachdem ich lange darüber mit ihm berathen, sollen Sie hören, was wir ausdachten und was sich auch durchaus realisiren muss. Zuerst wollen wir einer grossen, heldisch bezaubernden Musik Erfolg verschaffen, deren Partitur seit einem Jahre vollendet ist.[2] Vielleicht geht dies in London? *Chorley*[3] z. B. könnte ihm in diesem Unternehmen sehr förderlich sein. Käme Wagner im nächsten Winter mit diesem Erfolge in der Tasche nach Paris, so würden sich ihm, mit was immer er anklopfte, die Pforten der Oper öffnen. Ich habe wohl nicht nöthig, *Ihnen* gegenüber in nähere, lange Erörterungen einzutreten; Sie verstehen und müssen sich informiren, ob es in diesem Augenblicke in London ein englisches Theater giebt (denn die italienische

*) Der wahrscheinlich an den früher erwähnten Belloni gerichtete Brief wurde, wie vorliegend, in deutscher Übersetzung und unvollständiger Gestalt in der »Neuen Musik-Zeitung« (Cöln, Tonger) v. 1. Oct. 1881 durch Wilhelm Tappert veröffentlicht. Es gelang d. Herausg. leider nicht, desselben vollständig und im Original habhaft zu werden. Laut Tappert, erklärte ihn eine belgische Musik-Zeitung aus Ersterem unbekannten Gründen für unecht.

1) »Un génie si trépantique«.

2) Lohengrin.

3) Chorley (1808—1872) war als Schriftsteller, Kritiker und Mitarbeiter am »Athenäum« in London von grossem Einfluss.

Oper würde unserm Freunde nichts nützen!) und ob einige Aussichten sind, dass ein grosses und schönes Werk von Meisterhand dort Erfolg haben könnte[1]. Beantworten Sie mir das so schnell als möglich. Später, d. h. gegen Ende des Monats, wird Wagner durch Paris kommen. Sie werden ihn sehen und er wird mit Ihnen direct sich unterhalten über die Richtung und Ausdehnung des ganzen Planes und herzlich für jede Gunst dankbar sein... Schreiben Sie bald und helfen Sie mir wie immer. Es handelt sich um ein edles Ziel, zu dessen Erreichung Alles geschehen muss.

59. An Carl Reinecke.

Weymar, 30 Mai 1849.

Je vous remercie beaucoup, cher Monsieur Reinecke, de vos bonnes lignes, et me plais à espérer que vous êtes heureusement arrivé à Brême, qui doit être très charmé de vous posséder. On m'a toujours vanté le goût musical de cette ville, et je me persuade aisément que les habitants auront le bon goût de vous apprécier à toute votre valeur, et que vous vous y créerez sans trop d'encombre une belle et bonne position.

Wagner qui devra probablement perdre la sienne à Dresde, par suite des derniers événements, est venu passer quelques jours avec moi ici. Malheureusement la nouvelle de son *Steckbrief* est arrivée le jour de la représentation du *Tannhäuser*; ce qui l'a empêché d'y assister. A l'heure qu'il est, il doit être arrivé à Paris, où il trouvera sûrement un terrain plus favorable au déploiement de son génie dramatique.

Le succès aidant, ainsi que je l'ai souvent dit, il finira même par être reconnu pour un grand compositeur *allemand* en Allemagne, à la condition de faire d'abord représenter ses

---

1) Nicht in London sondern in Weimar erlebte »Lohengrin« bekanntlich die erste Aufführung (28. Aug. 1850). Erst 25 Jahre später lernte London, mit der italienischen Operngesellschaft und Nicolini in der Titelrolle, Wagner's Werk auf der Bühne kennen, und der Componist hörte es zum ersten Male in Wien am 15. Mai 1861.

ouvrages à Paris ou à Londres, à l'exemple de Meyerbeer, pour ne point parler de Gluck, Weber et Händel!

Wagner m'a témoigné ses regrets de n'avoir pu mieux répondre aux quelques lignes de recommandation que je vous avais données pour lui. Si jamais vous vous trouvez dans le même endroit, ne manquez pas à l'aller voir de ma part, et vous pouvez être certain d'en être bien accueilli.

Je vous suis fort obligé d'avoir parlé de moi à Schumann de la manière dont lui serait au moins en droit d'en penser. Il m'intéresserait fort de connaître sa composition de l'Epilogue de *Faust.* S'il la publie je tâcherai de la faire exécuter convenablement ici, soit à la Cour, soit au Théâtre. En passant dernièrement à Francfort, j'ai jeté un coup d'œuil sur la partition de Geneviève dont la représentation m'avait été annoncée à Leipzig pour la mi-Mai au plus tard. Je crains bien que Schumann ne se trouve aux prises avec les difficultés et les lenteurs qui accompagnent ordinairement l'exécution de toute œuvre élevée. On dirait qu'une fée maligne, pour contrebalancer quelque temps les gloires du génie, fait don d'un succès magique aux plus vulgaires ouvrages, et préside à leur propagation, favorisant ceux que l'inspiration a dédaignés, pour reléguer dans l'ombre ses élus. Ceci n'est pas une raison de se décourager, car qu'importe le *plus tôt* ou le *plus tard?*

Mille remercîments pour votre exact et obligeant envoi de cigarres. Si vous avez occasion de me faire parvenir des échantillons d'espèce ni *trop mince* ni *trop faible* dans le prix de 20 à 25 Thaler le mille, j'en ferai volontiers une commande qui pourra devenir plus considérable par la suite.

Schuberth de Hamburg vient de m'envoyer vos transcriptions des Lieder de Schumann qui m'ont fait un véritable plaisir. Si vous publiez d'autres choses, veuillez bien me tenir au courant; car vous savez le sincère intérêt que je porte et à votre personne et à vos ouvrages. J'espère avoir l'occasion de vous le témoigner de plus en plus.

En attendant veuillez bien disposer de moi
comme de votre tout affectionné et dévoué F. Liszt.

P.S. Je n'ai pas oublié la petite commission dont vous avez bien voulu me charger relativement aux *Fantasie-Stücke*, et dans peu de semaines je vous ferai parvenir un exemplaire de la nouvelle édition.

60. An Robert Schumann*).

Hochverehrter Freund,

Vor allem erlauben Sie mir Ihnen zu wiederholen, was Sie eigentlich nach mir am Besten seit langer Zeit wissen sollten, nämlich dass Sie niemand aufrichtiger verehrt und bewundert als meine Wenigkeit.

Gelegentlich können wir allerdings über die Bedeutung eines Werkes, eines Mannes, ja sogar einer Stadt, freundschaftlich discutiren. Für heute erfreue ich mich insbesondere über die baldige Aufführung Ihrer Oper und ersuche Sie recht dringend mich davon einige Tage früher in Kenntniss zu setzen; denn ganz gewiss komme ich auf diese Veranlassung nach Leipzig, und da können wir auch die möglichst baldig nachfolgende Einstudirung derselben Oper in Weymar besprechen. Vielleicht finden Sie auch da Zeit mir Ihren Faust mitzutheilen. Auf diese Composition bin ich sehr gespannt, und Ihr Vornehmen, diesem Werke noch eine grössere Breite und Länge zu geben, scheint mir ganz zweckmässig. Grossartige Stoffe verlangen auch meistens grossartige Bearbeitungen. Obschon die Vision des Ezechiel in ihrer kleinen *Dimension* den Culminationspunkt der Grösse erreicht, so hat doch Raphael die Schule Athens und die ganzen Stanzen im Vatican al fresco gemalt.

Manfred ist herrlich, passionirend attractiv! Lassen Sie sich nicht davon abhalten; er wird Sie zu Ihrem Faust auffrischen — und die deutsche Kunst wird mit Stolz auf diese *Zwillinge* hinzeigen.

Schuberth hat mir Ihr Album für die Jugend zugesendet, welches mir zum wenigsten sehr gefällt. Ihr prächtiges

*) Original in der Kön. Bibliothek zu Berlin.

Trio haben wir mehrmals hier aufgeführt, und ziemlich befriedigend. —

Wagner hat sich hier und in Eisenach einige Tage aufgehalten. Ich erwarte täglich Nachrichten von ihm aus Paris, wo er wohl sicherlich seinen Ruf und seine *Carrière* glänzend vergrössern wird.

Sollte Ihre liebe Frau (welcher ich Sie bitte mich freundschaftlich zu empfehlen) nicht einmal Lust zu einem ländlich romantischen Ausflug in den Thüringer Wald bekommen? Die Gegend ist reizend, und es würde mich sehr freuen, sie wieder in Weymar zu sehen. Einen sehr guten Flügel und ein paar verständige Leute, die Ihnen mit wahrer Sympathie und Verehrung anhänglich sind, treffen Sie hier.

Jedenfalls aber erscheint als *claqueur* in Leipzig

Ihr unveränderlich ergebner Freund F. Liszt.

Weymar, 5. Juni 49.

61. An Robert Schumann*.

Schönsten Dank, lieber Freund, für Ihre gütige Mittheilung in Bezug auf die Aufführung Ihres Faust am 28. August.

Das „Ewig-Weibliche“ gehörig hinanzuziehen durch Einstudirung des Chors und des Orchesters sollte mir zur grossen Freude gelangen — und wahrscheinlich gelingen. Leider aber treten unabweisbare Hindernisse dagegen ein, und es wird mir gänzlich unmöglich sein der Goethe-Feier beizuwohnen, nachdem ich mich schon in einigen Tagen als Curgast in ein zwar sehr unbekanntes, jedoch wirksames Bad begeben muss, und ärztliche Verordnungen mir streng jede Unterbrechung während 6 Wochen verbieten.

Dieses für mich sehr bedauernswerthen Falles ungeachtet, habe ich sogleich, nach dem mir von Ihnen ausgesprochenen Wunsch, Herrn Hofrath A. Schöll, als *Capo* des *Goethe*-Comité's, von Ihrem freundlichen Antrag benachrichtigt. Beifolgend seine Antwort.

---

*) Original auf der Kön. Bibliothek zu Berlin.

Erlauben Sie mir einstweilen Ihnen ein altes französisches Sprichwort wieder aufzufrischen: »ce qui est différé, n'est pas perdu«, und gönnen Sie mir die Hoffnung, dass bald nach meiner Rückkehr in Weymar wir uns ernstlich mit der Aufführung Ihres Faust beschäftigen ...

Viele herzliche Grüsse an Ihre liebe Frau und stets Ihnen freundschaftlich ergeben

27. Juli 1849 — Weymar. F. Liszt.

62. An Robert Schumann*).

Lieber Freund,

Eine unabweisbare Aufforderung verpflichtet mich, der Goethe-Feier am 28. August hier beizuwohnen und die Leitung des musikalischen Theils zu übernehmen.

Mein erster Schritt ist natürlich Sie zu bitten, uns die Partitur Ihres Faustes gütigst bald einzusenden. Sollten Sie davon Gesangs- oder Orchester-Stimmen entbehren können, so wäre für uns mehr Zeit gewonnen — wenn aber nicht, so werden wir uns sehr gerne dazu bequemen die Stimmen in schnellster Zeit ausschreiben zu lassen.

Entschuldigen Sie mich noch bestens, lieber Freund, über den Widerspruch dieser Zeilen mit den vorigen. So etwas lass ich mir wohl sehr selten zu Schulden kommen; in diesem Falle liegt es aber nicht an mir, sondern an dem Verlauf der Sache selbst.

Übrigens kann ich Ihnen die Versicherung geben, dass Ihr Faust von Seite des Orchesters und des Chors mit voller Sympathie und Genauigkeit einstudirt werden soll. — Herr Montag, Director des Musik-Vereins, übernimmt die Chor-Proben mit grösster Bereitwilligkeit, und das Übrige wird meine Sache sein! — Säumen Sie nur nicht, lieber Freund, mit der Einsendung der Partitur — und womöglich der Stimmen.

Aufrichtig ergebenst

1. August 49 — Weymar. F. Liszt.

---

*) Autograph auf der Kön. Bibliothek zu Berlin.

Wenn Ihre Oper nicht später als bis 1ten September aufgeführt wird, so komme ich bestimmt nach Leipzig.

63. An Carl Reinecke.

Helgoland, 7 Septembre 1849.

Je suis bien au regret, mon cher Monsieur Reinecke, de ne vous avoir plus rencontré à Hambourg. Ce m'aurait été un véritable plaisir de refaire connaissance avec votre Nonetto lequel, à en juger par ses antécédents sous forme de Concerto, me semble devoir être par cette transformation définitive une œuvre des plus honorablement réussie.

Les *Myrthen Lieder* ne m'ont point été envoyés. Si par hazard il vous en restait un exemplaire, je vous serais fort reconnaissant de vouloir bien me le faire parvenir à l'adresse de Schuberth.

Relativement à l'article qui a paru dans la »*Musique*« j'ai toute sorte d'excuses à vous faire. La Rédaction du journal a jugé à propos, je ne sais vraiment pourquoi, de lui donner un titre que je désavoue complètement et qui certes ne me serait jamais venu à l'esprit. De plus, le prote ne s'est pas fait faute de changer plusieurs mots et d'en omettre d'autres. Ce sont les inconvénients inévitables des articles envoyés par la poste, et dont les correcteurs d'épreuves ne savent pas lire l'écriture.

Toutefois, tel qu'il est, je me plais à croire qu'il ne vous à fait aucun tort dans l'esprit du public français, qui a des habitudes et des exigences qu'il faut bien connaître quand on tient avant tout à servir ses amis en étant juste pour eux.

2 Numéros de vos *kleine Fantasiestücke* ont été distribués à un millier d'exemplaires avec le journal »la Musique« sous le titre assez malencontreux à mon sens de »Bluettes« — mais nonobstant ce titre et les mots »adoptées par F Liszt« que la Rédaction a encore pris la responsabilité d'y ajouter, je suis persuadé que cette publication vous est une bonne entrée en matière avec le monde musical de la France, et en ne

m'attachant qu'à ce résultat je suis charmé d'avoir pu y contribuer.

Par le dernier bateau de Helgoland le 27 Septembre, je retournerai à Hambourg pour me rendre aux bains d'Eilsen où je compte passer tout le mois d'Octobre. En Novembre je serai revenu à Weymar pour le reste de l'hiver.

Si vous aviez la complaisance de m'envoyer à l'adresse de Schuberth une caisse de 250 Cigarres *d'assez gros format* de la *Fabrique* de *Brême*, je vous en serais fort obligé et m'empresserais de vous en faire restituer le prix (lequel sera en tout cas peu considérable) par l'intermédiaire de Schuberth.

Les échantillons que vous m'avez expédiés à Weymar me sont parvenus; mais à un moment où j'étais extrêmement affairé, de façon que je les ai mis en oubli. Veuillez, mon cher Monsieur Reinecke, me donner de temps à autre de vos nouvelles et disposer de moi comme d'un ami qui vous est sincèrement attaché et dévoué. F. Liszt.

64. An Breitkopf & Härtel.

Mon cher Monsieur,

L'arrivée de votre Piano est un événement des plus agréables dans ma vie si paisiblement studieuse de Weymar, et je m'empresse de vous en faire tous mes remercîments. Quoiqu'à vrai dire je ne me propose nullement de beaucoup travailler mon *doigter* dans le courant de cette année, il ne m'est pas moins devenu en quelque façon indispensable d'avoir de temps à autre un instrument accompli à faire résonner. C'est une ancienne habitude que je ne saurais changer qu'à regret; et puisque vous voulez bien vous enquérir de la destination ultérieure de ce Piano, permettez-moi de vous dire très franchement que je désirerais le garder aussi longtemps que vous me le laisserez pour mon usage *privé*, *personnel* et *exclusif* à Weymar. En me rendant fautif de la quasi indiscrétion que je commettais en réclamant de votre obligeance le prêt assez continu d'un de vos instruments, je pensais que dans les rapports de bon voisinage et d'amicales relations qui se sont établis pour un long temps, j'espère, entre nous, il ne disconviendrait pas à votre maison qu'un de ses produits me fasse — en la recevant à la fois — l'hospitalité chez moi. Quelque retiré et abrité du bruit et du mouvement que je vive à Weymar, de loin en loin cependant il m'arrive de recevoir des visiteurs illustres — ou des curieux et des oisifs lesquels font les importuns par ci par là; je serai charmé désormais de pouvoir aux uns comme aux autres faire les honneurs de votre Piano, qui me sera d'ailleurs la meilleure preuve à l'appui de la recommandation que je me suis plu depuis longtemps à faire, en toute justice, de votre fabrique. Si toutefois, par extraordinaire, il advenait que vous ayez un pressant besoin d'un instrument, infiniment peu joué, celui de Weymar serait à votre entière disposition à toute heure.

Relativement au *Lieder-Cyclus* de Beethoven je viens de recevoir une lettre de Monsieur Haslinger que je ne vous communique pas entière à cause des détails personnels qu'elle contient, mais dont voici le passage aussi laconique que satisfaisant par rapport à cette publication.

»Zur Herausgabe des Beethoven'schen Liederkreises bei Breitkopf und Härtel gebe ich Ihnen mit Vergnügen die vollste Zustimmung.«

Par la poste de demain j'aurai donc l'honneur de vous retourner les épreuves du Lieder-Cyclus qui fait suite aux *Lieder* de Beethoven que vous avez déjà édités, et que vous publierez quand bon vous semblera. . — .

Avec les épreuves de mon 3me morceau sur le Prophète, je vous expédierai également tous les morceaux du Prophète (Piano et Chant) que vous avez eu la bonté de me prêter, ainsi que la Partition de Piano dont je n'ai plus aucun besoin, car à moins d'un succès que je n'ose espérer (pour ces 3 morceaux) et d'une commande expresse de votre part pour une autre série de 3 morceaux que je pourrais aisément tailler encore dans cette vaste partition, je bornerai là mon travail sur le Prophète.

J'arrive enfin à une question fort peu grave, mais passablement embarrassante pour moi: celle de la fixation du prix des manuscrits que vous avez la bonté d'éditer. C'est là, je l'avoue, mon quart d'heure de Rabelais! — afin de ne pas le prolonger pour vous, permettez-moi de vous dire sans plus de façon que l'ensemble et total des six œuvres dont voici l'énumération:

Lieder de Beethoven
Lieder-Cyclus id.
Consolations (6 Numéros)
Illustrations du Prophète (3 Livraisons)

publiées par votre maison me paraît valoir de 80 — à 100 Louis d'or.

Si ce prix, comme je me plais à croire, ne vous semble pas disproportionné, et s'il vous convient de publier d'autres morceaux de ma façon, je me ferais un plaisir de mettre à votre disposition dans le courant de l'année:

1. Un Morceau de Concert (pour Piano sans Orchestre) composé pour le concours du Conservatoire de Paris 1850.

2. La série complète des Symphonies de Beethoven pour Piano seul, dont vous avez publié jusqu'ici la *Pastorale* et celle en *ut mineur*. (Dans la supposition que cette publication conviendra à votre maison, je vous prierai de prendre dès maintenant avec Mr. Haslinger les arrangements nécessaires; peut-être y aura-t-il même lieu à ce que la Symphonie *en la* (7me) que Haslinger a publiée il y a plusieurs années d'après l'arrangement que j'en avais fait, reparaisse à sa place dans la série complète des Symphonies.)

3. Les 6 Fugues (pour Orgue et Pédale) de Bach für das Piano allein gesetzt.

A la mi-Février je vous enverrai le manuscrit complet de mon petit volume sur Chopin et à la même époque, un peu après, nous nous mettons ici à l'étude de l'opéra de Schubert dont la représentation aura lieu dans les premiers jours d'Avril. Si, comme je n'en fais aucun doute, la représentation du Prophète vous attire à Dresde, j'aurai certainement le plaisir de vous y revoir, car je viens de prier Mr de Lüttichau de vouloir bien me réserver une place pour cette soirée et ne manquerai pas de m'y rendre. En attendant, veuillez bien, je vous prie, mon cher Monsieur Härtel, agréer l'expression de mes sentiments les plus sincèrement distingués et les plus affectueusement dévoués.

14 Janvier 1850 — Weymar. F. Liszt.

A l'occasion de l'opéra de Schubert, je me mettrai probablement à l'œuvre pour l'arrangement de la Symphonie, dont je garde en attendant la partition. — Mille compliments et respects à Madame Härtel, dont vous voudrez bien vous charger d'être le bienveillant intermédiaire.

65. An Breitkopf & Härtel.

24 Février 1850.

Mon cher Monsieur,

. —. Quant à l'opéra de Schubert[1], une récente expérience m'a confirmé entièrement dans l'opinion que j'avais déjà prise lors des premières répétitions au piano que nous en fîmes le printemps dernier: c'est que la délicate et intéressante Partition de Schubert se trouve comme écrasée par le poids du *libretto!* Toutefois je ne désespère pas de faire donner cet ouvrage avec succès — mais ce succès ne me paraît possible qu'à une seule condition: celle d'adapter un autre libretto à la musique de Schubert. Et puisque par un sort particulier dont je n'ai guère à me plaindre une partie de l'héritage de Schubert est devenue mon domaine, je m'occuperai volontiers en temps et lieu opportun du travail préparatoire et de la mise en scène de cet opéra, pour lequel il serait un avantage à mon sens d'être produit en premier lieu à Paris. Belloni m'a fait entendre qu'il vous sera assez aisément possible de m'assurer la propriété entière de cette Partition pour la France. Si tel est le cas, je pourrais prendre les mesures convenables à la réussite de cet ouvrage à l'occasion duquel j'aurais naturellement des frais assez considérables de temps et d'argent à faire pour que je ne sois guère disposé à m'y

1) »Alfonso und Estrella«. Sie wurde am 24. Juni 1854, dem Geburtstag des Grossherzogs, zum ersten Mal (nicht ohne nothwendige Kürzungen) aufgeführt

hazarder sans la garantie d'un revenu proportionnel par la vente de la Partition en France, et les droits d'auteur que je serai obligé d'abandonner au nouveau poète.

Cette affaire du reste ne presse nullement, car je ne serai à même de m'en occuper activement que dans le courant de l'année prochaine (51); mais je vous serai tout à fait reconnaissant de ne pas la perdre de vue, et de me mettre en possession, quand faire se pourra, de la cession de la propriété française et anglaise, moyennant laquelle je me mettrai à l'œuvre et tâcherai de rencontrer les meilleures chances de réussite possibles.

Mille remercîments de votre obligeant envoi de la partition de la Symphonie de Schubert. Celle du Prophète ne m'étant plus nécessaire je la joins au paquet d'épreuves et de manuscrits dont je vous prie de vouloir bien prendre sur vous la charge de l'expédition à Paris à l'adresse de Mr Belloni.

Le Lundi de Pâques nous donnons la première représentation du Comte Ory[1]. Ne seriez-vous pas tenté de venir l'entendre? C'est un charmant ouvrage dont les mélodies moussent et pétillent comme du vin de Champagne: aussi à la dernière répétition l'ai-je baptisé de »Champagner-Oper« et pour justifier ce titre notre très aimable Intendant se propose de régaler le personnel du théâtre de quelques douzaines de bouteilles de vin de Champagne au second acte, afin de donner plus d'entrain au Chœur.

Qu'il avait de bon vin le Seigneur châtelain!«

Mille amitiés franches et cordiales et tout à vous affectueusement F. Liszt.

Il me serait agréable que la publication de No. 3 des morceaux sur le Prophète ainsi que celle des Consolations ne soit pas beaucoup retardée.

66. An Professor J. C. Lobe in Leipzig*).

Verehrter Freund,

Sehr angenehm ist es mir Ihnen die befriedigende Nach-

---

1 Von Rossini.

* Autograph im Besitz von Hrn. Alfred Bovet in Valentigney.

richt mitzutheilen, dass I. K. H. die Frau Grossherzogin die Dedication Ihrer Compositions-Lehre[1]) huldvollst genehmigt hat. *Unsre* gnädigste Protectorin ist gestern nach dem Haag abgereist und wird erst gegen Mitte August zurückkommen.

Bei dem Herder-Fest (25. Aug.), sowie am Abende des *Lohengrin* (28.) hoffe ich bestimmt, dass Sie uns in Weymar nicht fehlen werden; Sie lassen ja schon so lange auf sich warten!

Zwischen den Aufführungen des *Messias* (abgesehen von meinen *Prometheus*-Chören) und des *Lohengrin* wird auch die beste Gelegenheit sich treffen, dass Sie Ihre Compositions-Lehre der Frau Grossherzogin persönlich einreichen.

Empfehlen Sie mich bestens Ihrer lieben Familie und bleiben Sie mir Freund so wie Ihnen

Ihr herzlich ergebener

10 Juillet 1850, Weymar. F. Liszt.

67. An Friedrich Wieck in Dresden*).

Verehrter Herr,

Es soll mir ein wahres Vergnügen sein, Sie und Ihre Fräulein Tochter[2]), von welcher ich bereits so viel Rühmliches gehört habe, hier zu begrüssen. Weymar, so wie Sie es von früher kennen, bietet keine brillanten Ressourcen für Concerte; jedoch können Sie im Voraus überzeugt sein, dass alles, was sich hier in dieser Beziehung ermöglichen lässt, Ihnen von meiner Seite erleichtert sein wird. Sehr wünschenswerth allerdings erscheint es mir, dass Sie die Rückkehr I. K. Hoheit der Frau Grossherzogin, welche binnen 14 Tagen erfolgen wird, abwarten; sollten Sie aber durch die Zeit

— Adressat (1797—1881) Musikschriftsteller (früher Hofcapellist in Weimar), lebte seit 1846 in Leipzig.

1) 1850 erschienen.

*) In der »Neuen Musikzeitung« 1888 veröffentlicht. — Adressat bekannter Claviermeister, Vater Clara Schumann's (1785—1873).

2) Marie Wieck, Hohenzollern'sche Hofpianistin, in Dresden.

gebunden sein und vorher hier eintreffen, so heisse ich Sie freundlichst willkommen und bitte Sie, verehrter Herr, gütigst über mich zu disponiren.

Ergebenst

4. August 1850. Weymar. F. Liszt.

68. An Simon Löwy in Wien*).

Weymar, 5 Août 1850.

Cher ami,

Mon cousin Edouard m'écrit que vous êtes un peu piqué de mon long silence — et moi, voulez-vous que je vous le dise franchement, je suis un peu piqué que vous n'ayez pas encore eu l'idée de venir me voir, et de transférer votre saison de bains à quelques environs de Weymar. Voulez-vous faire une bonne paix? —

Acceptez en ami l'invitation que je vous fais en toute amitié. Arrivez à Weymar le 23 Août — et restez-y jusqu'au 30 au moins. Vous y trouverez plusieurs de vos amis, Dingelstedt, Jules Janin, Meyerbeer (?) etc. — et vous entendrez: *1º*. Le *24* au soir, 1 grande heure et demie de musique que je viens de composer (Ouverture et Chœurs) pour le »*Promethée*« de Herder qui sera donné *zur Vorfeier* de l'inauguration de sa statue en bronze de Schaller de Munich) fixée au 25. — 2º. Le 25 au soir, le *Messie de Händel*. 3º. Le 28, anniversaire de la naissance de Goethe, un Prologue remarquablement bien réussi, fait *ad hoc*, pour ce jour par Dingelstedt, suivi de la 1re représentation de *Lohengrin* de Wagner. Cet ouvrage, que vous n'aurez sûrement occasion d'entendre de sitôt nulle part ailleurs, vu la position particulière de l'auteur, et les nombreuses difficultés de son exécution, est à mon sens un *chef-d'œuvre* de l'ordre le plus élevé, le plus idéal! Aucun des opéras qui défraient les

*) Autograph in der Wiener Hofbibliothek. In deutscher Übersetzung abgedruckt: La Mara, Musikerbriefe aus fünf Jahrhunderten. Bd. II.

théâtres depuis 20 ans ne peut en donner une idée approximative.

Ne vous piquez donc plus, ou plutôt, cher ami, piquez-vous d'entendre un des premiers une aussi belle chose. Boudez un peu Vienne, pendant quelques semaines du moins, au lieu de me bouder, ce qui est un non-sens, et croyez-moi bien, à toujours et à jamais,

Votre très sincèrement attaché, mais très occupé, très préoccupé, et souvent très absorbé ami F. Liszt.

69. An Mathilde Graumann*).

Mademoiselle,

Voici la lettre pour le Grand Maître de Lüttichau que M. de Ziegesar vient d'écrire en votre honneur et gloire, avec toute la bonne grâce et l'obligeance qu'il garde à votre égard.

Pour ce qui est des recommandations de Berlin, il y a un contretemps fâcheux pour vous. S. A. R. Madame la Princesse de Prusse passera l'hiver à Coblence.

Meyerbeer, au bienveillant souvenir duquel je vous prie de me rappeler respectueusement, sera certainement votre meilleur patronage auprès de la Cour, et je n'ai aucun doute qu'il vous accueillera avec sympathie et intérêt.

Dans le courant de la semaine je vous enverrai aussi une lettre pour le Chambellan de S. A. R. Madame la Princesse Charles de Prusse, que Ziegesar m'a promise.

Quant à notre concert, fixé au 19 (Samedi prochain) je vous assure franchement que je n'aurais point osé vous en parler et que je ne l'ose guère encore.

La recette en est destinée à quelque Fonds de Pensions, toujours si peu en *fonds* dans nos contrées; par conséquent je ne suis aucunement à même de poser des *termes* convenables. Or comme déjà à l'occasion de l'exécution du *Messie*

---

*) Mitgetheilt von der als Gesanglehrerin nachmals berühmt gewordenen Adressatin, Mathilde Marchesi in »Aus meinem Leben« (Düsseldorf, Bagel).

vous avez été d'une trop grande complaisance pour nous, il y aurait vraiment par trop d'indiscrétion de revenir à la charge, à moins que vous ne m'y autorisiez très directement et positivement en m'écrivant quelque chef-d'œuvre épistolaire, comme à peu près en ces termes:

»Je chanterai tant bien que mal, mais dans les meilleures intentions et avec la meilleure volonté du monde l'air de ... (suit la désignation du morceau) et le duo de la Semiramide avec Milde ou Mademoiselle Aghte, Samedi prochain, et pour ne déranger personne, j'arriverai à l'heure exacte de la répétition. Vendredi à 4 heures«.

Si une idée de ce genre vous venait en tête, veuillez m'en faire prévenir (par le télégraphe au besoin) de manière à ce que Lundi soir ou au plus tard Mardi jusqu'à midi je sois à même de faire le programme, qui devra nécessairement paraître au plus tard Mercredi matin.

Mille hommages et amitiés.

Vendredi le 11 Octobre 1850. F. Liszt.

Soyez assez bonne pour vous charger de donner une très amicale poignée de mains à Joachim de ma part; recommandez-lui de ne pas retarder son arrivée à Weimar où nous l'attendrons pour le 14 au soir.

P. S. Au moment de faire mettre cette lettre à la poste, les lignes suivantes me parviennent. Je vous les communique dans leur entier, et vous verrez par là que vous ne sauriez avoir d'amis mieux disposés pour vous que ceux de Weimar.

Veuillez bien ne pas manquer d'écrire directement à Ziegesar pour le remercier de sa bienveillance dont vous êtes sensé informée par moi (sans faire allusion à sa lettre que vous me renverrez) et lui donner en même temps des indications précises sur la semaine de votre arrivée à Berlin —, à moins toutefois que vous ne préfériez venir lui dire cela verbalement Vendredi ou Samedi soir à l'Altenbourg, après nous avoir de nouveau chanté et enchantés.

70. An Carl Reinecke.

Cher Reinecke,

Voici les lettres pour Berlioz et Erard que je vous ai offertes. J'y joins quelques lignes pour le jeune Prince Eugène Wittgenstein, avec lequel vous aurez aisément des relations agréables; c'est un musicien passionné et remarquablement doué de facultés artistes. De plus, j'ai longuement causé sur votre séjour à Paris et la réussite que vous y devez obtenir avec Belloni qui est venu me voir quelques jours ici. Vous le trouverez parfaitement bien disposé à vous servir par tous les moyens qui sont en son pouvoir, et je vous engage beaucoup à avoir pleine confiance en lui. Allez le trouver dès votre arrivée et demandez-lui tous les renseignements pratiques dont vous aurez besoin. Faites votre visite à MM. Escudier avec lui — (NB. il vous expliquera pourquoi je ne vous ai pas donné de lettre pour Brandus).

La plupart de vos morceaux ont été jusqu'ici gravés exclusivement par Escudier, et à mon sens vous feriez bien de les ménager en conséquence. Dans votre position il n'est guère besoin de faire des avances à tout le monde — et d'ailleurs c'est le véritable moyen de n'avoir personne pour soi. Voyez, observez, gardez une intelligente réserve et ne vous précipitez pas trop germaniquement en complaisances et en modesties inopportunes.

A une de vos heures de loisir Belloni vous conduira chez Madame Patersi, qui est chargée de l'éducation de mes deux filles, pour lesquelles je réclame un bout de votre complaisance. Jouez-leur votre Polonaise et votre Ballade — et donnez-moi plus tard des nouvelles de leur très petit savoir en musique. Ainsi que je vous l'ai dit, Madame Patersi se fera un plaisir de vous introduire chez Madame de Foudras, son ancienne élève, dont le salon jouit d'une excellente réputation.

Est-il besoin de vous renouveler ici la prière de mes 4 *points cardinaux?* — Non, n'est-ce pas? — Recevez-donc, cher Reinecke, tous mes vœux de sincère amitié pour cette nouvelle année en même temps que pour votre voyage de Paris. Faites-moi donner de vos nouvelles par Belloni, si vous n'avez pas le temps de m'écrire vous-même, et comptez bien en toute circonstance sur le très cordial attachement

de votre tout affectionné et dévoué

1 Janvier 1851. F. Liszt.

Mon retour à Weymar se trouve malheureusement encore retardé de 20 jours, par suite d'ordonnances du médecin auxquelles je me soumets quoiqu'elles ne me soient pas personnelles[1].

71. An den Musikverleger Léon Escudier in Paris*).

Weymar, 4 Février 1851.

Mon cher Monsieur,

Les épreuves des deux premiers articles de mon étude biographique sur Chopin doivent vous être parvenues depuis plusieurs jours, car je les ai corrigées et expédiées aussitôt mon retour à Weymar. Vous y trouverez aussi une indication par rapport à la division des articles, que je vous serai obligé de suivre. Tant à cause de la piété de mon amitié pour Chopin que par un désir de mettre le plus grand soin à mes publications présentes et subséquentes, il m'importe que ce travail paraisse à tous égards aussi exempt de défectuosités que possible, et [je] vous recommande instamment d'apporter la plus consciencieuse attention dans la révision des dernières épreuves. Les changements, corrections et additions doivent être entièrement conformes à mes indications, afin que la publication définitive, qu'il est opportun de commencer de suite dans votre journal, soit satisfaisante pour nous, et remplisse convenable-

---

1) Sie betrafen die erkrankte Prinzessin Wittgenstein.

*) Autograph im Besitz von Hrn. Arthur Pougin in Paris. — Adressat damals Director der Zeitschrift »La France musicale«, in welcher Liszt's Schrift über Chopin zuerst (mit dem 9. Februar 1851 beginnend) in Gestalt einzelner Artikel erschien.

ment le but que nous nous proposons. Si donc vos très nombreuses occupations ne vous laissent point le loisir de vous charger de ces corrections, veuillez bien, ainsi que vous me le proposez, prier M. Chavée[1]) de me rendre ce service avec la scrupuleuse exactitude qui est requise, ce dont je prendrai occasion de lui exprimer personnellement mes sincères remerciements.

En fait d'exactitude, vous seriez assez en droit de me faire des reproches (que je vous sais gré de passer sous silence, mais que bien malgré moi j'ai mérités, en apparence du moins) relativement à l'opéra de Schubert.[2]) J'espère que Belloni vous aura informé que le seul individu que je puis employer pour la mise au net de ce long travail a été accablé jusqu'ici par des occupations pressantes. Il faudra donc encore trois mois environ avant que je puisse vous envoyer ces trois actes, dont je remets le sort entre vos mains et pour lesquels, à l'aide d'un *libretto* intéressant, on peut prévoir d'heureuses chances à l'Opéra-Comique. J'y reviendrai avec plus de détails alors que je serai en mesure de vous expédier la partition de piano (avec chant), à laquelle je n'ai pu donner jusqu'ici que de trop rares heures de loisir, mais que je vous promets de ne point ajourner aux calendes grecques!

Quant à ce qui est de mon opéra, permettez-moi de vous remercier de l'intérêt que vous voulez bien y prendre. Pour moi, j'ai pris le parti de travailler activement à la partition. Je compte en avoir la copie prête à la fin de l'automne prochain. A ce moment, nous verrons ce qu'on peut en faire, et nous en causerons.

En attendant, veuillez bien agréer, mon cher Monsieur, tous mes remerciements et compliments distingués.

F. Liszt.

Les épreuves des 3ème et 4ème articles de *Chopin* partiront par la poste de demain.

---

1) Hervorragender belgischer Linguist, damals Mitarbeiter der »France musicale«.

2) »Alfonso und Estrella«, die Liszt (1854) in Weimar aufführte.

Belloni vous a-t-il parlé du *Salon musical* de F. David (24 morceaux de deux pages chacun, très élégamment écrits et faciles à jouer)? — Je puis vous recommander vivement cette publication, et sous le rapport de l'art, et sous celui d'un succès fructueux, peut-être même populaire. [1])

72. An Carl Reinecke.

Mon cher Monsieur Reinecke,

C'est encore d'Eilsen que je vous écris; vos deux bonnes et charmantes lettres sont venues m'y trouver et m'ont fait un très véritable plaisir. Vous pouvez être très assuré votre vie durant du sincère et affectueux intérêt que je vous porte et dont je serai toujours charmé de vous donner les meilleures preuves en tant qu'il dépendra de moi.

Mme Patersi me chante grandement les louanges de votre talent et de votre personne, — et je vous sais un sincère gré d'avoir si bien rempli mes désirs à l'égard des leçons que vous avez l'obligeance de donner à Blandine et à Cosima [2]). Qui sait? Peut-être par la suite ces fillettes vous feront-elles un peu honneur en se produisant avantageusement avec quelque nouvelle composition de leur maître Reinecke aux grands applaudissements de Papa!

Hiller vient de faire preuve de tact et de goût en s'assurant de votre concours au *Conservatoire Rhénan*, qui semble prendre tournure à ne pas faire eau de toutes parts! Cologne a beaucoup de bon nonobstant ses mauvais recoins. Jusqu'ici le terrain musical y a été plus encombré que véritablement cultivé! On y est passablement grossier et un tant soit peu lourdement vaniteux; je ne sais quel mouvement de ballots, de comptes courants et de cargaisons vient y traverser

---

1) Vermuthlich Ferdinand David's op. 30, »Bunte Reihe«, das Liszt für Clavier allein übertrug.

2) Die Töchter Liszt's. Blandine († 1862) wurde nachmals die Gattin Emile Ollivier's, Cosima vermählte sich 1857 mit Hans von Bülow, 1870 mit Wagner.

incessament les choses d'art. Toutefois on serait injuste si l'on méconnaissait l'énergie vitale, la riche sève, la louable activité de cette contrée, où un groupe d'hommes intelligents et noblement dévoués à leur tâche pourront amener, plus aisément qu'ailleurs, de fort beaux résultats.

De toute façon, je vous approuve et vous complimente d'avoir accepté l'offre de Hiller[1]), et me ferai un plaisir de vous envoyer à votre nouvelle adresse quelques-unes de mes nouvelles publications qui paraitront vers la fin Mai (entre autres une nouvelle édition, complètement remaniée et suffisamment corrigée, j'espère, de mes 12 grandes Etudes — le Concerto sans orchestre dédié à Henselt et les 6 Harmonies poétiques et religieuses). J'ai écrit aussi une Polonaise fort mélancolique et quelques autres brimborions que vous vous amuserez peut-être à parcourir.

Donnez-moi bientôt de vos nouvelles, mon cher Monsieur Reinecke, et comptez bien en toute circonstance sur le véritable attachement de

Votre tout affectionné et dévoné

Eilsen, 19 Mars 1851. F. Liszt.

73. An Dr. Eduard Liszt in Wien[2]).

[Weimar 1851.]

Cher excellent Edouard,

Ce me sera une véritable joie que de prendre part à la tienne et je te remercie très cordialement d'avoir d'abord songé à moi pour servir de parrain à ton enfant. J'accepte bien volontiers cet office et fais de sincères vœux pour que

1) Nämlich ein Lehramt am Cölner Conservatorium, das R. von 1851—54 inne hatte.

2) Onkel Liszt's (d. i. der jüngere Stiefbruder seines Vaters), obwohl er ihn seinen Vetter zu nennen pflegte; ein edler und hochbedeutender Mann, der als Generalprocurator am 8. Februar 1879 in Wien starb. Franz Liszt hing ihm, als seinem liebsten Verwandten und Freund, mit Innigkeit an und übertrug im März 1867 den erblichen Ritterstand auf ihn.

ce fils soit digne de son père et contribue à augmenter l'honneur de notre nom. Hélas! il n'a été que trop négligé et compromis même par la masse de nos parents qui ont manqué, soit d'élévation dans les sentiments, soit d'intelligence et de talent. — quelques-uns même de l'éducation et des premiers éléments nécessaires, — pour donner une impulsion supérieure à leur carrière et mériter une considération et une estime sérieuse. Grâces à Dieu il en est tout autrement de toi, et je ne puis te dire combien j'en ressens une douce et noble satisfaction. La constance intelligente que tu as mis à vaincre les nombreuses difficultés qui entravaient ton chemin; la solide instruction que tu as acquise; les talents distingués que tu as développés: la saine et sage moralité que tu as incessamment gardée dans tes actions et tes discours; ta sincère piété filiale envers ta mère; ton attachement réfléchi et convaincu aux préceptes de la religion catholique, — ces quelque vingt ans enfin que tu as si honorablement traversés et employés, tout cela est digne des plus véritables éloges et te donne les plus entiers droits aux égards et à l'estime des gens honnêtes et sensés. Aussi me plais-je à voir que tu commences à recueillir les fruits de tes peines et le poste distingué qu'on vient de te confier[1]) semble légitimer les espérances que tu me confiais autrefois et que je traitais, probablement à tort, *d'ambitions naïves*. Au point où tu es parvenu, il serait parfaitement déplacé à moi de te mettre sur le nez des avis ou des conseils hors de saison. Permets-moi seulement, par la vive amitié que je te porte et les liens de parenté qui nous rapprochent, de te faire cette unique recommandation:

»Reste fidèle à toi-même!« Reste fidèle à ce que tu sens de meilleur, de plus noble, de plus droit et de plus pur en ton cœur! Ne te préoccupe guère (à moins d'occasions opportunes et immédiates) d'être ou de devenir *quelque chose*; mais travaille avec persévérance et laborieusement à être et à devenir de plus en plus *quelqu'un*. — Puisque la difficile

1 Er war 1850 Staatsanwalt-Substitut geworden.

et redoutable tâche de juger les hommes, et de prononcer sur leur innocence ou leur culpabilité t'est échue en partage, *sonde bien ton cœur et tes reins*, afin de ne pas te rendre fautif toi-même au tribunal du Juge-Suprême; — et dans les circonstances graves et déterminantes, sache ne prêter l'ouïe qu'à ta conscience et à Dieu! —

L'Autriche a déployé en ces derniers temps une remarquable activité, et une énergie militaire et diplomatique dont on ne saurait méconnaître les services pour le rétablissement de son crédit et de sa position politique. Certainement aux prévisions d'un grand nombre d'Autrichiens exclusifs, prévisions que du reste je n'ai jamais partagées, il est probable que l'alliance russe aura été un coup de génie diplomatique très favorable au cabinet de Vienne, et que par suite de cette alliance intime, le *Statu quo* monarchique se consolidera en Europe, nonobstant tous les ferments et dissolvants démocratiques qui sont évidemment, quoiqu'on en dise, à leur période de reflux. Je ne crois pas précisément à un état de calme et de paix indéfinie, mais tout simplement, pour une douzaine d'années, à un certain ordre à travers les désordres, le ressort premier de cet ordre se trouvant naturellement à Pétersbourg. Du jour où un bataillon russe avait franchi la frontière autrichienne, mon opinion était arrêtée, et quand mon ami Mr. de Ziegesar vint m'en apprendre la nouvelle je lui dis aussitôt:

„L'Allemagne se fera russe, et pour l'immense majorité „des Allemands il n'y a point à hésiter sur le seul parti qui „leur reste à prendre.“

La Princesse ayant pris très obligeamment le soin de vous communiquer mes désirs par rapport à mes petites affaires d'argent, je ne vous en entretiens pas davantage, et me borne à vous remercier très sincèrement de votre exactitude, et de la judicieuse probité que vous mettez à veiller sur les quelques sommes confiées à votre garde. Fassent les événements qu'elles puissent prospérer et qu'elles ne nous deviennent pas indispensables de sitôt. —

Avant la fin de l'hiver je vous enverrai un paquet de

musique (de mes publications) qui vous distraira à vos heures de loisir. Je tâche de travailler du plus et du mieux que je peux, quoique parfois il me prend comme un effroi découragé à l'idée de la tâche que je voudrais remplir, et pour laquelle il me faudra encore pour le moins dix ans de forte santé de corps et d'âme.

Veuillez bien présenter mes tendres respects à Madame Liszt; vous deux formez désormais toute la famille de mon père; et croyez bien à la vive et inaltérable amitié de

votre tout dévoué de cœur F. Liszt.

74. An Graf Casimir Esterhazy?*)

Laissez-moi vous remercier très sincèrement de votre bon souvenir, cher ami, et vous dire aussi combien je regrette que mon excursion à Hohlstein ne puisse se réaliser pendant le court séjour que vous y faites. Mais puisque d'aventure déjà vous vous trouvez en Allemagne, ne pousserez-vous pas quelque beau jour jusqu'à Weymar? — J'aurais un très grand plaisir à vous y revoir et vous recevoir, non pas seigneurialement comme vous m'avez accueilli autrefois à Presbourg, mais très cordialement et modestement en *Kapellmeister*, retenu par je ne sais quelle singulière chance du sort, à respectueuse distance des tempêtes et des naufrages! —

Depuis trois semaines une très triste circonstance me force à *garder* Eilsen, où j'ai déjà passé plusieurs mois de l'hiver dernier. Le souverain de *céans* est, comme vous l'oubliez peut-être, le propriétaire actuel d'une de vos terres, — le Prince de Schaumburg-Lippe. Si par hazard vous vous trouviez en reste de politesse avec lui, l'occasion de vous mettre en règle serait excellente pour moi. Toutefois je n'ose trop me fier aux vertus attractives des grandeurs et charmes de

---

*) Autograph (ohne Adresse) im Besitz von Hrn. Buchhändler Albert Cohn in Berlin. — Der Empfänger war vermuthlich Graf Esterhazy, dessen Gast Liszt 1840 in Pressburg war.

Bückeburg! et devrai sans doute me résigner à vous dire un plus long adieu.

Faites-moi savoir par Löwy de Vienne, où je devrai vous adresser quelques feuilles imprimées que vous parcourerez à quelque heure de loisir et que je serai charmé de vous offrir. J'y joindrai plus tard la Collection complète de mes Rhapsodies hongroises qui formeront maintenant un volume de près de deux cents pages, dont je préparerai une seconde édition l'hiver prochain.

Mille franches et affectueuses amitiés et bien tout à vous

Eilsen, 6 Juin 1851. F. Liszt.

75. An Kammermusikus Theodor Uhlig in Dresden*).

La lecture de votre article si parfaitement bienveillant et judicieux dans la Gazette musicale de Brendel sur la *Fondation Goethe*[1]), me confirme dans l'idée que je ne saurais manquer d'être compris de vous en toute intelligence de cause. Laissez-moi donc, mon cher Monsieur Uhlig, vous remercier bien cordialement de cette nouvelle preuve de votre obligeance et de votre sympathie, en *français*, car cette langue me devient de plus en plus familière et commode, tandis que je suis obligé de m'escrimer pour rapiécer avec plus ou moins de maladresse ma très boiteuse syntaxe allemande.

L'exposition si lucide que vous voulez bien faire de ma brochure, ainsi que les lignes dont vous la faites précéder et suivre, m'ont causé une véritable satisfaction, à laquelle je ne m'attendais pas par l'intermédiaire de ce journal, qui, si je ne me trompe, s'était montré passablement hostile jusqu'ici à ma personne, et aux idées, telles qu'on me fait le mince honneur de les supposer. Cette impression a été encore aug-

---

*) Autograph im Besitz von Hrn. Kammervirtuos Herrmann Scholtz in Dresden. — Adressat, der vertraute Freund Wagner's (siehe dessen Briefe an Uhlig, Fischer, Heine. Leipzig, Breitkopf & Härtel, 1888.), erwarb sich durch seinen Clavierauszug vom »Lohengrin« einen bleibenden Namen. Er starb Jan. 1853.

1) Von Liszt 1850. Siehe Ges. Schriften, Bd. V.

mentée pour moi en lisant l'article suivant de Mr Brendel sur R. Wagner, qui me semble une transition assez bien ménagée entre le ci-devant point de vue de l'école ou des écoliers de Leipzig et le point de vue véritable des choses. La citation que fait Brendel de l'article de Stahr sur la 5me représentation de Lohengrin à Weymar, indique évidemment une conversion plus réfléchie encore qu'exprimée de la part de ce premier, et à la représentation de Siegfried je me persuade que Leipzig ne fera point défaut, comme à celle de Lohengrin.

J'ignore si Mr Wolf (le dessinateur) a encore eu le plaisir de vous rencontrer à Dresde; je l'avais chargé de m'excuser près de vous sur le retard de l'envoi du manuscrit de *Wiland*. Malheureusement il m'est impossible de songer à revenir à Weymar avant la fin de Juillet, et le manuscrit se trouve sous clef parmi d'autres papiers que je ne pourrais remettre en des mains étrangères. Croyez que je suis vraiment contrarié de ces ajournements, dont la cause est si triste pour moi.

Si par hazard vous repassiez par Cologne et Minden, il serait fort aimable à vous de vous arrêter un jour à Bückeburg (Eilsen) où je suis obligé de rester jusqu'au 15 Juillet. Je n'y ai pas grand agrément à vous offrir, mais en revanche nous pourrions y causer très à l'aise du St Graal ...

Ma brochure »*Lohengrin et Tannhaeuser*« paraîtra en français vers la fin Juillet chez Brockhaus. Elle aura la même étendue au moins que la Fondation Goethe, et je vous enverrai de droit un des premiers exemplaires.

Mille amitiés à Wagner, *sur* lequel j'ai beaucoup écrit ces jours derniers sans lui écrire, et bien tout à vous affectueusement

Eilsen (Bückeburg) 25 Juin 1851. F. Liszt.

76. An Rosalie Spohr in Braunschweig[1]).

D'après votre aimable autorisation, Mademoiselle, j'ai fait

1) Nichte Louis Spohr's, unvergleichliche Harfenkünstlerin —

annoncer votre concert à Eilsen *pour Mardi prochain* 8 Juillet, et vous pouvez être assurée que la meilleure compagnie de Bückeburg et des *Badegäste* s'y trouvera réunie.

Le prix du billet a été fixé à 1 fl. ce qui est le maximum en usage dans cette contrée. Relativement au programme j'attends votre réponse dans laquelle je vous serai obligé de m'indiquer les 4 ou 5 morceaux que vous choisirez, au nombre desquels j'espère que se trouveront la Fantaisie sur des motifs d'Obéron de Parish Alvars et la Danse des Fées.

Un amateur distingué, Monsieur Lindemann de Hannovre, m'a promis de jouer un ou deux solos sur le Violoncelle et le reste du programme se trouvera aisément.

Comme arrangement de route, je vous engage à prendre Lundi prochain le Schnellzug qui part vers 11 heures du matin de Brunswik, et vous conduit en moins de 3 heures jusqu'à *Bückeburg*. D'ici il ne vous faut que 35 minutes pour arriver à Eilsen — le plus simple pour vous sera même de ne pas m'écrire à l'avance votre programme et de l'improviser à votre gré ici. Seulement je me permets de vous prier de ne pas arriver plus tard que Lundi soir, afin d'ôter toute inquiétude au public, et de mettre ma responsabilité parfaitement à l'abri dans un coin de l'étui de votre harpe.

Veuillez bien, Mademoiselle, avoir la bonté de me rappeler affectueusement au souvenir de Monsieur votre père, et soyez bien persuadée du plaisir qu'aura à vous revoir, vous réentendre, et vous admirer de nouveau votre affectionné et dévoué serviteur

Eilsen, 3 Juillet 1851. F. Liszt.

Bitte aber nochmals, nicht später als nächsten Montag 7. Juli in Eilsen anzukommen.

---

nach Bülow »die idealste Vertreterin ihres schönen Instruments« — trat nach ihrer Verheiratung mit Graf Sauerma von der Öffentlichkeit zurück und lebt jetzt in Berlin.

77. An Rosalie Spohr.

Je suis tout à fait sensible à vos charmantes lignes, Mademoiselle, dont l'impression vient compléter pour moi les harmonieuses vibrations de votre beau talent, qui retentissent encore dans les bois et vos auditeurs d'Eilsen. En vous en exprimant mes très sincères remercîments, je me ferais conscience de mettre totalement en oubli le piquant et substantiel cadeau que Monsieur votre père m'a fait parvenir et vous prie de vouloir bien lui dire que nous avons rendu tout honneur aux savoureux produits de l'industrie Brunswikoise. Celle de Buckeburg ayant une certaine réputation in petto en matière de chocolat, Madame la Princesse qui me charge de ses meilleurs souvenirs pour vous et votre famille, m'engage à vous en communiquer un échantillon que vous recevrez par la poste de demain. Le chocolat, en qualité *de tonique calmant*, ne sera d'ailleurs pas sans à propos, dans les intervalles de vos études.

Veuillez bien, je vous prie, Mademoiselle, présenter mes affectueux compliments à vos parents ainsi qu'à l'habile dessinateur-*historiographe*[1]) que vous savez; et recevez de nouveau l'expression des sentiments les plus distingués de votre tout devoué

Eilsen, 22 Juillet 1851. F. Liszt.

78. An Breitkopf & Härtel.

Permettez-moi, mon cher Monsieur Härtel, de vous communiquer comme une espèce de curiosité un très long morceau que j'ai composé l'hiver dernier sur le Choral «Ad nos« du Prophète. Si d'aventure vous jugiez à propos de publier ce gros Prélude suivi d'une toute aussi grosse Fugue, je ne pourrais vous en savoir que très bon gré, et profiterai de la

1) Die jüngere Schwester der Adressatin, Ida Spohr, die, damals 16 Jahre alt, in genialer Weise dichterisch, malerisch und musikalisch begabt war. Sie starb im jugendlichen Alter von 24 Jahren.

circonstance pour m'acquitter en toute révérence et amitié d'une dédicace à Meyerbeer, ce qui était dans mes intentions depuis longtemps, et ce n'est que faute de trouver parmi mes opuscules quelque chose qui pût lui convenir à quelqu'égard, qu'il m'a fallu différer jusqu'à présent. Je serais donc charmé si vous m'aidiez à combler cette lacune dans la reconnaissance que je garde envers Meyerbeer, mais n'oserais trop vous en presser de peur que vous ne trouviez que ma Fugue ait plus d'avantage de rester ignorée du public en tant que manuscrit, que si elle subissait le même sort après avoir été publiée par vos soins.

D'après votre obligeante promesse, j'attendais de semaine en semaine la préface que Mr Wagner a ajoutée à ses trois poèmes d'opéra. Il me serait agréable d'apprendre quand vous comptez les faire paraître, et vous prie de vouloir bien m'en envoyer aussitôt 3 exemplaires.

Agréez, je vous prie, mon cher Monsieur Härtel, l'expression des sentiments les plus affectueusement distingués de

votre tout dévoué

Weymar, 1 Décembre 1851. F. Liszt.

P. S. Peut-être conviendrait-il de faire paraître ma Fugue du Prophète comme *№ 4* de mes Illustrations du Prophète? C'était du moins ma première intention.[1] Dans le même paquet se trouve le *Clavierauszug* du Prophète que je vous suis très obligé d'avoir bien voulu me prêter.

79. An Louis Köhler in Königsberg[2].

Geehrter Herr,

Das freundliche Wohlwollen, mit welchem Sie ein paar meiner letzteren Compositionen besprochen haben, verpflichtet mich zu aufrichtigem Dank, welchen Ihnen auszusprechen ich mir das Vergnügen nicht länger versagen darf. Es würde

1) Es geschah auch; sie erschien bei Breitkopf & Härtel.

2) Bedeutender Clavierpädagog und Musikschriftsteller, Verfasser werthvoller instructiver Werke (1820—1886).

mich sehr freuen, wenn Sie in meinen nächst bevorstehenden Clavier-Publicationen (die neue, gänzlich umgearbeitete Auflage meiner Etuden, die Harmonies poétiques et religieuses und die beiden Jahrgänge »*Années de Pèlerinage, Suite de Compositions*, etc. einiges finden, was Ihnen zusagen könnte. Jedenfalls werde ich mir erlauben, diese Werke zu senden mit der Bitte, dieselben als ein Zeichen meiner Dankbarkeit für die gütige Meinung, die Sie von meinem künstlerischen Streben hegen, zu acceptiren.

Für heute habe ich Ihnen noch die besten Complimente zu sagen für Ihre Bearbeitung der ungarischen Volkslieder. Seit mehreren Jahren beschäftige ich mich mit einer ähnlichen Aufgabe, und nächsten Winter gedenke ich das Resultat meiner nationalen Studien in einem ziemlich dicken Band *Ungarischer Rhapsodien* zu veröffentlichen. Ihre Transcriptionen haben mich sehr angesprochen durch die richtige Empfindung der Melodie und die elegante, obgleich einfache Haltung des Pianoforte-Styls.

Senff[1]) zeigte mir auch im Manuscript ein Heft russischer Melodien, das mir ganz gelungen erschien. Wann kommt es heraus?

Sollten Sie vielleicht ein Exemplar Ihres neuen Werkes, dessen Titel ich mich nicht genau entsinne, der aber ungefähr so lautet: »Opern am Clavier« oder »Opern für Clavierspieler« (oder französisch »Répertoire d'opéra pour les Pianistes«) übrig haben, so wird es mir ein Vergnügen sein, wenn Sie mir es zukommen lassen.

Genehmigen Sie, geehrter Herr, die Versicherung der ausgezeichnetsten Achtung Ihres ergebenen

Weymar, 16. April 1852. F. Liszt.

80. An Carl Reinecke.

Mon cher Monsieur Reinecke,

Un de mes très bons amis, M^r le Professeur Weyden de

1 Der bekannte Leipziger Musikverleger.

Cologne, qui vient de passer quelques jours avec moi ici, veut bien se charger de vous remettre ces lignes et de vous dire tout le plaisir que m'a fait votre envoi des Variations sur un motif de Bach. C'est une œuvre tout à fait distinguée et parfaitement réussie dans sa forme actuelle. En vous en faisant mes sincères compliments, je dois y joindre aussi des remercîments de ce que vous avez bien voulu y attacher mon nom.

Il m'aurait été agréable de pouvoir vous envoyer quelques-uns de mes nouveaux ouvrages pour le Piano dont je vous ai parlé précédemment; mais comme je les ai beaucoup remaniés et retravaillés, la publication en a souffert des retards; toutefois je compte que dans le courant de cet été encore paraîtront successivement et les 12 grandes Etudes (*Edition définitive*) et les *Harmonies poétiques et religieuses*; et en Décembre ou Janvier prochain, les »Années de Pèlerinage, Suite de Compositions pour le Piano« — et la Collection complète de mes Rhapsodies hongroises.

En attendant laissez-moi vous offrir le »Concert-Solo« et les 2 Polonaises qui ont été écrits à Eilsen peu après la visite que vous m'y avez faite.

Joachim part demain pour Londres, et je le charge de vous persuader de venir me voir à Weymar à son retour. Je me suis beaucoup attaché à lui cet hiver, et tiens son talent aussi bien que sa personne en haute estime et véritable sympathie. —

Tâchez de ne pas trop retarder le plaisir que j'aurais à entendre votre Trio; je serai très charmé de faire la connaissance de Madame Reinecke et voudrais n'être pas des derniers à vous féliciter de votre bonheur.

Mille franches et cordiales amitiés et tout à vous

Weymar, 16 Avril 1852. F. Liszt.

81. An Carl Czerny*).

Mon très cher et très honoré Maître et ami,

Un douloureux événement qui a plongé notre Cour dans un deuil profond, — la mort subite de Madame la Duchesse Bernard de Saxe-Weymar — ne m'a permis de remettre votre lettre que ces jours derniers à Son Altesse Impériale, Madame la Grande Duchesse. Elle a daigné accueillir vos lignes et vos intentions avec une bienveillance marquée dont vous trouverez l'expression dans la lettre ci-jointe qu'elle a chargé Mr le Baron de Vitzthum de vous écrire en son nom. — Veuillez donc bien, je vous prie, recommander à Mr Schott de m'adresser *aussitôt* la publication de votre Gradus ad Parnassum un exemplaire de dédication que je ferai relier ici en velours ainsi qu'il convient, et me chargerai de porter de suite à S. A. I. — Pour la formule de dédicace, je vous engage à choisir la plus simple

»Gradus ad Parnassum
etc.
composé et très respectueusement dédié à Son Altesse Impériale et Royale, Madame la Grande Duchesse de Saxe-Weimar-Eisenach
Marie Paulowna
par
Ch. Czerny.

ou si le titre est en allemand:

»componirt und I. kais. kön. Hoheit der Frau Grossherzogin zu Sachsen-Weimar-Eisenach, Marie Paulowna, in tiefster Ehrfurcht gewidmet
von C. Cz.

Ce que vous voulez bien me communiquer de l'activité prodigieuse de votre muse, me fait faire des retours passablement honteux sur mes lenteurs et paresses relatives. L'écolier est loin du maître sur ce point comme sur d'autres. Toutefois je crois avoir mieux employé ces trois dernières années que

*) Autograph im Musikvereins-Archiv in Wien.

les précédentes; d'une part j'ai soumis à un travail de révision assez sévère et refondu complètement plusieurs de mes anciens ouvrages (entre autres les Etudes qui vous sont dédiées et dont je vous enverrai un exemplaire de l'édition définitive dans peu de semaines, — et l'Album d'un Voyageur qui réapparaîtra très notablement corrigé, augmenté et transformé, sous le titre »Années de Pèlerinage, Suite de Compositions pour le Piano — Suisse et Italie —«), et de l'autre j'ai continué d'écrire au fur et à mesure que les idées m'en venaient, et m'imagine être arrivé enfin à ce point où le style est adéquat à la pensée. Malheureusement mes occupations extérieures absorbent beaucoup de mon temps. L'orchestre et l'Opéra de Weymar avaient grand besoin de réforme et de mouvement. Les remarquables et extraordinaires ouvrages auxquels notre théâtre doit sa nouvelle renommée, — Tannhäuser, — Lohengrin, — Benvenuto Cellini — exigeaient de nombreuses répétitions, dont je ne pouvais charger personne d'autre. Avant-hier on a représenté pour la première fois un très joli ouvrage, d'un style élégant et simplement mélodique »Der lustige Rath« de Mr de Vesque, qui a obtenu un parfait succès. Carl Haslinger, qui était arrivé à la première représentation de Cellini, y assistait encore et pourra vous en donner des nouvelles. Dans l'intervalle de ces deux ouvrages, Dimanche dernier, il a fait exécuter, et dirigé lui-même (car une assez forte indisposition m'a forcé de garder la chambre durant plusieurs jours) sa Cantate-Symphonie de *Napoléon*.

Dans le courant du mois de Juin ma mère qui se propose de faire une visite à sa sœur à Grätz, aura l'avantage de vous aller voir, cher maître, et de vous renouveler en mon nom et au sien, l'expression de notre sincère reconnaissance pour les bontés nombreuses que vous m'avez témoignées. Croyez bien que le souvenir en est aussi vif que constant dans mon cœur.

Je vous dois encore des remercîments pour le soin que vous avez pris de faire étudier la Fantaisie de Schubert, partitionnée par moi, à Mr de Hardegg auquel je vous serai obligé de vouloir bien faire mes meilleurs compliments. Il est peut-être à regretter que cet ouvrage qui contient beaucoup de détails assez fins, ait été exécuté en premier lieu dans la salle de Redoute, si *redoutable* et ingrate pour le Piano en général: dans un local moins vaste, comme le *Musik-Verein Saal*, le virtuose et l'œuvre auraient été assurément plus à leur avantage, et si je ne craignais de paraître indiscret, je demanderais à Mr de Hardegg de l'exécuter une seconde fois, à quelqu'occasion, dans une salle de concert de moyenne étendue.

Je me suis plusieurs [fois] enquis du talent et de la carrière de Mr de Hardegg auquel je m'intéresse très naturellement par suite de l'intérêt que vous lui portez. Si par hazard, il projetait quelque voyage de ce côté-ci de l'Allemagne, priez-le de ma part de ne pas m'oublier à Weymar. Je serai charmé de bien faire sa connaissance, et il peut être assuré de mon accueil très affectueux.

Veuillez bien agréer, très cher et honoré ami, l'expression de la haute estime et considération avec laquelle je demeurerai toujours

Votre très fidèle et reconnaissant

Weymar, 19 Avril 1852. F. Liszt.

82. An Capellmeister Gustav Schmidt in Frankfurt a/M.*)

Geehrter Freund,

. —. Die Idee einer Kapellmeister-Zusammenkunft ist gewiss eine sehr zweckmässige, und von ihrer gedeihlichen Realisirung lässt sich nur Gutes und Besseres für unsern *zerfahrenden* Musikzustand erwarten. Unbedingt liegt in der Vereinzelung und Lähmung der Kunst-Autoritäten ein sehr gewichtiges Hemmniss, welches in seiner Fortdauer die Kunst wesentlich

---

*) Autograph (ohne Adresse) im Besitz von Hrn. Alfred Bovet in Valentigney. — Adressat war jedenfalls der Obengenannte (1816—1882) zuletzt Hofcapellmeister in Darmstadt, Componist der Opern »Prinz Eugen«, »Die Weiber von Weinsberg« u. a. m.

beeinträchtigen und gefährden muss. Über gewisse Prinzipien ist eine Vereinigung nothwendig, um dass die Consequenzen derselben thatsächlich angewandt werden, und den Kapellmeistern ziemt es vor allen, die Interessen der Musik und der Musiker würdig aufrecht zu halten. Eine Versammlung, so wie Sie es vorschlagen, wäre ganz an der Zeit; blos werden Sie meine Gründe billigen, wenn ich auf die Ehre verzichte diese Versammlung in Weimar zu veranlassen, und Ihnen *Spohr* als den gebührenden Präses bezeichne. Meister Spohr ist unser *Senior*; er hat stets, soviel es ihm die Umstände in Cassel erlaubt haben, die musikalische Bewegung gefördert; — der *Fliegende Holländer* ist unter seiner Leitung in Cassel, früher als der Tannhäuser in Weymar gegeben worden. Besprechen Sie sich mit ihm, was Ihnen durch die Nachbarschaft Frankfurts bequem ist, und wenn er, wie ich nicht zweifeln kann, auf Ihr Projekt eingeht, bestimmen Sie den Datum und benachrichtigen Sie mich davon; ich nehme mit Vergnügen Theil an der Sache und will es mir angelegen sein lassen, das Meinige beizutragen, um die wünschenswerthen Resultate näher zu rücken.

Tannhäuser ist für den 31. d. M. (bei Anwesenheit Ihrer Majestät der Kaiserin von Russland) angesagt. Beck übernimmt bei dieser Vorstellung die Titel-Rolle. Schumanns *Manfred* geben wir einige Tage später. Für nächste Saison ist der *Fliegende Holländer* und Spohr's *Faust* mit den neuen Recitativen, die er für London componirt, bestimmt.

Leben Sie recht wohl und glücklich, lieber Freund; empfehlen Sie mich freundlichst Ihrer Frau und bleiben Sie mir stets so gesinnt wie Ihnen

Ihr aufrichtig ergebener

Weymar, 18. Mai 52. F. Liszt.

83. An Robert Schumann*).

Verehrtester Freund,

Es ist mir erfreulich, Ihnen die erste Vorstellung des Man-

*) Autograph in der Kön. Bibliothek zu Berlin.

fred für nächsten Sonntag, 13ten Juni anzeigen zu können und Sie dazu freundschaftlich einzuladen.[1]) Hoffentlich erlauben Ihnen in dieser Jahreszeit Ihre Düsseldorfer Verpflichtungen, auf ein paar Tage hierher zu kommen, und wahrscheinlich reisen Sie mit Clara, deren freundschaftlichen Gnaden ich mich bestens empfehle. Sollten Sie jedoch allein kommen, so bitte ich Sie, bei mir auf der Altenburg zu logiren, wo Sie sich es ganz ungenirt bequem machen können. Die letzte Probe ist am Freitag Nachmittag angesagt; vielleicht ist es Ihnen möglich derselben beizuwohnen, was mir natürlich sehr angenehm wäre. Ihre Leipziger Freunde werden von dieser Vorstellung durch die Zeitungen avisirt, und ich denke, dass Sie es für Sonntags-Pflicht halten, uns Ihren Besuch bei dieser Vorstellung nicht zu entziehen.

Indem ich Ihnen stets den frohesten Sinn zu Ihren Arbeiten, gute Gesundheit und »alles übrige Gute, was dazu gehört«, von Herzen wünsche, verbleibe ich unveränderlich

Ihr aufrichtig ergebener

8. Juni 1852 — Weymar. F. Liszt.

84. An Robert Schumann*).

Verehrtester Freund,

Dass Sie nicht zur 2ten Vorstellung[2]) Ihres Manfred kommen konnten, bedaure ich sehr: hoffentlich wären Sie mit der musikalischen Einstudirung und Aufführung dieses Werkes (welches ich zu Ihren gediegenst gelungenen zähle) nicht unzufrieden gewesen. Der Total-Eindruck war, meinen Erwartungen gemäss, ein durchaus edler, tiefer und erhebender. Die Rolle des Manfred hatte Herr Pötsch übernommen und ehrenhaft und verständig durchgeführt. In Betreff der Inscenirung liess sich wohl einiges sagen, jedoch wäre es ungerecht, wenn man das Verdienst, welches sich Herr Regisseur Genast bei der-

1) Durch Liszt kam »Manfred« zum ersten Male auf die Bühne.

*) Autograph in der Kön. Bibliothek zu Berlin.

2) Könnte allenfalls auch als 1. Vorstellung zu lesen sein.

selben erworben hat, nicht lobend anerkennen würde. Es scheint mir deshalb angemessen, dass Sie an Herrn Genast ein paar freundliche Dank-Zeilen richten und ihn beauftragen, für Herrn Pötsch (Manfred) und das übrige dabei betheiligte Personal Ihre Complimente etc. zu übernehmen.

Eine einzige Bemerkung erlaube ich mir noch: Die Einleitungs-Musik zu dem Ahriman-Chor (Dmoll) ist zu kurz. Einige 60 bis 100 symphonische Takte, so wie Sie Ähnliches zu schreiben verstehen, wären da entschieden von guter Wirkung. Überlegen Sie sich die Sache und gehen Sie dann frisch an Ihr Pult. Ahriman kann einige polyphonische Sätze vertragen, und es lässt sich bei dieser Gelegenheit ganz behaglich wüthen und wühlen.

Soll ich Ihnen Ihre Manuscript-Partitur zurücksenden, oder wollen Sie mir damit ein schönes Präsent machen? Ich bin zwar kein Autographen-Sammler, aber die Partitur, wenn Sie sie nicht weiter bedürfen, würde mir Freude machen.

Tausend freundschaftliche Grüsse an Clara, und bitten Sie Ihre Frau, mir bald wieder etwas von Ihnen hören zu lassen.

In wahrster Verehrung und aufrichtiger Freundschaft

ergebenst

26. Juni 52 — Weymar. F. Liszt.

85. An Peter Cornelius[1]).

4 Septembre 1852, Weymar.

Il m'a été bien agréable, mon cher Monsieur Cornelius, de faire la connaissance de votre frère, et je regrette seulement qu'il ait passé plusieurs jours ici sans m'aviser de son séjour. Votre lettre, qui m'est parvenue par son intermédiaire, m'a fait un sensible plaisir dont je vous remercie bien affectueusement. Si courtes qu'aient été nos relations, je me plais à croire qu'elles ont suffi pour établir entre nous un lien que les années forti-

1) Der feinsinnige Dichtercomponist der zu endlicher Anerkennung gelangten Opern »Der Barbier von Bagdad«, »Cid« und »Gunlöd« (1824—1874).

fieront sans en altérer le charme naturel et réciproque. Je vous félicite bien sincèrement d'avoir si bien mis à profit la belle saison en terminant les compositions d'église que vous projetiez. C'est là un admirable terrain pour vous, et je vous engage fortement à ne pas en lâcher pied avant de l'avoir exploré avec amour et vaillance durant plusieurs années. Par l'élévation de vos idées et leur profondeur, aussi bien que par la tendresse de vos sentiments et vos fortes études, je vous estime pour éminemment propre à exceller dans le style religieux et à accomplir sa transformation, telle que l'exigent aujourd'hui nos intelligences plus en travail, nos cœurs plus en émoi qu'à d'autres époques. Vous n'avez qu'à vous bien assimiler Palestrina et Bach — ensuite laissez parler votre cœur, et vous pourrez dire avec le Prophète »je parle car je crois — et je sais que notre Dieu est éternellement vivant«.

Nous avons causé avec Monsieur votre frère de votre *vocation* pour la composition de musique religieuse-*catholique.* Il entre parfaitement dans cette idée et vous prêtera aide et assistance pour la réaliser dans les conditions extérieures qui vous seront favorables. Münster, Cologne et Breslau nous semblaient les trois points indiqués quant à présent, où vous rencontrerez le moins d'obstacle à établir votre réputation et à prendre position. Mais avant que vous ne vous rendiez sur le Rhin, j'espère que vous me ferez l'amitié de venir me voir ici. La chambre à côté de celle qu'habite Mr de Bulow est entièrement à votre disposition, et vous me ferez plaisir en vous y établissant sans façon aucune et en venant dîner régulièrement avec nous comme habitant de l'Altenbourg. La saison théâtrale recommence Dimanche prochain 12 Septembre avec Ernani de Verdi. Les premiers jours d'Octobre (au plus tard) on redonnera Lohengrin; et le 12 Novembre j'attends la visite de Berlioz qui passera une huitaine de jours à Weymar. Nous aurons alors *Cellini,* — la Symphonie de Roméo et Juliette et quelques morceaux de celle de Faust.

Mille cordiales amitiés et bien tout à vous

F. Liszt.

86. An Clara Schumann.

Weymar, 11 Septembre 1852.

Ce n'est point sans regret que je me rends à votre désir, Madame, en vous retournant la partition autographe de Manfred — car je vous avoue qu'*in petto* je m'étais un peu flatté que Robert me la laisserait à titre de propriété amicale. Notre théâtre en possède une copie très exacte qui nous servira aux représentations subséquentes de Manfred; j'ai été tenté de vous envoyer cet exemplaire copié, qui pour les révisions des épreuves suffirait; mais je ne sais quel scrupule de probité m'a retenu. Peut-être trouverez-vous qu'il y a lieu d'encourager généreusement ma vertu un peu chancelante; et dans ce cas vous n'aurez guère de peine à deviner ce qui me serait une récompense précieuse ...

Comment est la santé de Robert? Les bains de mer lui ont-ils fait du bien? J'espère qu'il sera bientôt rendu tout entier à son bonheur d'intérieur — et à son pupitre de composition. —

Il m'eût été bien agréable de vous renouveler notre visite de l'année dernière à Dusseldorf, et j'ai été vraiment touché du gracieux souvenir que m'en donne votre lettre! — mais hélas! un malheureux accident qui est arrivé à ma mère, qui a failli se casser la jambe en descendant un escalier, l'a obligée à garder son lit plus de neuf semaines, et encore maintenant elle ne marche qu'à l'aide de béquilles, et il lui faudra plusieurs mois pour se remettre entièrement.

Forcée qu'elle était de rester à Weymar, je n'ai pas voulu la quitter durant tout cet été, et devais me refuser le plaisir d'une excursion de vacances. —

La Princesse Wittgenstein et sa fille, qui est devenue une toute grande et charmante jeune personne, me chargent de leurs bien affectueux souvenirs pour vous et Robert, auxquels je joins les plus sincères vœux pour le prompt rétablissement de notre ami, et les cordiales assurances de ma constante amitié.

F. Liszt.

87. An Carl Czerny *).

[September oder October 1852.]

Mon très honoré maître et ami,

Permettez-moi de vous recommander particulièrement Mr le Professeur Jahn [1], dont vous connaissez sûrement plusieurs intéressants travaux de critique et de littérature musicale (entre autres son Introduction à la partition primitive de *Léonore* de Beethoven, publiée par Härtel à Leipzig).

Le but du voyage à Vienne de Mr Jahn est d'y recueillir des documents pour une biographie de Beethoven, qui répondra, j'en suis persuadé, aux sérieuses exigences, si mal satisfaites jusqu'ici du public et des artistes. Veuillez bien, je vous prie, en l'honneur du grand homme que vous avez eu le mérite de comprendre et d'admirer, bien avant que la foule grossière ne se mît à faire *Chorus* à l'entour de son nom, — ouvrir à Mr Jahn le trésor de vos souvenirs et de vos connaissances, et recevez à l'avance mes sincères remercîments pour les bons services que vous rendrez à l'art en cette circonstance.

C'est avec un inaltérable attachement que je demeure, cher maître, votre très reconnaissant et dévoué

F. Liszt.

P. S. Quand paraîtra le Gradus ad Parnassum? — L'exemplaire de mes Etudes qui vous sont dédiées vous sera remis dans quelques jours par Mr Löwy.

88. An Breitkopf und Härtel**).

30 Octobre 1852, Weymar.

Mon cher Monsieur Härtel,

Le piano que vous avez eu l'obligeance de me prêter

---

*) Autograph im Musikvereins-Archiv in Wien. Datum fehlt; es dürfte, Liszt's Brief v. 30. Oct. 1852 nach, um obengenannte Zeit zu setzen sein.

1) Der nachmals berühmte Mozart-Biograph.

**) Autograph im Besitz von Hrn. Alfred Bovet in Valentiguey.

pendant plusieurs années ayant été cédé par moi à un ami qui, comme je vous en ai verbalement prévenu, me demande de n'en acquitter le prix qu'à la fin de ce mois, — engagement qu'il vient de remplir exactement — je prends cette occasion pour vous proposer soit de vous faire tenir immédiatement la somme fixée pour le piano (400 Thaler), soit de faire un règlement de compte réciproque jusqu'au jour d'aujourd'hui, par lequel nous serions parfaitement quittes. L'agrément et l'avantage que je trouve dans mes bonnes relations avec votre maison, m'est d'un trop véritable prix, pour que je ne fasse pas ce qui dépend de moi pour les entretenir comme il convient, en me conformant à vos intentions et vos désirs. Dans le nombre de mes ouvrages édités par votre maison, il s'en trouve, si je ne me trompe cinq

12 Etudes d'exécution transcendante (2 Cahiers)
6 Etudes d'après Paganini (2 Cahiers)
Grand Concerto solo
Fantaisie et Fugue sur le Choral du Prophète (Nr. 4 des Illustrations du Prophète)
Messe (avec Paternoster et Ave Maria pour 4 voix d'hommes et accompagnement d'orgue

pour lesquels la fixation de l'honoraire a été remise jusqu'à présent.

Sans chercher à me faire illusion sur le médiocre rapport dont ces ouvrages, passablement volumineux par mésaventure, peuvent être pour votre maison, je voudrais pourtant pouvoir me flatter de l'idée qu'ils ne vous seront pas à charge et qu'ils ne disconviennent même pas à votre catalogue. Quoiqu'il en soit, je vous prie de vouloir bien user envers moi de la même sincérité que je réclame vis-à-vis de vous, persuadé que la sincérité est la seule base des rapports durables, surtout quand il s'agit de choses que diverses circonstances accessoires peuvent rendre plus délicates et compliquées. En fin de compte, permettez-moi donc, mon cher Monsieur Härtel, de vous proposer d'égaliser nos comptes, et de garder votre Piano en échange des cinq manuscrits susmentionnés par lesquels seraient soldés aussi les ouvrages de *Marx* et *Kiesewetter* que vous m'avez envoyés, de manière à ce que, si vous agréez ma proposition, nous soyons entièrement quittes.

Il m'a été agréable d'apprendre que Mr Jahn avait eu lieu d'être satisfait de son voyage à Vienne, et je vous prie de bien l'assurer que je suis entièrement à sa disposition au sujet des démarches à faire etc. dans l'intérêt de son travail sur Beethoven, pour lequel je suis charmé de lui être de quelque utilité.

Dans une quinzaine de jours j'attends ici Mr Berlioz. Le 18 et le 20 Novembre auront lieu les représentations de *Benvenuto Cellini* — et le 21 on exécutera les Symphonies de *Roméo et Juliette*, et *Faust* dont je vous avais proposé la publication. Si vos nombreuses occupations vous permettaient de venir ici le 20 et le 21, je suis assuré que vous trouverez un grand intérêt à l'audition de ces ouvrages exceptionnels, qu'il m'est un devoir et un honneur de ne pas laisser ignorer à Weymar.

Veuillez bien, mon cher Monsieur Härtel, accepter cette information comme une invitation, et prévenir aussi Monsieur votre frère Raymond du plaisir que me ferait sa visite ici pendant la *semaine Berlioz* où nous serons d'ailleurs en bonne et romantique compagnie d'artistes et de critiques réunis de divers points, à Weymar.

Prochainement je vous ferai parvenir mon *Catalogue* que vous m'obligerez beaucoup de faire paraître sans trop différer. L'éparpillement et la confusion à travers lesquels mes ouvrages ont eu à cheminer jusqu'ici, leur ont fait un tort en sus de ceux qu'ils avaient déjà par eux-mêmes; il n'est donc pas sans importance de les classer et de présenter au public un aperçu catégorique du peu que je puis valoir. Ayant promis à plusieurs personnes habitant toute sorte de contrées de leur envoyer ce catalogue, je vous prie de me porter en compte, *non gratis*, une soixantaine d'exemplaires, qui, je le crains, ne me suffiront pas, mais serviront du moins à vous alléger les frais d'impression.

A ce propos permettez-moi de revenir sur un projet dont je vous ai déjà entretenu — la publication de mon volume sur Chopin en allemand. Mr *Weyden* de Cologne vous a-t-il écrit, et vous êtes-vous entendu à ce sujet avec lui? La dernière fois qu'il m'écrivit, il me disait qu'il n'avait pas encore de réponse de vous. Comme il possède également le français et l'allemand, et qu'il a parfaitement réussi dans sa traduction de ma brochure sur *Tannhäuser et Lohengrin*, il me serait agréable que la traduction du Chopin fût faite par lui — et dans le cas que vous vous décidiez à éditer son travail je vous prie de m'inscrire pour cinquante exemplaires.

Veuillez bien, mon cher Monsieur Härtel, excuser cette longue lettre et me croire bien sincèrement

votre très affectionné et dévoué F. Liszt.

89. An Breitkopf und Härtel*).

Mon cher Monsieur Härtel,

En vous remerciant très obligeamment de la nouvelle preuve de vos intentions bienveillantes à mon égard que vous me donnez par votre dernière lettre, je m'empresse de vous retourner les deux papiers ci-joints avec ma signature, par lesquels nos petits comptes se trouvent ainsi réglés — quant au compte en sus de 80 écus environ que je vous remercie de m'avoir fait parvenir par la même occasion, je ne tarderai pas non plus à l'acquitter. Seulement, comme il contient plusieurs articles qui ont été acquis par l'Intendance du théâtre (tels qu'Athalie, les partitions *de piano de Lohengrin*, la Symphonie de Schubert etc.), vous me permettrez d'attendre quelques jours encore afin de réclamer la somme qui m'est due, et que j'ignorais jusqu'ici avoir été portée à mon compte — croyant même que ces divers envois de musique que j'avais demandés pour l'usage du théâtre, avaient été soldés depuis longtemps par l'Intendance. —

Je vous prie de vouloir bien excuser cette confusion dont je ne puis être fautif que très à mon insu.

---

*) Autograph im Besitz von Hrn. J. Crépieux-Jamin in Rouen.

Relativement à la publication du *Pater noster* et de *l'Ave Maria*, vous la ferez entièrement à votre gré et je n'ai d'autre désir à cet égard que *de ne pas* séparer le *Pater* de *l'Ave*, à cause de l'exiguité du premier; mais soit que vous éditiez ces deux morceaux avec la Messe, soit qu'ils paraissent à part (en laissant toujours les deux ensemble) l'une et l'autre manière me conviennent également. Pour plus de commodité je les ai fait relier dans le même cahier comme ayant été écrits en même temps et appartenant au même style. — *Berlioz* vient de m'écrire qu'il devancera probablement de 2 ou 3 jours son arrivée ici — et les convenances de notre répertoire ont fait fixer au *17* Novembre (au lieu du 18) la première représentation de la reprise de Cellini. Aussitôt après son départ je mettrai en ordre le Catalogue que vous avez l'obligeance de faire paraître et qu'il me serait agréable de pouvoir distribuer avant la fin de l'hiver. Vous en recevrez le manuscrit avant Noël. —

Mr Weyden étant de mes amis depuis plusieurs années, je me permets de vous le recommander et me plais à espérer que vos relations avec lui à l'occasion de la traduction du volume de Chopin, seront de nature facile et agréable[1]).

Veuillez bien recevoir encore, mon cher Monsieur Härtel, mes meilleurs remerciements auxquels je joins l'assurance des sentiments les plns sincèrement distingués et affectueux

de votre tout dévoué

10 Novembre 52. F. Liszt.

90. An Professor Julius Stern in Berlin[2]).

24 Novembre 1852.

Mon cher Monsieur Stern,

J'espère que vous voudrez bien excuser le retard que j'ai

---

1) Die deutsche Übersetzung des Werks unterblieb, bis sie, nach Veröffentlichung einer zweiten Auflage, 1880 von La Mara erschien.

2) 1820—1883, Gründer des Stern'schen Gesangvereins (den er 1847—74 leitete) und des Stern'schen Conservatoriums (1850), das er zuerst mit Marx und Kullak, seit 1857 allein führte.

mis à répondre à vos amicales lignes dont je vous remercie très affectueusement. Mr Joachim était absent alors qu'elles me parvinrent, et toute cette semaine dernière a été extrêmement remplie pour Weymar (et pour moi en particulier) par les répétitions et l'exécution des ouvrages de Berlioz. Heureusement le succès le plus unanime et du meilleur aloi nous a récompensés de nos efforts. Berlioz a été très satisfait de son séjour à Weymar; et pour ma part, j'ai eu un véritable plaisir à m'associer à celui qu'il éprouvait de l'accueil qui lui a été fait par la Cour, nos artistes et le public. Cette semaine ayant à mon sens une véritable importance d'art, permettez-moi, mon cher Monsieur Stern, de contrarier en quelque façon mes habitudes, en vous envoyant ci-joint le petit résumé que la Gazette de Weymar en a fait, et qui vous mettra *très exactement* au courant de ce qui s'est passé. Vous m'obligerez de le communiquer à Schlesinger, qui me fera peut-être le plaisir d'en informer le public de Berlin par son journal (L'Echo).

Je n'ai pas manqué de me conformer au désir de votre dernière lettre, aussitôt le retour de Joachim à Weymar, et l'ai beaucoup engagé à accepter la proposition que vous lui faites, de prendre part au Concert du 13 Décembre. Vous savez quelle haute estime je professe pour le talent de Joachim, et quand vous l'aurez entendu, je suis persuadé que vous trouverez que les éloges que je vous en ai faits dernièrement n'ont rien d'exagéré. C'est un artiste hors ligne et qui peut légitimement ambitionner une réputation glorieuse.

De plus c'est une nature tout à fait loyale, un esprit distingué et un caractère doué d'un singulier charme dans sa droiture et son sérieux.

La question de l'*honoraire* étant assez embarrassante pour lui à traiter avec vous, j'ai pris sur moi de vous en parler sans long commentaire et de vous indiquer le chiffre de 20 à 25 Louis d'or comme me paraissant convenable. Si Joachim avait déjà été à Berlin, ou bien, si son séjour dans cette ville pouvait coïncider avec quelqu'autre avantage pécuniaire, je suis assuré qu'il se ferait un plaisir de vous offrir même sa coopération gratuite, mais dans la position où il se trouve, n'ayant pas l'intention de donner quant à présent des Concerts à Berlin, et sans relation directe encore avec vous, je pense que vous apprécierez les motifs qui me portent à vous fixer ce chiffre ...

Si comme je l'espère, vous ne le jugez pas disproportionné, veuillez simplement, je vous prie, avoir la bonté d'écrire quelques lignes à Joachim directement pour l'informer du jour auquel il serait nécessaire qu'il fût arrivé à Berlin pour la répétition de votre Concert afin qu'il puisse demander un peu à l'avance son congé d'ici.

Veuillez bien aussi vous charger de mes meilleures amitiés pour Th. Kullak. J'ai eu occasion de causer assez longtemps à son sujet ces jours-ci avec deux de ses écolières, les Princesses Anne et Louise (de Prusse) et aussi avec leur mère, la Princesse Charles. D'ici à peu Mr Marx (au bon souvenir duquel je vous prie de me rappeler, en attendant que je lui écrive avec plus de détail sur l'exécution de son *Moïse*) recevra une lettre de Mr *Montag*, que j'ai prié de prendre avec lui les arrangements relatifs aux parties de chant, que Mr Marx veut bien avoir l'obligeance de nous prêter. Probablement cet Oratorio pourra être exécuté ici vers la fin Janvier ou la mi-Février prochain, et aussitôt que les répétitions en seront assez avancées, j'écrirai à Marx pour lui en donner des nouvelles positives et l'inviter à nous faire une courte visite à Weymar.

Mille franches et cordiales amitiés et

Tout à vous F. Liszt.

Vous savez probablement déjà que Joachim quitte Weymar pour se fixer à Hannovre au commencement de l'année prochaine.

91. An Wilhelm von Lenz in St. Petersburg[1].

Je suis doublement en dette vis-à-vis de vous, mon cher

---

1) Bekannter Musik- und namentlich Beethoven-Schriftsteller, kaiserl. russischer Staatsrath (1809—1883).

Lenz vous me permettez, n'est-ce pas, d'user de réciprocité en retranchant le *Monsieur?*), d'abord pour votre livre,[1]) si vivement empreint de cette passion sincère et sérieuse du beau, sans laquelle on ne pénétrera jamais jusqu'au cœur des œuvres du génie; ensuite, pour votre amicale lettre qui m'est parvenue peu après que je m'étais procuré votre livre, dont l'annonce avait singulièrement piqué ma curiosité. Si j'ai différé jusqu'à présent à vous répondre, la faute n'en est pas seulement à mes nombreuses occupations, qui m'interdisent d'ordinaire l'agrément des correspondances, mais principalement à vous et à votre remarquable ouvrage, que j'ai tenu à lire à l'aise, pour en tirer toute la substance qu'il contient. Vous ne pouvez trouver mauvais qu'il m'ait donné fort à réfléchir, et comprendrez sans peine que j'en aurai long à vous dire sur ce sujet — tellement que pour vous expliquer toute ma pensée, il me faudrait faire un autre livre en regard du vôtre — ou mieux encore, reprendre nos leçons d'il y a vingt ans, où le maître avait tant à profiter de l'élève, — discuter pièces en mains, sur le sens, la valeur et la portée d'un grand nombre d'idées, de phrases, d'épisodes, de rythmes, de progressions harmoniques, de développements, d'artifices; — il me faudrait enfin causer avec vous tout au long et tout de bon de blanches et noires, croches et doubles croches, — sans oublier les pauses, lesquelles, s'il vous plaît, ne sont guère un chapitre oiseux quand on prétend s'occuper sérieusement de musique, et de Beethoven en particulier.

La mémoire bienveillante que vous avez gardée de nos entretiens, sous forme de leçons, de la rue *Montholon*, m'est infiniment précieuse, et le témoignage flatteur pour moi que votre livre rend à ces heures écoulées, m'encourage à vous inviter de les continuer à Weymar, où il me serait à la fois si agréable et si intéressant de vous voir pendant quelques semaines ou quelques mois, *ad libitum*, afin de nous édifier en commun sur Beethoven. Aussi bien qu'il y a vingt ans, j'en suis persuadé, nous nous entendrons dans la plupart des

1) »Beethoven et ses trois styles«. St. Pétersbourg, 1852.

cas de *primesaut*, et mieux qu'alors nous serons, chacun pour notre part, à même de cheminer plus avant dans la région exotérique de l'art. — Pour aujourd'hui, permettez-moi, au risque de me répéter souvent par la suite, de vous faire les plus sincères compliments sur votre livre, qui sera pour les gens de goût, et en particulier pour ceux qui sentent et comprennent la musique, un livre de choix et de prédilection. Artistes et amateurs, professeurs et élèves, critiques et virtuoses, compositeurs et théoriciens, tous auront leur gain à en faire et leur part à prendre dans ce festin d'instruction attrayante que vous leur avez préparé. Que de traits ingénieux, de touches vives, de coups bien assénés, d'images neuves et judicieusement adaptées n'aurais-je pas à citer, si j'entrais dans le détail de vos pages, si différentes de celles qu'on a coutume de lire sur des sujets analogues! Dans votre argumentation et les preuves intrinsèques et extrinsèques que vous produisez, que de poids — sans lourdeur, de densité — sans empesage, de forte et saine critique — sans pédantisme! — Les idées foisonnent dans ce style incisif, brillant, réfléchi et abrupte tour à tour, où l'érudition vient rehausser et assurer les jets d'une imagination vivace et luxuriante. A toute la finesse et les subtiles divinations, propres au génie slave, vous alliez la patience investigatrice et les doctes scrupules qui caractérisent les explorateurs germaniques. Vous prenez alternativement, selon votre gré, les allures de la taupe et celles de l'aigle — et tout vous réussit à merveille, puisque vous conservez incessamment, comme votre propriété inaliénable à travers vos manœuvres souterraines et vos pérégrinations éthérées, tant d'esprit et de savoir, de bon sens, et de libre fantaisie. Si vous m'aviez chargé de trouver une épigraphe à votre livre, je vous aurais proposé celle-ci:

»*Inciter et initier*«,

comme résumant le mieux, à mon sens, le but que vous remplissez par votre double talent d'écrivain distingué et de musicien *ex professo*. Il est vraiment curieux d'observer, combien le mot connu »C'est du Nord aujourd'hui que nous vient la lumière« a été justifié en dernier lieu par rapport à la littérature musicale. Après que Mr Oulibicheff nous avait doté d'un *Mozart*, voici que nous vous devons *Beethoven*. Sans essayer de rapprocher deux ouvrages qui se différencient et se séparent à beaucoup d'égards, de même que les deux héros choisis par leurs historiographes, il est pourtant naturel que votre nom se trouve fréquemment associé à celui de Mr Oulibicheff — car l'un et l'autre honorent l'art et leur pays. — Cette circonstance ne vous autorise pas moins, du reste, de chapitrer fort spirituellement et en pleine connaissance de cause Mr Oulibicheff d'avoir fait de Mozart une espèce de *Dalaï-Lama*, en dehors duquel il n'y a plus rien. Dans toute cette partie polémique (pages 26, 27 etc.), comme dans beaucoup d'autres cas, je me range très entièrement à votre avis, toute part de justice aux talents et mérites de votre compatriote étant faite. De la lecture des deux ouvrages, Mozart et Beethoven, il ressort évidemment, que si les études, les prédilections, les habitudes d'esprit et d'oreille de Mr Oulibicheff le prédisposent parfaitement à accomplir une œuvre excellente dans son ensemble, les vôtres, mon cher Lenz, vous ont conduit à une sorte d'intimité, dont la familiarité nourrissait la pieuse exaltation, avec le génie de Beethoven. Mr Oulibicheff dans sa méthode procède plus en propriétaire et en professeur: vous, en poète et en jurisconsulte. Mais quoique l'on puisse dire sur telle ou telle lacune de votre travail, dont le plan même vous bornait désavantageusement à l'analyse des Sonates de piano, et quelque fondé qu'on se prétende à vous chicaner sur la distribution de vos matériaux, il est un mérite capital qu'on ne saurait vous refuser sans injustice: celui d'avoir bien compris Beethoven, et d'avoir réussi à rendre votre imagination adéquate à la sienne par la pénétration intuitive des secrets de son génie.

Pour nous, musiciens, l'œuvre de Beethoven est semblable à la colonne de nuée et de feu qui conduisit les Israélites à travers le désert — colonne de nuée pour nous conduire le jour, — colonne de feu pour nous éclairer la nuit »*afin que nous marchions jour et nuit*«. Son obscurité et sa lumière nous tracent également la voie que nous devons suivre; elles nous sont l'une et l'autre un perpétuel commandement, une infaillible révélation. S'il m'appartenait de catégoriser les divers termes de la pensée du grand maître, manifestés dans ses Sonates, ses Symphonies, ses Quatuors, je ne m'arrêterais guère, il est vrai, à la division des *trois styles*, assez généralement adoptée maintenant et que vous avez suivie — mais prenant simplement acte des questions soulevées jusqu'ici, je peserais franchement la grande question qui est l'axe de la critique et de l'esthétique musicale au point où nous a conduits Beethoven: à savoir, en combien la forme traditionnelle ou convenue est nécessairement déterminante pour l'organisme de la pensée? —

La solution de cette question, telle qu'elle se dégage de l'œuvre de Beethoven même, me conduirait à partager cette œuvre non pas en trois styles ou périodes — les mots *style* et *période* ne pouvant être ici que des termes corollaires, subordonnés, d'une signification vague et équivoque, — mais très logiquement en deux catégories: la première, celle où la forme traditionnelle et convenue contient et régit la pensée du maître; et la seconde, celle où la pensée étend, brise, recrée et façonne au gré de ses besoins et de ses inspirations la forme et le style. Sans doute en procédant ainsi nous arrivons en droite ligne à ces incessants problèmes de l'*autorité* et de la *liberté*. Mais pourquoi nous effraieraient-ils? Dans la région des arts libéraux ils n'entraînent heureusement aucun des dangers et des désastres que leurs oscillations occasionnent dans le monde politique et social, car dans le domaine du Beau, le génie seul fait autorité, et par là, le Dualisme disparaissant, les notions d'autorité et de liberté sont ramenées à leur identité primitive. — Manzoni, en définissant le génie »une plus forte empreinte de la Divinité«, a éloquemment exprimé cette même vérité. —

Voici déjà une bien longue lettre, mon cher Lenz, et je n'en suis encore qu'aux préliminaires. Passons donc au déluge, — et venez me voir à Weymar pour causer au long et au large de toutes ces choses à l'ombrage de notre beau parc. Si quelque merle vient d'aventure à siffler, je profiterai de la circonstance pour vous faire en passant des querelles d'Allemand sur quelques impropriétés de termes qui se rencontrent de loin en loin dans votre livre, comme par exemple l'emploi du mot de *gamme* (ut, fa, la etc.) au lieu de batterie ou *accord arpégé;* — ou bien encore, sur votre inexcusable manque de galanterie qui vous pousse malignement à accoler le sobriquet titulaire de »Mamsell« (!) à telle ou telle *Diva*, procédé qui vous attirera justement l'ire de ces Divinités, et de leurs nombreux admirateurs.

Mais à l'avance je puis vous assurer qu'il y a beaucoup plus de rossignols que de merles dans notre parc, et de même dans votre livre le grand nombre de pages, judicieusement pensées et brillamment écrites, l'emporte si bien en valeur et vaillance sur les distractions et négligences clairsemées, que je m'associe de grand cœur au concert d'éloges auquel vous avez droit.

Veuillez bien recevoir, je vous prie, mon cher Lenz, l'expression des sentiments les plus sincèrement distingués et les meilleurs remercîments de votre très affectionné et obligé

Weymar, 2 Décembre 1852. F. Liszt.

Madame Bettina d'Arnim ayant passé quelques semaines à Weymar, je lui ai communiqué votre livre. Persuadé que la très bonne impression que cette lecture lui a faite vous serait agréable, je l'ai priée de la constater par quelques lignes que je vous envoie ci-joint. —

92. An Robert Radecke in Leipzig*).

Besten Dank, lieber Radecke, für Ihr Schreiben und die bewährte *gute* Gesinnung.

---

*) Abgedruckt »Neue Berliner Musikzeitung« 20. Nov. 1890. — Adressat, nachmals Capellmeister der königl. Oper und gegenwärtig Director des königl. academischen Instituts für Kirchenmusik in Berlin, war damals Vicedirector der Leipziger »Singacademie« neben Ferd. David und hatte, berauscht von der ersten Aufführung von Berlioz' »Faust« in Weimar, beschlossen, eine solche in dem von ihm mit geleiteten Gesangverein durchzusetzen. Zu diesem Zweck

Mit Vergnügen steht Ihnen die Faust-Partitur zu Diensten, sobald ich dieselbe von Berlioz wieder erhalten habe. Wahrscheinlich wird die Abschrift, die Berlioz für mich in Paris besorgen will, bis zu Weihnachten fertig, so dass ich sie Ihnen bald nach Neujahr zusenden kann.

Im Laufe des Winters beabsichtige ich auch eine Aufführung des kleinen Oratoriums »La fuite en Egypte«, attribué au maître de Chapelle imaginaire Pierre Ducré. Dieses graziöse und interessante Werk dürfte in Leipzig Anklang finden und bietet gar keine Schwierigkeit, weder für den Gesang noch das Orchester. Wenn Sie das Geheimniss für sich behalten und es Ihrem Gesangverein unter dem Namen Pierre Ducré, Componist des 16. Jahrhunderts, einstudiren, so bin ich überzeugt, dass es seinen Effect nicht verfehlt. [1]) Joachim geht übermorgen nach Berlin; Cossmann befindet sich in Paris und Nabich [2]) fungirt in London, Liverpool und Manchester. Nichtsdestoweniger geben wir nächsten Sonntag (12.) den Tannhäuser (mit Abonnement suspendu!) und für diesmal wird das *ganze* Finale des 2. Actes und der neue Schluss des 3. einstudirt.

Leben Sie recht wohl, munter und thätig, so wie es Ihnen von Herzen wünscht Ihr freundlichst ergebener

9. December 1852.

F. Liszt.

---

erbat er von Liszt die Partitur. Doch blieb der Plan unausgeführt, da R. zu Neujahr 1853 sein bisheriges Amt mit dem eines Musikdirectors am Leipziger Stadttheater vertauschte.

1) Liszt's scherzhafter Vorschlag bezüglich der »Flucht nach Egypten« gründet sich auf die Thatsache, dass Berlioz bei der ersten Aufführung derselben das Publikum in Paris mystificirte und das Werk unter dem fingirten Namen Pierre Ducré's, Organisten der St. Chapelle zu Paris vom Jahre 1679, zu Gehör gebracht hatte.

2) Erster Posaunist der Weimarer Capelle und hervorragendster Künstler seines Instrumentes.

93. An Bernhard Cossmann.

[Weimar, December 1852.[1])]

Merci, cher ami, de vos bonnes lignes qui m'ont fait un sincère plaisir. Joachim n'est pas encore de retour de Berlin — et Beck[2]) a regagné, je crois assez sérieusement, son ancienne maladie du gosier, dont, à ce qu'il paraît, ces 6 années de cure n'ont pas réussi à le guérir radicalement. Par suite de ce néfaste ténorique, les représentations des opéras de Wagner et Berlioz vont être ajournées jusqu'en Février où j'espère que Tichatschek pourra venir de Dresde et chanter »Tannhäuser«, »Lohengrin« et le »fliegende Holländer«.

Quant au Cellini[3]) il faudra malheureusement attendre que le nouveau ténor engagé pour la saison prochaine, Dr. Lieber, actuellement au théâtre de Cologne, ait appris le rôle. On dit beaucoup de bien de la voix de Lieber, et il paraît d'ailleurs qu'il possède une dose d'intelligence suffisante pour comprendre de quelle manière il devra se conduire ici. —

En fait de nouvelle j'en ai une toute petite à vous annoncer — c'est qu'à votre retour vos appointements seront augmentés de 50 écus pour faire la somme ronde de 400. — Laub[4]) arrivera ici très prochainement et accepte les propositions qui lui ont été faites. Il ne sera point ....

94. An den Chordirector Wilhelm Fischer in Dresden[*]).

Geehrter Herr,

Mit der heutigen Post habe ich Ihnen ein genau corri-

---

1) Datum und Schluss des Briefs fehlen; doch ist er dem Inhalt nach in oben angegebene Zeit zu setzen.

2) Heldentenor an der Hofoper.

3) Berlioz' Oper.

4) Ferdinand Laub, bedeutender Geiger, wurde für den 1. Januar 1853 als Joachim's Nachfolger als Weimar'scher Concertmeister engagirt.

*) Autograph im Besitz von Hrn. Otto Lessmann in Charlottenburg. — Adressat naher Freund Wagner's (»Briefe an Uhlig, Fischer, Heine«. Leipzig, Breitkopf & Härtel 1889).

girtes Exemplar der Partitur des fliegenden Holländers zugesandt. Da dieses Exemplar mein Eigenthum war (Wagner hatte es mir nach seinem hiesigen Aufenthalt 49 zurückgelassen), so konnte ich nicht voraussetzen, dass Uhlig dasselbe von mir als Theater-Partitur zurückverlange. Der letzte Brief von Wagner an mich hat mir die Sache verdeutlicht, und ich stelle mit Vergnügen diese Partitur zu seiner weiteren Verfügung. Wagner habe ich direct und umständlich geantwortet; er ist folglich unterrichtet, dass ich Ihnen mein Exemplar zugesandt habe.[1]

Erlauben Sie mir noch Sie zu bitten, mich bei Herrn Heine[2]) freundlichst zu entschuldigen, dass ich sein Schreiben jetzt nicht beantworte. Seine nachsichtige Beurtheilung unsrer Lohengrin-Aufführung ist mir sehr schmeichelhaft; ich hoffe, dass wir nach und nach das Lob, welches uns bereits von mehreren Seiten zugekommen, besser verdienen; einstweilen, da die Veranlassung seines Schreibens eben die Angelegenheit der Holländer-Partitur war, und diese Sache jetzt vollkommen befriedigend erledigt ist, so bedarf es keiner mehrfachen Besprechung.

Mit aufrichtiger Hochachtung Ihr ergebener

Weymar, 13. Januar 1853. F. Liszt.

Kommt Tichatschek zu unsrer Lohengrin-Vorstellung im Februar? Bitten Sie ihn freundschaftlichst, er solle es doch möglich machen. Von Weymar aus wird gewiss nichts versäumt werden .... und es wird uns Beiden eine herrliche Freude sein.

95. An Edmund Singer[3]).

Verehrter Herr,

Für Ihren freundlichen Brief danke ich Ihnen bestens und

---

1) Weiteres hierüber »Briefwechsel Wagner's und Liszt's«. Bd. I p. 207—9.

2) Ferdinand Heine, Hofschauspieler und Costümier, durch Wagner's Briefe an ihn bekannt.

3) Nachmals Concertmeister in Weimar, jetzt Hofconcertmeister und Professor am Conservatorium. zu Stuttgart.

beauftrage Herrn Gleichauf (in welchem Sie einen ausgezeichneten Violavirtuosen erkennen werden), Sie zu persuadiren, mir Ihren Besuch in Weymar nicht zu entziehen. Es wäre mir sehr angenehm, Sie auf längere Zeit hier halten zu können; jedoch muss ich bezweifeln, dass Sie mit einer so bescheidenen Stellung als unsre administrativen Verhältnisse sie gewähren, sich begnügen möchten. Gelegentlich sprechen wir mehreres darüber — einstweilen soll es mir ein Vergnügen sein, Sie wieder zu sehen und zu hören. — Laub's Bekanntschaft wird Sie auch interessiren — er spielte soeben einige Piècen mit ganz ausserordentlicher Meisterschaft und Bravour — so dass wir alle ganz warm geworden.

Kommen Sie also, sobald Sie ein paar freie Tage vor sich haben, und seien Sie zum Voraus des freundlichsten Empfangs versichert.

Mit ausgezeichnetster Achtung ergebenst

Sonnabend, 15. Januar 1853. F. Liszt.

96. An Frau Dr. Lidy Steche in Leipzig*).

Hochgeehrte Frau,

Ihre freundliche Anfrage in Betreff der Aufführungen der Wagner'schen Opern erlaube ich mir mit folgenden Data zu berichtigen.

Für nächsten Mittwoch *16ten Februar*, Geburtstag I. K. H. der Frau Grossherzogin, ist die 1te Vorstellung des *fliegenden Holländers* bestimmt. (NB. zu diesem Abend sind bereits alle Plätze vergriffen, und da eine grosse Anzahl auswärtiger Herrschaften angemeldet ist, so wird es schwer halten, in

*) Adressatin wirkte als Mädchen (Frl. Angermann) zwei Winter hindurch in den Gewandhaus-Concerten als Sängerin. Verheiratet, gründete sie in den vierziger Jahren einen Gesangverein, mit dem sie im Dec. 1853 den »Lohengrin« (noch vor dessen Aufführung im Leipziger Theater, Jan. 1854) in ihrem Hause und sodann in der Loge Minerva am Clavier so vortrefflich aufführte, dass Hoplit in seiner Besprechung der Theatervorstellung (Neue Zeitschrift f. Musik) dieser die Steche'sche Leistung als »Muster« vorhielt.

Weymar ein passendes Logis zu finden.) Den darauffolgenden Sonntag, 20ten Februar, wird der fliegende Holländer wiederholt; und am 27ten (Sonntag) ist der *Tannhäuser* angesagt und am *5ten März* (Sonnabend) der *Lohengrin*. Zwischen diesen beiden Vorstellungen des 27ten Februar und 5ten März wird wahrscheinlich die 3te Vorstellung des fliegenden Holländers stattfinden, wovon ich Ihnen genauere Nachricht bis Ende dieser Woche ertheilen kann. Die eigentliche *Wagner-Woche* beginnt also mit dem 27ten Feb. und schliesst mit dem 5ten März, und falls es Ihnen möglich wäre, eine ganze Woche diesen herrlichen 3 Kunstwerken zu widmen, so dürfte ich Ihnen anrathen, am 27ten hier einzutreffen — oder noch bequemer für Sie (da Ihnen Tannhäuser schon sehr bekannt ist), erst zur 3ten Vorstellung des fliegenden Holländers, deren Datum noch halb unbestimmt ist, jedoch für den 2ten oder 3ten März in Aussicht gestellt wird. Sogleich nach der ersten Vorstellung werden wir darüber ganz ins Klare kommen, und ich werde nicht ermangeln, Ihnen das Resultat der hiesigen Theater-Conferenzen (wobei ich nicht betheiligt bin) officiell zu melden.

Genehmigen Sie, hochgeehrte Frau, die Versicherung der ausgezeichnetsten Hochachtung

Ihres freundlichst ergebenen

Weymar, 14. Februar 1853. F. Liszt.

97. An Capellmeister Gustav Schmidt in Frankfurt a. M.*)

Verehrter Freund,

Die beiden Symphonien *Romeo und Julia* und *Faust* von Berlioz sind im Laufe dieses Winters zweimal hier mit dem entschiedensten Beifall aufgeführt worden. Berlioz hatte die Freundlichkeit, mir Partitur und Stimmen zu leihen, — jedoch unter der ausdrücklichen Bedingung, dass dieselben nicht aus meinen Händen gelangen. Als ich ihn vor einigen Wochen

*) Autograph (ohne Adresse) im Besitz von Hrn. Alfred Bovet in Valentigney. — Der Adressat ergiebt sich aus dem Inhalt.

auf Ersuchen der Leipziger Singakademie frug, ob er mir nicht erlauben möchte, den Faust zu einer beabsichtigten Aufführung dem Leipziger Institute zur Disposition zu stellen, antwortete er mir Folgendes:

»Vu les déplorables exécutions dont mes ouvrages ont été plusieurs victimes tant en Allemagne qu'ailleurs, je me suis résolu à ne jamais les communiquer en *manuscrit.* D'ailleurs il existe suffisamment de mes ouvrages gravées en partition et en parties séparées (les 3 Symphonies, plusieurs Ouvertures, le 5 mai, le Requiem etc.) pour qu'il ne soit pas besoin d'en rechercher d'autres. Si je fais exception pour toi etc.« — — —

Obschon ich gänzlich sicher war, dass die Leipziger Aufführung eine sehr befriedigende gewesen wäre, da sich mehrere meiner Freunde dafür lebhaft interessirten, und ich nicht den mindesten Zweifel hegen kann, dass Sie sich es angelegen sein lassen würden, den Faust in Frankfurt zu seiner vollkommenen Geltung zu bringen, so ersehen Sie doch aus obigen Zeilen von Berlioz, dass ich zu meinem Bedauern keine Anfrage mehr an ihn in dieser Angelegenheit risquiren darf. Der Faust wird übrigens noch in diesem Jahre in Partitur in Paris erscheinen, und ich habe Berlioz vor kurzem sein Manuscript zurückgesandt.

Sollten Sie übrigens gesonnen sein, einiges von Berlioz in Frankfurt aufzuführen, so kann ich Ihnen zu diesem Zwecke vorläufig besonders empfehlen:

Die beiden Ouvertüren zu *Cellini* und den Carnaval romain.

2 Nummern aus der Symphonie *Romeo und Julia* — das Fest bei Capulet und die Fee Mab (Scherzo) —

und 2 Märsche aus der *Harold-Symphonie* und der *Symphonie fantastique* — Marche des Pèlerins und Marche de supplice.

Nothwendig wird es aber sein, dass Sie mehrere Proben davon halten — und zwar *Separat-Proben für das Quartett* und Separat-Proben für die *Blas*-Instrumente. Die Wirkung der Berlioz'schen Werke kann nur dann eine ausserordentliche sein, wenn die Aufführung ihnen Genüge leistet. Sie passen ebenfalls nicht zu der löblich üblichen *Theater- und Conzert-Macherei*, weil sie einen höheren künstlerischen Standpunkt von Seite der Musiker beanspruchen.

Die Kittl'sche Oper habe ich vor mehreren Jahren im Clavier-Auszuge durchgesehen — und, unter uns gesagt, halte ich das Werk nicht für haltbar. Mit Kittl[1] bin ich persönlich befreundet und es wäre mir angenehm gewesen, sein Werk hier aufführen zu können; jedoch .... aber .... etc. — etc. —

Der »*König Alfred*« von Raff ist ein viel gelungeneres und bedeutsameres Werk: und ohne Kittl beeinträchtigen zu wollen, steckt doch in Raff ein ganz anderer musikalischer Kern und Kerl.

Während Ihrer letzten Anwesenheit in Weymar sprach ich Ihnen von der neuen Oper von Vesque: »Der lustige Rath«. Verschiedene Local-Umstände verspäten die Wiener Aufführung dieses ganz hübschen, anständig ausgearbeiteten Werkes. Die Inscenirung erfordert keine besonderen Anstrengungen; es bedarf nur einer etwas pikanten und nicht ungeschickten Sopran-Sängerin. Im Ganzen erscheint mir die Oper in liebenswürdigem, nicht zu seichten *conservativen* Styl geschrieben, als die dankbarste unter den neuen Opern *mezzo-carattere*. Falls Sie noch Zeit haben und nicht abgeneigt sind, die Oper in Frankfurt zu geben, so kann ich Ihnen die Partitur einsenden. Sie würden Vesque einen wesentlichen Dienst leisten, wenn Sie die Oper *bald* zur Aufführung brächten, und mit ihm auf angenehme Weise verkehren, denn Vesque ist ein feingebildeter, verständiger und anständiger Mann.[2] Davon giebt es keinen Überfluss!

Freundschaftlich ergeben

Weimar, 27. Februar 53. F. Liszt.

---

1) 1809—1868, Director des Prager Conservatoriums.

2) Vesque von Püttlingen (Pseudon. Hoven) 1803—1883, Hofrath im österreichischen Ministerium des Äussern, Lieder- und Operncomponist.

98. An Buchhändler Heinrich Brockhaus in Leipzig*).

Mon cher Monsieur Brockhaus,

En vous remerciant de votre obligeante communication de la notice jointe à mon nom dans le *Conversations Lexikon*, je désire avant tout ne point dépasser les limites de la plus scrupuleuse délicatesse, lesquelles en ces sortes de matière m'ont toujours paru d'autant plus bienséantes à maintenir qu'il est plus habituel de les voir franchies. En conséquence je ne me permets que de relever trois erreurs de fait dans l'article qui me concerne: — 1° ma prétendue qualité d'ex-St. Simonien; 2° mon voyage supposé en Amérique; 3° mon diplôme de l'Université de Königsberg que mon biographe change arbitrairement en un diplôme de *Docteur en Musique*, qui ne m'a point été délivré. —

Je n'ai jamais eu l'honneur de faire partie de l'association, ou pour mieux dire, de la famille religieuse et politique du St. Simonisme. Nonobstant ma sympathie personnelle pour tel ou tel de ses membres, mon zèle n'a guère été au delà de celui que montraient à la même époque Heine, Börne, et vingt autres dont les noms se trouvent dans le Conversations Lexikon, et qui se bornaient à suivre assez fréquemment les éloquentes prédications de la Salle Taitbout. Parmi mes nombreux comptes de tailleur, je puis certifier qu'il ne s'en trouve aucun d'un habit *bleu-barbot*[1]) quelconque; et puisque j'ai nommé Heine, je dois même ajouter que ma ferveur est restée très en deça de la sienne, car je ne me suis jamais avisé de vouloir »*communier à travers l'espace avec le Père Enfantin*« par Correspondance ou Dédicace ainsi qu'il l'a fait! —

En outre je puis également vous assurer que mon cours pratique de géographie d'Europe ne s'est pas étendu au delà, et que les 4 ou 5 autres parties du Globe me sont totale-

*) In deutscher Übersetzung veröffentlicht: La Mara, Musikerbriefe aus fünf Jahrhunderten. Bd. II. 1887.

1) Die Kleidung der Saint Simonisten.

ment inconnues. Et quand vous viendrez me voir à Weymar, je pourrai vous montrer entre autres diplômes celui de l'Université de Königsberg, en vertu duquel j'ai l'honneur d'appartenir exceptionnellement à la Classe des Docteurs en *Philosophie*, honneur dont je suis resté particulièrement reconnaissant envers cette illustre Université.

Quant au jugement sommaire qui dans cet article est porté sur ma personne et mes œuvres, vous comprendrez aisément que je ne puis l'accepter que comme *transitoire* et avec les réserves nécessaires, quelqu'obligé que je sois d'ailleurs à l'auteur de ses intentions bienveillantes. — Après avoir atteint, de l'aveu de mon biographe, un premier but posé dans ma jeunesse: celui d'être appelé le Paganini du Piano: il est assez naturel, ce me semble, que j'ambitionne sérieusement le droit de mon *nom propre*, et que je compte assez sur les résultats d'un vouloir et d'un travail persévérants, pour espérer que dans une des prochaines éditions du *Conversations Lexikon*, il m'y sera fait une place plus conforme à mes visées.[1])

Agréez, mon cher Monsieur Brockhaus, l'expression des sentiments les plus sincèrement distingués et affectueux de votre tout devoué

Weymar, 22 Mars 1853. F. Liszt.

99. An Dr. Franz Brendel in Leipzig*).

Geehrter Freund,

Ein kleiner Ausflug nach Gotha, wo mich der Herzog ein-

1) Der betr. Artikel, der zu einer Zeit veröffentlicht wurde, wo Liszt's grössere Werke theils noch nicht geschrieben, theils noch nicht in weiteren Kreisen bekannt geworden waren, spricht von schwacher Erfindung und erkennt seinen Compositionen mehr virtuose als ideelle Bedeutung zu.

*) Autographe der Briefe an Brendel im Besitz von Frau Prof. Riedel in Leipzig. — Brendel (geb. 1811, † 25. Nov. 1868 in Leipzig) erwarb sich als Musikschriftsteller (Geschichte der Musik) und Redacteur der »Neuen Zeitschrift für Musik« (von R. Schumann begründet) wesentliche Verdienste um die neudeutsche, d. i. Wagner-

geladen hatte, der Vorstellung seiner Oper *Casilda* vorgestern beizuwohnen, hat die Schuld der Verspätung dieser Zeilen zu tragen. Nach genauer Kenntnissnahme und Erwägung Ihres Briefes muss ich Ihnen vor allem mein wesentliches Bedenken über das sofortige Erscheinen des beabsichtigten Blattes aussprechen. Meines Erachtens bedarf es wenigstens zwei bis drei Monate, um die gehörigen Beziehungen mit den Hauptmitarbeitern festzustellen und dem ganzen Unternehmen das nothwendige Gewicht zu geben. Ohne feste Übereinstimmung über Mittel und Zweck würden wir die Sache mehr compromittiren als ihr nützen. Von Semper, Stahr, Hettner, Hauenschild und Anderen (wobei *Vischer* in Tübingen besonders nicht zu vergessen ist) müssen wir positive Zustimmung und Versicherung erhalten haben, bevor die erste Nummer erscheint. Wir haben ein weit höheres und schwierigeres Ziel anzustreben, als etwa die »Unterhaltungen am häuslichen Herd« oder die »fliegenden Blätter für Musik«. Der wichtigste Schritt für uns ist der erste vor der Hausthüre, und wenn wir diesen nicht vollends mit Besonnenheit überlegen, so risquiren wir sehr, für das Kunstwerk der Zukunft nur imaginäre Abonnenten in der Zukunft zu gewinnen und unsern besten Willen an der Ausführbarkeit scheitern zu sehen.

Ob überhaupt das Wort »Kunstwerk der Zukunft« und mit welcher *Definition* in der Probenummer als Achse unsrer Gesammtbestrebungen angeführt sein soll, will ich einstweilen dahingestellt lassen. Dieses und anderes ausführlich zu besprechen, behalte ich mir bei Ihrem nächsten Besuch in Weymar vor. Raff's Oper ist für heute über 14 Tage (Sonntag, 17ten April) angesagt. Ist es Ihnen genehm früher hier einzutreffen, so sind Sie mir zu jeder Stunde freundschaftlichst willkommen. Diesmal und jedesmal wenn Sie nach Weymar kommen, bitte ich Sie bei mir zu logiren, Ihrer und meiner Bequemlichkeit willen.

Die genaue Adresse von Förster werde ich Ihnen baldigst

Liszt'sche Musikrichtung. Auch den »Allgemeinen deutschen Musikverein« rief er mit Liszt in's Leben und blieb bis zu seinem Tod dessen Vorsitzender.

zukommen lassen, obschon ich annehmen kann, dass Briefe an *Herrn Hofrath Ernst Förster* von der Post aus richtig besorgt werden. Stahr kann Ihnen am besten über Herrn von Hauenschild (Max Waldau — nicht Graf meines Wissens) Auskunft geben, und Hettner lebt als *Professor* in Jena.

Übrigens bin ich der Meinung, dass Sie Ihre Mittheilungen an diese Herrn erst nachdem wir einige Hauptpunkte in dieser Angelegenheit fixirt haben, ergehen lassen.

Die Caution von 400 Thaler übernehme ich in der vorausgesetzten Übereinkunft zwischen uns, gegen die mir von Ihnen angetragene Einhändigung des von der Regierung ausgestellten Cautionsscheins. Weitere Unterstützung kann ich Ihnen jetzt nicht in Aussicht stellen; jedoch ist eine Möglichkeit vorhanden, dass es mir gelingt, 3 bis 500 Thaler jährlich unter gewissen Bedingungen, für welche keineswegs irgend ein persönlicher Grund vorliegt (und die ich in unserm letzten Gespräch in Leipzig angedeutet habe) den Blättern für »Gegenwart und Zukunft« beizubringen.

Empfehlen Sie mich freundschaftlich Ihrer Frau, und seien Sie versichert von der aufrichtigen Bereitwilligkeit

Ihres ergebenen

3ten April 1853. Weymar. F. Liszt.

100. An Dr. Franz Brendel.

Verehrter Freund,

Guter Rath ist selten wohlfeil, und ich muss Ihnen offen gestehen, dass unter meinen jetzigen so schwankenden Umständen ich nicht reich genug bin, um Ihnen mit Rath und That an die Hand zu gehen, so sehr ich es auch wünschte. Die abschlägige Antwort Stahr's ist sehr bedauerlich, denn um Ihren Zweck zu erzielen und auf die Litteratur-Welt einzuwirken, bedürfen Sie nothwendiger Weise mehrerer Litteraten von erheblichem Renommée, die sich Ihnen zugesellen. Nebst dem Geldpunkt ist die Bildung des *Redactionskerns* die Hauptsache bei diesem Unternehmen. So eifrig und aufopfernd Sie und Schloenbach[1]) Ihre Talente und Kräfte dem Blatt widmen würden, so bezweifle ich doch, dass Sie es auf die Dauer halten können, wenn Sie nicht von vornherein einige andere tüchtige Talente als regelmässige Mitarbeiter gewinnen. Da stossen wir aber wieder auf den Geldpunkt, den ich leider nicht im Stande bin zu erledigen. Nach einem sechsmonatlichen Erscheinen wieder einpacken wäre eine weit schlimmere Fatalität, als gar nicht anfangen. Vor allem müssen also die moralischen Garantien gefunden werden für das sichere Fortbestehen und die stets umgreifendere Propaganda des Blattes, und diese beruhen hauptsächlich in den Garantien, welche die fünf, sechs ersten Mitarbeiter gewährleisten. Sehr richtig bemerken Sie mir in Ihrem Brief, dass, wenn Wagner sich der Sache thätig annähme, dies von bedeutendem Nutzen sein würde. Vielleicht lässt er sich dazu bewegen, und ich will gerne meinerseits mit ihm das Thema anstimmen.

Titel, Format (wie die Grenzboten mit Umschlag) und halbmonatliches Erscheinen befriedigen mich gänzlich, und nach meinem Dafürhalten ist an diesen drei Punkten nichts mehr zu ändern. Das wöchentliche Erscheinen hat zwar seine Vorzüge — jedoch war ich stets der Ansicht, dass zwei Hefte des Monats im Ganzen zweckmässiger sind als vier. Ob es aber möglich und rathsam ist, schon im Juli loszuschiessen, muss ich sehr in Frage stellen. »Tout vient à point à qui sait attendre«, sagt das französische Sprichwort. Freilich gilt es auch den richtigen Augenblick zu ergreifen. Nun, das muss *Ihnen* zur Entscheidung überlassen bleiben. Erlauben Sie mir nur Sie zu bitten, vorübergehenden und localen Einflüssen nicht zu viel Gewicht beizulegen und nur dann herauszutreten, wenn sich mit ruhig besonnenem Muthe Stand halten lässt. Retiraden-Manœuvres gebühren dem Feind. Für uns heisst es »Gradatim vincimus«.

Die Cautions-Angelegenheit bleibt wie sie früher besprochen. Sollten Sie bis zum Juli nicht in Bereitschaft sein, so ist October eben so günstig, wenn nicht mehr. Nur um Gottes-

1) Arnold Schlönbach, Journalist, inzwischen längst verstorben.

willen keinen Rückschritt, wenn einmal angegriffen wird! — Einige Provisions- und Munitions-Artikel scheinen mir durchaus nöthig, bevor Sie beginnen. Zwei Monate sind eine kurze Zeit, um sie herbeizuschaffen, und ich halte es kaum für möglich, dass Sie bis Juli schlagfertig sind. Haben Sie an Wagner schon geschrieben? Von Hettner ist nicht viel zu erwarten ohne Stahr. Durch Hinrichs oder Franz liesse sich aber vielleicht Hauenschild gewinnen. An Schwind rathe ich Ihnen fest zu halten. Eines seiner letzten Bilder »Beethovens Fantasie«, vom König von Griechenland angekauft, bezeichnet ihn vor allen andern als Repräsentant der Malerei in Ihrem Blatt.

Darf ich Sie noch bitten, an Kürnberger ein paar Zeilen zu wenden, um ihn zu benachrichtigen, dass ich Ihnen sein Manuscript übergeben habe? Es wäre unhöflich, wenn ich ihn ohne alle Antwort liess, und da *ich* ihm nichts weiteres sagen kann, so ersparen wir alle unnützen Umschweifungen, wenn Sie so freundlich sind mit ihm direct zu correspondiren.

Gelegentlich ersparen Sie mir auch einen nichtssagenden Brief, wenn Sie an Lenz (im Sinne unsrer hiesigen Besprechung) schreiben.

Während ich mich mit Ihnen unterhalte, treibt im Theater heute Abend Señora Pepita Oliva ihre Sonderkünsteleien, die höher aufgenommen und aufgehoben als weit hergeholt sind, wie man mir versichert. »J'aime mieux y croire qu'y aller voir«. Die Brüder Wieniawski verweilen auch hier seit einigen Tagen. Der Violinist ist ein bedeutender Virtuos im angewohnten, nicht ganz richtigen Sinne dieses Wortes — denn *Virtuos* kommt von *Virtu* und sollte weder so verfälscht noch so missbraucht werden.

Freundschaftlich ergebenst

30. April 1853. F. Liszt.

101. An Louis Köhler.

Verehrter Freund,

Sie haben mir durch Ihren Aufsatz über die Romanesca (in den letzten Signalen) wieder eine rechte Freude bereitet, die ich Ihnen herzlich gerne vergelten möchte. Am Besten geschähe dies durch eine Aufführung des *Lohengrin*; leider aber sind gar wenig Aussichten dazu vorhanden. Jedoch ist es nicht unmöglich, dass zwischen dem 19ten und 26ten dieses Monats auf *höchsten Befehl* eine Vorstellung dieses *einzigen* Werkes hier stattfindet; und da Sie schon so freundschaftlich für mich gesinnt sind und mir halb versprochen haben nach Weymar zu kommen, so machen Sie sich denn auf und schenken mir das wahre Vergnügen Ihres Besuchs während einiger Tage — wenn möglich vom 19ten bis 26ten dieses Monates. Die Festlichkeiten zur Vermählung der Prinzess Amalie von Sachsen-Weymar mit dem Prinzen Heinrich der Niederlande, welche alsdann vor sich gehen, veranlassen ein grosses Hofconzert am 20ten und die Aufführung des Oratoriums von Marx »Moses« am 22ten oder 24ten und wahrscheinlich ein paar andere musikalische Aufführungen. Joachim kommt auch zur selben Zeit, und an allerlei Unterhaltungsstoff soll es uns nicht mangeln.

Nochmals besten Dank — und glückliche Reise — et à revoir — ce qui sera un grand plaisir pour votre très affectionné et obligé

Weymar, 6ten May 1853. F. Liszt.

102. An Louis Köhler.

Verehrter Freund,

Glückliche Reise — und auf Wiedersehen in Weymar nächstes Jahr bei einer etwaigen Aufführung Lohengrin's! — Vor acht bis 10 Tagen ist jetzt keine Aussicht vorhanden, eine Wagner'sche Oper hier aufzuführen, und wahrscheinlich wird dann der fliegende Holländer gewählt.

Von meinen Scribeleien sollen Sie sämmtliche erhalten, die fernerhin herauskommen. Einstweilen sende ich Ihnen blos die Partitur der Weber'schen Polonaise, worin Ihnen vielleicht der Durchführungs-Satz (Seite 19, 20, 21) Spass machen wird.

An Wagner schreib ich dieser Tage, dass er Ihnen ein Exemplar der Nibelungen selbst offrirt — Sie sollen es bald erhalten.

Ein kleines Packet Plantaja-Cigarren finden Sie in Ihrem Mantel. Mögen Sie sich dabei freundlich an Ihren Weymarer Aufenthalt erinnern und in gutem, warmen Andenken behalten

Ihren aufrichtig freundschaftlichen

Weymar, 24. Mai 1853. F. Liszt.

Sollten Sie sich einige Tage in Berlin verweilen, so fragen Sie Dorn, warum er mir seine Partitur der Nibelungen noch nicht geschickt hat? Vielleicht ist ihm mein Brief nicht zugekommen in Beantwortung des seinen, worin er mir die Partitur annoncirte.

Wenn Sie eine müssige halbe Stunde finden, so verlangen Sie auch von meinem Schüler Winterberger[1]) (durch Schlesinger), er soll Ihnen meine Propheten-Fuge auf der Orgel vorspielen. Dies Opus zähle ich zu meinen minder schlechten — falls Sie kein Exemplar davon haben, sende ich es Ihnen gelegentlich durch Härtel.

Koffer und Mantel sind augenblicklich Eisenbahn restante expedirt.

103. An Louis Köhler.

»Kiraschio! Plimaschio!«[2]) Lieber Freund! Ihre Schrift[3]) hat mir einen ganz erfrischenden Trunk gegeben — nicht etwa so ein theoretisches Cur-Wasser, wie die an meinem Fenster vorbeispazierenden Leute sich anzwingen und dessen, Gott sei Lob und Dank, ich weder bedarf noch es gebrauche — sondern einen fein gewürzten, lieblich reconfortirenden

1) Componist, Clavier- und Orgelvirtuos, geb. 1834 zu Weimar, längere Zeit Professor am Conservatorium in Petersburg, seither in Leipzig lebend.

2) Der Refrain eines von L. Köhler in seiner Schrift: »Die Melodie der Sprache« mitgetheilten Handwerksburschenliedes, in dem sich »der naturmenschliche Aufkreisch ungezügelter Lust drastisch Luft macht«.

3) Eben die »Melodie der Sprache«. Leipzig, J. J. Weber. 1853.

Maitrank — und ich danke Ihnen bestens für die angenehm belebenden Stunden, die ich mit Ihnen im Lesen und Singen Ihres Werkes verlebt habe. Die Einwendungen, mit welchen Philister und Pedanten sich gegen Sie bewappnen werden, interessiren mich durchaus nicht. Sie haben sicherlich ein frisches, anregendes Büchlein geschaffen, und das ist ein vorzügliches Verdienst, welches nicht leicht zu erringen! — Begnügen Sie sich damit, eben nicht dem schlechteren Theil der braven Musiker, zu welchem ich mich zählen möchte, zu gefallen, und schreiben Sie wohlgemuth weiter, unberücksichtigt des Krams und der Krämer! — Insbesondere sage ich Ihnen meinen verbindlichsten Dank für die *Weymarischen«* *Zeilen* und das sehr freundliche Citat meiner früheren Lieder. Späterhin, wenn ich ein paar neuere Hefte herausgebe, muss ich eine ziemlich umgearbeitete Auflage dieser früheren Gesänge vornehmen. Wesentlich sind dabei einige Vereinfachungen in der Begleitung. Dass Sie aber dieser Dinge wohlwollend und nachsichtig gedacht haben, im Hinblick auf den inneren Drang, der sie hervorbrachte (in meiner Sturm- und Drang-Periode), ist mir sehr erfreulich. Das Lenau Schluss-Lied ist reizend componirt — geben Sie doch mehrere ähnliche heraus, mit oder ohne Commentar!

Soeben erhalte ich einen Brief von Wagner an Sie, den er mir zuschickt, da er Ihre Adresse nicht weiss. Schreiben Sie mir bei dieser Gelegenheit Ihre Hausnummer und Strasse — denn ich adressire immer an Pfitzer und Heimann, was zu umständlich wird. Mit Wagner habe ich Anfangs Juli mehrere *Walhalla*-Tage genossen, und ich lobe meinen Gott, dass er einen solchen Menschen geschaffen. — Von meinen übrigen Sommer-Projekten sage ich Ihnen nur, dass ich Ende September das Musikfest in Carlsruhe dirigiren werde und Anfangs October nach Weymar (wo ich den Winter über verbleibe) zurückkehre.

An Haslinger und Spina habe ich geschrieben, dass man Ihnen die »Ungarischen Rhapsodien« und die »Soirées de Vienne« (9 Hefte Walzer nach F. Schubert) zusendet. Wenn ich nächstens durch Leipzig komme, will ich Kistner sagen, dass Sie ein Exemplar der »Harmonies poétiques et religieuses« nicht vermissen dürfen. Die bevorstehenden Sachen bekommen Sie alle ohne Verzögerung. — An Marpurg habe ich meine Messe und Ave Maria durch Raff gesandt. Sind Ihnen diese Compositionen genehm, so will ich gerne noch ein paar Exemplare, Ihnen zu Ehren, herbeischaffen. Mein Catalog kommt erst nächsten Winter, da ich bis jetzt keine Zeit zum Revidiren fand.

Lassen Sie bald von sich hören, lieber Freund, und behalten Sie in freundschaftlichem Andenken

Ihren aufrichtig dankbar ergebenen

Carlsbad, 1. August 1853. F. Liszt.

Adressiren Sie immer *Weymar*.

104. An Richard Pohl in Dresden*).

Dans divers comptes-rendus que j'ai lus sur la fête de Carlsruhe, il est un point sur lequel on semble assez s'accorder: c'est *l'insuffisance* de ma direction. Sans examiner ici le degré de *parti-pris* à l'avance qu'il peut y avoir dans cette opinion, sans chercher même en combien elle a été motivée par le simple fait du choix qu'on a fait en ma personne d'un directeur, en dehors de la localité de Carlsruhe, Darmstadt et Mannheim, il ne m'appartiendrait assurément pas d'élever des prétentions fort contraires à l'assertion qu'on cherche à établir, si celle-ci se trouvait effectivement fondée en fait ou en droit. Mais c'est là justement ce que je ne saurais m'empêcher de contester d'une manière très positive.

En *fait* on ne peut nier que l'ensemble du programme de

---

*) Abgedruckt in dessen Brochüre »Das Carlsruher Musikfest im October 1853« (v. Hoplit). Leipzig, Hinze. 1853. — Adressat, Musikschriftsteller (geb. 1826), einer der ältesten und treusten Anhänger Liszt's und Wagner's, lebte seit 1854 in Weimar, wo seine Gattin Jeanne geb. Eyth als Harfenvirtuosin Anstellung nahm; nach Liszt's Fortgang war er, wie noch gegenwärtig, als Redacteur in Baden-Baden thätig.

Carlsruhe a été remarquablement exécuté, que la proportion des instruments et leur sonorité, combinée en considération du local choisi, était satisfaisante et même excellente. On en convient même assez naïvement en disant qu'il est vraiment surprenant que les choses aient aussi bien marché »*malgré*« l'insuffisance de ma direction. Je suis loin de vouloir me parer des plumes de paon des orchestres de Carlsruhe, Mannheim et Darmstadt, et me trouve assurément plus disposé que qui que ce soit à rendre pleine justice aux talents, dont quelques-uns sont fort distingués, des membres de ces trois chapelles — mais en fin de compte, quoique l'on puisse dire d'ailleurs, il est donc avoué de par le témoignage de mes adversaires même, que l'exécution a été parfois surprenante et somme toute meilleure *qu'il n'y avait lieu de s'y attendre,* vu ma direction.

Ce *fait* posé hors discussion, resterait à voir si j'y suis aussi complètement étranger, qu'on affecte de le prétendre, et quelles raisons il peut y avoir pour dénoncer ainsi un chef d'orchestre quand l'exécution a été satisfaisante, surtout si comme il est juste, on a égard à la nouveauté des morceaux du programme pour la presque totalité du personnel. Car comme chacun le savait à Carlsruhe, la 9ème Symphonie aussi bien que les ouvrages de Wagner, Berlioz, Schumann etc. n'étaient bien connus que de moi seul, attendu qu'ils n'avaient jamais été exécutés auparavant dans ces contrées (à l'exception du morceau de Berlioz, qu'une *partie* de la chapelle de Carlsruhe seulement avait joué sous la direction de l'auteur). —

Maintenant pour ce qui est de la question de *droit:* à savoir si en bonne conscience et avec connaissance de cause on peut légitimement m'adresser le reproche d'être un directeur insuffisant, inexpérimenté, incertain etc., sans essayer de me disculper (ce dont je crois n'avoir aucun besoin auprès de ceux qui me comprennent) qu'il me soit pourtant permis de faire une observation portant sur le fond même de la question.

Les ouvrages pour lesquels je confesse hautement mon admiration et ma prédilection, sont pour la plupart du nombre de ceux que les maîtres de chapelle plus ou moins renommés (surtout les soi-disant »*tüchtigen* Capellmeister« n'ont que peu ou point honorés de leurs sympathies personnelles, si bien qu'il est rarement advenu qu'ils les aient fait exécuter. Ces ouvrages à partir de ceux désignés aujourd'hui communément comme appartenant à la *dernière manière* de Beethoven (et qu'on expliquait il n'y a pas longtemps peu révérencieusement par la surdité et le dérangement d'esprit de Beethoven! exigent à mon sens de la part des exécutants et des orchestres un *progrès* qui s'accomplit en ce moment — mais qui est loin d'être réalisé en tous lieux — dans l'accentuation, le rythme, la manière de phraser et de déclamer certains passages, et celle de repartir les ombres et les lumières — en un mot un *progrès* dans le style même de l'exécution. Ils établissent entre les musiciens des pupitres et le *musicien chef* qui les dirige, un lien d'une autre nature que celui qui est cimenté par le bâtonnement imperturbable de la mesure. Dans beaucoup d'endroits même le grossier maintien de la mesure et de chaque basse de mesure | 1, 2, 3, 4, | 1, 2, 3, 4, | jure avec le sens et l'expression. Là comme ailleurs *la lettre tue l'esprit*, ce à quoi je ne souscrirai jamais, quelques spécieuses que puissent être dans leur hypocrite impartialité les attaques auxquelles je suis exposé.

Pour les ouvrages de Beethoven, Berlioz, Wagner, etc. je vois moins qu'ailleurs les avantages (que du reste je contesterai assez sciemment même ailleurs) qu'il pourrait y avoir qu'un directeur s'avise de fonctionner en guise de *moulin à vent* et de suer à grosses gouttes pour communiquer de la chaleur à son personnel. Là surtout où il s'agit de comprendre et de sentir, de se pénétrer par l'intelligence, et d'embraser les cœurs dans une sorte de communion du beau, du grand, et du vrai de l'art et de la poésie, la *suffisance* et la vieille routine des maîtres de chapelles habituels ne *suffisent* plus, et sont même contraires à la dignité et à la sublime liberté de l'art. Aussi n'en déplaise à mes critiques complaisants, je m'en tiendrai en toute occasion ultérieure à mon »insuffisance« par principe et conviction, car jamais je ne m'accommoderai du rôle d'un »*Profoss*« de la mesure, ce à quoi mes vingt-cinq années d'expérience, d'études et de sincère passion pour l'art ne me rendent aucunement propre.

Quelqu'estime donc que je professe pour beaucoup de mes collègues, et quelque volontiers que je me plaise à reconnaître les bons services qu'ils ont rendus et continuent de rendre à l'art, je ne me crois pas pour cela obligé de suivre en tout point leurs exemples — pas plus sur le choix des ouvrages à faire exécuter, que sur la manière de les concevoir et de les diriger. Je crois vous l'avoir déjà dit: La véritable tâche du maître de chapelle consiste, selon moi, à se rendre *ostensiblement* quasi-inutile. Nous sommes pilotes, et non manœuvres. Et bien même que cette idée rencontrerait dans le détail plus d'opposition encore, comme je la tiens pour juste, je ne saurais la changer. Pour la chapelle de Weymar son application a amené d'excellents résultats qui ont été loués par quelques-uns de mes critiques d'aujourd'hui eux-mêmes — je continuerai donc sans découragement ni fausse modestie à servir l'art du mieux que je l'entends — ce qui, je l'espère, sera le mieux. —

Acceptons donc le gant qui nous est jeté sous forme de bonnet de nuit, sans trouble ni souci, et persévérons dans la conscience de notre bon droit — et de notre avenir.

Weymar, 5 Novembre 1853. F. Liszt.

105. An den Chordirector Wilhelm Fischer in Dresden*).

Geehrter Herr und Freund,

Ihr Brief hat mir eine wahre Freude gemacht, und ich sage Ihnen meinen aufrichtigen Dank für Ihre künstlerische Absicht, den *Cellini* in Dresden zur Aufführung zu bringen. Berlioz hat die Partitur von Weymar nach Paris mitgenommen,

*) Autograph im Besitz von Hrn. Redacteur Otto Lessmann in Charlottenburg. (Abgedruckt in dessen »Allgem. Musikzeitung« 1887, Nr. 38.) — Adressat der bekannte Freund Wagner's. (Siehe dessen Briefe an Uhlig, Fischer und Heine. Leipzig, Breitkopf & Härtel. 1889).

um daran noch einige Änderungen und Erleichterungen zu machen. Ich schrieb ihm vorgestern und erwarte die Partitur mit dem Clavierauszug, welche ich Ihnen sogleich nach Dresden einsenden werde. Tichatschek ist ganz zu der Titelrolle geschaffen und wird darin prächtig effectuiren; ebenso Mitterwurzer als Fieramosca und Madame Krebs als Ascanio, eine Mezzosopran-Partie. — Von Ihren so vortrefflich wirksamen und tüchtig musikalisch geschulten Chören lässt sich ein noch nie dagewesener Moment der grossen Carneval-Scene (Finale des zweiten Actes) erwarten, und ich bin überzeugt, dass, wenn Sie die Partitur näher angesehen, Sie meiner Meinung beistimmen werden, dass der Cellini, mit Ausnahme der Wagner'schen Opern, welche nie in Vergleich gebracht sein dürfen, das bedeutsamste, originellste musikalisch-dramatische Kunstwerk ist, welches die letzten zwanzig Jahre aufzuweisen haben.

Mit der Einsendung der Partitur und des Clavierauszuges muss ich Sie übrigens noch um eine kleine Verzögerung bitten, denn es ist nothwendig, den deutschen Text einer totalen Revision zu unterziehen und denselben neu ausschreiben zu lassen. In einigen Wochen gedenke ich, dass diese Arbeit besorgt sein wird, so dass Sie anfangs Februar den Clavierauszug erhalten. Zu Ostern kommt Berlioz nach Dresden, um dort ein paar Conzert-Aufführungen im Theater zu dirigiren. Sehr schön wäre es, wenn es Ihren Bestrebungen gelänge, Herrn von Lüttichau zu einer baldigen Cellini-Vorstellung zu bestimmen, und Berlioz bei seiner Anwesenheit in Dresden zur Direction seines Werkes zu gewinnen. Ich komme jedenfalls zu der ersten Vorstellung und verspreche mir ein sehr befriedigendes und erfreuliches Resultat. [1])

Einstweilen, geehrter Freund, haben Sie nochmals besten Dank für dieses Vorhaben und alles, was Sie dafür thun werden, um es glücklich zu realisiren, und genehmigen Sie die Versicherung der aufrichtigen Hochschätzung

Ihres ergebenen

Weymar, 4. Januar [1854]. F. Liszt.

1) Erst 34 Jahre später hörte Dresden den »Cellini«.

106. An den Musikverleger Escudier in Paris*).

Mon cher Monsieur,

Mon temps a été tellement absorbé par les répétitions d'un nouvel opéra en 5 actes »*Die Nibelungen*« de Mr Dorn, maître de chapelle à Berlin, dont la première représentation aura lieu demain et une multitude de menues et grandes obligations locales qui s'accumulent en particulier pour moi à l'entrée de l'hiver, que je n'ai pas encore trouvé un moment pour vous faire mes très obligés remercîments de votre notice biographique à l'occasion du piano d'Alexandre, laquelle m'était exactement parvenue.1) J'espère que vous excuserez ce retard en tenant compte du peu de temps qui m'est laissé, et que vous êtes persuadé à l'avance du véritable gré que je vous sais de prendre ainsi, en diverses circonstances, fait et cause pour l'honneur de mon nom et de ma réputation, — ce en quoi je tâcherai de ne pas vous rendre la besogne trop difficile.

Relativement à l'opéra de Schubert dont vous me reparlez dans votre dernière lettre, j'ai une observation préalable et d'importance majeure à vous faire: c'est que la propriété de la partition d'*Alphonse et d'Estrella*, en 3 actes, a été acquise il y a plusieurs années par M. M. Härtel à Leipzig. Comme jusqu'ici cet ouvrage n'a été représenté nulle part, on n'a pas été empressé de le publier, et il m'a seulement été *communiqué* (en copie) dans l'éventualité d'une représentation à Weymar. Avant donc de faire d'autres démarches, il est indispensable de s'adresser à M. M. Härtel pour obtenir leur autorisation soit pour une représentation, soit pour une publication étrangère de cet ouvrage, et convenir avec cette maison des conditions y relatives. Je ne doute point que M. M. Härtel ne s'y prêtent obligeamment — mais on ne pour-

---

*) Autograph (ohne Adresse) im Besitz von Hrn. Etienne Charavay in Paris. Der Empfänger ergiebt sich aus dem Inhalt.

1) Der nach Liszt's eigener Angabe gebaute »Riesenflügel« mit drei Claviaturen, Pedal und Registern.

rait sans de graves inconvénients ultérieurs, négliger ce premier pas.

Une fois le consentement de Härtel obtenu, il faudra aviser à adapter à cette charmante musique un livret qui soit à son niveau — et si cette opération réussit, le succès, et un succès populaire et productif, est indubitable.

Permettez-moi encore de vous prier de me faire expédier un exemplaire du ballet de *Don Juan* de Gluck et du Dictionnaire de musique que vous venez de publier. Je les ai déjà demandés à Belloni, mais il est un peu sujet à des distractions en ces matières — et veuillez bien, mon cher Monsieur, avec mes meilleurs remercîments agréer l'assurance de mes sentiments très affectueux et distingués.

Weymar, 21 Janvier 1854. F. Liszt.

107. An den Musikverleger Marie Escudier in Paris*).

Mon cher Monsieur,

Mr Franck[1]) s'étant adressé à moi pour une recommandation plus particulière auprès de vous, je satisfais bien volontiers à son désir en vous adressant ces lignes. Il y a bien des années que j'ai pris une opinion très favorable du talent de composition de Mr Franck, par l'audition de ses Trios (fort remarquables à mon sens et très-supérieurs à d'autres ouvrages du même genre publiés ces dernières années). —

Son Oratorio »*Ruth*« contient également de fort belles choses, et porte le cachet d'un style élevé et bien soutenu. Si l'opéra qu'il désire faire représenter au Théâtre lyrique, répond à ces antécédents et à ce que j'attends de Mr Franck, le Théâtre lyrique n'aurait qu'à s'applaudir d'un pareil choix, et les meilleures chances de succès seraient assurées. Ne pouvant en juger à distance, et la partition de cet opéra

*) Autograph im Besitz von Hrn. Alfred Bovet in Valentigney.

1) Cesar Aug. F., 1822 in Lüttich geb., Componist und Professor am Conservatorium in Paris, Lehrer von Fauré, Chabrié, d'Indy, den Hauptvertretern der jungen französischen Musikschule.

ne m'étant pas connue, je me borne simplement à fixer votre attention sur le talent très réel de Mr Franck en le recommandant affectueusement à votre bienveillance.

Veuillez bien, mon cher Monsieur, agréer l'expression de mes sentiments sincèrement distingués.

Weymar, 28 Janvier 54. F. Liszt.

108. An Dr. Franz Brendel.

Verehrter Freund,

Ich war in letzter Zeit übermässig beschäftigt, und nebenbei habe ich einiges gearbeitet, sodass mir keine freie Viertelstunde zum Correspondiren übrig blieb. Heute übersende ich Ihnen die Partitur und den Clavierauszug meines »Künstler-Chors« — bis zu nächstem Herbst hoffe ich, dass ein halb Dutzend andere (längere) Partituren im Stiche bereit sein werden. »Ha, der Verruchte!« kann es dann heissen, wie im Tannhäuser. Glücklicherweise aber bedarf es keiner Reise nach Rom, um meine Absolution zu erlangen. Wir wollen schon alleine fertig werden mit so mancherlei Geschrei und abgeschmacktem Klatsch.

Meine Leipziger Probe werde ich David bitten um ein paar Wochen zu verzögern, da ich von hier jetzt nicht gut abkommen kann und auch noch die Stimmen neu schreiben lassen muss. Wenn David es nicht anders bestimmt, so komme ich wahrscheinlich in der zweiten Hälfte des März. . — .

Cornelius theilt Ihnen gleichzeitig mehreres mit, was ich mit ihm besprochen habe. — Griepenkerl ist seit ein paar Tagen hier und hat gestern sein Drama »Ideal und Welt« bei unserm Grossherzog vorgelesen. Die Gesellschaft war ungefähr dieselbe wie bei Schlönbach's Vorlesung. . — .

Auf Ihr Buch bin ich sehr begierig und bitte Sie, dasselbe mir sogleich zu schicken. Was die Journal-Angelegenheit betrifft, kann ich Ihnen einiges mittheilen, wenn ich nach Leipzig komme. Im Laufe nächsten Sommers beginnt hier eine Monatschrift zu erscheinen, aus welcher manches erwachsen dürfte. Dies unter uns gesagt, denn das Publikum wird davon erst später avisirt.

Empfehlen Sie mich bestens dem Wohlwollen Ihrer Frau und bleiben Sie gut

Ihrem aufrichtig ergebenen und dankbaren Freund

Weymar, 20. Februar 54. F. Liszt.

P.S. Wenn Sie Graf Tyskiewicz sehen, so wiederholen Sie ihm meine Einladung, ein paar Tage nach Weimar zu kommen. Wenn er nächsten Donnerstag frei ist, so wäre dies ein passender Tag. Wir haben hier ein Conzert, wo der Künstler-Chor und ein neueres Orchesterwerk von mir (Les Préludes) — die Schumann'sche Sinfonie (Nr. 4) und sein Quadruple-Horn-Conzert aufgeführt werden.

109. An Louis Köhler.

Lieber verehrter Freund,

Ich komme spät — doch hoffentlich haben Sie mich nicht ganz vergessen. Anbei übersende ich Ihnen die Partitur nebst dem Clavierauszug meines Chors »an die Künstler« und auch die Nummern der Rhapsodien, welche bei Schlesinger erschienen sind. Die Lohengrin-Partitur haben Sie wohl vor 2 Monaten schon durch Härtel, den ich gebeten habe, dieselbe an Sie direct zu schicken, erhalten — ebenso die »*Harmonies*« durch Kistner und die letzten Hefte der Rhapsodien durch Haslinger. Mit Ende des Jahres sollen Sie von mir noch gröberes Geschütz bekommen, denn ich denke, dass bis dahin mehrere meiner Orchester-Werke (unter dem Collectiv-Titel »Symphonische Dichtungen«) erscheinen. Einstweilen haben Sie abermals herzlichen Dank für die so mannigfachen Beweise Ihrer wohlwollenden Sympathie, welche Sie mir öffentlich und perlich gegeben. Sie können überzeugt sein, dass kein alberner Dünkel in mir steckt, und dass ich es redlich und ernst mit unsrer Kunst, die am Ende unser Herzens-Blut sein muss, meine und halte. — Ob man uns etwas mehr oder weniger »zerzaust«, wie Sie mir schreiben, ist ziemlich gleichgültig.

Lasset uns nur die Flügel schwingen »*mit festem Angesicht*«, und alles das Gänsekiel-Geschnatter wird uns keineswegs geniren.

Dass Ihre Schrift gröblich und hämisch recensirt worden ist, darf Sie nicht betrüben. Sie setzen bei Ihrem Leser Feinheit und Bildung des Gefühls, künstlerischen Scharfsinn, nüancirtes Verständniss und einen gewissen Atticismus voraus. Ja, lieber Freund, das sind gar seltene Dinge — und nur in sehr homöopathischen Kügelchen bei unsern Aristarchen aufzufinden. Schafe und S..... haben keinen Geschmack für Trüffeln. »Gutes Heu, süsses Heu hat seines Gleichen auf der Welt nicht«, sagt sehr richtig der Kunst-Philosoph Zettel im Sommernachtstraum! Uebrigens, lieber Freund, ging und geht es anderen besseren Kerls noch als wir, nicht besser. Wir brauchen darüber uns keine Grillen zu fabriziren und nur ruhig, beharrlich und consequent fortzuschreiten.

Der Lohengrin wird am nächsten Geburtstage der Frau Grossherzogin, 8. April hier aufgeführt. Götze kommt diesmal aus Leipzig dazu und singt den Schwanenritter. Im Mai hoffe ich dass Tichatschek die Rolle übernimmt; er hat sie seit längerer Zeit gänzlich studirt und sich schon ein splendides Costüm anfertigen lassen. — Vielleicht bekommen Sie Lust, dieses glorreiche Werk entweder im April oder im Mai hier zu hören. Das wäre wieder ganz schön von Ihnen, und ich brauche Ihnen nicht zu sagen, wie sehr es mich freuen würde, Sie wieder bei uns zu sehen. —

Raff arbeitet fleissig an seinem Samson und sagt mir, dass er bis zu Weihnachten damit fertig sein will. Cornelius, den Sie, glaube ich, nicht kennen (eine ganz liebenswürdige, zartfühlende und ausgezeichnete Natur), hat ebenfalls ein dramatisches Werk, Gedicht und Musik, in Bereitschaft für die nächste Saison. Neulich haben wir Gluck's Orpheus ganz gut gegeben, und zur letzten Theater-Vorstellung dieser Saison (Ende Juni) glaube ich, dass wir die Franz Schubert'sche Oper »Alfons und Estrella« noch aufführen, wenn nicht dieselben Theaterinfluenzen, welche sich schon bei Ihrer Anwesenheit in Weymar durch die *Indra*-Vorstellung geltend gemacht, sich zu entschieden gegen dieses ganz interessante und mit innerem, natürlichen Reiz voll ausgestattete Musikwerk sträuben! —

Leben Sie recht wohl, lieber verehrter Freund, und lassen Sie bald von sich hören

Ihren aufrichtig ergebenen

Weymar, 2. März 1854. F. Liszt.

110. An Dr. Franz Brendel.

Verehrter Freund,

Beifolgend ein Aufsatz, welcher Ihrem Blatte zukömmt. Die Euryanthe, die ich morgen hier dirigire, ist die Veranlassung dazu — jedoch ist darin eine allgemeinere Frage angeregt, die ich einigermassen verpflichtet bin, von Weymar aus rührig »zu machen«[1]. Ich schmeichle mir, dass sich unsre Ideen da begegnen und harmoniren werden. Zuerst hatte ich ein paar einleitende Zeilen vorangesetzt, die ich jetzt streiche. Sie sind wohl so freundlich und introduziren mich selbst in der *»neuen Zeitschrift«* durch einige Worte. — Sie werden dieses kleine Präludium am besten finden und redigiren. Mein Name kann mit seinen fünf Lettern unumwunden genannt sein, da ich gänzlich bereit bin, meine Meinung zu vertreten.

Dienstag Morgens gehe ich nach Gotha. Die Oper des Herzogs soll Ende dieses Monates oder spätestens am 2. April aufgeführt werden — und von übermorgen an bis zur ersten Vorstellung bin ich in Gotha einquartirt. In Folge dessen muss ich leider auf meinen Leipziger Ausflug *momentan* verzichten — hoffe aber, dass mir David im Laufe Aprils, nach der hiesigen Lohengrin-Vorstellung mit Götze (7ten oder 8ten April), welche ich nothwendiger Weise dirigiren muss, noch eine *Probe* im Gewandhaus gewähren wird. Die Nachricht, welche, wie es scheint, einige Zeitungen gebracht haben, dass *ich gesonnen wäre in Leipzig ein Conzert zu veranstalten*, gehört zu

1) Ges. Schriften, Bd. III. 1.

der *Enten-Generation*, welche ganz plaisirlich um meine Wenigkeit einherschwimmt. Mein Leipziger Kommen hat keinen andern Zweck, als einige Musiker mit einem paar meiner symphonischen Werke bekannt zu machen. Behagen sie ihnen, so können sie vielleicht in nächster Saison dort aufgeführt werden. Jedenfalls aber sollen mehrere davon nächsten Herbst in Partitur erscheinen.

Meine Zeit ist sehr knapp abgemessen und ich muss heute noch mancherlei besorgen, was mich nicht zum Correspondiren stimmt.

Freundschaftlich ergebenst

Sonnabend, 18ten März [1854). F. Liszt.

111. An Louis Köhler.

[Weimar, April oder Mai 1854.]

Sehr lieber Freund,

Dass Ihnen mein Euryanthen- und Theaterdirections-Aufsatz zugesagt, freut mich sehr und ich danke Ihnen freundschaftlichst für Ihren so warmen und wahrhaft wohlthuenden Brief. Seit einigen Wochen mache ich es Ihnen nach (da Sie mir und anderen stets gutes Beispiel geben) und veröffentliche mehrere Ansichten über Kunstsachen und -Werke in der Weimar'schen offiziellen Zeitung. Nach und nach werden sich wohl diese Aufsätze bis zu einem Band aufschwingen, welcher dann die gesammelten Artikel enthalten soll.

Für heute erlaube ich mir Ihnen meine Sonate, die soeben bei Härtel herausgekommen, zu übersenden. Nächstens erhalten Sie ein ziemlich langes Stück »Scherzo und Marsch«, und im Laufe des Sommers erscheinen bei Schott meine »Années de Pèlerinage, Suite de Compositions pour le Piano«, zwei Jahrgänge — Schweiz und Italien. Mit diesen Sachen will ich einstweilen mit dem Clavier abschliessen, um mich ausschliesslich mit Orchester-Compositionen zu beschäftigen und auf diesem Gebiet mehreres zu versuchen, was mir schon seit längerer Zeit eine innerliche Nothwendigkeit geworden.

7 von den symphonischen Dichtungen sind gänzlich fertig und abgeschrieben. Bald sende ich Ihnen die kleinen Vorreden, welche ich denselben beifüge, um den Standpunkt der Auffassung bestimmter zu bezeichnen. Einstweilen nenne ich Ihnen blos die Titel:

1. Ce qu'on entend sur la montagne (nach V. Hugo's Gedicht in den »Feuilles d'automne«).
2. Tasso. Lamento e Trionfo.
3. Les Préludes (nach Lamartine's Méditation poétique »Les Préludes«).
4. Orphée.
5. Promethée.
6. Mazeppa (nach V. Hugo's Orientale »Mazeppa«).
7. Festklänge.
8. Héroïde funèbre.
9. Hungaria.

Bis zu Weihnachten beabsichtige ich die Herausgabe dieser sämmtlichen Partituren — was wohl circa 1500 Platten in Octav-Form ausmachen dürfte.

Sehr unangenehm ist mir die Postangelegenheit in Bezug auf Ihren Brief mit dem Aufsatz über Raff's Frühlingsboten. Beide sind nicht in meine Hände gelangt, sonst hätte ich Ihnen sicherlich darüber viel früher Nachricht gegeben. Was damit geschehen, dem ist jetzt nicht mehr nachzuspüren — ein ähnlicher Fall passirte auch mit einem mir zugesandten Manuscript von Dresden, was sich nie mehr auffinden lassen konnte. Entschuldigen Sie daher, lieber Freund, die mir zugemuthete Nachlässigkeit, deren ich in diesem Falle nicht schuldig bin, so wie es Ihnen schon Pohl in meinem Auftrag geschrieben — und bewahren Sie mir stets Ihre theilnehmende Freundschaft, mit welcher ich im vollen harmonischen Einklang verbleibe

Ihr aufrichtig ergebener und dankbarer

F. Liszt.

112. An Dr. Franz Brendel.

Verehrter Freund,

Während Sie aus *Rand und Band* in Leipzig herum promeniren, bin ich durch eine kleine Unpässlichkeit genöthigt im Bette zu verbleiben. Die Lectüre Ihres Aufsatzes in den *Jahrbüchern* hat mir eine angenehme Stunde gewährt, und ich danke Ihnen aufrichtig für die Geltung und Bedeutung, welche Sie meinem hiesigen Wirken und Anstreben in diesem Aufsatz sowohl als in dem topographischen Abschnitt Ihres Buches angedeihen lassen. So lange ich hier verbleibe, wollen wir dafür sorgen, dass Weimar auf keinen *Holzweg* geräth.

In wenig Tagen hoffe ich wieder ganz auf den Beinen zu sein — mein jetziges Unwohlsein ist eigentlich nur Abspannung und Ermüdung, welchen ein paar Tage Ruhe und einige homöopathische Pulver leicht abhelfen. Wahrscheinlich sehen wir uns in den ersten Tagen nächster Woche in Leipzig; sprechen wir aber nicht zum voraus davon, da ich schon zum drittenmal abgehalten bin, diesen kleinen Ausflug zu machen.

Der Orpheus-Artikel ist Ihnen gestern zugesandt. Vielleicht geht es noch, dass er in der nächsten Nummer der Zeitschrift erscheint — wenn nicht, so kommt er folgende Woche. Die Reihenfolge, welche ich Ihnen brieflich habe angeben lassen, scheint mir die richtige und fängt mit dem Orpheus an. Dieser Aufsatz ist übrigens so gut wie neu, denn da mir Ihr Blatt einen grösseren Raum gewährt, so profitirte ich gerne davon, um den früheren Artikel um das Doppelte zu verlängern.[1])

Über mehrere Punkte Ihres Schreibens besprechen wir uns bald mündlich. Ich bin wirklich noch sehr matt heute und wollte Ihnen blos schreiben, um Ihnen zu danken und Ihnen meine baldige Ankunft in Leipzig (wahrscheinlich nächsten Dienstag oder Mittwoch) zu melden.

Ihr freundschaftlich ergebener

Mittwoch, 26. April 54. F. Liszt.

1) Ges. Schriften, Bd. III. 1.

Ihre Bestellungen an Cornelius sowie der Brief an Cotta sind besorgt.

113. An Louis Köhler.

Lieber Freund,

Ich will Ihnen auch einmal eine Freude machen. Mit der heutigen Post erhalten Sie das Medaillon Richard Wagner's. Ein Freund von mir, der Fürst Eugène Sayn-Wittgenstein, hat es in Paris vorigen Herbst modellirt, und ich halte es für das beste und ähnlichste Portrait, welches von Wagner existirt.

Tausend Dank für alles Liebenswürdige, was Sie mir schreiben und bewähren. Ich wünsche sehr, dass Sie mit meinen jetzigen und nächsten Arbeiten einverstanden seien. Könnte ich nur mehr über meine Zeit verfügen! Das ist aber eine grässliche Misère, mit so vielen unnützen Dingen und Leuten sich beschäftigen zu müssen, wenn man ganz anderes im Kopfe herumträgt! — Nun, es muss aber so sein. Gott schenke nur Geduld und Ausdauer!

Ich erinnere mich nicht genau, ob ich Ihnen schon die *Avant-propos* zu meinen Symphonischen Dichtungen, welche ich bei Gelegenheit der hiesigen Aufführungen einstweilen habe drucken lassen, früher eingesandt. Jedenfalls lege ich sie noch zu dem Portrait, was Sie so freundlich waren von mir zu verlangen. An dem 9ten Stück (Hungaria) arbeite ich jetzt — die 8 anderen sind gänzlich fertig; es wird wohl aber noch bis zum nächsten Frühjahr dauern, bis diese Sachen in Partitur herauskommen.

Von Claviersachen habe ich Ihnen nichts mehr zu schicken (bis zur Erscheinung der »Années de Pèlerinage« bei Schott), ausgenommen die kleine »Berceuse«, welche bei Haslinger in dem »Vermählungs-Album« Platz gefunden. Vielleicht macht Ihnen das beständige Pedal auf *Des* Spass. Das Ding sollte eigentlich auf einem amerikanischen Schaukel-Fauteuil mit Begleitung eines *Narguilé*, in Tempo *comodissimo* con sentimento vorgetragen werden, so dass sich der Spieler einer behaglichen Träumerei, durch den cadenzirten *Fauteuil-Rhythmus* eingewiegt, willenlos hingibt. Blos bei dem B-moll-Eintritt kommen ein paar schmerzliche Accente . . . Warum schwatze ich aber dummes Zeug mit Ihnen? — Ihr so perspicaces Herausfinden meiner Intention des 2ten Motives der Sonate  im Gegensatz zu dem früheren Hammerschlag  hat mich wahrscheinlich dazu verleitet.

Leben Sie bestens wohl, lieber Freund, und bleiben Sie gut Ihrem

8. Juni Weymar 54. F. Liszt.

114. An Dr. Franz Brendel.

Lieber Freund,

Ich habe manches ändern müssen in dem *Robert*-Aufsatz — hauptsächlich in der Eintheilung der Sätze. Sein Sie nicht ungehalten darüber. Es wird nur geringe Mühe machen und gefällt mir besser so. Ergo sollen meine heutigen Varianten wortgetreu in der nächsten Nummer abgedruckt sein.

Haben Sie ein paar Stunden zu verlieren, so kommen Sie nächsten Sonnabend nach Halle. Es soll dort das *Weltgericht* von Schneider durch die vereinigten Liedertafeln Dessau, Magdeburg, Berlin, Halle etc. aufgeführt werden (Sonnabend Nachmittag 3 Uhr), und ich habe versprochen mich dort einzufinden. Es würde mich sehr freuen Sie in Halle zu treffen — mein Absteig-Quartier ist im *englischen Hofe*. Hoffentlich acceptiren Sie meine Einladung, und ich sage Ihnen also auf Wiedersehen! Freundschaftlich ergeben

12. Juni 1854. F. Liszt.

Es wird Ihnen leicht sein, Gewissheit über die Aufführung in Halle zu erlangen. Ich komme jedenfalls an dem bestimmten Tage zum »*Weltgericht*« (ein bafeliges, auf »überwundenem Standpunkt« fussendes Werk!). Bis jetzt ist es für nächsten Sonnabend angezeigt. Sollte eine Änderung stattfinden, so richte ich mich darnach und komme später. . —.

P. S. — Die Correctur muss sehr sorgfältig revidirt werden, da viele kleine Veränderungen vorkommen. Sein Sie so freundlich und revidiren Sie selbst das Ganze genau. Wenn der Aufsatz erschienen, schicken Sie mir gefälligst die heutige Correctur zurück. [1])

115. An Karl Klindworth in London[2]).

Besten Dank, lieber Klindworth, für Ihren lieben Brief. Nach dem »Lamento« scheint endlich auch ein »Trionfo« einzuschlagen. — Das freut mich herzlich. Ihre *Murl*-Verbindung und *Murl*-Wanderungen[3]) mit Reményi[4]) sind eine treffliche Fügung des Schicksals, und am 6ten Juli, am Tage Ihres Conzerts in Leicester, sollen die Weimarer Murls auf der Altenburg zum Souper geladen werden, und Reményi und Klindworth *for ever* hoch leben lassen! —

Am 8ten Juli gehe ich von hier ab nach Rotterdam. Die Tage der Aufführungen sind der 13te, 14te und 15te Juli. Die vorletzte Nummer (16ter Juni) der Brendel'schen Zeitung enthält das ausführliche Programm. Als Hauptwerke werden »Israel in Egypten« von Händel, »Die Jahreszeiten« von Haydn, die 9te Symphonie und ein neu componirter Psalm von Verhulst (königlich .niederländischer Kapellmeister, vor etwa 12 Jahren Dirigent der Euterpe-Conzerte in Leipzig, und jetzt Dirigent der Rotterdamer Festivals) gegeben. Roger, Pischek,

1) Ges. Schriften, Bd. III. 1.

2) Schüler Liszt's, als Clavierspieler, Dirigent, Bearbeiter hervorragend thätig, geb. 1830 zu Hannover, wirkte in London, Moskau, Amerika und leitet seit 1882 in Berlin eine Musikschule.

3) Der Verein der »Murls« (Mohren, Teufelskerle, nämlich Anti-Philister) wurde um jene Zeit in Weimar gegründet. Liszt war Padischa, seine Schüler und Anhänger: Bülow, Cornelius, Pruckner, Reményi, Laub, Cossmann etc. etc. waren Murls.

4) Berühmter ungarischer Violinspieler.

Formes, Mme Ney, Miss Dolby etc. haben die Solo-Partien übernommen, und das Programm annoncirt 900 Mitwirkende. Sehr schön wäre es, wenn Sie mit Reményi und Hagen[1] anrückten; dazu müssten Sie sich aber gleich aufmachen, denn am 13ten geht es los, und am 16. verlass ich Rotterdam — und gehe auf ein paar Tage nach Brüssel, wo ich mit meinen beiden Töchtern zusammentreffen will.

Ein paar *Murls* würden sich gut ausnehmen in Rotterdam und mich für manche *Philistereien*, die ich dort wahrscheinlich auszustehen habe (durch den Contact mit vielen verehrlichen Collegen und Kunstgenossen) bestens entschädigen... Wenn es euch also möglich, so kommt. Wir wollen dann ein *Murl-Musikfest* auf meiner Stube abhalten. (NB. Ich werde bei Banquier Hope logiren.)

An die Londoner Atmosphäre muss man sich gewöhnen und sich mit Porter und Port den Magen ordentlich solidifiziren. Übrigens steht es dort mit den musikalischen Dingen nicht viel schlechter als anderwärts, und man hat doch noch einige Grossartigkeit in der Bestialität selbst anzuerkennen. Wenn Sie es *aushalten* können, so bin ich überzeugt, dass Sie sich in London eine ergiebige und angenehme Position schaffen und die *Murl*-Propaganda (»une, indivisible et invincible«) wird dann auch »au delà de la *Manche*« festen Boden gewinnen, »ce qui sera une autre paire de manches«. (Falls Sie diesen Calembourg nicht verstehen, so soll ihn Reményi Ihnen expliziren.) Seid also guten Muthes und guter Dinge! Wie es auch zugehen mag, lasst euch nie auf Capitulationen ein mit den Faulen, Feigen und Falschen — so hochstehend sie sich auch geberden — und wahret unter allen Umständen eure Murlschaft! —

Die beiden Stücke aus Raff's Alfred[2]) sind heraus bei Heinrichshofen (Magdeburg) und Carl Klindworth gewidmet. Schreiben Sie mir, wie ich sie Ihnen am schnellsten und öco-

---

1) Theodor Hagen, Schriftsteller, durch die »Signale« unter dem Namen Butterbrod seiner Zeit als witziger Kritiker bekannt; nachmals in Amerika gestorben.

2) Von Liszt für Pianoforte übertragen.

nomischsten zusenden kann — nebst der Sonate [1]. Die Dante-Fantasie erscheint erst im Herbst mit den anderen Stücken der »Années de Pèlerinage« bei Schott, den ich beauftragen werde, ein Exemplar für Sie zu reserviren.

Seit Sie fort sind, habe ich hauptsächlich an meinen *Symphonischen Dichtungen* gearbeitet, gefeilt und concipirt. Die 9 Nummern sind jetzt ganz fertig und 7 davon rein abgeschrieben. Nächsten Winter beabsichtige ich die Partituren herauszugeben, was wohl circa 1000 Stich-Platten ausmachen dürfte. Sogleich nach meiner Rückkehr von Rotterdam mache ich mich an die Faust-Symphonie und hoffe, dass ich sie bis zum Februar fertig ausgeschrieben habe.

Härtel's ediren auch ein paar Transcriptionen aus Lohengrin (das Festspiel vor dem 3ten Act mit dem Brautchor, Elsa's Traum und Lohengrin's Verweis an Elsa), die ich kürzlich aufgeschrieben.

À propos von Härtel, haben Sie nichts von Ihrem Arrangement der Schubert'schen Symphonie gehört? Die Sache dauert etwas sehr lang, und wenn ich nach Leipzig komme, will ich bei Härtel's aufragen [2].

Von Wagner habe ich Ihnen weniges Neue zu melden. Joachim und Berlioz haben mich im Mai besucht — Hoffmann von Fallersleben hat sich hier etablirt und wir sehen uns ziemlich oft. Seine neuesten Gedichte »Lieder aus Weymar« sind mir gewidmet.

Mason ist seit 14 Tagen nach London und kommt wahrscheinlich nach Rotterdam. Laub verheirathet sich in Böhmen und bringt seine Frau hieher im September. Schulhoff war auch einen Tag auf Besuch bei mir.

Von Rubinstein sage ich Ihnen gelegentlich mehreres. Das ist ein tüchtiger Kautz — wohl der bedeutendste specifische Musiker, Clavierspieler und Componist, der mir unter den jüngeren Ambitionen — mit Ausnahme der Murls — vorge-

1) Sie trug von Liszt's Hand die Aufschrift: »Für die Murl-Bibliothek«.

2) Bearbeitung der C-dur-Symphonie für 2 Claviere erschien daselbst.

kommen. Blos die Murlschaft *fehlt* ihm noch. Er besitzt aber ein ungeheures Material und eine ausserordentliche Gewandtheit in der Handhabung desselben. Er brachte ungefähr 40 bis 50 Manuscripte mit sich (Sinfonien, Conzerte, Trios, Quartette, Sonate, Lieder, ein paar russische Opern, die in Petersburg gegeben sind), die ich mit vielem Interesse durchgelesen während der 4 Wochen, die er hier auf der Altenburg [1]) zubrachte. Wenn Sie nach Rotterdam kommen, treffen Sie ihn dort.

Leben Sie bestens wohl, lieber Klindworth, und lassen Sie bald von sich hören. Ihr

2ten Juli 1854. F. Liszt.

Vom 10. bis 15. Juli treffen mich Briefe in Rotterdam — Poste restante.

NB. Reményi antwortet mir nichts über das Manuscript der Sonate von Brahms mit Violine). Wahrscheinlich hat er es mitgenommen, denn ich habe zu meinem Ärger meine sämmtlichen Musikalien 3mal durchgestöbert, ohne das Manuscript auffinden zu können. Vergessen Sie nicht, mir in Ihrem nächsten Brief darüber zu schreiben, denn Brahms bedarf dieser Sonate zum Druck.

116. An Dr. Franz Brendel.

Lieber Freund,

Hiermit übersende ich Ihnen einen langen Aufsatz über *Harold* und Berlioz, den Pohl übersetzen wird und in seinem beabsichtigten Buch über Berlioz aufnehmen. [2]) Sein Sie so freundlich und besorgen Sie das Manuscript an Pohl, der jetzt wahrscheinlich in Leipzig ist, so dass es ihm alsbald richtig zukommt.

Diese Nacht gehe ich nach Rotterdam zum Musikfest und

---

1) Liszt's Wohnung.

2) Der Artikel erschien 1855 in der »Neuen Zeitschrift« (sodann Ges. Schriften Bd. IV), demnach nicht in Pohl's Buch über Berlioz, das erst 30 Jahre später, 1884 an's Licht kam.

von da auf ein paar Tage nach Brüssel. Am 22.—24. Juli komme ich auf einige Stunden nach Leipzig, bevor ich wieder in Weimar anlange.

Ihre Rotterdamer Reise haben Sie wohl aufgegeben. Falls Sie dort etwas zu bestellen hätten, schreiben Sie mir sogleich ein paar Zeilen *Poste restante* Rotterdam.

Zwei Aufsätze sind für Ihr Blatt bereit. »Die weisse Frau« und »Alfons und Estrella«. Sobald die *Montecchi* und die *Favorita* erscheinen, werden Sie dieselben erhalten.[1] Der *fliegende Holländer* ist auch fertig, muss aber noch abgeschrieben werden.[2] Dieser Aufsatz ist sehr ausgearbeitet und wird mehrere Ihrer Nummern in Anspruch nehmen.

Empfehlen Sie mich freundschaftlich Ihrer Frau und behalten Sie in gutem Eingedenken Ihren bereitwilligen Mitarbeiter und anhänglichen Freund

Weymar, 7ten Juli 54. F. Liszt.

117. An Anton Rubinstein[3].

Que devenez-vous, mon cher Van II?[4] Etes-vous établi selon votre gré à Bieberich, et vous sentez-vous en bonne veine de belle humeur et de travail, ou bien cultivez-vous le »*Murrendo*«[5]) de votre invention?

Votre *fourgon* de manuscrits vous a été expédié le lendemain de mon retour, et vous sera parvenu en bon état, je

1) Sämmtlich Ges. Schriften. Bd. III. 1.

2) Ges. Schriften, Bd. III. 2.

3) Rubinstein (geb. 1830 in Wechwotynetz im russ. Bessarabien) concertirte schon 1839 in Paris, und der dort anwesende Liszt, der in dem Knaben den einstigen »Erben seines Spiels« begrüsste, förderte seine Studien während jenes Pariser, wie während eines späteren Wiener Aufenthalts durch ihm ertheilten Unterricht. Als R., nach längerem Verweilen in Russland, 1854 wieder nach Deutschland kam, bereitete ihm Liszt auf der Altenburg in Weimar die gastlichste Aufnahme.

4) Wegen der Ähnlichkeit Rubinstein's mit Beethoven nannte Liszt ihn scherzhaft Van (d. i. Van Beethoven) II.

5) Soll wol gute, witzige Einfälle bedeuten.

pense. Ci-joint je m'acquitte de ma petite dette de 100 thalers, en vous faisant tous mes remercîments de votre obligeance, sauf à y recourir de nouveau le cas échéant. — A propos d'obligeance, voulez-vous bien m'envoyer la lettre de recommandation pour la sœur de Cornelius, qui va commencer sa carrière théâtrale dans les chœurs de l'opéra italien à St. Pétersbourg? — J'ai dit à Cornelius que vous me l'aviez promise, et je serais bien aise de la lui remettre sans trop de retard. Sa sœur est une très excellente jeune personne, pas trop jolie, mais bien élevée, et qu'on peut recommander en bonne conscience. Il est à craindre qu'elle se trouvera très isolée là-bas et qu'elle y gagnera le »Heimweh«!

Donnez-moi bientôt de vos nouvelles. Pour moi, j'ai peu de choses à vous dire en ce moment. Weymar est désert, la cour étant absente. Il n'y a que Schade qui soit rayonnant, car il s'est déjà présenté une masse d'abonnés pour ses »*Weymar'sche Jahrbücher*«, dont la première livraison est à moitié imprimée et paraîtra définitivement le 28 Août. Mr de Beaulieu ne sera de retour que dans trois semaines; ce nonobstant envoyez-moi votre *scenario* de l'opéra russe aussitôt que vous l'aurez terminé, car je le lui ferai parvenir, et s'il n'y a pas d'obstacle *politique* (circonstance très exceptionnelle en ces matières), votre ouvrage sera représenté en Novembre prochain. [1])

Quand vous aurez suffisamment goûté les charmes de Bieberich, venez me voir à l'Altenburg. Il me semble que vous serez pour le moins aussi bien ici qu'ailleurs (Baden-Baden avec Mme * * * excepté!) et Van II peut être certain d'être à toute heure le très bien venu

à son très affectionné ami

31 Juillet 54. Weymar. F. Liszt.

Pour la traduction de votre opéra, je vous recommande encore Cornelius, mais il sera nécessaire que vous passiez quelques semaines ici pour hâter la besogne.

1) Die Oper »Die sibirischen Jäger« wurde durch Liszt in der That in Weimar zur Aufführung gebracht.

118. An Dr. Franz Brendel.

Sie würden sich sehr getäuscht haben, lieber Freund, wenn Sie meiner letzteren Andeutung über das Verfahren des kritischen Theils Ihres Blattes irgend eine persönliche Absicht unterbreitet hätten. Dies konnte keineswegs der Fall sein, und ich glaube sogar im Verlauf des Gesprächs Ihnen gesagt zu haben, dass so lange als meine Reihe von Aufsätzen über verschiedene Opern, die mit dem fliegenden Holländer vorläufig abschliessen, in der Neuen Zeitschrift im Gange sind, es mir *geziemender* erscheint, dass meine anderweitigen musikalischen Producte nicht besprochen werden. Nichtsdestoweniger erachte ich es aber für wünschenswerth und ganz im Interesse unserer Sache, dass fernerhin die bedeutenderen Erscheinungen, insbesondere die Werke von R. Schumann, Hiller, Gade etc. ausführlicher und öfter bedacht werden als es in den letzten Jahrgängen geschehen. Die buchhändlerischen Rücksichten betreffs der Einsendung oder Nichteinsendung der Werke scheinen mir unwesentlich und selbst beeinträchtigend für die höhere Haltung, die Ihr Blatt behauptet. —

Beifolgend sende ich Ihnen den Aufsatz von Cornelius über die Preis-Symphonie und die Girondisten-Ouverture. Er ist ganz hübsch geschrieben und wird Ihnen wahrscheinlich zusagen. Wenn möglich so bringen Sie ihn in Ihrer nächsten Nummer.

Die Besprechung der Schumann'schen gesammelten Schriften kann ich jetzt nicht unternehmen, da ich durch musikalische Arbeiten für längere Zeit abgehalten bin. Übrigens wenn ich auch späterhin ein paar Aufsätze über das Werk schreibe, so hindert Sie das nicht, sehr bald einen oder mehrere Artikel, dasselbe Werk besprechend, zu bringen. Es giebt darin vieles und mancherlei aufzufassen und hervorzuheben, was kaum ein einzelner Referent erschöpfend zu thun vermag. Am Besten wird es sein, wenn Sie selbst die Besprechung der Schumann'schen Schriften übernehmen. Sollten Sie aber dazu keine Zeit finden, so ist wohl Pohl am ersten zu empfehlen für diese Arbeit. Seine Vorliebe für Schumann und seine Vertrautheit mit dessen Ansichten qualifiziren ihn gänzlich dazu.

Meine Artikel über den fliegenden Holländer *dürfen nicht* so lange warten, als Sie mir es in Ihrem Briefe vorschlagen. Ich wünsche ausdrücklich, dass die zwei Aufsätze über die *weisse Dame* und *Alfonso und Estrella* baldigst erscheinen und gleich darauf der *fliegende Holländer*, sodass bis Ende September diese Serie von zwölf Opern-Besprechungen gänzlich in der Neuen Zeitschrift erschienen ist.

Gleichzeitig mit den Correcturen des Artikels über die weisse Dame erhalten Sie den Alfonso und Estrella-Aufsatz, und sobald dieser erschienen, den fliegenden Holländer, der im September veröffentlicht werden soll — aus verschiedenen Gründen, die sich nicht gut brieflich auseinandersetzen lassen.

Raff's Buch »Die Wagnerfrage« ist dieser Tage hier angelangt, und ich habe es bereits gelesen. Der Autor ist mit sich selbst so befriedigt, dass es ein Wunder wäre, wenn sich seine Leser ihm im gleichen Masse beigesellten — und Raff ist überhaupt mit dem *Wunder* sehr in Hader und Zwist! —

Ce livre me fait l'effet d'un pléthore pédagogique. Même les quelques bonnes vues (sur l'harmonie par exemple) qu'il contient sont obscurcies par une suffisance de ton et d'allure qu'on peut à bon droit taxer d'insupportable. Ce que Raff veut *paraître*, gâte aux *quatre cinquièmes* (pour me servir de la mesure qu'il adapte si ridiculement au Lohengrin) ce qu'il pourrait être. Il se hisse constamment sur des échasses scientifiques, lesquelles ne sont guère d'un bois fort solide. Les formules philosophiques sont parfois l'enveloppe, et comme l'écorce du savoir — mais il arrive aussi qu'elles ne marquent que des idées creuses et ne contiennent d'autre substance que leur rocailleuse terminologie. Démontrer la Rose par la Férule peut sembler un procédé fort scientifique à des cuistres; pour ma part j'y prends peu de goût et sans être injuste pour les rares qualités du talent de Raff dont je fait un sincère cas depuis longtemps, son livre me semble trop appartenir au domaine de la pathologie morale et artistique pour contribuer à placer les questions d'art sous leur véritable jour.

Ich bitte Sie, lieber Freund, dieses *Niemandem* mitzutheilen, denn ich könnte nur im alleräussersten Falle gegen Raff auftreten, wozu er mir hoffentlich keine Gelegenheit geben wird. Gegen die vielen Angriffe, denen er sich ausgesetzt hat, bin ich sogar gesonnen ihn bestmöglichst zu vertheidigen; es thut mir nur herzlich leid, dass er in seinem Buche so viel Rohes und Unhaltbares manchem Guten, Wahren und Richtigen beigemischt hat.

Leben Sie wohl, lieber Freund, und grüssen Sie freundlichst Ihre Frau von

Ihrem aufrichtig ergebenen

12. August 54. F. Liszt.

In dem *Favorite*-Aufsatz ist ein grosser Fehler stehen geblieben. »So geberdet sich *kein* Liebender, kein Ritter« — und nicht: »so geberdet sich *ein* Liebender« etc.

Senden Sie mir gleich die Correctur der weissen Dame, und im September bringen Sie den fliegenden Holländer, der nicht länger warten darf.

Ich arbeite jetzt an meiner *Faust*-Symphonie. Das *Drei-Claviaturen*-Instrument ist gestern von Paris hier angekommen. Bei Gelegenheit des Erscheinens meines Catalogs bei Härtel könnte es passend sein, einen speziellen Aufsatz darüber in Ihrem Blatte zu besorgen.

119. An Anton Rubinstein.

[August 1854.]

Mon cher Van II,

Quelque scrupule que je porte à éviter jusqu'à l'ombre et l'apparence d'un attentat à la liberté de vos déterminations et mouvements, — scrupule dont je vous ai donné une preuve pertinente, en n'insistant pas davantage pour vous faire choisir Weymar au lieu de Bieberich, comme villégiature durant ce dernier mois — cependant le devoir (et un devoir théâtral!) m'oblige à vous arracher à vos doux loisirs rhénans, pour vous remettre de nouveau au métier, aux bords de l'Ilm —

»*Non più andrai, farfalone*« etc.[1])

Il nous faut chasser les ours de Sibérie,[2]) que ce soit la saison ou non, je ne m'en inquiète guère. Mr de Beaulieu qui vient de me répondre affirmativement au sujet de la proposition que je lui ai faite de donner vos »*Chasseurs de Sibérie*« au commencement de Novembre le 9. date déjà illustre par la »*Huldigung der Künste*«, Prologue qui sera de nouveau remis en scène cette année) me demande en particulier de mettre le plus de presse possible à la copie des rôles et des parties. Or, il faut tuer l'ours avant que d'en vendre la peau; c'est à dire, traduire le libretto, l'ajuster à la musique, et disposer la partition pour la représentation de Weymar.

D'après ce dont nous étions convenus verbalement, j'en ai parlé à Cornelius, qui accepte avec plaisir la tâche de traducteur, et la remplira promptement, et, j'en suis persuadé, à votre satisfaction. Il faut seulement que vous veniez, de suite, passer une quinzaine de jours à Weymar pour tout terminer. Je vous donne donc rendez-vous à l'Altenburg, où votre précédent logis vous attend. Personne ne vous y troublera et vous pourrez vous livrer à cœur-joie à la culture des »*murrendos*« quand la fantaisie vous en prendra. Tâchez donc de ne pas faire de trop longs adieux aux *Tannhäuser* des bords du Rhin (et si par hasard Mme S. s'y trouvait, déguerpissez en cachette pour ne pas provoquer de scène trop délirante), afin d'arriver à Weymar du *1 au 3 Septembre*, car il faudra que votre partition soit mise à la copie du 15 au 20. En vous attendant je garde vos trois livrets que je vous restituerai à l'Altenburg, et me fais à l'avance un grand plaisir de votre succès sur notre scène.

A revoir donc, mon cher Rubinstein, dans une huitaine de jours et tout à vous d'amitié F. Liszt.

Ecrivez-moi simplement un mot pour me fixer la date de votre arrivée, pour que j'en prévienne Cornelius, qui est allé

1) Arie aus Mozart's »Figaro«.

2) »Les chasseurs de Sibérie« Oper Rubinstein's.

passer une huitaine de jours chez sa mère, à quelques heures d'ici.

En fait de nouvelles je vous dirai que mon instrument à 3 claviers est installé au second étage de l'Altenburg, et que j'ai terminé la 1re partie (le tiers de la besogne) de ma symphonie de »Faust« — les deux autres seront prêtes en Novembre, j'espère.

J'aurai aussi une petite querelle d'amitié à vous faire, que je réserve pour nos conversations d'après thé.

A bientôt!

120. An Alexander Ritter in Dresden[1]).

Herzlichen Glückwunsch zu Ihrer Vermählung, lieber Freund. Ich habe mir eigentlich Vorwürfe zu machen, Sie in Ihrer *lune de miel* zu stören. Nun, etwas musiciren dabei kann auch nicht schaden. Kommen Sie also, so bald es Ihnen gelegen ist. Die Sache hat keine gar zu grosse Eile; blos bitte ich Sie Herrn Hoftheater-Secretär Jacobi, welcher früher an Sie geschrieben hatte, ein paar Zeilen zu antworten und ihm gleichzeitig den Datum Ihrer Ankunft in Weymar zu melden. Da Ihre Verheirathung am 12. d. M. stattfindet, sind Sie gänzlich berechtigt, einige Tage Verzögerung zu verlangen. Sollte es Ihnen conveniren 14 Tage länger in Dresden zu verweilen, so bestimmen Sie den 1. October zu Ihrem Einzug in Weymar.

Wegen Quartier etc. stehe ich Ihnen gerne mit Rath und That zu Dienste.

Falls Pohl in Dresden ist, können Sie ihm sagen, dass seine Frau auch vom 15. September (an welchem Datum das Theater hier wieder angeht) engagirt ist. Ich habe gestern an Brendel geschrieben, um die jetzige Adresse von Pohl ge-

---

1) R. trat um diese Zeit als Violinspieler in die Weimarer Hofcapelle ein; wirkte nachmals als Musikdirector in Stettin und lebt jetzt, als Componist der Opern: »Der faule Hans« und »Wem die Krone« bekannt, in München.

nau zu erfahren. Bis morgen erwarte ich die Antwort, und Herr Jacobi wird sofort an Frau Pohl schreiben.

Empfehlen Sie mich einstweilen bestens Ihrer Frau, und disponiren Sie gänzlich, *sans cérémonie ni façons* über

Ihren freundschaftlich ergebenen

6. Sept. 1854, Weymar. F. Liszt.

121. An Bernhard Cossmann, Schloss Chanceaux bei Loches in der Touraine.

8 September 54, Weymar.

Cher ami,

Tandis que vous promenez agréablement vos loisirs sous les beaux chênes, hêtres, bouleaux, marronniers etc. de *Chanceaux*, j'ai la *sotte chance* de bâiller chanceusement aux corneilles de Weymar, où nous n'avons guère de *Chanceaux*, mais bien passablement de *gens sots*! *im Loch* (près Loches!!). Voilà qui est presqu'à la hauteur du génie *calembourique* de notre ami Berlioz, n'est-ce pas? — Je ne saurais me maintenir à ces sommets et redescends vite à des régions plus tempérées, — »le Clavecin bien tempéré de J. S. Bach« par exemple, ou bien quelque »*Beau lieu*« avec ou sans *marque au nez* (Marconnay)[1]). (Je vous supplie de garder cette exécrable improvisation tout à fait pour vous, car en ma qualité de maître de Chapelle, je risquerais d'être mis à l'amende par le »Hofamt« pour me permettre de semblables applications du Traité d'instrumentation de Berlioz — mais je ne sais vraiment quelle tarantule de calembour me pique en ce moment!)

Mr de Beaulieu vient de me faire deux gracieusetés auxquelles je suis fort sensible. Mme Pohl est engagée comme harpiste de la Chapelle de Weymar et A. Ritter de Dresde — le frère de l'ami de Hans de Bülow — comme violiniste en remplacement du petit Abel qui nous quitte pour aller assassiner probablement quelque Caïn à un second ou troisième

1) Wortspiel. Der Weimarer Hoftheater-Intendant hiess Beaulieu-Marconnay.

pupitre d'orchestre, quelque part! — A. Ritter épouse le 12 de ce mois Mlle Wagner (la sœur de Johanna), qui a joué la comédie au théâtre de Breslau et qui, par ordre de son mari, ne continuera pas à la jouer en ménage. Espérons du moins! Ces deux nouveaux engagements me font grand plaisir et je me consolerai volontiers de la perte de l'innocent Abel.

Et puisque voilà Mr de Beaulieu en belle humeur, je vous engage à profiter de la circonstance et à lui écrire un billet artistement tourné pour lui demander la prolongation de votre congé qu'il vous accordera avec bonne grâce, j'en suis persuadé. Le théâtre rouvrira le 15 Septembre. Le 16 on donnera Ernani. Dans le courant d'Octobre nous aurons les Huguenots avec une nouvelle cantatrice de Prague, Mlle Stöger dont on dit merveille.

Pour le 9 Octobre (50me anniversaire de l'entrée de S. A. I. Mme la Grande Duchesse Marie Paulowna à Weymar) on composera un spectacle assez curieux.

1° Die Huldigung der Künste de Schiller.
2° Un de mes Poèmes symphoniques.
3° Les chasseurs de Sibérie, Opéra en un acte — Musique de Rubinstein.
4° Le Finale de Loreley de Mendelssohn.

Pour la saison d'hiver on projette les deux Iphigénies, en Aulide et en Tauride de Gluck, et »Genoveva« de Schumann.

Rubinstein et Wasielewski (de Bonn) sont ici depuis quelques jours. Raff a publié son volume »Die Wagnerfrage«. Ich möchte sie weder beantworten noch verantworten! — Mon instrument monstre à 3 claviers est aussi arrivé depuis une quinzaine de jours et me semble très bien réussi — et à votre retour j'aurai à peu près terminé ma Symphonie de Faust à laquelle je travaille comme un possédé.

Voilà toutes mes nouvelles de céans, auxquelles je joins l'expression de l'ancienne et sincère amitié de votre très affectionné F. Liszt.

P. S. J'écrirai de mon côté à Mr de Beaulieu à votre intention; mais il est convenable que vous lui adressiez quelques lignes. La chose en elle-même ne souffre pas de difficulté.

122. An Gaetano Belloni in Paris*).

[9 Septembre 1854.]

Mon cher Belloni,

Veuillez me faire le plaisir de dire à Mr Escudier qu'à ma dernière visite chez S. A. R. le Duc de Gotha, j'ai remis à Monseigneur le volume sur Rossini, et lui ai parlé en même [temps] du désir que Mr Escudier m'avait communiqué dans sa dernière lettre d'entrer dans l'ordre de S. A. R. avant de se mettre à ses ordres. Il va sans dire que j'ai vivement recommandé Mr Escudier au Duc; et néanmoins il semblait faire un peu le sourd, d'une oreille au moins, à l'endroit du ruban; dans le courant de ce mois je reverrai probablement le Duc et lui en reparlerai. De votre côté ne négligez pas Oppelt[1]) qui correspond fréquemment avec Gotha, et soyez persuadé que je ne manquerai pas cette occasion d'être agréable à vos amis.

Tout à vous F. Liszt.

Rien de nouveau ici. La saison théâtrale ouvrira avec *Ernani* le 16 Septembre au plus tard; il est question de monter *Rigoletto* ou les *Foscari*. Malheureusement les traductions allemandes des opéras de Verdi ne valent pas les quatre fers d'un chien, et nous sommes très puristes à Weymar. En Novembre on donnera aussi pour la 1re fois à Weymar, les *Huguenots*, feu le Grand-Duc n'ayant jamais voulu permettre la représentation de cet ouvrage à cause de son respect pour Luther, que ses aïeux avaient particulièrement protégé.

Härtel va mettre plusieurs de mes partitions à la gravure. Dans le courant de l'hiver il en paraîtra quatre ou cinq (le *Tasse* — les *Préludes* — *Orphée* — *Mazeppa* seront édités en premier lieu) sous le titre de Poëmes symphoniques.

Je n'écrirai point à Escudier — il suffit que vous les informiez

---

*) Autograph im Besitz von Hrn. Etienne Charavay in Paris.

1) Belgischer Schriftsteller, übersetzte die Opern des Herzogs.

de mes bonnes intentions à leur égard. Vous savez que je suis surchargé de correspondance et à moins qu'il ne soit absolument nécessaire que j'écrive, je m'en abstiens pour ne pas interrompre mon travail de composition qui est ma première raison d'être.

123. An Eduard Liszt in Wien.

Quelle affliction et quelle désolation! très cher ami.[1]) Hélas! en de pareils malheurs la part même que ceux qui nous sont les plus proches par le cœur y prennent, n'allége guère le poids accablant de la croix qu'il nous faut porter. Et pourtant je veux vous dire que dans ces jours de tristesse, mon cœur est près du vôtre, compatissant à votre souffrance, et espérant que la »paix du Seigneur« cette paix que les hommes ne peuvent ni donner ni ôter, vous soutiendra.

Bien à vous

10 Octobre 54. F. L.

P. S. Tâchez de venir me voir bientôt!

124. An Anton Rubinstein.

19 Octobre 1854. Weymar.

Schott me fait honte, mon cher Rubinstein. Voici de nouvelles épreuves du »*Kamennoï-Ostrow*«,[2]) qu'il m'adresse pour vous, et je ne vous ai pas encore fait parvenir les précédentes! Pour m'excuser, je vous dirai que je suis *affreusement* occupé (au théâtre surtout) et que je ne voulais pas mettre ces épreuves sous bande sans vous écrire et vous remercier de votre charmante et spirituelle lettre de Leipzig. — Enfin, voici tout ce paquet que vous renverrez directement à Schott. De plus, je reste votre débiteur du *Porter*

1) Eduard Liszt, damals Landesgerichtsrath beim Civilsenat, hatte seine Gattin an der Cholera verloren.

2) Rubinstein hatte eine Reihe kleiner Clavierstücke nach der kaiserlichen Sommer-Residenz bei Petersburg benannt.

(que vous prierez Redslob de mettre sur mon compte et des *dix écus* que je vous ai empruntés au chemin de fer. Comme vous nous revenez ici au commencement de Novembre, nous aurons tout le temps de régler ces bagatelles.

Les répétitions de vos »*Chasseurs de Sibérie*« commencent dans le courant de la semaine prochaine. Vous pouvez vous en reposer sur mon zèle et être assuré que votre ouvrage sera convenablement préparé. Je vous demande seulement d'être ici vers le 4 Novembre, afin de nous communiquer vos intentions aux répétitions dernières. Si décidément vous préférez rester spectateur à la représentation, je me chargerai volontiers de diriger l'ouvrage — mais peut-être qu'aux répétitions générales la fantaisie vous prendra de vous mettre au pupitre, ainsi que je vous l'ai proposé d'abord; quel que soit le parti définitif que vous preniez à cet égard, il ne peut que m'être agréable. Ainsi veuillez bien, je vous prie, en ceci agir comme de coutume, sans gêne ni façon d'aucune espèce.

Comment vous trouvez-vous de l'atmosphère musicale de Leipzig? Votre »*Océan*« a-t-il obtenu les suffrages de l'aréopage qui devra le juger au préalable? A quel numéro de Concert du Gewandhaus Mr Van II se fera-t-il entendre? Si vous savez déjà quelque chose de positif sur vos débuts à Leipzig, écrivez-le-moi, avec la continuation des commentaires qui m'ont si fort amusé dans votre première lettre. Ici nous n'avons rien de particulièrement nouveau qui puisse vous intéresser. Madame Wagner reviendra à Weymar après-demain, et Dimanche prochain on donnera »Lohengrin.« Le Mercredi d'après, une nouvelle cantatrice (Mlle Stöger, la fille du Directeur de Prague), qui possède une belle voix, et semble bien douée, débutera dans »Lucrèce Borgia«. Le 24 Octobre j'attends Madame Schumann que vous aurez déjà vue et entendue à Leipzig. Occasionnellement je vous prie de lui dire de ne pas retarder son voyage à Weymar, car j'ai pris tous les arrangements avec Mr de Beaulieu etc., du 24 au 26, pour le Concert de Cour et celui qui aura lieu en son honneur au théâtre.

Mon »*Faust*« est terminé et je vais le donner à la copie dans deux jours. Je suis très curieux de connaître le vôtre et de voir en combien les beaux-esprits diffèrent en se rencontrant! Vos »*murrendos*« de Leipzig auront été favorables à vos entretiens avec la Muse, et je m'attends à une belle Symphonie.

A revoir donc, cher ami, le 4 Novembre, au plus tard le 5, nous avons la première représentation d'une tragédie inédite »Bernhard von Weymar«, pour laquelle Raff a écrit une grande Ouverture et une Marche, et les jours suivants vos répétitions générales. Bien à vous d'amitié

F. Liszt.

125. An Dr. Franz Brendel.

[Anfang November 1854].

Lieber Freund,

Der Aufsatz von Pohl über die *Lieder und Sprüche* etc. scheint mir von allgemeinem Interesse für das Publikum — deswegen habe ich Sie gebeten, denselben in Ihr Blatt aufzunehmen.

Was Raff's Vorbehalt anbetrifft, so bin ich ganz der Meinung, dass Sie ihm ebenfalls Platz einräumen zu seinen *kritischen Beleuchtungen* der Minnesänger. Der Stoff hat viel Anziehliches und Interessantes — und sollte auch eine ziemlich heisse Polemik später zwischen Raff und Pohl entstehen, so ist das Terrain des Minnegesangs bei weitem das angenehmste für beide, sowie das unterhaltlichere für Ihre Leser. Ergo, bringen Sie den Aufsatz von Pohl in Ihrer nächsten Nummer. Raff mag nun nachher ganz nach Belieben seine Minen zu Ehren des Minnegesangs springen lassen. Das kann ganz guten und harmlosen Spass geben — vielleicht mischt sich am Ende auch Lilienkron darein und gestaltet die Sache zu einer Universitäts-Angelegenheit . . . Ihr Blatt kann darunter in keinem Fall leiden. Also nur zu — und durch!

Sie haben richtig in Bussenius[1] den Mann erkannt, von

1) Bussenius veröffentlichte unter dem Pseudonym W. Neu-

dem ich Ihnen früher einiges angedeutet. Bis zu Neujahr denke ich, dass er sich in *Gotha* etabliren wird, um dort unter seiner Firma (mit Balde) grössere litterarische und Verlags-Unternehmen zu betreiben. *Sprechen Sie einstweilen nicht davon.* Wenn sich die Aussichten fester und günstig gestellt haben, sage ich Ihnen mehreres.

Ihrem freundlichen Anerbieten, einen Aufsatz für Ihre Neujahrs-Nummer zu liefern, werde ich gerne Folge leisten. In den nächsten Tagen erhalten Sie den Artikel über Clara Schumann und bald darauf die zweite Hälfte »Robert Schumann«. Cornelius ist etwas unpässlich seit mehreren Tagen und deshalb ist die Übersetzung verzögert. [1]

Sein Sie so gütig, verehrter Freund, und sagen *Sie meinen aufrichtigen* Dank an Herrn Klitzsch für seinen Aufsatz in der heutigen Nummer. Durch sein so wohlwollendes Eingehen auf die Intentionen meiner Messe und seine künstlerisch empfundene Sympathie für mein Anstreben hat er mir eine wahrhaft grosse Freude bereitet. Wahrscheinlich bietet sich später für mich eine passende Gelegenheit dar, den religiösen Styl, so wie ich ihn empfinde und begreife, weiter auszuarbeiten, namentlich durch die Composition einer Missa solemnis für gemischten Chor und Orchester . . . Vor der Hand kann ich mich aber nicht damit beschäftigen — jedoch aufgeschoben soll nicht aufgehoben heissen.

Wenn ich nach Leipzig komme, so werde ich das Vergnügen haben, Klitzsch meinen Besuch zu machen und ihm persönlich meinen Dank auszusprechen. Finden Sie es passend, dass ich ihm früher einige Zeilen schreibe, so sagen Sie es mir.

Litolff war mehrere Tage hier, und wir sind uns freundschaftlich und künstlerisch näher gekommen. Sein viertes

---

mann die biographische Sammlung »Die Componisten der neueren Zeit« Cassel, Balde.

1) Peter Cornelius übersetzte die von Liszt — unter mannigfacher Mitarbeit der Fürstin Wittgenstein — in französischer Sprache geschriebenen Artikel für die »Neue Zeitschrift«, die in den »Gesammelten Schriften« Band III bis V vorliegen.

Conzert (Conzert-Sinfonie) ist ein entschiedener Fortschritt nach den früheren. Er hat dieses Werk, sowie das dritte Conzert vorgestern wirklich meisterhaft und *elektrisch lebendig* gespielt. Frau Dr. Steche wird Ihnen davon gesprochen haben. Vielleicht bringen Sie in Ihrer nächsten Nummer eine *anerkennende* kleine Notiz über Litolff's Auftreten hier.

Rubinstein ist heute Mittag nach Leipzig zurück. Die Aufführung seiner Sinfonie [1]) soll am 16ten im Gewandhaus stattfinden, und später wird er sich auch als Pianist produziren. Härtel, Hofmeister und Schott haben ihm bereits circa 30 Manuscripte abgenommen, ungefähr die kleinere Hälfte seines Portefeuille! —

Über die Berliner Angelegenheit des Tannhäuser kann ich momentan nichts anderes sagen, als dass ich es Wagner *immer* gänzlich frei gestellt habe, mich ganz aus dem Spiel zu lassen und die Sache nach seinem Dafürhalten, *ohne mich* direct zu betreiben. So lange aber er mir sein Zutrauen als Freund schenkt, so ist mir die Pflicht auferlegt, ihm als verständiger Freund zu dienen — und dies kann ich nicht anders, als indem ich den derartig gepflegten Unterhandlungen kein Gehör leihe und die Leute nach Belieben schwatzen lasse. Erwähnen Sie für jetzt nichts weiteres darüber in Ihrem Blatt. Die Sache steckt und stockt tiefer, als es selbst manche unerfahrene Freunde Wagner's vermuthen. Ich will es Ihnen mündlich deutlicher auseinandersetzen. Einstweilen verhalte ich mich passiv — was mir Wagner späterhin Dank wissen wird. Ihr freundschaftlich ergebener

F. Liszt.

NB. Pohl wünscht, dass sein Minnesänger-Aufsatz nicht mit dem Namen Hoplit unterschrieben, sondern mit der Chiffre R. P. in Ihrem Blatt erscheint.

---

1) »Ocean« 16. Nov. 1854 zum ersten Mal im Gewandhaus im Armen-Concert aufgeführt.

126. An Anton Rubinstein.

Votre *Dialogue dramatique* à propos de votre »*Océan*« est un petit chef-d'œuvre, et je le conserverai pour le mettre plus tard à la disposition de quelque Lenz futur, qui se chargera de votre catalogue et de l'analyse des 3 styles de Van II. Nous avons ri de tout cœur *à deux* dans la petite chambre bleue de l'Altenburg, et formons les plus sincères vœux pour que le *Deus ex machina* Gurkhaus[1] soit venu vous tirer de cet état de suspension peu confortable, dans lequel le public du Gewandhaus vous a fait l'honneur de vous laisser. A vous parler franchement, ce *decrescendo* d'applaudissements, à partir du 3me morceau de votre Symphonie, me surprend beaucoup, et j'aurais sans hésitation parié pour le contraire. Un grand inconvénient pour ce genre de compositions, c'est que dans nos sottes mœurs musicales, très antimusicales souvent, il est presqu'impossible d'en appeler du public mal informé par une seconde exécution rapprochée de la première, et qu'à Leipzig comme ailleurs, il ne se rencontre qu'un petit nombre d'individus sachant intelligemment et chaleureusement prendre fait et cause pour une œuvre en dehors du commun, et signée par un compositeur non mort. Du reste je suspecte votre spirituelle relation d'être entachée par une espèce de modestie, et attendrai, comme le gros du public, les comptes-rendus des journaux pour me former une opinion de votre succès. Quoiqu'il en advienne, et quelque bien ou mal traité que vous soyez par le public ou la critique, mon appréciation de la valeur que je reconnais en vos ouvrages ne saurait varier, car ce n'est point sans un *criterium* bien fixe, tout-à-fait à l'abri des vogues du jour, de la marée basse ou haute du succès, que je fais estime de vos compositions, y trouvant beaucoup à louer, sauf la réserve de quelques critiques qui se résument presque toutes en ce point: que votre extrême productivité ne vous a pas laissé jusqu'ici le loisir nécessaire pour empreindre vos œuvres d'un plus fort cachet d'individua-

---

1) Chef der Musikverlagsfirma F. Kistner in Leipzig.

lité, et de les *parfaire*. Car, comme on l'a dit très justement, il ne suffit pas de faire, il faut *parfaire*. Cela dit et entendu, personne plus que moi n'admire vos remarquables et abondantes facultés, et ne prend un plus sincère et amical intérêt à vos travaux. Vous savez que *je tiens* à ce que votre »Océan« soit exécuté ici, et je vous prierai en outre de nous faire le plaisir de jouer un de vos *Concertos*. Dans une dizaine de jours je vous écrirai pour vous indiquer la date du 1r Concert de notre Chapelle.

En attendant, vos »Chasseurs de Sibérie« seront redonnés Mercredi prochain (22 courant) — je dirai à Cornelius de vous en donner des nouvelles, à moins que la fantaisie vous prenne de venir les entendre pour faire une diversion à vos »Voix intérieures« de Leipzig.

Ecrivez-moi bientôt, mon cher Van H, et croyez-moi bien entièrement votre très affectionné et dévoué ami

19 Novembre 54. F. Liszt.

127. An Dr. Franz Brendel.

Verehrter Freund,

Kahnt[1] ist mir nur dem Namen nach als ein thätiger, nicht zu sehr philistermässiger Verleger bekannt. Persönlich bin ich ihm nie begegnet, und deshalb kann ich keine bestimmte Meinung über seine Tauglichkeit und Befähigung als Verleger der Neuen Zeitschrift aussprechen — jedoch scheinen mir die Gründe, die Sie dafür angeben, ganz richtig. Von Bussenius ist nichts zu verlangen, bis er nicht in Gotha festen Fuss gefasst hat, was erst in den nächsten Monaten geschehen kann — überdies hat er so riesenhafte Pläne für sein neues Etablissement in Gotha, dass die Angelegenheiten der Neuen Zeitschrift etwas in Rückstand bleiben dürften. Ganz einverstanden bin ich mit Ihnen über diesen Punkt, dass Sie nicht die Neue Zeitschrift zu Markt tragen können und etwa einem Verleger, der sich bis jetzt unsrer Richtung hostil gezeigt

1 Der nachmalige langjährige Verleger der »Neuen Zeitschrift«.

hat, anbieten. Ein ähnliches Verhalten könnte nie und nimmer zu einem befriedigenden Resultat führen. Bemerken möchte ich jedoch, dass die nächsten Jahre wahrscheinlich unsre Partei auf festere Beine stellen werden; die Invalidität der Gegenparteien leistet uns ziemlich sichre Gewähr dafür, selbst abgesehen davon, was doch die Hauptsache ist, dass sich aus unsrer Mitte kräftige Talente entwickeln, und mehrere andre, die uns früher ferner gestanden, annähernd beistimmen. Folglich scheint es mir nicht in Ihrem Interesse zu liegen, mit Kahnt sogleich einen zu langjährigen Contract abzuschliessen; ausgenommen, was kaum möglich, er macht Ihnen von jetzt an eine derartige Offerte, dass Sie damit unter den günstigsten Umständen zufrieden sind. Wenn Kahnt für die Sache den gehörigen Sinn und Willen zeigt, so ersuchen Sie ihn, mit mir in Weymar darüber Rücksprache zu nehmen. Da er gleichzeitig Musik-Verleger ist, könnte ich ihm einiges mittheilen und andres deutlicher machen, was für ihn nicht ohne Interesse wäre. Er darf nicht befürchten, dass ich ihm Manuscripte aufpelze oder ihn zu unzeitigen, unnützen Opfern antreibe ... (Ich brauche wohl nicht über die Lauterkeit meiner Absichten mehr Worte zu verlieren!) Für zweckmässig aber halte ich es, dass ich Kahnt, wenn er sich zur Herausgabe der neuen Zeitschrift versteht, auf mehreres im voraus aufmerksam mache, was nicht unmittelbar im Bereich Ihrer Thätigkeit hervortritt und doch wesentlich zu dem besseren Gedeihen des Unternehmens beitragen kann. Ein paar Stunden sind dazu ausreichend, und da ich in den nächsten Wochen Weymar nicht verlasse, so trifft mich Kahnt zu jedem Tag. Vielleicht lässt sich das so einrichten, dass Sie selbst mit ihm auf einen Tag nach Weymar kommen und wir drei die ganze Sache in's Reine und Klare bringen und feststellen.

Obschon es mir sehr Noth thut, Zeit für das Nothwendigere zu gewinnen, so stehe ich Ihnen gerne zu Diensten mit einem kleinen Aufsatz für die Probe-Nummer über Wagner's Rheingold. Ich hatte den Aufsatz so eingerichtet, dass er für die Neujahrs-Nummer passt — in vier bis fünf Tagen soll er Ihnen zukommen. Verfügen Sie darüber, wie es Ihnen am besten convenirt. Falls der Clara Schumann-Artikel nicht in der nächsten Nummer der Zeitschrift erscheint, und die Probe-Nummer nicht zu lange warten lässt, so wäre er vielleicht darin gut placirt. Möglicherweise könnte derselbe auch in der Probe-Nummer wieder abgedruckt werden.

Es freut mich, dass Sie, verehrter Freund, nach einigen »Rucken und Stössen« mit dem Pseudo-Zukunftsmusiker Rubinstein wieder zusammen gekommen sind. Er ist ein tüchtiger Kerl, besitzt in ausnahmsweisem Mass Talent und Charakter; deshalb kann ihm Niemand gerechter sein als ich es ihm seit Jahren bin. Predigen will ich ihm jedoch nicht — er mag sich nur nach Belieben die Hörner ablaufen und in dem Mendelssohn'schen Gewässer weiter fischen und sogar fortschwimmen, wenn es ihm gelingt. Über kurz oder spät bin ich doch gewiss, dass er das Scheinbare, Formalistische für das organisch Wirkliche aufgiebt, wenn er nicht stecken bleiben will. Grüssen Sie ihn freundschaftlich von mir aus; sobald unsre Conzert-Angelegenheit hier geregelt ist, so schreibe ich ihm, um ihn einzuladen, eines seiner Orchester-Werke aufzuführen.

Über die immer grösser werdende Spaltung in Leipzig, wie Sie mir schreiben, lassen Sie sich nicht verdriessen. Wir haben dabei nichts zu verlieren; blos müssen wir verstehen, unser vollständiges Recht zu behaupten, um es zu erlangen. Dies ist die Aufgabe, welche sich nicht in einem Tag, noch in einem Jahr lösen lässt. Allerdings geht es so, wie im Evangelium geschrieben: »Die Ernte ist gross, der Arbeiter aber sind wenig!« Darum haben wir uns nicht übermässig zu bekümmern — nur fest bleiben, abermals fest bleiben — das Übrige macht sich von selbst! —

Für Fräulein Riese[1]) werde ich mein Möglichstes thun, um dass sie die etwas beschwerliche Reise nicht bereut. Es ist ein schöner wackrer Entschluss ihrerseits, regelmässig

1) Clavierlehrerin in Leipzig, die Jahre lang allsonntägig nach Weimar fuhr, um bei Liszt zu studiren; † 1860.

nach Weymar zu kommen, und ich hoffe, dass sie dabei manches Erfreuliche und Befriedigende erlangt.

Nauenburg's Vorschlag einer Tonkünstler-Versammlung in Weymar ist sehr schmeichelhaft für mich; von mehreren anderen Seiten wurde mir auch Ähnliches geschrieben. Bis jetzt habe ich mich immer enthalten, weil ich es für rathsamer erachtete, die Bärenhaut nicht zu verkaufen, bevor der Bär geschossen ist. Ausserdem ist mir der übliche *Rederei-Quark ohne That* sehr zuwider; Freund Kühmstedt[1] mag in Eisenach derartige philosophische *Fiorituren* abgurgeln. Ich habe gar kein Talent dazu. Nichtsdestoweniger können wir gelegentlich auf den Nauenburg'schen Vorschlag zurückkommen und sehen, wie er sich am zweckmässigsten ausführen liesse. Nach meinem Dafürhalten wäre Leipzig der gelegenste Ort dazu — und die Sommerzeit gut passend.

Raff's Polemik halte ich durchaus für unschädlich. Ihre Leser erhalten dadurch eine historische Belehrung, für welche sie Ihnen nur dankbar sein können — und um Pohl brauchen wir nicht besorgt zu sein. Es wird ihn nicht verlegen machen, sich anständig und witzig herauszubeissen. Tout à vous

1. December 54. F. Liszt.

128. An J. W. von Wasielewski in Bonn[2].

Geehrter Freund,

Durch den ziemlich starken Umweg des *Pesther Lloyd*, worin die freundlichen Erinnerungs-Zeilen, die Sie der *Altenburg* in der Kölner Zeitung gewidmet haben, wieder abgedruckt sind, kam ich erst vor einigen Tagen zur Kenntniss derselben[3].

---

1) Seminarprofessor und Musikdirector in Eisenach, † 1858.

2) Damals Director des städt. Gesangvereins in Bonn (1822 geb.), später in Dresden, dann als Musikdirector wieder in Bonn und seit 1884 in Sondershausen lebend. Literarisch durch seine Biographien Schumann's und Beethoven's, sowie »Die Violine und ihre Meister« u. a. weithin bekannt.

3) Aus Anlass eines 8tägigen Besuches bei Liszt auf der Weimarer Altenburg geschrieben, zu welcher Zeit auch A. Rubinstein des Meisters Gast war.

Entschuldigen Sie daher die Verspätung meines Dankes; er ist nicht minder aufrichtig und herzlich gefühlt.

Von Ihren so gut gelungenen Conzert-Aufführungen in Bonn habe ich mehreres vernommen, was übereinstimmend Ihnen das gebührende Lob zollt, dass Sie sich als vortrefflicher Dirigent bewährt haben. Mit Anfang Januar werden unsre hiesigen Conzert-Angelegenheiten, welche durch manche Local-Umstände bis jetzt in Schwanken und Schweben geblieben, einen bestimmteren Gang nehmen; nächstens werde ich Ihnen das Gesammt-Programm mittheilen. Mit der heutigen Post erhalten Sie die Lieder und Sprüche aus der letzten Zeit des Minnesangs, vierstimmig bearbeitet von W. Stade (in Jena). Es ist ein interessantes Werk, und die Herausgeber würden Ihnen sehr verpflichtet sein, wenn Sie die Freundlichkeit hätten, ein paar Nummern daraus in Ihren Conzerten aufzuführen. Die kleinen Stücke machen eine ganz hübsche, eigenthümliche Wirkung, welche mit den schönen *Rhein-Stimmen* noch intensiver sich herausstellen wird. Vielleicht finden Sie auch Zeit und Veranlassung, das Publikum durch einige Zeilen in der Kölner Zeitung für das Werk günstig zu stimmen.

Wie geht es Hiller? Hat sein *Advokat* [1]) seinen Prozess gehörig gewonnen, so wie ich es ihm von Herzen wünsche? Sehr liebenswürdig wäre es von Ihnen, mir über die Vorstellung ungeschminkt Ihre Meinung mitzutheilen. Ich möchte gerne die Oper in Weymar zur baldigen Aufführung empfehlen, wenn Hiller nichts dagegen einzuwenden hat. Da Sie öfters Gelegenheit haben Hiller zu sehen, bitte ich Sie ihn zu fragen, ob es ihm convenirt, mir das Textbuch und die Partitur einzusenden, um dass ich der Intendanz den Vorschlag machen kann, die Oper nächstens hier zu geben? — Lässt sich dann die Sache so arrangiren, dass er selbst die erste Vorstellung dirigirt, so wird mir dies sehr angenehm sein, und ich schreibe ihm darüber ausführlicher.

Das hiesige Opern-Repertoire wird diesen Winter ziemlich

1) Eine Oper »Der Advokat«. Sie machte kein Glück und wurde beim Cölner Carneval öffentlich verspottet.

stecken bleiben. Frau von Milde ist etwas hoch in interessanten Umständen avancirt — folglich kann während 3 bis 4 Monaten keine Wagner'sche Oper gegeben werden — denn Frau von Milde ist für uns und diese Opern insbesondere durchaus nicht zu ersetzen. Benvenuto Cellini von Berlioz muss auch unterbleiben, umsomehr als der Tenorist Beck seine höheren Töne gänzlich verloren hat und den Part des Cellini noch weniger als je zu singen vermag. Berlioz wird aber im Januar hier eintreffen, um sein Oratorium »l'Enfance du Christ« etc. (deutsch übersetzt von Cornelius und seinen Faust zu dirigiren. Meinerseits habe ich auch meine *Faust-Symphonie* beendigt — (in 3 Theilen — ohne Text und Gesang). Das Ding oder Unding ist sehr lang geworden, und ich werde jedenfalls die 9 symphonischen Dichtungen in Druck und Aufführungen voran gehen lassen, bevor ich den Faust in Bewegung setze, was wohl noch über ein Jahr dauern kann. Rubinstein's *Ocean-Symphonie* soll in einem unserer nächsten Programme figuriren. Wenn diese Conzerte nicht exclusiv instrumental gehalten sein müssten, hätte ich Hiller um seine *Loreley* gebeten. Wahrscheinlich trifft sich zur Aufführung dieses Werkes eine passende Gelegenheit, wenn er selbst nach Weymar kommt, so wie er mir es versprochen hat.

Joachim schickte mir neulich mit seiner im Druck erschienenen Hamlet-Ouverture zwei andere zu *Demetrius* (von Hermann Grimm) und zu Heinrich IV. (von Shakespeare) — zwei merkwürdige mit Löwenklauen und Löwenmaule concipirte Partituren! —

Haben Sie Nachricht von Schumann? Sagen Sie mir Erfreuliches über seine Genesung. Die *Genoveva* wird hier spätestens im April gegeben. —

Nochmals besten Dank, geehrter Freund, für die so angenehmen Tage, die Sie uns hier schenkten und die den Bewohnern der Altenburg, welche Sie freundlichst grüssen, in vorzüglicher Erinnerung geblieben. — Die Weimar'sche Kapellen-Sache habe ich nicht vergessen — eine halbe Aussicht zur Realisirung meines Wunsches, der mit dem Ihrigen übereinstimmt, hat sich bereits gestellt. Ich muss aber leider immer bezweifeln, dass es für Sie vortheilhaft sein könnte, Weymar mit Bonn zu vertauschen; denn Ihre Stellung in Bonn scheint mir entschiedene Besserungs-Chancen von Jahr zu Jahr Ihnen zu bieten, und in diesen Gegenden fehlt es an so vielem und manchem ... dass ich mich fast zu übermässiger Bescheidenheit gezwungen sehe. — Nun, was kommen soll, muss kommen. Einstweilen behalten Sie in gutem Andenken

Ihren freundschaftlich ergebenen

Weymar, 14. December 54. F. Liszt.

129. An William Mason in New-York[1]).

Mon cher Mason,

Quoique je ne sache pas à quelle étage de vos brillantes pérégrinations artistiques ces lignes vous rencontreront, je tiens à ce que vous n'ignoriez pas que je vous suis très sincèrement et affectueusement obligé du bon souvenir que vous me gardez et dont les journaux que vous m'envoyez rendent si bon témoignage. »The Musical Gazette« de New-York, en particulier, m'a causé une véritable satisfaction, non seulement à cause des choses personnellement agréables et flatteuses pour moi qu'elle contient, mais encore, parce que ce journal me semble imprimer une direction supérieure et excellente à l'opinion dans vos contrées.

Or vous savez, mon cher Mason, que je n'ai d'autre amour propre que de servir en tant qu'il m'est possible la *bonne cause* de l'art, et toutes les fois que je trouve des hommes intelligents, faisant consciencieusement des efforts dans ce même but, je m'en réjouis et me réconforte par le bon exemple qu'ils me donnent. Veuillez bien, je vous prie, présenter mes très sincères compliments et remercîments à M^r votre frère, qui, je le suppose, a pris la rédaction en chef de la »Musical Gazette« et s'il pouvait lui convenir de recevoir quelques communications de Weymar sur ce qui se passe d'intéressant

1) Geb. 1828 zu Boston, Schüler Liszt's, in Amerika als ausgezeichneter Claviervirtuos geschätzt.

dans le monde musical d'Allemagne, je les lui ferai volontiers parvenir par l'entremise de Mr Pohl, lequel par parenthèse ne demeure plus à Dresde (où les numéros de la »Musical Gazette« lui sont adressés par erreur) mais bien à Weymar, *Kaufstrasse.* Sa femme étant une des meilleures harpistes que je connaisse compte maintenant parmi les virtuoses de notre Chapelle, ce qui est une amélioration sensible tant pour les représentations d'opéra que pour les concerts. —

À propos de Concert je vous enverrai dans quelques jours le programme d'une série d'exécutions symphoniques qui devraient être établies ici depuis plusieurs années, et auxquelles je tiens à honneur comme à devoir de donner une impulsion définitive à partir de l'année 55. — Vers la fin Janvier j'attends Berlioz. Nous entendrons alors sa trilogie de »l'Enfance du Christ« dont vous connaissez déjà »la Fuite en Egypte« à laquelle il a joint deux autres petits Oratorios intitulés »le Songe d'Hérode« et »l'Arrivée à Saïs«. — Sa Symphonie dramatique de Faust (en 4 parties, avec solos et chœurs) sera également exécutée en entier durant son séjour ici.

En fait de visites d'artistes qui m'ont été personnellement agréables le mois dernier, je vous nommerai Clara Schumann et Litolff. Dans le journal de Brendel (»Neue Zeitschrift«) vous trouverez un article signé de mon nom sur Madame Schumann que j'ai réentendue avec cette sympathie et cette entière estime admirative que son talent impose. Quant à Litolff j'avoue qu'il m'a fait une très vive impression. Son 4me Concerto symphonique (manuscrit) est une composition fort remarquable, et il l'a joué si maîtrement, avec une telle verve, une telle hardiesse et sécurité, que j'en ai eu un extrême plaisir. S'il y avait un peu du quadrupède dans l'étonnante exécution de Dreyschock (— et cette comparaison ne devrait point le fâcher: le lion ne se range-t-il pas parmi les quadrupèdes aussi bien que le caniche?) — il y a certainement quelque chose *d'ailé* dans celle de Litolff qui d'ailleurs a sur Dreyschock toute la supériorité d'un bipède ayant des idées, de l'imagination et de la sensibilité, sur un autre bipède s'imaginant posséder tout à luxe, fort embarrassant souvent!

Continuez-vous vos entretiens familiers avec le vieux Cognac, dans le nouveau monde, mon cher Mason? — Permettez-moi de vous recommander de nouveau la *mesure*, qui est une qualité essentielle pour les musiciens. A la vérité je n'ai pas trop *qualité* pour prêcher la *quantité* de cette *quantité* — car s'il m'en souvient bien, j'ai beaucoup usé du *Tempo rubato* alors que je donnais mes concerts (métier que je ne recommencerais pour rien au monde) et encore tout dernièrement je viens d'écrire une longue Symphonie en trois parties intitulée Faust (sans texte ni parties vocales) dans laquelle les mesures horribles des $\frac{7}{8}$, $\frac{7}{4}$, $\frac{5}{4}$, alternent avec le C et les $\frac{3}{4}$. —

En vertu de quoi je conclus que vous devez vous en tenir aux $\frac{7}{8}$mes d'une petite bouteille de vieux Cognac dans la soirée, et ne jamais dépasser les 5 quarts! —

Raff, dans son 1r volume de la »Wagner-Frage« a bien réalisé quelque chose comme *cinq quarts* de suffisance doctrinale; mais c'est là un exemple peut conseillable à imiter en matière critique et surtout en matière de Cognac et autres spiritueux.

Pardonnez-moi, mon cher Mason, ces mauvaises plaisanteries, que mes bonnes intentions justifient du reste, et tâchez de vous porter vaillament au physique et au moral, comme vous le souhaite de grand cœur

Votre très amicalement affectionné

Weymar, 14 Décembre 1854. F. Liszt.

Vous n'avez pas connu Rubinstein à Weymar[1]). Il y a passé quelque temps et se tranche notoirement sur la masse opaque des soidisants *compositeurs pianistes* qui ne savent point ce que c'est que jouer du piano, moins encore de quel bois il faut se chauffer pour composer, si bien qu'avec ce qui leur manque en talent de composition ils s'inventent pianistes, et vice versa.

---

1) Hierin irrte Liszt. Mason hatte Rubinstein bei seinem ersten Besuch in Weimar, in Abwesenheit des Meisters sogar zunächst die Honneurs gemacht.

Rubinstein publiera incessamment une *cinquantaine* d'ouvrages, — Concertos, Trios, Symphonies, Lieder, Pièces légères, et qui méritent qu'on en tienne compte.

Laub a quitté Weymar; c'est Ed. Singer qui le remplace à notre Chapelle. Ce dernier plaît beaucoup ici et s'y plaît aussi.

Cornelius, Pohl, Raff, Pruckner, Schreiber, et toute la nouvelle école du nouveau Weymar vous font leurs meilleures amitiés, auxquelles je joins un cordial *shake hand.*

F. L.

130. An Rosalie Spohr.

Entschuldigen Sie gütig, verehrte Künstlerin und Freundin, dass ich Ihnen so nachträglich den herzlichen Antheil, welchen Ihre Weymarischen Freunde an der erfreulichen Begebenheit Ihrer Vermählung [1] nehmen, ausspreche. Sie wissen ja, dass ich ein armer geplagter Mensch bin und über meine Zeit nur selten nach meinem Wunsch verfügen kann. Mehrere dringende Arbeiten, welche bis zu diesem Neujahrstag fertig gemacht werden mussten, erlaubten mir nicht Ihnen bis jetzt ein Lebenszeichen zu geben — und ich benutze den ersten freien Moment, um Sie zu versichern, dass die Jahreszahl-Veränderung keine Variationen in meiner aufrichtigen, freundschaftlichen Anhänglichkeit mit sich bringen kann. Empfehlen Sie mich bestens dem Papa und der Schwester und schreiben Sie mir gelegentlich, wo Sie fernerhin Ihren Wohnort nehmen werden. Vielleicht trifft es sich, dass ich in Ihre Nähe komme, wo ich dann nicht versäumen möchte Sie zu besuchen.

Von Weymar habe ich Ihnen wenig Neues zu melden. Dass mich Litolff hier besucht und vortrefflich seine 2 Sinfonie-Conzerte gespielt hat, wissen Sie wohl. Wahrscheinlich kommt er wieder nach seiner Brüsseler Reise im Laufe nächsten Monates, wo ich auch Berlioz hier erwarte. Unsere Kapelle

1 Mit Graf Sauerma.

besitzt jetzt auch eine ganz ausgezeichnete Harpistin, Frau Dr. Pohl, mit einer guten *double mouvement*-Harfe von Erard. Dem armen Erard soll es immer schlecht gehen, und seine Bade-Cur in Schlangenbad hat nicht das erwünschte Resultat herbeigeführt. Durch meine Töchter erhalte ich manchmal ganz betrübliche Nachrichten über seinen Zustand.

Für die freundliche Aufnahme, welche Sie Herrn Wolf als Weymaraner gewährt haben, danke ich Ihnen bestens. Hoffentlich wird er Sie nicht zu sehr durch Sitzungen incommodirt haben. Seine Frau brachte mir vor mehreren Wochen die Original-Zeichnung Ihres Portraits, welche in meinen Besitz kommen soll.

Die Frau Fürstin und die Prinzess Marie beauftragen mich, Ihnen ihre freundlichsten Grüsse und Wünsche zu überbringen, wozu ich noch den Ausdruck meiner freundschaftlichen Ergebenheit beifüge.

Mille respects et hommages.

4ten Januar 55. F. Liszt.

131. An Alfred Dörffel in Leipzig[1].

Geehrter Herr,

Erlauben Sie mir, Ihnen direct meinen verbindlichsten Dank auszusprechen für Ihre so gewissenhaften und sorgfältigen Bemühungen in Bezug meines Catalogs.[2]) Ich bin wirklich ganz überrascht durch die Genauigkeit Ihrer Nachsuchungen und behalte mir vor, Ihnen meinen aufrichtigen Dank dafür persönlich in Leipzig zu wiederholen und Ihnen noch ausführlicher die Motive zu erörtern, welche mich bestimmen auf Ihren Vorschlag nicht gänzlich einzugehen und von Ihrer neuen Bearbeitung meines Catalogs nur einiges zu benützen. Um Weitläufigkeiten zu vermeiden, kann ich für heute nur ein paar Punkte feststellen.

---

1) Geb. 1821, Musikschriftsteller, Custos der musikal. Abtheilung der Stadtbibliothek zu Leipzig, von der dasigen Universität zum Dr. phil. honoris causa ernannt.

2) Thematischer Catalog von Liszt's Compositionen.

Der Standpunkt Ihrer neuen Bearbeitung ist, wenn ich Sie richtig verstanden, folgender: »Es circuliren noch heute im Musikverlag eine gewisse Anzahl Exemplare meiner Werke, insbesondere der *Etuden*, *Ungarischen Rhapsodien* und mehrerer Fantasiestücke unter dem Collectiv-Titel *Album d'un Voyageur*) etc., welche ich in meinem Catalog, den ich Herrn Dr. Härtel zum Druck übergeben habe, nicht aufgenommen — und Sie haben sich der mühevollen Arbeit unterzogen, diese verschiedenen und ziemlich zahlreichen Hefte nach einer unter anderen Umständen ganz zweckmässigen Anordnung beizufügen.

So erfreulich mir Ihrerseits dieses Interesse für eine sachgemässe Herstellung des Catalogs nur sein kann, so muss ich mich doch für die *Nichtaufnahme* der von Ihnen zugefügten Nummern (mit einigen Ausnahmen) entschieden erklären.

1. Die Hofmeister'sche Auflage der 12 Etuden (mit einer *Wiegen*-Lithographie und dem Zusatz des Verlegers »travail de jeunesse«!) ist einfach ein Nachdruck des Heftes Etuden, welches, als ich in meinem 13ten Jahre war, in Frankreich veröffentlicht wurde. Ich habe diese Ausgabe längst desavouirt und durch die zweite bei Haslinger in Wien, Schlesinger in Paris, Mori und Lavener in London, unter dem Titel Etudes d'*exécution transcendante* ersetzt. Diese 2te Auflage aber ist auch seit mehreren Jahren cassirt, und Haslinger hat mir das Eigenthumsrecht und die Platten nach meinem Verlangen zurückgestellt und sich contractlich verbindlich gemacht, fernerhin keine Exemplare dieses Werks zu veräussern. Nach vollständigem Übereinkommen mit ihm setzte ich mich an die Arbeit und stellte eine dritte Auflage (sehr wesentlich verbessert und umgestaltet) meiner 12 Etuden her und ersuchte die Herren Härtel, dieselbe mit dem Zusatz »*seule édition authentique, revue par l'auteur etc.*« herauszugeben, was auch geschah. Folglich erkenne ich blos die Härtel'sche Ausgabe der 12 Etuden als die *einzig rechtmässige*, was ich auch durch eine im Catalog beigefügte *Note* deutlich ausspreche, und wünsche deshalb, dass der Catalog von den früheren keine Notiz nimmt. Durch die Beifügung des

Zeichens ⊕ denke ich das einfachste Mittel getroffen zu haben, meine Ansicht und Intention zu verdeutlichen.

2. Mit den Paganini'schen *Etuden* und den *Rhapsodies hongroises* hat es dieselbe Bewandtniss, und ich bin nach Abschluss meiner Rechnungen mit Haslinger vollständig in das *legale* Recht getreten, die früheren Auflagen dieser Werke zu *desavouiren* und gegen den eventuellen Nachdruck derselben zu protestiren, da ich sowohl in Besitz des Eigenthumsrechts als der sämmtlichen Stich-Platten davon wieder gelangt bin.

Diese Umstände erklären Ihnen das Wiedererscheinen (in sehr veränderter Fassung und Gestaltung) mehrerer meiner Compositionen, auf welche ich als Clavierspieler und Clavier-Componist einiges Gewicht legen musste, weil sie einigermassen den Ausdruck einer abgeschlossenen Periode meiner Künstler-Individualität bilden.

In der Litteratur ist das Ergebniss von sehr veränderten, vermehrten und verbesserten Auflagen nichts Ungewöhnliches. Bei bedeutenden und geringen Werken sind Veränderungen, Zusätze, verschiedenartige Eintheilungen der Perioden etc. ein ganz usitirtes Verfahren der Schriftsteller. Auf dem musikalischen Gebiet wird ein ähnliches wohl umständlicher und schwieriger — deshalb ist es auch selten angewandt. Nichtsdestoweniger erachte ich es als ganz erspriesslich, seine Fehler möglicherweise zu verbessern, und die durch die Herausgabe der Werke selbst gewonnenen Erfahrungen zu benützen. Für meinen Theil habe ich letzteres versucht, und wenn es mir auch nicht gelungen sein sollte, so bezeugt es doch mein redliches Streben.

3. In den *Années de Pèlerinage* (bei Schott in Mainz) sind mehrere der Stücke aus dem *Album d'un Voyageur* wieder aufgenommen. Das bei Haslinger erschienene *Album* soll nicht im Catalog angeführt werden, weil das Werk in seiner ersten Anlage nicht ausgeführt wurde, und mir Haslinger das Eigenthum nebst den Platten ebenfalls zurückgestellt hat.

Als natürliche Schlussfolgerung des Gesagten bitte ich Sie also, geehrter Herr, in der Eintheilung und Anordnung meines Catalogs *keine Änderung* vorzunehmen, und nur die verschiedenen Vermehrungen und Verbesserungen, welche ich Ihren Ansichten und Berichtigungen verdanke, beizufügen, so wie ich es selbst jetzt angegeben und bemerkt habe. —

Der Haupttitel des Catalogs dürfte wohl besser *deutsch* so lauten:

F. Liszt
Thematischer Catalog.

und die Lettern der Haupt-Rubriken »Etudes — Harmonies — Années de Pèlerinage — Ungarische Rhapsodien — Fantaisies sur des motifs d'opéra etc.« müssten ziemlich gross. und diese Rubriken *abgesondert* von dem speciellen Titel der Werke sein.

Mit der Annahme einer nachträglichen Opuszahl könnte ich mich nicht einverstehen — es liegt mir aber daran, dass der Catalog bald erscheint, um eine möglichst deutliche Übersicht meiner bisherigen (mir leider durchaus nicht genügenden Arbeiten zu erlangen.

Empfangen Sie nochmals, geehrter Herr, meinen besten Dank, sowie die Versicherung der ausgezeichnetsten Achtung

Ihres freundlichst ergebenen

17ten Januar 55. F. Liszt.

P. S. Den von Ihnen verfassten Catalog erlaube ich mir einstweilen hier zu behalten, da er zur Anfertigung der Herausgabe bei Härtel nicht benutzt werden soll.

132. An Anton Rubinstein.

Votre *fugue* de ce matin, mon cher Rubinstein, est très peu à mon goût, et je lui préfère de beaucoup les »*Préludes*« que vous avez écrits antécédemment dans cette même chambre, qu'à ma grande surprise j'ai trouvée vide, en venant vous prendre pour vous conduire à la répétition de Berlioz. Est-ce que vraiment cette musique vous donne sur les nerfs? Et après l'échantillon que vous en avez eu l'autre fois à la Cour, la résolution d'en entendre davantage vous a-t-elle semblé trop rude à prendre? Ou bien avez-vous pris de travers quelques mots que je vous ai dits, et qui, je vous en donne ma parole, n'étaient de ma part qu'un procédé franchement amical? Quoiqu'il en soit, je ne veux point d'explications par écrit et ne vous écris ces lignes que pour vous signifier que votre fuite nocturne m'a peu agréablement surpris, et que vous auriez de toute manière mieux fait d'entendre la »*Fuite en Egypte*« et la »*Fantaisie sur la Tempête*« de Shakespeare.

Donnez-moi de vos nouvelles de Vienne (si pas avant), et quelque *rinforzando* de »*murrendo*« qui prenne, veuillez bien ne point faire tort aux sentiments de sincère estime et de cordiale amitié que vous garde très invariablement

21 Février 55. Weymar. F. Liszt.

133. An Louis Köhler.

Lieber verehrter Freund,

Hans von Bülow bringt Ihnen diese Zeilen. Sie sollen Ihre Freude an *dem* Künstler haben, welcher mir von allen jetzt fungirenden oder erlöschenden Virtuosen am nächsten steht und sozusagen aus meinem musikalischen Herzen gewachsen ist. — Als mich vor 25 Jahren Hummel in Paris hörte, sagte er: »Der Bursch ist ein Eisenfresser.« Diesen Titel, der mir sehr schmeichelte, kann Hans von Bülow mit vollem Recht beanspruchen, und ich bekenne, dass mir eine so ausserordentlich begabte, vollständige und vollblütige musikalische Organisation, wie die seinige, nie vorgekommen.

Empfangen Sie ihn als einen bewährten und thatkräftigen Freund und thuen Sie für ihn, was möglich, um seinen Königsberger Aufenthalt angenehm zu gestalten. Freundschaftlich ergeben

Weymar, 16. März 55. F. Liszt.

Der Stich meiner Symphonischen Dichtungen ist im Gange, und im Laufe dieses Sommers werden 5 bis 6 davon in Partitur bereit sein. Es liegt ein ziemliches Stück Arbeit darin.

Jetzt bin ich ausschliesslich mit der Composition meiner *Missa solemnis* beschäftigt. Sie wissen wohl, dass ich von

Seiten des Cardinal Primas von Ungarn den Auftrag erhalten, das Werk zur Einweihung des Doms in Gran zu schreiben und dort (wahrscheinlich am 15ten August) zu dirigiren.

134. An Dr. Franz Brendel.

Sonntag, 18. März 55.

Eiligst nur ein paar Worte, verehrter Freund, denn ich bin über Hals und Kopf beschäftigt. Vor allem freundschaftlichsten Dank für Ihre Mittheilungen, mit der Bitte dieselben *fortzusetzen*, wenn ich auch nicht immer ausführlich die verschiedenen Punkte beantworten kann.

Den Titel der *Captive*[1]) füge ich hier bei — der Text *muss* französisch und deutsch den Noten untergelegt werden. Eigenthumsrecht kann keines in Deutschland für dieses Opus beansprucht werden, da es seit mehreren Jahren in Paris erschienen. Hoffentlich aber wird Kahnt dabei nicht verlieren, denn er hat blos die Druckkosten zu bestreiten — und jedenfalls ist es ein anständiger Artikel für seinen Verlag. . — .

Kurz gesagt — der Brief von Panofka[2]) in Ihrer letzten Nummer ist als eine Mystification zu betrachten. In den ersten Zeilen ist eine grobe faktische Unwahrheit auffällig, denn die *Société de Ste Cécile* besteht seit mehreren Jahren und war früher[3]) von Seghers[4]) dirigirt — abgesehen davon, dass Berlioz die *Société Philharmonique*, wo manche »Symphonien aufgeführt wurden«, wenigstens eine Saison durch dirigirte (vor etwa 4 Jahren) — und dann was Scudo anbetrifft, so muss es unglaublich erscheinen, ein solches Individuum in *Ihrem* Blatt lobend erwähnt zu sehen. Bekanntlich hat Scudo[5]) seit längerer Zeit die Rolle übernommen, unsern Kunst-Ansichten und denjenigen Männern, welche wir verehren und aufrecht

1) Für Altstimme mit Orchester oder Clavier von Berlioz.

2) Bekannter Gesanglehrer und Musikschriftsteller (1807—88), Mitarbeiter der N. Zeitschrift.

3) 1848—54.

4) Schüler Baillot's (1801—1881).

5) Pariser Musikkritiker und Journalist (1806—1864).

halten, mit der unzweideutigsten Arroganz der Mittelmässigkeit die hämischste und boshaft unverständigste Opposition in der Revue des deux mondes — wovon die Grenzboten nur eine Art Abklatsch — zu machen. (Mündlich kann ich Ihnen mehreres darüber mittheilen.) Wenn das Panofka »Überzeugung und Zweck« nennt, so mache ich ihm mein Compliment... ob seiner Albernheit. —

Ihre Ansicht über die *charakteristischen* Motive ist richtig, und für meinen Theil würde ich dieselben *sehr entschieden* gegen die bornirten Angriffe, welche sie zu erleiden haben, vertheidigen — jedoch halte *ich es für rathsamer*, Marx' Buch [1]) *jetzt nicht* zu besprechen. Tout à vous

F. Liszt.

135. An Dr. Franz Brendel.

1 ten April 55.

Lieber Freund,

Die Frage der Kritik durch die schaffenden und ausübenden Künstler musste einmal auf den Teppich gebracht werden, und Schumann bietet eine ganz natürliche Veranlassung dazu. [2]) Durch die Correcturen des 2 ten Aufsatzes (welche ich Ihnen bestens danke, mit der erforderlichen Genauigkeit revidirt zu haben,) konnten Sie ersehen, dass ich mehrere Ausdrücke gelindert und im richtigeren Masse gehalten. Glauben Sie mir, lieber Freund, die Künstlerschaft trägt den grössten Theil der Schuld an unsern faulen Kunstzuständen, und nach dieser Seite hin muss man besonders wirken, um allmählig die von Ihnen gewünschte und angebahnte *Reform* herbeizuführen. —

Tyszkiewicz [3]) Brief brachte mich auf den Gedanken, Sie zu ersuchen, ihm in meinem Namen einen Vorschlag zu machen, der ihm nicht unbequem sein kann. In einer Nummer der

---

1) »Die Musik des 19. Jahrhunderts«. 1855.

2) Liszt's Aufsatz über »Robert Schumann«. Ges. Schriften. Bd. IV.

3) Graf Tyszkiewicz, Musikschriftsteller, Mitarbeiter der »Neuen Zeitschrift«.

»Europe Artiste« übersetzte er den Aufsatz über Fidelio.[1] Sollte er gesonnen sein mehrere meiner Aufsätze in demselben Blatt zu veröffentlichen, so bin ich gerne bereit ihm das französische Original[2] zukommen zu lassen, wodurch er Zeit und Mühe ersparen wird. Er hat mir blos darüber zu schreiben; denn nach seinem etwas capriciösen Verhalten mir gegenüber bin ich nicht besonders disponirt, mich direct an ihn zu wenden, bevor er mir nicht geschrieben. Mit seinen guten Absichten bin ich gänzlich einverstanden; es frägt sich nur, wie weit er sie aus- und durchzuführen gewillt und befähigt ist — und wie er sich dazu anschickt. Seine Freischütz-Rodomontade ist ein Studenten-Schwank, den man ganz gut mit hinnehmen kann, aber nicht als eine künstlerische Heldenthat hervorheben. Wenn er der guten Sache des musikalischen Fortschritts nützlich sein will, so muss er sich anders stellen und bewähren. Für meinen Theil habe ich keineswegs irgend eine Abneigung gegen ihn, aber es musste mir natürlich etwas sonderlich vorkommen, dass, nachdem er mir mehrmals geschrieben hatte, um sich bei mir in Weymar anzumelden, und sich auch durch Wagner ein Empfehlungsschreiben anfertigen liess, was er mir zuschickte, er mich während seines längeren Leipziger Aufenthalts quasi ignorirte. Dies thut zwar nichts zur Sache, und ich bin nicht im mindesten ungehalten über seine Zerstreuungen — blos werde ich abwarten, bis es ihm einfällt sich als vernünftiger Mensch zu benehmen. —

Für Ihre Mittheilung über Dietrich danke ich Ihnen — obschon ich gewohnt bin von den Leuten eher weniger als mehr zu erwarten.

Am 9ten April wird Schumann's Genoveva hier aufgeführt — und ich glaube im voraus versichern zu können, dass die Vorstellung um ein Bedeutendes besser sein wird als die Leipziger.

Von der »Verklärung des Herrn«[3] erzählt Ihnen Fräulein

---

1) Von Liszt. Ges. Schriften, Bd. III. 1.

2) Liszt's Aufsätze wurden, wie schon erwähnt, französisch geschrieben und von Cornelius in's Deutsche übersetzt.

3) Oratorium von Kühmstedt.

Riese. Auf diese Art darf man allerdings kein [Oratorium[1]] mehr componiren.

Freundschaftlichst ergeben F. Liszt.

136. An Anton Rubinstein.

Mon cher Rubinstein,

Gurkhaus vient de m'envoyer un exemplaire de vos »*Chansons persanes*«, sur le titre desquelles il se trouve une erreur que je vous engage à faire rectifier sans retard. Mme la Grande Duchesse Sophie n'est plus »Erbgrossherzogin«, mais bel et bon »Grossherzogin«, et je crois qu'il ne conviendrait pas de lui remettre l'exemplaire de dédicace avec cette syllabe de trop. Veuillez donc écrire à Gurkhaus afin qu'il y avise.

Dans le numéro qui m'est parvenu des »Blätter für Musik«, j'ai lu avec grand plaisir et satisfaction l'article de Zellner sur votre 1^{r} Concert de Vienne. Il est non seulement très bien écrit, mais parfaitement bien pensé, et du ton et de l'allure qu'il faut, pour maintenir à la critique son droit et sa raison d'être. Je le contre-signe bien sincèrement pour le juste éloge qu'il fait de vos ouvrages, et si vous en trouvez l'occasion, faites un compliment de ma part à Zellner, auquel j'ai écrit quelques lignes ces jours derniers. Cet article coïncide assez singulièrement avec celui qui a paru dans la »Neue Zeitschrift« (No. 11) sur Robert Schumann, où j'entaille assez vivement la question de la critique. Si vous m'en croyez, mon cher Rubinstein, vous ne tarderez pas beaucoup à vous mettre de la partie, car pour les quelques artistes qui ont du sens, de l'intelligence, et un vouloir sérieux et honnête c'est vraiment un devoir à remplir que de prendre la plume pour la défense de notre foyer et de notre conviction — peu importe, d'ailleurs, de quel côté des opinions représentées par la presse vous jugiez à propos de vous placer. La litté-

---

1 Das Wort fehlt im Original, da die Ecke des Briefes abgeschnitten ist.

rature musicale est un champ beaucoup trop peu cultivé par les artistes productifs, et s'ils continuent à le négliger, ils auront à en porter la peine et à payer *leurs* pots cassés.

En fait de nouvelles de Weymar, je vous informe qu'on exécute ce soir au théâtre l'oratorio de Kühmstedt »Die Verklärung des Herrn«, sous la direction fort peu dirigeante de l'auteur. Je ne pourrai malheureusement pas lui retourner le compliment qu'il vous fit à Wilhelmsthal: »Junger Mann, Sie haben mich befriedigt«, car après l'avoir entendu à trois répétitions, je n'y ai trouvé aucune satisfaction ni pour mes oreilles, ni pour mon esprit — c'est la vieille friperie du contrepoint — die alte ungesalzene, ungepfefferte Wurst:

etc. pantoufle, à perte de vue et d'oreille! Je tâcherai de m'en priver pour ma Messe, quoique ce style soit très usuel en fait de musique d'Eglise. Dans cinq ou six semaines j'espère avoir terminé cet ouvrage (dont le Kyrie et le Gloria sont écrits), auquel je travaille de cœur et d'âme. Peut-être vous trouverai-je encore à Vienne (ou aux environs qui sont charmants) lors de mon voyage à Gran au mois de Juillet.

Sinon, nous nous reverrons à Weymar, car vous me devez une compensation à votre dernière fugue, qui n'est pas plus à mon goût que les contrepoints de Kühmstedt. Quand m'enverrez-vous le paquet des œuvres complètes d'Antoine Rubinstein, que vous m'avez promis et que je vous prie de ne pas oublier? Votre idée d'un Carnaval rétrospectif me paraît excellente, et vous avez de quoi écrire des morceaux charmants et distingués dans ce genre.

Adieu, cher ami, je vous quitte pour aller faire répéter la »*Genoveva*« de Schumann, qui doit être représentée Lundi prochain. C'est un ouvrage dont il y a lieu de tenir compte, et qui porte bien le cachet du style de l'auteur. Parmi les opéras qui se sont produits depuis une quinzaine d'années, c'est certainement celui que je préfère (Wagner excepté, s'entend), nonobstant son manque de *vitalité dramatique*, auquel même de beaux morceaux de musique ne suppléent pas suffisamment, quelqu'intérêt que trouvent, d'ailleurs, des musiciens de notre espèce à les entendre.

Mille cordiales amitiés et tout à vous

Weymar, 3 Avril 55. F. Liszt.

Quand vous m'écrirez, veuillez y joindre votre adresse. Je vous charge aussi de réciproquer mes meilleurs compliments à Léwy.[1]

Mille choses affectueuses de la part de la Princesse à Van II.

137. An Freiherr Beaulieu-Marconnay, Intendant des Hoftheaters zu Weimar*).

Cher Baron,

Ce n'est pas précisément une distraction, moins encore un oubli qu'on aurait à me reprocher au sujet du Programme du Concert de ce soir. Les indications que Son Altesse Royale, Madame la Grande-Duchesse, daigne me donner sont trop précieuses pour moi, pour que je ne sois très empressé de remplir à tout le moins tous mes devoirs. Si donc l'une des Symphonies de Beethoven ne figure pas sur le Programme d'aujourd'hui, c'est que j'ai cru satisfaire davantage ainsi aux intentions de S. A. Royale, et que je me suis permis de deviner ce qu'elle n'a pas pris occasion de m'exprimer cette fois. La prédilection de Sa Majesté le Roi de Saxe pour les Symphonies de Beethoven fait assurément honneur à son goût pour le beau en Musique, et personne ne saurait y souscrire plus sincèrement que moi. J'observerai seulement

---

1) Pianist in St. Petersburg, Freund Rubinstein's.

*) Autograph im Besitz von Hrn. Kammervirt. Herrmann Scholtz in Dresden. — Adressat in Dresden verstorben.

d'une part, que les Symphonies de Beethoven sont extrêmement connues, et de l'autre, que ces admirables ouvrages sont exécutés à Dresde par un orchestre qui dispose de moyens tout autrement considérables que nous n'en avons ici, et qu'en conséquence notre exécution risquerait de paraître un peu *provinciale* à Sa Majesté. D'ailleurs si Dresde à l'exemple de Paris, Londres, Leipzig, Berlin et cent autres villes, s'arrête maintenant à Beethoven (auquel de son vivant on préférait de beaucoup Haydn et Mozart), ce n'est point une raison pour que Weymar —.j'entends le Weymar musical que j'ai la modeste prétention de représenter — s'en tienne absolument là. Rien de mieux sans doute que de respecter, admirer et étudier les morts illustres; mais pourquoi ne pas aussi parfois vivre avec les vivants? Nous avons essayé de cette méthode avec Wagner, Berlioz, Schumann et quelques autres, et il semblerait qu'elle ne nous a pas tellement mal réussi jusqu'ici, pour qu'il y ait lieu de nous raviser sans urgence de nous mettre à la queue — de beaucoup d'autres queues! —

La signification du mouvement musical dont Weymar se trouve actuellement le centre, gît précisément dans cette initiative à laquelle notre public ne comprend pas grand'chose d'ordinaire, mais qui n'en acquiert pas moins sa part d'importance dans le dévéloppement de l'art contemporain.

Du reste, cher Baron, je m'empresserai de tout concilier pour ce soir, en suivant votre conseil, et demanderai à MM^rs^ Singer et Cossmann de jouer avec moi le magnifique Trio (en si bémol — dédié à l'Archiduc Rodolphe) de Beethoven, comme No. 3 du Programme.

Mille affectueux compliments et tout à vous

Lundi, 21 Mai 55. F. Liszt.

138. An Anton Rubinstein.

Mon cher Rubinstein,

A mon retour du Musikfest de Dusseldorf, où j'espérais vous rencontrer, j'ai trouvé le paquet *d'œuvres choisies* et le portrait, fort bien réussi, de Van II. Je m'empresse de vous faire mes meilleurs remercîments pour ce premier envoi, en vous priant de ne pas oublier votre promesse de compléter, au fur et à mesure de leur publication, la collection de vos œuvres, qui ont toujours un double intérêt d'art et d'amitié pour moi. Ce matin nous avons dégusté avec Singer et Cossman le Trio en sol-mineur dont j'avais gardé un souvenir particulier — et ensuite, la Princesse Marie Wittgenstein (qui me charge de tous ses remercîments pour vous, en attendant le plaisir de vous les témoigner personnellement) a réclamé ses *dédicaces*, qui ont eu le plus entier succès. A propos de *dédicaces*, Madame la Grande-Duchesse Sophie est enchantée des »Persische Lieder«, ce qu'elle vous a probablement déjà fait signifier. Peu avant son départ pour Dusseldorf, elle en a rechanté plusieurs, y prenant de plus en plus goût. Décidément, la première impression que m'ont faite ces »Lieder« quand vous me les avez montrés et quand je vous engageai à les publier sans retard, était juste, et je ne me suis pas trompé en leur prédisant un succès quasi populaire. Mlle *Genast* qui revient de Berlin, me raconte bien qu'elle y avait fait fureur avec »Wenn es doch immer so bliebe«! Leider aber, comme dit une chanson plus ancienne, »kann es nicht immer so bleiben unter dem wechselnden Mond!« A mon dernier passage à Leipzig (où l'on a très bien exécuté à l'église catholique mon »Ave Maria«) j'ai dit à Götze de s'approprier 3 ou 4 de vos »Persische Lieder«, qu'il chantera à merveille, et comme il vient assez souvent ici, je lui demanderai de nous en accorder les primeurs, à quelque Concert de Cour. La Grande-Duchesse Olga est attendue pour après-demain, et si, comme il est probable, on la régale d'un petit concert, je profiterai de l'occasion pour lui faire faire davantage connaissance avec les Trios que vous lui avez dédiés et que j'estime comme étant de vos meilleurs morceaux. Dans le paquet j'ai remarqué par son absence »*l'Album de Kamennoi-Ostrow*«, qu'il me serait agréable de communiquer, ou mieux encore d'offrir de votre part, à S. A. I. Madame la Grande-Duchesse douairière et que je vous demande de m'envoyer à cette intention.

Si par hasard vous passez à Bonn, n'oubliez pas d'aller

voir le professeur Kilian, qui s'intéresse à vous d'ancienne date, et avec lequel nous avons beaucoup parlé de vous et de vos œuvres durant tout le trajet de Cologne à Dusseldorf.

Ecrivez-moi bientôt ce qui vous occupe en ce moment. Pour ma part, je passerai l'été à Weymar, jusqu'au moment de mon voyage à Gran (Juin-Août). Je compte sur votre promesse de venir me voir en automne, à moins que votre chemin ne vous conduise plus tôt dans ces contrées. Vous pouvez être très certain d'être toujours le très bien-venu à l'Altenburg — et lors même que plusieurs de nos opinions musicales se rencontreraient encore moins que par le passé, cela ne saurait influencer en aucune manière les très sincères sentiments d'amitié et d'estime que je vous porte et vous garde invariablement. Quand nous nous reverrons, vous trouverez ma »*Divina Commedia*«, dont j'ai esquissé le plan (Symphonie en trois parties: les deux premières, »l'Enfer» et le »Purgatoire«, exclusivement instrumentales, la troisième le »Paradis«, avec chœur) assez avancée, mais je ne pourrai me mettre entièrement à cette tâche qu'après avoir achevé la nouvelle partition de mes chœurs de »Prométhée« de Herder, que je récris pour la faire imprimer peu après la publication de mes Poêmes symphoniques, dont *six* paraîtront en Octobre prochain.

Je suis très curieux de ce que contiendra votre nouvelle *caisse* de manuscrits. Vous êtes-vous mis au »*Paradis perdu*«? Ce serait, je crois, l'ouvrage le plus opportun pour la prise de possession de votre renommée de compositeur.

Mille cordiales amitiés et bien tout à vous

3 Juin 55. F. Liszt.

139. An Dr. Franz Brendel.

[Weimar, Juni 1855.]

Verehrter Freund,

Besten Dank für Ihre Munifizenz. Das *Kraut*[1]) ist mir sehr willkommen, und Sie haben es zu verantworten, wenn es mich dazu veranlasst, Sie mit einigen Spalten mehr zu be-

1) Cigarren.

heiligen. Einstweilen übersende ich Ihnen die Correcturen des 2ten Berlioz-Aufsatzes nebst neuer Provision des Manuscripts, und mit den nächsten Correcturen erhalten Sie den Schluss.

Nächstens schicke ich Ihnen auch ein Referat über das Düsseldorfer Musikfest (nicht von mir), über dessen Verfasser ich Sie bitte die *strengste Anonymität* zu bewahren. Wahrscheinlich wird er piquant und eindringlich. Im Ganzen und auch im Détail kann man das Düsseldorfer Musikfest nur als sehr gelungen bezeichnen, und für meinen Theil freue ich mich über dieses und jegliches Gelingen — ohne es besonders zu beneiden. Meine Aufgabe ist eine ganz andere, deren Lösung keineswegs dadurch genirt wird.

Sollten Sie vielleicht auch gelesen haben, dass ich nach Amerika gehe (! — manche Leute möchten mich so gerne aus dem Gesicht haben!) und dass ein Leipziger Virtuose (in Leipzig sind ähnliche Thiere wie Virtuosen selten anzutreffen!) meine Stellung hier einnehmen wird, so lachen Sie ganz einfach, wie ich es selbst gethan, über diese veraltete *Ente* — aber bringen Sie keine Gegen-Notiz in Ihrem Blatt; dergleichen schlechte Witze sind nicht der Mühe werth, dass man sie erwähnt, und nur gut genug, um das neugierige Philisterium abzufüttern. In einigen Tagen hoffe ich auch wieder mit meinen Arbeiten Ernst machen zu können und werde Weymar bis zu meiner ungarischen Reise (Ende August) nicht verlassen. Die Berufung Gutzkow's schwebt noch, ist aber nicht unmöglich. Haben Sie die Brochüre von Frau Marr (Sangalli), bei Otto Wigand heraus, gelesen? Die Seiten, die sie meiner hiesigen Thätigkeit widmet, werden Sie vielleicht interessiren, und ich habe mich darüber durchaus nicht zu beklagen, besonders in Betracht dessen, dass ich mit Marr nicht »Hand in Hand« bis jetzt gehen konnte. Marr soll übrigens, so wie er mir es sagte, seine Demission als artistischer Director[1]) eingereicht haben, und vor einigen Wochen kann man nicht klar über die ganze Theater-Wirthschaft hier werden. Ich verhalte mich sehr passiv dabei und habe nichts im Trüben

---

1) Am Weimarer Hof-Theater.

zu fischen. So viel ist gewiss, dass wenn Weymar etwas Ordentliches leisten will, es meiner Ideen und Einwirkung nicht entbehren kann. Um das Übrige habe ich mich nicht zu kümmern. Vorigen Sonntag hatten wir eine befriedigende Vorstellung des Tannhäuser zu Ehren der Prinzess von Preussen — und nächsten Montag wird die Oper wiederholt.

Freundschaftliche Grüsse an Ihre Frau von Ihrem fast zu thätigen Mitarbeiter und Freund F. Liszt.

An Fräulein Riese schreibe ich dieser Tage, um sie zur Aufführung meiner Messe in Jena einzuladen.[1]

140. An Dr. Franz Brendel *).

.—. Evers'[2] Brief hat mir Spass gemacht, und es wird Ihnen geringe Diplomatik kosten, den empfindsamen Componisten zu versöhnen. Sie wissen, was ich von seinem Compositions-Talent halte. Von dergleichen Leuten ist nichts zu erwarten, so lange sie nicht einsehen gelernt, dass sie sich im Hohlen. Trockenen und Abgebrauchten nutzlos herumdrehen. Der gute Flügel[3] hat auch wenig Schwungkraft, obschon ein klein wenig mehr Anflug zu etwas Ernsterem, welcher wenigstens das Gute an sich hat, dass er die gar zu naive Productivität hemmt ... Sein Brief über das Düsseldorfer Musikfest ist wieder so ein kleines Stückchen *Bärenzucker* (*réglisse* auf französisch) und W.'s Aufsatz dagegen ganz anständige *Pâte Regnault*. Wenn wir uns wiedersehen, will ich Ihnen diesen Unterschied verdeutlichen — einstweilen beglücken Sie die Rheinländer mit letzterem, und befürchten Sie nicht das Gemurmel, welches vielleicht dadurch hervorgerufen wird; denn ich wiederhole es, er enthält nichts Unwahres oder Über-

---

1) Die Messe für Männerstimmen wurde in der 2. Hälfte Juni daselbst aufgeführt.

*) Das erste Blatt des Originals fehlt.

2) Wol Carl Evers (1819—1875), componirte Sonaten, Salonsachen etc.

3) Musikschriftsteller und Componist, damals in Neuwied Seminarlehrer; jetzt Schlossorganist in Stettin.

triebenes. und in Ihrer nothwendig oppositionellen Stellung wäre es inconsequent, wenn Sie derartige Ansichten dem Publikum vorenthalten möchten.

Mit freundschaftlichstem Gruss Ihr

16ten Juni 55. F. Liszt.

Meine Messe für Männerstimmen und Orgel (bei Härtel seit 2 Jahren erschienen) wird nächste Woche in Jena in der Kirche aufgeführt. Sobald der Tag bestimmt, werde ich es Fräulein Riese melden. —

Noch einmal empfehle ich Ihnen die strengste Anonymität des W. Aufsatzes festzuhalten.

141. An Concertmeister Edmund Singer.

Lieber Singer,

Wenn ich meinen Freunden nur selten schreibe, so liegt, abgesehen von manchem anderen, ein Hauptgrund darin, dass ich ihnen nur selten Erfreuliches oder Erheiterndes mitzutheilen habe. Seit Ihrer Abreise ist hier wenig vorgegangen, was Sie interessiren könnte. Die Hälfte unsrer Collegen des Neu-Weymar-Vereins ist fort von hier — Hoffmann in Holland, Preller in den oldenburgischen Wäldern, Pruckner und Schreiber in Goslar etc. etc., sodass unsre harmlosen Réunions (welche zuletzt im Local des Schiesshauses stattfanden) auf mehrere Wochen vertagt sind. Cornelius arbeitet an einer Messe für Männerstimmen — am 15. August werden wir sie in der katholischen Kirche hören. Meinerseits beschäftige ich mich auch mit einem Psalm (Chor, Soli und Orchester), der bis zu Ihrer Rückkehr fertig sein wird, trotz allen Unterbrechungen, die ich durch häufige Besuche erleiden muss. Eine mir ausnahmsweise angenehme Überraschung war mir Hans von Bülow, welcher ein paar Tage hier verweilte und einige neue Compositionen mitbrachte, unter welchen eine ganz interessante, fein empfundene und sorgfältig ausgearbeitete *Rêverie fantastique* mir insbesondere zusagte. Bis zum 15. August (wo seine Ferien zu Ende sind) bleibt er in Copenhagen, wo er gewiss ein freundliches Entgegenkommen finden wird. Im nächsten Sommer bekommen Sie vielleicht auch Lust dahin zu gehen. Sie finden dort eine sehr angenehme Gegend und mehrere liebenswürdige Persönlichkeiten, die mir stets in freundlicher Erinnerung geblieben sind. Wenn ich Zeit dazu hätte, ging ich sehr gerne wieder auf ein paar Wochen hin, um mir da im *Thiergarten* eine kleine Einsiedelei auszusuchen und andre *Bestialitäten* etwas zu vergessen. Diese Befriedigung ist für mich nicht so leicht anderwärts zu erlangen. —

Um Patikarius [1]) und Ketskemety [2]) beneide ich Sie sehr. Diese Gattung von Musik ist für mich eine Sorte *Opium*, dessen ich manchmal sehr bedürftig bin. Sollten Sie vielleicht Kertbeny sehen, der jetzt ein *logis honoraire* bezogen hat, so sagen Sie ihm, dass meine Schrift über Zigeunerthum und Zigeunermusik bereits von Cornelius fast gänzlich übersetzt ist, und ich sie ihm bis zum Herbst einsenden will. Bitten Sie ihn aber auch gleichzeitig mir *nicht* zu schreiben, weil ich mich unmöglich auf eine detaillirte Correspondenz mit K. einlassen kann.

Den Clavierauszug (mit den Gesangstimmen) habe ich gestern an Herrn von Augusz gesandt mit der Bitte, denselben gelegentlich S. E. dem Cardinal Scitowsky vorzulegen. Die Messe [3]) wird keine übermässige Zeitdauer in Anspruch nehmen, weder bei der Aufführung noch der Einstudirung. Unerlässlich aber bleibt, dass ich die Generalprobe sowie die Aufführung selbst leite; denn das Werk reiht sich nicht denjenigen an, wo ein gewöhnliches Absingen, Abspielen und Abmachen genügen dürfte, obschon es nur geringe Schwierigkeiten bietet. Es handelt sich dabei um einige nicht übliche Bagatellen wie Accent, Andacht, Geist etc.

Wann kommen Sie zurück, lieber Singer? Bringen Sie nur ein ordentliches Paquet Manuscripte mit nach Hause, das

1) }
2) } Ungarische Zigeunercapellen.

3) Liszt's Graner Messe.

heisst nach Weymar, wo ich hoffe, dass Sie sich mehr und mehr heimisch fühlen werden.

Die noch anwesenden Mitglieder unsers Clubs beauftragen mich mit den freundschaftlichsten Grüssen an Sie, denen ich ein cordiales »auf baldiges Wiedersehen« beifüge. Tout à vous

1. August 55. F. Liszt.

P. S. Joachim soll eine Fussreise in Tyrol machen. Hoffentlich besucht er uns auf seiner Rückkehr. Berlioz beabsichtigt einige Conzerte in Wien und Prag nächsten December zu veranstalten. Meine Reise zu *Wagner* (in Zürich) werde ich wahrscheinlich bis November aufschieben. Die nächsten Monate bleibe ich hier, um mehreres für den Winter fertig zu schreiben.

142. An Bernhard Cossmann in Baden-Baden.

Wilhelmsthal, 15 Août 55.

Me voici bien sur la route de Baden-Baden, cher ami, mais cela ne m'avance de rien, et bien malgré moi il faut me résigner à rester en chemin. Demain matin je retourne à Weymar où j'ai donné rendez-vous à mes deux filles ainsi qu'à Mr Daniel [1]) lequel s'est passablement distingué au Concours général. Après avoir passé une dizaine de jours avec moi, les filles s'établiront chez Madame de Bülow à Berlin qui veut bien avoir la bonté d'en prendre soin, et Daniel retournera à Paris pour y continuer ses études. J'espérais aussi pouvoir y passer une semaine ou deux — mais cela ne s'arrange décidément pas, et réflexion faite j'ai dû me borner à conduire Madame la Princesse W[ittgenstein] jusqu'à Eisenach, d'où elle a continué avec sa fille la route de Paris (pour y voir en particulier l'exposition des tableaux), et pour toute *exposition* me contenterai de celle *au nord* dont je puis me donner la

1) Liszt's Sohn.

jouissance par les fenêtres de ma chambre! — Cette *solennité* pittoresque est presqu'à la hauteur des solennités musicales de Baden que vous me dépeignez avec de si vives et spirituelles couleurs, à cette différence près pourtant qu'à Wilhelmsthal nous sommes très favorisés par l'élément humide, tandis qu'à Baden les artistes, donneurs de Concerts, sont mis *au sec*.

À Weymar tout le monde se trouve dehors, et la ville reste ainsi pleine de vide, n'offrant à la curiosité des voyageurs que les fossés et les circonvallations pratiquées en l'honneur de l'éclairage au gaz qui doit fonctionner à partir du mois d'Octobre. Singer se baigne dans le Danube (à Ofen) et m'annonce son retour pour le 10 Septembre; Raff se promène dans les bocages de Roses et de Myrthes de la composition de son »Dornröschen« à Wiesbaden; Stör revient les poches pleines de nouvelles *nuances* découvertes à Ilmenau où il a composé (en pendant de mon poême symphonique) »ce qu'on entend *dans la vallée*«![1]; Preller[2] a rencontré de beaux arbres dans le Duché d'Oldenbourg qui lui servent d'Erholung von der »Erholung«; Martha Sabinin[3] hante le »Venusberg« aux environs d'Eisenach en compagnie de Mademoiselle de Hopfgarten; Bronsart[4] s'est rendu à une espèce de congrès de famille à Koenigsberg, et Hoffmann[5] parcourt la Belgique et la Hollande pour en faire le cadastre scientifique, tandis que Nabich pourchasse les oreilles d'Angleterre, d'Irlande et d'Ecosse, avec son Trombone!

Pour ma part je suis en train de terminer le Psaume 13 (pour Ténor Solo, Chœur et Orchestre) »Herr, wie lange willst du meiner so gar vergessen« que vous entendrez cet hiver, et ne quitterai Weymar qu'en Novembre pour aller faire une visite de quelques jours à Wagner à Zürich.

---

1) Liszt's Werk trägt den Titel: »Ce qu'on entend sur la montagne«.

2) Friedrich Preller, der berühmte Maler der Odyssee-Bilder.

3) Eine Schülerin Liszt's, Russin.

4) Hans v. Bronsart, Liszt's Schüler, jetzt Weimar'scher General-Intendant.

5) Hoffmann v. Fallersleben, der bekannte Dichter.

Ne nous oubliez pas trop, mon cher Cossmann, au milieu de vos *solennités* — — —[1].

143. An Hofcapellmeister August Kiel in Detmold*).

Hochgeehrter Herr,

Durch mehrere angehäufte Arbeiten so wie kleine Ausflüge war ich bis jetzt verhindert, Ihnen meinen verbindlichsten Dank für Ihre freundliche Zusendung des Operntextes Sappho zu sagen, und bitte Sie diese Verzögerung bestens zu entschuldigen. Die Art und Weise, wie sich Rietz's Composition der Schiller'schen Dithyrambe mit ihrer Dichtung verflechten soll, vermag ich nicht mir gänzlich zu verdeutlichen. Auch gestehe ich, dass die dramatisch-musikalische Belebung der Antike für mich noch als ein hehres, attractives Problem dahingestellt bleibt, dessen Lösung selbst Mendelssohn nicht in dem Masse gelungen ist, dass nicht weiteres zu versuchen übrig bliebe. Vor einigen Jahren wurde in der Pariser Oper »Sappho« (in 3 Akten — Text von Augier, Musik von Gounod) gegeben. Dies Werk enthält manches Schöne, und Berlioz hat es sehr lobend im *Journal des Débats* besprochen. Leider erschien es nicht im Druck, und bis jetzt hat es keine andere Bühne zur Aufführung gebracht, obgleich es in Paris Sensation machte und dem Componisten eine ausgezeichnete Stellung sicherte. Wenn es Sie, hochgeehrter Herr, interessiren könnte, die Partitur kennen zu lernen, bin ich gerne bereit an Gounod zu schreiben und ihn zu ersuchen, mir das Werk mitzutheilen, um es Ihnen zuzusenden.

Von der Sympathie und Pflege, welche Sie in Detmold den Werken Wagner's und Berlioz' angedeihen lassen, habe ich mehrfach das Erfreulichste vernommen. Ungeachtet der vielen Schwierigkeiten, Widersprüche und Unverständnisse,

---

1) Schluss des Briefes ging verloren.

*) Autograph (ohne Adresse) im Besitz von Hrn. Alfred Bovet in Valentigney. Der Inhalt lässt auf obengen. Adressaten (1813 bis 1871) schliessen.

welche diesen grossartigen Schöpfungen entgegenstehen, hege ich doch mit Ihnen die Überzeugung, dass »nichts wahrhaft Gutes und Schönes in dem Strom der Zeiten verloren geht« und die Bemühungen derjenigen, die das Höhere und Göttliche in der Kunst zu wahren gesonnen sind, nicht fruchtlos bleiben. — Im Laufe dieses Herbstes (spätestens Ende November) werde ich Wagner besuchen, und verspreche Ihnen von Zürich aus ein kleines Autograph seiner Hand zu senden. Gerne möchte ich Ihren Wunsch früher befriedigen, aber die Briefe, die mir Wagner schreibt, sind mir ein gänzlich unveräusserliches Gut, und Sie werden mir es nicht verübeln, wenn ich damit mehr als geize.

Genehmigen Sie, hochgeehrter Herr, die Versicherung der ausgezeichnetsten Hochachtung, mit welcher ich verbleibe

Ihr freundlichst ergebener

Weymar, 8ten Sept. 55. F. Liszt.

Anbei Berlioz' Brief und das Manuscript der Sappho.

144. An Moritz Hauptmann[1].

Sehr verehrter Herr,

Mit aufrichtigem, verbindlichsten Dank für Ihren freundlichen Brief übersende ich Ihnen mit derselben Post den Band der Händel'schen Werke, welcher die Anthems enthält. Das zweite davon »Zadok the Priest and Nathan the prophet anointed Solomon King«, ist ein herrlicher Strahl des Händel'schen Genius, und man könnte mit Recht auf den ersten Vers dieses Anthem das bekannte Wort anwenden »c'est grand comme le monde«. —

Die Cantate »l'Allegro, il Pensieroso« etc. gewährt mir weniger Entzücken, jedoch hat sie mich sehr interessirt als ein wesentlicher Beitrag der *nachahmenden* Musik, und wenn Sie mir es gütig erlauben, wünsche ich den Band noch einige

1) Der berühmte Theoretiker und Leipziger Thomascantor (1792—1868).

Tage hier zu behalten und ihn erst mit den beiden andern zurückzuerstatten.

Ihre so treffliche Beurtheilung des Raimondi'schen Triple-Oratoriums[1] unterschreibe ich für meinen Theil gänzlich. Auf diesem Weg ist wenig zu suchen und noch weniger zu finden. Der Silber-Pfennig, worauf 10 Vater Unser eingravirt sind (im Dresdner Kunst-Cabinet), hat entschieden für das Publikum den Vorzug der Harmlosigkeit über ähnliche *Kunstvergriffe*, und der *Titus Livius*, von Sechter componirt, wird wahrscheinlich sehr ungeschichtlich als Maculatur vermodern müssen. Später noch kann Sechter dafür ein *Requiem* schreiben, nebst *Improperias* über die Verderbtheit des Zeit-Geschmacks, der seine Werke so abgeschmackt befunden hat.

In der angenehmen Erwartung, Sie nächstens in Leipzig zu begrüssen und Ihnen meinen besten Dank zu erneuern, verbleibe ich, sehr geehrter Herr, mit ausgezeichneter Hochachtung

Ihr ergebener

Weymar, 28. Sept. 55. F. Liszt.

145. An Eduard Liszt.

Soeben erhalte ich Deinen letzten Brief, liebster Eduard, und will nicht bis auf Wien warten, um Dir meinen herzlichen Dank zu sagen für Deine getreue Freundschaft, die Du mir in allen möglichen Fällen so liebreich bewährst. Die Mozart-Feier scheint mir jetzt die wünschenswerthe Wendung genommen zu haben, so wie ich sie von vornherein angedeutet, und sich zu einem Fest der »Eintracht, Harmonie, künstlerischen Begeisterung der gesammten Kunstgenossenschaft Wiens« zu gestalten[2].

Hoffentlich werde ich nicht unter meiner Aufgabe stecken

1) »Josef«, ein aus drei Abtheilungen bestehendes Oratorium des römischen Componisten, das unter grossem Erfolg 1852 im Teatro Argentina in Rom aufgeführt wurde.

2) Liszt wurde vom Magistrat der Stadt Wien eingeladen, zur hundertjährigen Geburtstagsfeier Mozart's zwei Concerte am 27. u. 28. Januar 1856 zu leiten.

bleiben und diese Gelegenheit nicht vorübergehen lassen, ohne in Wien den gebührenden Standpunkt zu fassen. —

Einstweilen freue ich mich über die befriedigenden Aussichten, die sich für das Mozart-Fest darbieten, und grüsse Dich herzlichst.

Berlin, 3. December 55. F. L.

Von Berlin wirst Du die günstigsten Nachrichten erhalten.

146. An Frau Meyerbeer in Berlin[1].

Madame,

Vos gracieuses lignes ne me sont parvenues qu'au moment de mon départ de Berlin, de manière qu'il ne m'a plus été possible de profiter de l'aimable permission que vous vouliez bien me donner. Toutefois, comme il est présumable que ni la brillante sortie dont j'ai été le héros il y a une douzaine d'années, ni l'éconduite moins flatteuse dont m'a gratifié la critique infaillible de votre capitale cette fois, ne m'empêcheront de revenir de temps à autre et sans trop d'intervalle (selon les besoins de mon instruction et de mes expérimentations artistiques) à Berlin, j'ose réclamer de votre bonté la continuation de votre bienveillant accueil, et me plais ainsi à espérer que l'occasion se présentera bientôt où je pourrai avoir l'honneur de vous renouveler de vive voix, Madame, l'expression des respectueux hommages

de votre très attaché serviteur

Weymar, 14 Décembre 55. F. Liszt.

Madame la Princesse Wittgenstein est bien sensible à votre souvenir et serait très charmée de toute occasion qui lui permettrait de vous en remercier personnellement.

---

1) Die Gattin des Componisten der »Hugenotten« (1791—1864), mit dem Liszt lebenslang in so freundlichen Beziehungen stand, dass das Nichtvorhandensein Liszt'scher Briefe in Meyerbeer's Nachlass Wunder nimmt.

147. Sr. Hochwohlgeb. Herrn Dr. Ritter von Seiler, Bürgermeister der Stadt Wien etc.*)

Hochwohlgeborner Herr!
Hochzuverehrender Herr Bürgermeister!

Die Bereitwilligkeit, welche ich schon bei der ersten Anregung der bevorstehenden Mozart-Feier ausgesprochen habe, wird mir durch Ihr verehrliches Schreiben vom 19ten December (durch den Umweg von Berlin verspätet, mir erst gestern zugekommen) zu einer ebenso ehrenvollen als erfreulich zu erfüllenden Pflicht. In der so erheblichen Zuversicht und Gewissheit, dass der Beschluss des Gemeinde-Raths »alle Unternehmungen, welche auf die Mozart-Säcular-Feier Bezug haben, im Namen der Stadt Wien leiten und durchführen zu wollen«, nebst der würdigen Motivirung desselben »um den Festlichkeiten den würdigen und höheren Ausdruck der allgemeinen Huldigung zu verleihen«, in allen Kreisen der Gesellschaft der vollsten Zustimmung und der dankendsten Anerkennung begegnet, übernehme ich für meinen Theil mit verbindlichstem Dank den Auftrag, das Fest-Conzert am 27ten Januar 1856 und seine Wiederholung am 28ten nach Ihrem Wunsch zu leiten, und hoffe jedweden gerechten Anforderungen, welche an den musikalischen Dirigenten einer solchen Feierlichkeit gestellt sind, thatsächlich befriedigend zu entsprechen.

Obschon das vortreffliche Orchester, Chor und Sänger-Personal in Wien — mit Mozart's Werken lebenslang vertraut — die vollkommenste Bürgschaft der vorzüglichsten Aufführung leistet, so erachte ich es doch für angemessen, zwei Wochen vor dem beabsichtigten Conzert einzutreffen, behufs der geraumen Zeit für die gehörigen Proben, und sogleich nach meiner Ankunft werde ich die Ehre haben, mich bei Ihnen, hochverehrter Herr Bürgermeister, zu melden und meine Dienstleistung dem Fest-Comité zur Verfügung zu stellen.

---

* Autograph im Besitz von Hrn. Alfred Bovet in Valentigney.

In dem mir mitgetheilten, auf ungefär 3 Stunden Musik berechneten Programm ist es mir angenehm die leitende Umsicht zu gewahren, den Herrlichkeiten, welche Mozart auf den verschiedenen Gebieten der Tonkunst — Symphonie, Oper, Kirchen- und Conzert-Musik — entfaltet, Rechnung zu tragen und so die mannigfachen Strahlen seines Genius, nach dem möglichen Mass eines Conzert-Programms, aufzunehmen. Indem ich mich mit der Aufführung sämmtlicher Nummern einverstanden erkläre, habe ich nur eine Bitte beizufügen: nämlich mich von dem mir freundlichst zugedachten Vortrag des Mozart'schen Clavier-Conzerts dispensiren zu wollen und diese Nummer einem anderen namhaften Pianisten zu übertragen. Abgesehen davon, dass ich seit mehr als 8 Jahren nirgends als Clavierspieler auftrete, und mich mehrere Rücksichten dazu bestimmen, meinen negativen Entschluss in diesem Bezug fest zu halten, dürfte mir auch in diesem Fall der Umstand, dass die Direction des Festes meine ganze Aufmerksamkeit vollends in Anspruch nimmt, als gültige Entschuldigung dienen.

Genehmigen Sie, hochwohlgeborner Herr, die Versicherung der ausgezeichnetsten Hochachtung, mit welcher ich die Ehre habe zu verbleiben,

hochzuverehrender Herr Bürgermeister, Ihr ganz ergebener

Weymar, 26ten December 1855. F. Liszt.

148. An Eduard Liszt.

Très cher Edouard,

A peine revenu à Weymar[1], j'ai remis de nouveau ma pelisse de voyage pour assister au Concert de Berlioz à Gotha qui a eu lieu avant-hier — et la journée d'hier s'est passée en répétitions du Cellini auxquelles a succédé un Concert de Cour dans la soirée (en l'honneur de S. A. R. le Prince régent de Bade) de sorte que ce n'est que ce matin qu'il m'est loisible de reprendre la plume et de retrouver un peu d'assiette ... à ma table à écrire. J'en profite d'abord

1) Von der Wiener Mozartfeier.

pour te dire combien je suis heureux de cette *intimité* sérieuse, aussi sincèrement ressentie que consciencieusement réfléchie, — cette véritable intimité d'idées et de sentiments à la fois, — qui s'est nouée entre nous en ces dernières années et que mon séjour à Vienne a pleinement confirmée. Il faut à tous les nobles sentiments le grand air d'une conviction généreuse, qui nous maintient dans une région supérieure aux épreuves, aux traverses et aux ennuis de cette vie. Grâces au ciel nous respirons cet air *à deux*, et ainsi nous demeurerons inséparablement unis jusqu'à notre dernier jour! —

Je t'envoie ci-après le document qui sert de base à la *Bach-Gesellschaft*, d'après lequel il sera aisé d'en rédiger un analogue pour la publication des Œuvres complètes de Mozart. Je t'engage beaucoup et te prie instamment d'amener ce projet à sa réalisation.

Nach meinem Dafürhalten sollten die »Oesterreichischen Musikfreunde« die Sache anregen und constituiren, und die k. k. Staatsdruckerei dabei verwendet werden, zumal da vorauszusehen ist, dass von Seiten des Ministeriums besondere Begünstigungen erlangt werden können. Wahrscheinlich versteht sich auch zu diesem Unternehmen das *gesammte Fest-Comité der Mozart-Feier*, in dem Sinne, dass durch eine kritisch geläuterte, gleichförmig schön gedruckte und durch ein dazu festgestelltes Comité revidirte Auflage der Mozart'schen Werke ein allgemein nutzendes, dauerndes und belebendes *Monument* dem herrlichen Meister gesetzt wird, welches den österreichischen Musikfreunden und selbst der Stadt Wien Ehre und sogar materiellen Gewinn bringt. Zweifelsohne, wenn die Sache verständig geleitet, wird sie sich auch gut rentiren und ziemlich leicht durchführen lassen. In circa zwölf Jahren kann die ganze Herausgabe beendet sein. Bei der Zusammenstellung des Revisions-Comités behalte ich mir vor, Dich auf einige Namen aufmerksam zu machen. Spohr, Meyerbeer, Fétis, Otto Jahn, Oulibicheff, Dr. Härtel unter den Ausländern müssten insbesondere dabei betheiligt sein, und eine specielle Rubrik den *Revisionskosten* eingeräumt werden. Die Correctur-Arbeiten nebst den besonderen Erläuterungen, Commentaren, Vergleichungs-Tabellen der verschiedenen Auflagen dürfen nicht *gratis* verlangt werden; folglich soll ein bestimmtes Honorar dafür festgestellt sein. Haslinger, Spina und Glöggl als Wiener Verleger sind insbesondere zu beachten und würden sich am besten fügen zur Verbreitung und regelmässigen Versendung der *jedes Jahr* am 27ten Januar zu erscheinenden Bände. —

Bei Spina wirst Du mehrere Bände der Bach-Gesellschaft vorfinden, welchen immer ein Verzeichniss der Subscribenten und ein Rechnungsabschluss des verflossenen Jahrgangs beigelegt ist.

Mit Zellner, der zuerst in seinem Blatte die Sache angeregt hat (nachdem ich ihn dazu aufgefordert), rathe ich Dir in gutem Einverständniss zu bleiben und ihn, wenn es damit Ernst wird, in das besprechende Comité zu ziehen. Bei dem Revisions-Comité sind Schmidt (der Bibliothekar) und Holz nicht zu vergessen. Was meine Wenigkeit anbetrifft, so wünsche ich nicht, in Vordergrund gestellt zu sein, und blos der *alphabetischen* Ordnung nach dabei zu fungiren; erkläre mich aber zum voraus bereit, mancherlei Arbeit, je nachdem man es für passend erachtet, mir sie zuzutheilen, zu übernehmen. Ebenfalls übernehme ich auch die Einladung zur Subscription an den Grossherzog von Weimar, den Herzog von Gotha, etc. —

Die ganze Sache muss den Stempel eines *Kunstunternehmens* tragen — und in diesem Sinne die Aufforderung zu einem »*Mozart-Verein*« (ich überlasse Dir zu entscheiden, ob Du das Wort *Mozart-Gesellschaft* oder *Mozart-Verein zur Herausgabe der sämmtlichen Werke Mozarts* oder irgend ein anderes vorziehst) abgefasst werden. Nebenbei wiederhole ich, dass sicherlich nicht nur kein Verlust dabei zu befürchten ist, sondern ein nicht unbedeutender Gewinn wahrscheinlich. Dieser Gewinn sollte meiner Ansicht nach bis zur Beendigung der Herausgabe capitalisirt werden, um ihn dann zu einem, vielleicht erst später von der Gesellschaft der österreichischen Musikfreunde zu bestimmenden künstlerischen Zweck zu verwenden.

.—. Sei so gut und übergieb Herrn Krall den Betrag der mir freundlichst zugestellten 4 Sperrsitze bei den beiden Conzerten der Mozart-Feier (24 florins). — Obschon ich nur 6 Gulden davon eincassirt habe, weil die übrigen Herrschaften sich genirten, mir die paar Gulden zuzusenden, so wünsche ich doch ausdrücklich, dass die Einnahme nicht durch mich geschmälert sei — ebensowenig als die Aufführung durch meine Leitung beeinträchtigt wurde! — Also bitte die 24 Gulden nicht zu vergessen.

Berlioz ist seit gestern Abend hier, und ich werde über Hals und Kopf zu thun haben mit dem Cellini, dem grossen Hofconzert am 17ten und der Aufführung des Faust von Berlioz im Laufe der nächsten Wochen, deren Vorbereitungen ich übernommen habe. Den Cellini werde ich dirigiren — bei den beiden anderen halte ich blos die Vorproben.

In getreuer Freundschaft Dein

Sonnabend, 9. Februar 56. F. Liszt.

149. An den Bürgermeister Dr. von Seiler in Wien*).

Hochverehrter Herr!

Da es mir nicht vergönnt war, Euer Hochwohlgeboren noch vor meiner Abreise in Ihrem Hause anzutreffen, erlaube ich mir, Ihnen durch diese Zeilen wiederholt meinen aufrichtigsten Dank ergebenst auszusprechen für die mir während meines Wiener Aufenthalts freundlich und gütig erwiesene Gewogenheit, deren Erinnerung in meiner Dankbarkeit nicht erlöschen kann.

Das würdige Beispiel, welches Sie, hochverehrter Herr Bürgermeister, und der Gemeinde-Rath der Stadt Wien bei Gelegenheit der Mozart-Feier gegeben haben, verbürgte und erzielte das erspriessliche Gedeihen und Gelingen der Sache. Zweifelsohne wird dies Beispiel auch anderen Ortes befruchtend einwirken, sowie Ihnen dafür die gesammte Künstler-

---

* Autograph im Besitz von Hrn. Alfred Bovet in Valentigney.

schaft die dankendste Anerkennung zollt. Was mich und meine bescheidene Dienstleistung in dieser Angelegenheit betrifft, so bin ich sehr erfreut. nach dem von Ihnen und dem Herrn Hofrath Riedel von Riedenau unterzeichneten Schreiben annehmen zu dürfen, dass, was ich gerne gethan. gut gethan war — und hege blos den Wunsch, die kommenden Jahre möchten mir die Veranlassung darbieten. der Stadt Wien, deren musikalische Tradition so glorreich hervorleuchtet. meine zwar schwachen, aber ernstlich gutgesinnten musikalischen Dienste mehrfach zu widmen.

Genehmigen Sie, hochverehrter Herr, die Versicherung der aufrichtigen Hochachtung, mit welcher ich die Ehre habe zu verbleiben Ihr dankbar ergebenster

Weymar, 10ten Februar 1856. F. Liszt.

150. An Dr. Franz Brendel.

Verehrter Freund,

Vor allem sage ich Ihnen meinen aufrichtigsten Dank für die mannigfachen Beweise Ihrer Freundschaft und Anhänglichkeit, die Sie mir in letzter Zeit gegeben; insbesondere hat mich der Aufsatz in der vorletzten Nummer der Zeitschrift, aus dem Schlusskapitel Ihrer Musikgeschichte entnommen, *wahrhaft erfreut*, und ich hätte Ihnen sogleich ein paar Zeilen meiner dankendsten Anerkennung dafür geschrieben, wenn ich nicht bei meiner Rückkehr hier so sehr in Anspruch genommen worden wäre, dass mir keine ruhige Stunde bis jetzt vergönnt war. In Leipzig konnte ich mich nur von einem Zug zum andern aufhalten und Niemand besuchen als Härtel, mit welchem ich nothwendig zu sprechen hatte. Kaum hier angelangt, musste ich nach Gotha (wo ich Berlioz's Conzert beiwohnte), und die vorige Woche hatten wir genügend zu schaffen mit den Vorbereitungen und Proben des »Cellini« und des Hofconzertes. Die Vorstellung war diesmal wirklich ausgezeichnet; Caspari hatte seine Rolle vortrefflich einstudirt und zur Geltung gebracht; durch ihn hat die Oper einen ganz anderen Eindruk hervorgerufen als früher, wo der arme Beck jetzt Caféhaus-Eigenthümer in Prag, wo ich ihn kürzlich gesehen sich in die *Cellini-Jacke* hineinzwängen musste! — Wahrscheinlich wird Ihnen Pohl ein ausführliches Referat einsenden und auch das Conzert erwähnen, welches vorgestern im Schlosse stattfand. Berlioz dirigirte es, und Fräulein Bianchi gefiel sehr den Herrschaften sowie dem übrigen Auditorium — sodass sie für nächsten Donnerstag wieder zu einem kleinen Conzerte eingeladen ist.

Im Gegensatze zu manchen anderen Künstlern und Künstlerinnen ist Fräulein Bianchi *gut erzogen*, ohne dumme Arroganz — und dabei eine ganz empfehlbare, gut geschulte und angenehme Sängerin.

Die paar Zeilen, die sie mir von Ihnen brachte, introduzirten sie am besten bei mir — blos erlaube ich Ihnen ein andermal nicht mehr in Zweifel zu stellen, »ob ich Ihrer noch in früherer Freundschaft gedenke«. Darüber sollen Sie ein für allemal vollständigste Gewissheit haben, dass ich kein *Variationstalent* Ihnen gegenüber entwickeln werde, sondern stets bereit sein, bei jeder Gelegenheit den Beweis zu liefern, wie aufrichtig ich Ihre Verdienste um die musikalische Sache hochschätze und Ihnen persönlich freundschaftlichst ergeben bin.

19. Februar 1856. F. Liszt.

Nächsten Sonntag wird Lohengrin (mit Fräulein Marx aus Darmstadt als Ortrud) gegeben — und am Donnertag 28. Februar der *ganze* Faust von Berlioz.

151. An Dionys Pruckner in Wien[1]).

Liebster Dionysius,

Die freudigen Kunden Ihrer Erfolge finden stets in Weymar den freudigsten Widerhall, und ich danke Ihnen bestens für die angenehmen Mittheilungen Ihres Briefes. Haslinger

---

1) Liszt's Schüler, seit 1858 Professor am Stuttgarter Conservatorium.

war seinerseits so freundlich, mir ausführlich über Ihr erstes Conzert, sowie die Hof-Soirée bei I. K. H. der Erzherzogin Sophie zu schreiben — und gestern Abend erzählte mir auch v. Dingelstedt en détail Ihre Münchner Conzert-Ravagen. Dies alles erweist deutlich, dass man Bock-Bier trinken kann, ohne deswegen Böcke zu schiessen!

Ihre Absicht, mehrere Monate in Wien und in seinen anmuthigen Umgebungen zu verweilen, billige ich gänzlich. Ebenso Ihren näheren Verkehr mit Meister Czerny, dessen vielseitige musikalische Erfahrungen praktisch und theoretisch Ihnen von grossem Nutzen sein können. Von allen jetzt lebenden Componisten, welche sich speziell mit dem Clavierspiel und Claviersatz befasst haben, kenne ich keinen, dessen Ansichten und Beurtheilungen einen so richtigen Massstab des Geleisteten darbieten. In den zwanziger Jahren, wo ein grosser Theil der Beethoven'schen Schöpfungen für die meisten Musiker eine Art von Sphinx war, spielte Czerny *ausschliesslich* Beethoven mit ebenso vortrefflichem Verständniss als ausreichender, wirksamer Technik; und späterhin hat er sich auch nicht gegen einige gethane Fortschritte in der Technik verschlossen, sondern wesentlich durch seine Lehre und seine Werke dazu beigetragen. Schade nur, dass er sich durch eine zu übermässige Productivität hat schwächen müssen und nicht auf dem Wege seiner ersten Sonate (op. 6 As-dur) und einiger anderen Werke dieser Periode, welche ich als bedeutsame, der edelsten Richtung angehörige und schön geformte Compositionen hochschätze, weiter fortgeschritten ist. Leider aber waren damals die Wiener gesellschaftlichen und verlegerischen Einflüsse schädlicher Art, und Czerny besass nicht die nothwendige Dosis von Schroffheit, um sich ihnen zu entziehen und sein besseres *Ich* zu wahren. Dies letztere ist überhaupt eine schwierige Aufgabe, deren Lösung für die Tüchtigsten und Hochgesinntesten selbst vieles Beschwerliche mit sich bringt.

Wenn Sie Czerny sehen, empfehlen Sie mich ihm als seinen dankbaren Schüler und seinen ergebenen, ihn aufrichtig verehrenden Freund. Wenn ich diesen Sommer durch Wien komme, freue ich mich sehr, ein paar Stunden wieder mit ihm zusammen zu sein. Wahrscheinlich treffe ich Sie auch noch dort. So wie mir geschrieben wird, soll die Einweihung des Graner Domes im Anfang September stattfinden, welches Falls ich Mitte August von hier abreisen werde.

Entschuldigen Sie mich, dass ich Ihnen die Orchester-Stimmen zu dem *türkischen Capriccio* nicht schicken wollte. Es schien mir einerseits unpassend, sie von Hans zu verlangen — abgesehen davon, dass das Hin- und Herschicken der Stimmen von Berlin nach Wien umständlich ist — und andererseits musste ich annehmen, dass Sie in Wien vorzügliche Copisten vorfinden, welche Ihnen in 14 Tagen die Abschrift weit besser herstellen. In Copiaturen ist das öconomische Princip ein gänzlich *nichtstaugendes* — und wenn Sie meiner Erfahrung glauben, so wählen Sie immer die besten und folglich theuersten Copisten zu der Abschrift der Stimmen, die Sie gebrauchen. Obendrein empfehlen Sie denselben, die gehörige Sorgfalt daran zu wenden, und die *Repliquen* (welche auf die gute Ausführung so erleichternd einwirken) beizufügen.

Bronsart schrieb Ihnen in meinem Auftrag, um Sie bei Zeiten zu benachrichtigen, dass Sie die Stimmen in Wien selbst ausschreiben lassen sollen — und Sie vor der Probe mit dem Copisten genau revidiren, — eine Arbeit, die ich in früheren Jahren oft gemacht, und überhaupt als Regel behalten, in ähnlichen Dingen nicht zu sparen.

Erkundigen Sie sich gelegentlich bei Herrn von Spina, wie weit der Stich der Schubert'schen Fantasie[1]) (von mir instrumentirt) vorgeschritten, und ob er mir bald davon die Correctur senden kann. Bronsart hat kürzlich die Fantasie mit Orchester-Begleitung in Jena mit grossem Effect gespielt.

Leben Sie bestens wohl, liebster Dionysius, und lassen Sie bald Gutes und Vortreffliches von Ihnen hören Ihren

freundschaftlich ergebenen

Weymar, 17. März 1856. F. Liszt.

---

1) C-dur, über den »Wanderer«.

152. An Breitkopf & Härtel.

Hochgeehrter Herr,

Welches Schicksal auch meinen symphonischen Dichtungen zubereitet sein mag, wie sie allerwärts durch Aufführungen und Recensionen zerzaust, zerrauft und zerkrittelt werden können, so gewährt mir immerhin der Anblick der vortrefflichen Edirung und Ausstattung dieser 6 ersten Nummern eine freudige Befriedigung, für welche ich Ihnen meinen aufrichtigen, verbindlichsten Dank sage. . —. Die zwei noch fehlenden Partituren (Nr. 1 und Nr. 9) werde ich Ihnen Ende dieses Monates einsenden mit der Bitte, dieselben in dem gleichen Format und Bedingungen wie die früheren zu ediren. Obschon in die Dinge manches *Speculative* hineingelegt ist, so beanspruche [ich] jedoch keineswegs eine *Speculation* damit zu machen, und bleibe nur Ihres freundlichen Wohlwollens insofern gewärtig, als sich allenfalls in den späteren Jahren irgend ein günstiges pecuniäres Resultat herausstellen sollte. Die Correcturen der 2 clavierigen Arrangements, wovon ich Ihnen bereits 7 Nummern zugestellt, erwarte ich nächstens, und mit den 2 letzten Partituren erhalten Sie gleichzeitig die zwei noch übrigen Clavier-Arrangements. . —.

In Angelegenheiten der *Händel-Gesellschaft*, deren Entwurf Sie mir mitgetheilt haben, bitte ich Sie, meiner vollkommensten Bereitwilligkeit versichert zu sein. Die Wahl der Herren *Hauptmann*, *Dehn*, *Chrysander* (*Otto Jahn?*) als eigentlich musikalische Direction halte ich für gänzlich sachgemäss — ebenso wie die der Herren Gervinus und Breitkopf und Härtel als Mitglieder des Ausschusses — und sobald die pecuniäre Modalität des Unternehmens festgestellt, werde ich nicht ermangeln, wie bei der Bach-Gesellschaft, einige Subscriptionen anzuwerben.

Mit aufrichtigem Dank und ausgezeichneter Achtung

Ihr ganz ergebener

Weymar, 15ten Mai 56. F. Liszt.

Wenn es Ihnen möglich ist, mir bald die Correcturen der

5 Clavier-Arrangements zu senden, wird es mir angenehm sein, weil dieselben das Verständniss und die Verbreitung der Partituren erleichtern.

153. An Louis Köhler.

Verehrter Freund,

Nachdem ich Ihren Auftrag an Dr. Härtel besorgt hatte und derselbe mir Ihre *Methodik* mitgetheilt, zögerte ich Ihnen zu schreiben, da der, wie zu erwarten, günstige Ausgang der kleinen Verhandlung Ihnen schon durch Härtel bekannt war, und ich gleichzeitig wünschte, Ihnen einiges von meinem Kram mitzuschicken. Leider bin ich durch so vielerlei Beschäftigungen abgehalten gewesen, die Correctur meiner *symphonischen Dichtungen* schnell abzumachen, und überdies hat mich diese Correctur sehr in Anspruch genommen; denn obschon ich es nicht an Vorproben, mehrmalig veränderten Ausschreiben der Partituren hatte fehlen lassen, so sah mir doch manches im Druck anders aus, als ich es haben wollte, und ich musste schlechtweg wieder mit dem Orchester probiren, auf's neue ausschreiben lassen und andere Correcturen verlangen. Endlich sind die ersten 6 Nummern erschienen, und wenn sie auch sehr schlecht gemacht werden, so kann ich sie nicht mehr anders und besser machen. Durch Härtel haben Sie wohl schon das Ihnen bestimmte Exemplar empfangen, und binnen kurzem erhalten Sie die von mir ziemlich frei bearbeiteten Clavier-Auszüge — für 2 Pianoforte — derselben Dinge. Ich versuchte zuerst ein 4händiges Arrangement davon, was für den *Verschleiss* weit praktischer wäre; gab aber diese Verstümmelung bald auf, indem ich einsah, dass bei dem 4händigen Satz das Ineinandergreifen der Hände meinem Tongebilde zu sehr im Wege steht. Das 2clavierige Arrangement, wenn ich nicht irre, klingt passabel. Bülow, Bronsart, Pruckner etc. haben es mehrmals gespielt, und

1) Systematische Lehrmethode für Clavierspiel und Musik. 1857 u. 58.

sicher finden Sie in Königsberg einen *Partner* oder eine *Partnerin*, die Sie dazu verleiten. Es soll mich sehr freuen, wenn Ihnen die Sachen etwas zusagen. Ich habe zu sehr daran laborirt, um die dabei nothwendige Proportion und Harmonie herzustellen, als dass sie mir irgend eine andere Freude machen dürften, wenn ihnen nicht einige Sympathie und gleichsam ein geistiges Einverständniss von Seiten meiner wenigen Freunde zu Theil wird. Wie dem auch sein mag, sagen Sie mir, lieber Freund, ganz unumwunden, ohne alle Complimente, welchen Eindruck die Sachen in Ihnen hervorgebracht. Die 3 nächstens erscheinenden Nummern sind noch länger, verschlimmert und gewagter. Dabei kann ich es aber nicht bewenden lassen: denn diese 9 Nummern dienen nur als *Prolégomènes* der *Faust*- und *Dante*-Symphonie. Erstere ist bereits fix und fertig, und die zweite über die Hälfte ausgeschrieben. »Away, away« mit Mazeppa's Ross, unbedacht des faulen Gauls der Sumpf- und Schablonen-Wirthschaft!

Geben Sie mir bald Nachricht über Ihr Schalten und Walten in Königsberg. Mit Frau Knopp haben Sie eine vortreffliche *Ortrud* gewonnen. Was haben Sie diesen Winter aufgeführt? Stehen Sie in gutem Einvernehmen mit Marpurg? Verbleibt Pabst in K.?

Vergessen Sie auch nicht, mir durch Härtel Ihre *Methodik* (ich vergesse den genauen Titel) zukommen zu lassen. Obgleich ich zu alt und zu träge geworden, um mein Clavierspiel zu verbessern, so will ich doch daraus Nutzen für meine Schüler ziehen, worunter wirklich ein paar ganz wacker strebsame Kerls. Von Weymar habe ich Ihnen sonst wenig zu berichten. Seit Berlioz' Aufenthalt, welcher zu der Litolff'schen stockzerbrechenden Zeitungs-Ente Veranlassung gegeben, gastirten Carl Formes und Johanna Wagner; letzte mit ebenso wohlverdientem als ausserordentlichen Beifall in Gluck's Orpheus und Iphigenia in Aulis (nach der R. Wagner'schen Übersetzung und Bearbeitung). Heute Abend wird das Dornröschen (ein Märchen-Epos) von Joachim Raff aufgeführt. Nach meinem Dafürhalten ist dies das gelungenste und dankbarste Werk von Raff.

Leben Sie bestens wohl, lieber Freund, und bleiben Sie freundschaftlichst eingedenk Ihres aufrichtig dankenden und ergebenen

Weymar, 24ten Mai 56. F. Liszt.

154. An Louis Köhler.

Sehr geehrter lieber Freund,

Endlich bin ich aus meinem »Fegfeuer« herausgelangt, — das will heissen, dass ich mit meiner Symphonie zu Dante's Divina Commedia fertig geworden. Gestern schrieb ich die letzten Takte der Partitur (die dem Umfang nach etwas kürzer als meine Faust-Symphonie, doch etwa eine kleine Stunde Dauer in Anspruch nimmt), und heute zur Erholung und Erfrischung kann ich mir das Vergnügen gönnen, Ihnen für Ihren so freundschaftlichen Brief freundschaftlichsten Dank zu sagen. Die Widmung Ihres Werkes »Systematische Lehrmethode für Clavierspiel und Musik« (letzteres nicht zu vergessen!) erfreut mich sehr, und Sie werden mir wohl auch erlauben, nächstens eine bescheidene *Revanche* zu nehmen, indem ich Ihnen einen meiner Neulinge widme. Wahrscheinlich bringt Schlesinger nächsten Winter mehrere Liederhefte von mir, worin Sie vielleicht manches mit Ihren Ideen der Melodie der Sprache Befreundete finden werden. Daher wünsche ich, dass Sie mir das Vergnügen nicht versagen, Ihren Namen dabei besonders zu beanspruchen und gleichsam als Deutung meiner Gesänge vorangehen zu lassen.

Härtel sendet Ihnen in ein paar Tagen die bereits erschienenen 7 ersten Nummern des Arrangements der Symphonischen Dichtungen für 2 Pianoforte. Ein derartiges Arrangement ist allerdings nicht so verwendbar als ein 4händiges. Jedoch nachdem ich versucht hatte, die Partitur des Tasso schlechtweg in *ein* Pianoforte hineinzuzwacken, gab ich bald dies Vorhaben für die übrigen auf, ob der unvermeidlichen Verstümmelungen und Entstellungen durch das *In-* und *Durch*einandergreifen des 4händigen Satzes, und bequemte mich dazu, zwar Klang und Farbe und *Orchester-*

Licht zu entbehren, aber wenigstens eine übersichtliche und dem Ohr deutliche Wiedergebung des musikalischen Inhalts durch das 2clavierige Arrangement (welches ich ziemlich frei bearbeiten konnte) zu fixiren.

Es ist mir eine sehr angenehme Genugthuung, dass Sie, lieber Freund, einiges Interesse an den Partituren gefunden. Wie denn auch andere über die Dinger aburtheilen mögen, so bleiben sie für mich die nothwendige Entwicklungsstufe meiner inneren Erlebnisse, welche mich zu der Überzeugung geführt haben, dass *Erfinden* und *Empfinden* nicht so gar *vom Übel* in der Kunst sind. Allerdings bemerken Sie ganz richtig, dass die *Formen* (welche nur zu oft mit den *Formeln*, ja selbst *Floskeln* von selbst ganz respectablen Leuten verwechselt werden): »Hauptsatz, Mittelsatz, Nachsatz etc. sehr zur Gewohnheit werden können, weil sie so rein natürlich, primitiv und am leichtesten fasslich sein müssen.« Ohne gegen diese Ansicht die mindeste Einwendung zu machen, bitte ich nur um die Erlaubniss, die Formen durch den Inhalt bestimmen zu dürfen, und sollte mir diese Erlaubniss auch von Seiten der hochlöblichen Kritik versagt werden, so werde ich nichtsdestoweniger getrost meinen bescheidenen Weg weiter gehen. Am Ende kommt es doch hauptsächlich auf das *Was* der Ideen und das *Wie* der Durchführung und Bearbeitung derselben an — und das führt uns immer auf das *Empfinden* und *Erfinden* zurück, wenn wir nicht im Geleise des Handwerks herumkrabbeln und zappeln wollen.

Wann erscheint Ihre Lehrmethode? Ich freue mich sehr zum voraus über alles das Anregende und richtig Getroffene, was darin enthalten. Nächstens erhalten Sie auch ein Circular nebst Schreiben von E. Hallberger (Stuttgart), der mich aufgefordert, die Wahl der in seiner Herausgabe des »Pianoforte« zu erscheinenden Stücke zu übernehmen. Schicken Sie doch bald etwas dazu ein; die Ausstattung und Verbreitung dieser Sammlung wird hoffentlich ganz befriedigend.

Leben Sie bestens wohl in Ihrer Thätigkeit, lieber Freund, und gedenken Sie freundschaftlich Ihres aufrichtig ergebenen

Weymar, 9ien Juli 56. F. Liszt.

P. S. In Ihrem nächsten Brief schreiben Sie mir Ihre genaue Adressse.

155. An Hoffmann von Fallersleben[1].

Lieber Freund,

Lass Dich auch in Deiner anmuthigen *Villeggiatura*, wo es Dir an Schönem und Gutem nicht fehlen kann, von einem Neu-Weymaraner Freund, der Dir herzlich ergeben, bewillkommnen. Zwar habe ich Dir nichts Neues zu sagen. Dass der Grossherzog am Morgen seines Geburtstages Dein Gedicht erhalten und mir darüber später das Freundlichste gesagt, weisst Du zum voraus. Unsre Collegen des Neu-Weymar-Vereins sind meist abgereist und in verschiedenen Ländern zerstreut: Singer in Pest, Soupper[2] in Paris, wo er die Wüstenei der Menge (nach dem Ausdruck Chateaubriand's »la foule, ce vaste désert — nicht *dessert* — d'hommes.«) erprobt; Stör[3] im Seebad Heringsdorf, wahrscheinlich durch eine geheime Affinität seiner Häringsgestalt und den Ortsnamen angezogen; Winterberger in Holland, um die Harlemer und andre Orgeln durchzumustern, was ihm gewiss meisterlich gelingen wird; und Preller reist heute nach Kiel. Auf der Altenburg ist keine zu erwähnende Veränderung eingetreten: an Fremden-Besuch mangelt es mir weder Sommers noch Winters, und noch weniger an Arbeiten, die meine Lebens-Aufgabe geworden sind. Fast könnt' ich auch singen wie Hoffmann von Fallersleben:

---

1) Der bekannte Dichter (1798—1874), der, zu jener Zeit in Weimar lebend, sich mit Liszt nahe befreundete und mit ihm 1854 den Neu-Weimar-Verein gründete, dem unter Liszt's Präsidentschaft die angesehensten Weimarer Musiker, Schauspieler, Schriftsteller und Maler beitraten.

2) Eugen v. Soupper, Concertsänger, Landsmann Liszt's, 1855 u. 56 in Weimar.

3) Musikdirector in Weimar, starb 1889.

»Hier sitz ich fest, ein Fels im Meer,
Woran die Wellen toben;
's geht drunter, dran und drüber her —
Ich bleibe fortan oben —«

wenn es nur mehr Wellenschlag und weniger Sümpfe gäbe! —

Meine Reiseprojekte sind noch ziemlich schwebend, weil ich bis jetzt nicht bestimmen kann, ob ich nach Ungarn gehe oder nicht. Jedenfalls besuche ich spätestens Mitte September R. Wagner in Zürich, wo sich jetzt auch Stahr mit seiner Frau (Fanny Lewald) befindet. Stahr gibt nächstens einen neuen Band Pariser Briefe (über die Ausstellung) heraus und übersetzt den Sueton für die in Stuttgart erscheinende Classiker-Bibliothek. Er erzählte mir, dass sich im Sueton eine Stelle findet, welche man gänzlich auf die *Taufe* des kaiserlichen Prinzen in Paris beziehen kann! Was dürfte sich nach diesem Vorgang nicht alles *Bezügliches* in den *Horae belg.* und dem Weymar'schen Jahrbuch nachweisen lassen! —

Empfiehl mich freundlichst Deinen liebenswürdigen Amphitrioninnen, die ich leider nicht mehr vor ihrer Abreise treffen konnte, und wenn Milde's im selben Hause mit Dir sind, sage ihnen, in einen *Trinkspruch geflochten*, meine freundschaftlichsten Grüsse.

Lebe recht wohl, liebster Freund, und bleibe nicht gar zu lange in der Ferne.

Dein Dir aufrichtig herzlich ergebener

Weymar, 14. Juli 56. F. Liszt.

156. An den General-Musikdirector der Militärcorps des preussischen Staats, Wilhelm Wieprecht*).

Verehrter Freund,

Durch mehrere Berliner, die hier durchgekommen sind, erfahre ich, dass Sie die liebenswürdige Gewogenheit gehabt,

*) Autograph im Besitz v. Hrn. Otto Lessmann in Charlottenburg. — Adressat (1802—1872) Miterfinder der Basstuba und Verbesserer verschiedener Blasinstrumente.

meinen Marsch »Vom Fels zum Meer« prächtig zu instrumentiren und denselben mehrmals aufführen zu lassen. Erlauben Sie mir, Ihnen ob diesem neuen Beweis Ihrer Freundschaft meinen aufrichtig verbindlichsten Dank zu sagen und Sie gleichzeitig an ein Versprechen zu erinnern, dessen Erfüllung mir sehr wünschenswerth ist.

Bei meinem letzten Berliner Aufenthalt waren Sie nämlich so freundlich mir zu sagen, dass die symphonische Dichtung »Tasso« sich für Militär-Musik, von Ihnen gesetzt, nicht übel ausnehmen würde, und erklärten sich mit Ihrem bekannten *Bethätigungs*-Schwung bereitwillig, die Instrumentirung zu vollbringen. Gestatten Sie mir heute, Ihr gütiges Anerbieten nur zur Hälfte in Anspruch zu nehmen und Sie zu bitten, von diesem langen Stücke *42 Seiten* Partitur wegzuschmeissen und Ihr Arrangement so einzurichten, dass nach dem letzten Takt der Seite 5 Partitur gleich zu dem 2ten Takt Seite *47* (Lento assai) gesprungen wird — und dadurch das *Lamento* des Tasso wie auch des Publikums verkürzt wird.

(Letzter Takt Seite 5)

(2. Takt Seite 47)

Mit derselben Post übersende ich Ihnen die Partitur und den Clavierauszug (für 2 Pianoforte) zur bequemeren Übersicht. Sollte sich etwa die Schluss-Figur (Buchstabe *M.* Moderato pomposo) *nach dem Clavierauszuge* mit der einfachen

Achtel-Figur  anstatt der Triolen,

in der Instrumentirung besser machen als nach der Partitur, so habe ich dagegen nicht das mindeste einzuwenden und bitte Sie überhaupt, verehrter Freund, gänzlich nach Ihrem Belieben *frei zu schalten und zu walten.* Das Schmeichelhafte für mich wäre eben *darin*, dass Ihnen die Sache genügend zusagt, um dass Sie sich allerlei Freiheiten damit nehmen.

Vor einigen Jahren hielt Dahlmann eine Vorlesung in Bonn über den unreifen Enthusiasmus. Gott bewahre uns ferner vor dem unzeitigen Pedantismus! Meinerseits soll gewiss Niemand etwas darunter zu leiden haben!

Nebst der Tasso-Partitur übersende ich Ihnen auch den »Mazeppa«. Sehen Sie sich gelegentlich den Schluss-*Marsch* (von Seite 89 der Partitur) an:

(NB. mit dem $\frac{4}{6}$ Accord müsste *angefangen* werden, vielleicht nach ein paar vorhergehenden *Wirbel*-Takten in der Roll-Trommel — ohne *bestimmten* Ton.)

Vielleicht passt Ihnen einmal die Geschichte zu irgend einer Gelegenheit.

Entschuldigen Sie bestens, lieber Freund, dass ich so zudringlich werde, und ersehen Sie darin nur die Freude, die mir die Gewährung Ihres Versprechens machen wird. Nächsten Winter hoffe ich Ihnen in Berlin meinen persönlichen Dank auszusprechen.

Einstweilen genehmigen Sie den Ausdruck der aufrichtigen

Verehrung und Hochschätzung Ihres freundschaftlich erkenntlichen und ergebenen

Weymar, 18. Juli 1856. F. Liszt.

Wenn sich, wie ich vermuthe, das Finale aus *Tasso* so einrichten liess, dass es mittelmässige Militär-Musiken passabel abspielen könnten, wäre es mir natürlich angenehm. Jedoch stell ich Ihnen gänzlich anheim, damit ganz nach Ihrem Dafürhalten zu verfahren, und sage Ihnen zum voraus schönsten Dank für Ihre Gefälligkeit.

157. An Concertmeister Edmund Singer.

Geehrter Freund,

In Folge der definitiven Entscheidung, welche mir von den H. H. Titular-Bischof und Domcantor Fekete gestern mitgetheilt ist, soll meine Messe am Tage der Einweihung [1]) aufgeführt werden. Ich werde also, wie ich früher bestimmt hatte, am 11ten oder 12ten August in Pest eintreffen und freue mich sehr, Sie und ein paar meiner Freunde wiederzusehen. Auch rechne ich mit Bestimmtheit auf Ihre Mitwirkung als *Conzertmeister* bei den Orchesterproben und der Aufführung der Messe. An Winterberger, welcher in Holland ausserordentliche Sensation erregt, schreibe ich morgen, um ihn zu ersuchen, die Orgelpartie zu übernehmen und Mitte August in Pest einzutreffen.

Da wir von Holland sprechen, füge ich noch hinzu, dass der Herr Vermeulen (General-Secretär der »Maatschappy«) [2]) mich in den ersten Tagen des August hier besuchen wird. Dadurch ist mir eine gute Gelegenheit geboten, Ihnen für Ihre Conzert-Arrangements in Rotterdam und Amsterdam etc. dienlich zu sein, die ich nicht unbenutzt vorübergehen lassen werde. Mündlich Bestimmteres darüber. Einstweilen ist es besser, wenn Sie noch nicht dahin schreiben.

---

1) Des Graner Doms.

2) »Maatschappy tot bevordering der toonkunst«.

Einliegend mehrere briefliche Danksagungen an E., Dr. F., B. und K., die ich Sie bitte freundlichst besorgen zu wollen.

Und nun noch einen Auftrag, den Sie leicht durch Rosavögly [1] mit meinen freundlichsten Grüssen übertragen können. In meiner Beantwortung des gestrigen officiellen Schreibens des H. von Fekete vergass ich zu wiederholen, dass, um allen Zeitverlust zu vermeiden, es füglich ist die *Gesangstimmen* (Soli und Chor) vor meiner Ankunft ausschreiben zu lassen und zwar möglichst sorgfältig, sauber und deutlich. Das Honorar des Copisten übernehme ich gerne und die Orchesterstimmen bringe ich nebst der Partitur mit, sodass die Vorproben alsbald beginnen können, sowie mir das ausführende Personal zugetheilt ist.

Ich hoffe mit Sicherheit, dass wir ohne Mühen und Plagen eine sehr schöne Aufführung erlangen, woran die betheiligten Musiker sowie das Auditorium Freude und Erbauung finden sollen. Auch soll die Dauer der Messe den gemachten Anforderungen entsprechen, und ich habe noch gestern ein paar Striche herausgefunden, welche nöthigenfalls noch gemacht werden können, ohne das Werk im Wesentlichen zu beeinträchtigen. Sie wissen, lieber Singer, dass ich in Strich-Angelegenheiten eine besondere Virtuosität besitze, worin mir nicht leicht Jemand gleich kommen dürfte! —

Blos bin ich nicht gesonnen, ungeachtet manchen vorsichtigen Rathes, meine Messe und mich selbst ganz zu streichen, umsoweniger als sich bei dieser Gelegenheit meine Freunde und Landsleute so vortrefflich und liebenswürdig für mich bezeigt haben. Ich bin ihnen deswegen schuldig, den *thatsächlichen Beweis* zu liefern, dass mir ihr Vertrauen und ihre Sympathie nicht gänzlich unverdient zu Theil geworden ist — und mit Gottes Hilfe soll dies auch *unumstösslich dargelegt* sein!

Im Übrigen wünsche ich mich diesmal in Pest *sehr ruhig* und bescheiden zu verhalten. Componisten meiner Sorte schreiben zwar viel Pauken- und Trompeten-Stimmen, bedürfen

1) Musikverleger in Budapest.

aber keineswegs des zu üblichen Pauken- und Trompeten-*Tuschs*, weil sie eben ein höheres Ziel anstreben, welches durch Äusserlichkeiten nicht zu erreichen ist.

Auf baldiges Wiedersehen, lieber Freund — spätestens gehe ich am 9ten August von hier ab. Einstweilen besten Dank für Ihre so freundlichen Briefe — et

toujours tout à vous

28. Juli 1856. F. Liszt.

158. An Joachim Raff[1]).

Geehrter Herr und Freund,

Es ist mir sehr angenehm und erfreulich, durch Ihren Brief zu vernehmen, dass Sie die anerkennende Absicht meines Aufsatzes über »Dornröschen« richtig aufgenommen haben und in der Haltung desselben einen neuen Beweis meiner aufrichtigen Hochschätzung Ihres Kunstvermögens, sowie meiner Bereitwilligkeit, Ihnen, soweit es mir meine Einsicht und Loyalität in Kunstsachen ermöglichen, förderlich zu sein, unzweideutig ersehen. Bei dieser ersten Besprechung eines so überdachten und breit ausgeführten Werkes galt es mir hauptsächlich, die Kunstgenossenschaft auf Ihre Gesammtleistungen und Ihr höheres Anstreben in den letzten 6 Jahren aufmerksam zu machen. Hoffentlich geben Sie mir später noch Veranlassung, manches gerechte Lob zu erweitern und die etwaigen Differenzen in unseren Ansichten mehr in Schatten zu stellen. Wenn ich Sie diesmal nicht so gänzlich als ich es gewünscht hätte, als einen Peter Schlemihl unter den musikalischen Zeitgenossen hingestellt habe, so geschah dies auch zum Theil in Folge Ihres mir öfters ertheilten Rathes, »dass man Leute und Werke nicht ausschliesslich loben soll, wenn man ihnen nützen will«. In dieser Ansicht stimme ich zwar nicht immer mit Ihnen

---

1) Raff (1822—1882) lebte bekanntlich einige Jahre in Weimar zunächst als Liszt's Secretär) und schloss sich als Componist damals der Lisztschen Richtung an, weiterhin andre Wege gehend.

2) »Neue Zeitschrift für Musik«. Später Ges. Schriften, Bd. V.

überein — bei dieser Gelegenheit hoffe ich jedoch, das ungefähr richtige Mass getroffen zu haben.

Nehmen Sie noch meinen besten Dank für Ihre freundliche Verwendung im Interesse meiner Orchester-Compositionen bei der Conzert-Direction in Wiesbaden. Ob ich in diesem Winter verschiedenen Conzerteinladungen Folge leisten kann, hängt von mehreren Umständen ab, die sich im voraus nicht ganz bestimmen lassen. Jedenfalls aber wird es mir willkommen sein, wenn meine Compositionen einige Verbreitung erlangen, und vielleicht dürfte sich bei Ihrem jetzigen Aufenthalt in Wiesbaden die Gelegenheit bieten, Ihren früheren Intentionen gemäss eine oder zwei Nummern der Symphonischen Dichtungen unter Ihrer Leitung aufzuführen.

Ende nächster Woche spätestens reise ich nach Gran, um meine Messe am 31. August (zur Einweihungs-Feierlichkeit der Basilika) zu dirigiren.

Gegen Mitte September gehe ich nach Zürich und gedenke dort, wenn nicht besondere Abhaltungen eintreten, worauf ich immer gefasst sein muss, ein paar Wochen mit Wagner zu verbleiben.

Leben Sie bestens wohl, lieber Raff, und lassen Sie bald wieder etwas von sich hören Ihren aufrichtig ergebenen

Weymar, 31. Juli 56. F. Liszt.

Hans von Bülow ist seit ein paar Tagen bei mir und geht übermorgen nach Baden-Baden. Winterberger feiert in Holland ausserordentliche Orgeltriumphe und hat die Propheten- nebst der BACH-Fuge vor einem Auditorium von 2000 Personen mit enormem Beifall vorgetragen.

Vergessen Sie nicht meine freundschaftlichen Grüsse an Genast[1]) et tous mes hommages à Mademoiselle Doris[2]).

---

1) Der berühmte Weimarer Schauspieler, nachmals Raff's Schwiegervater.

2) Raff's nachmalige Gattin, treffliche Bühnenkünstlerin.

159. An Anton Rubinstein.

Ce m'est un très véritable regret, mon cher Rubinstein, de manquer la visite que vous m'annoncez par l'intermédiaire de Mr Hallberger pour après-demain. Vous savez quel sincère plaisir j'ai toujours à vous revoir et quel intérêt vivace j'attache à vos nouveaux ouvrages. Cette fois-ci en particulier bin ich höchst gespannt auf die Ausarbeitung Ihres »Verlornen Paradieses«. Si la suite et la fin répondent au commencement, que vous m'avez montré, vous avez de quoi être sérieusement content de vous-même, et vous pourrez dormir tranquillement avec la conscience d'avoir écrit un grand et bel ouvrage.

Malheureusement, quelque curiosité que j'aie d'en être tout-à-fait assuré, je ne puis rester plus longtemps ici, et devrai me mettre en route dès demain matin pour Gran, où malgré des pourparlers au moins inutiles, dont vous avez peut-être suivi le fil dans les journaux, on finira pourtant par exécuter ma Messe le 31 Août (au jour de la consécration de la Basilique[1]). Vous voyez que je n'ai que très juste le temps de mettre la chose sur pied et ne pourrai, sans risquer des désagréments, différer mon arrivée au delà du jour que j'ai d'ailleurs fixé officiellement depuis une semaine environ.

Veuillez donc bien m'excuser, mon cher Rubinstein, de ma *Fugue* involontaire et permettez-moi de m'en dédommager sans trop de retard. A mon retour de Hongrie je passerai par Stuttgart (vers la mi-Septembre). Peut-être vous y trouverai-je encore, ce qui me serait un très sensible plaisir. Nous chanterions ensemble Chœurs, Soli et Orchestre de votre nouvelle partition à *tue-tête*! Et Winterberger (qui vient d'avoir des succès fabuleux à Rotterdam, Harlem etc., où il a donné plusieurs concerts d'orgue très suivis) pourrait se mettre aussi de la partie, car je compte faire le voyage de Zürich avec lui, et chemin faisant nous explorerons les orgues d'Ulm, Stuttgart, Fribourg et Winterthur.

Veuillez me faire savoir par quelques lignes vos projets de la fin de l'été et d'automne. Reviendrez-vous à Leipzig?

Vous convient-il d'essayer votre Oratorio, d'abord à Weymar? Dans ce dernier cas, qui me serait le plus agréable, vous n'en doutez point, je tâcherai de vous faciliter les arrangements à prendre relativement aux copies, et de vous épargner les frais de copie. Vers la fin d'Octobre, au plus tard, je serai de retour ici, et si nous ne nous rencontrons pas avant, je compte bien que vous ne laisserez pas passer cette année sans venir reprendre pour quelques jours votre chambre de l'Altenburg, où vous êtes certain d'être toujours le très amicalement bien venu, car nous ne changerons guère rien.

Si vous avez un quart-d'heure de loisir écrivez un morceau de quelques pages pour Hallberger, sans le faire plus attendre, car je tiendrais particulièrement à ce qu'un de vos opuscules paraisse dans la première livraison du »Pianoforte«.

La Princesse me charge de ses meilleurs compliments pour vous, auxquels je joins l'expression de la franche et cordiale amitié de votre tout dévoué

6 Août 56. F. Liszt.

Mes *choses* en partition vous sont-elles parvenues? Continuez de m'adresser à Weymar.

160. An Joachim Raff.

Sie würden sich sehr irren, wenn Sie irgend ein Misstrauen meinem Verhalten beilegten, und ich kann Sie mit bestem Gewissen versichern, dass mir nichts Angenehmeres und Erwünschteres vorkommt, als sich auf seine Freunde gänzlich zu verlassen. In der Wiesbadener Conzertangelegenheit muss ich nothwendigerweise eine *bestimmte* Aufforderung von Seiten der Conzert-Direction abwarten, bevor ich eine *bestimmte* Antwort gebe. Dass ich mich gerne bereitwillig und verbindlich zeige, glaube ich zu oftmalen bewiesen zu haben, um darüber gesprächig zu werden. Noch vorigen Sonntag war ich in Sondershausen und versprach im Laufe nächsten Winters wieder hin zu kommen. Die dortige Kapelle unter Leitung ihres Kapellmeisters Stein (der mir bis jetzt unbekannt gewesen) hat zwei meiner Symphonischen Dichtungen — »Les Préludes« und »Mazeppa« — mit ganz ungemeiner Begeisterung und Trefflichkeit aufgeführt. Sollte sich in Wiesbaden eine ähnliche Bereitwilligkeit herausstellen, so wird es mir natürlich ein Vergnügen sein, der Einladung der Conzert-Direction Folge zu leisten, so wie ich Ihnen nur aufrichtigen Dank wissen kann, der Verbreitung und dem sympathischen Verständniss meiner Werke förderlich zu sein. Aus Ihrem Schreiben selbst aber ersehe ich, dass Sie nicht mehr lange in Wiesbaden verweilen werden, und da ich mit den jetzigen Verhältnissen dort unbekannt bin, kann ich nicht zum voraus auf das freundliche Entgegenkommen rechnen, ohne welches öffentliche Aufführungen sich immer sehr unerspriesslich für den Componisten erweisen. Je nachdem also sich diese Verhältnisse meinem ehrlichen Anstreben günstig oder ungünstig bezeigen, werde ich hinkommen — oder zu Hause bleiben.

Zur Aufführung Ihres »König Alfred«[1]) sage ich Ihnen meine aufrichtigsten Glückwünsche. Von Hallberger sind mir Ihre zwei Tanz-Capricen (Bolero und Walzer) eingesandt worden, und ich habe dieselben bereits *beide* zur baldigen Herausgabe empfohlen.

Heute Nachmittag reise ich nach Gran. Mitte September werde ich in Stuttgart eintreffen und nach Zürich gehen. Briefe werden mir immer nach Weymar adressirt, und vor Ende October bin ich hier wieder zurückgelangt.

Mit bestem Gruss und Dank freundschaftlich ergeben

Weymar, 7. August 56. F. Liszt.

161. An Anton Rubinstein.

Je suis très au regret, mon cher Rubinstein, d'avoir manqué votre visite à Weymar, et, en vous remerciant bien sincèrement de votre bonne intention, je viens vous prier de m'accorder un plein dédommagement par une seconde visite lors de mon retour.

---

1) Oper Raff's.

Par les nouvelles qui me parviennent d'Altenburg, j'apprends que vous comptez passer une partie de l'hiver à Berlin, et y ferez exécuter votre »Paradis perdu«, qui sera sans doute un ouvrage *bien trouvé* et dont vous vous *trouverez bien*. Veuillez ne pas manquer, je vous prie, de me prévenir à temps du jour où il sera exécuté, car je tiens à assister à cette première audition et viendrai sûrement à Berlin, à moins d'empêchements absolus.

Vers la fin d'Octobre je pense être de retour à Weymar, et me remettre sérieusement au trauvail, ce qui ne m'est guère possible ailleurs. Les répétitions de ma Messe marchent ici à merveille, et je m'attends à une très belle exécution pour le 31 à Gran, où du reste il y aura à ce jour tant d'autres choses et personnages d'une toute autre importance que ma Messe, à regarder et à écouter, qu'on en entendra à peine trois mesures. Heureusement que mon ouvrage a la bonne chance de deux répétitions générales préalables et publiques à Pest la semaine prochaine, et une dernière répétition à Gran même. Zellner y assistera probablement, et vous en aurez des nouvelles par lui. Peut-être aussi exécutera-t-on cette même Messe le 28 Septembre (jour de St Venceslas, Patron de la Bohême) à Prague, d'où l'on vient de m'écrire à cet effet.

Vous me ferez grand plaisir, mon cher Rubinstein, de m'écrire un peu vos projets d'automne et d'hiver, et si par hasard je puis vous être bon à quelque chose, veuillez bien me faire l'amitié de disposer très entièrement de moi comme de quelqu'un qui vous reste très sincèrement affectionné et dévoué. F. Liszt.

Pest, 21 Août 56.

Adressez toujours Weymar.

Vers la mi-Septembre je compte toujours aller par Stuttgart à Zürich; mais il est possible que Prague m'occasionne un retard d'une quinzaine.

162. An Eduard Liszt.

[Pest,] Freitag 5ten September 56.

Liebster Eduard,

Die gestrige Aufführung meiner Messe war so ganz nach meinem Sinn und bei weitem gelungener und wirksamer als alle vorangegangenen. Ohne Übertreibung und in aller christlichen Bescheidenheit kann ich Dir sagen, dass manche Thränen geflossen sind, und dass das sehr zahlreiche Auditorium (die Kirche der Stadtpfarrei war gedrängt voll) sowie das ausführende Personal sich mit Leib und Seele in meine Anschauung der heiligen Mysterien der Messe hinaufgeschwungen hatten ... und alles und alles nur ein demüthiges Gebet zu dem Allmächtigen und zu dem Erlöser war! — Ich dachte herzinniglichst an Dich und suchte Dich — denn Du bist mir ja im Geiste so nächst und vertraut geworden! —

Nächsten Montag, 8ten September bei der Einweihung der *Herminen-Kapelle* (welche der Cardinal Fürst Primas von Ungarn consecrirt) wird meine 4männerstimmige Messe gesungen. Winterberger begleitet mit einer orgelartigen Physharmonica. An demselben Abend (Montag) findet das Conzert zum Besten des Pensionsfonds im Theater statt, worin Singer und Pruckner spielen, und zwei meiner Symphonischen Dichtungen — »les Préludes« und »Hungaria« (Nr. 3 und 9) aufgeführt werden.

Am 14ten September spätestens treffe ich in Wien ein, und ich werde Haslinger darüber noch bestimmter schreiben. Einstweilen sei so gefällig und benachrichtige Haslinger davon, weil ich ihm erst nach dem Conzert im ungarischen Theater schreiben kann.

.—. Ich gedenke vor Ende nächster Woche abzureisen.

Gott mit Dir und Deinem F. L.

Heute Morgen bei der Probe wurde mir gesagt, dass Du einen so vortrefflichen Aufsatz im *Wanderer* über die Messe gebracht hast. Du sandtest wohl die Nummer nach *Weymar?* Wenn möglich, lass mir sie auch hier zukommen.

163. An Louis Köhler.

Bravo, lieber Freund, für die drei so anmuthvollen und glücklich empfundenen Melodien-Dialoge! Ich habe meine Freude daran und bin des Erfolgs dieser reizenden *Sclams* sicher. Als alter *Laborant* im Claviersatz, gestatten Sie mir blos, Ihnen eine kleine Änderung in den 2 Takten vor der Wiederkehr des Motivs (Nr. 1) zu unterbreiten. Nach meiner Empfindung würde da ein Takt *mehr* wohlthuend wirken, so z. B.:

Sind Sie mit dieser Version einverstanden, so schreiben Sie mir einfach ein Ja unter Adresse von Richard Wagner, Zeltweg Zürich. Ich werde nächsten Sonntag dort eintreffen und einige Tage mit unserm grossen Freund verweilen. Anfangs November bin ich wieder in Weymar zurück.

Herzliche Grüsse von Ihrem freundschaftlich ergebenen

Stuttgart, 8. October 56. F. Liszt.

In Nr. 3 (2 ersten Takte) scheint mir auch das F im Bass der richtige Klang, und Sie hatten ihn auch zuerst hingeschrieben:

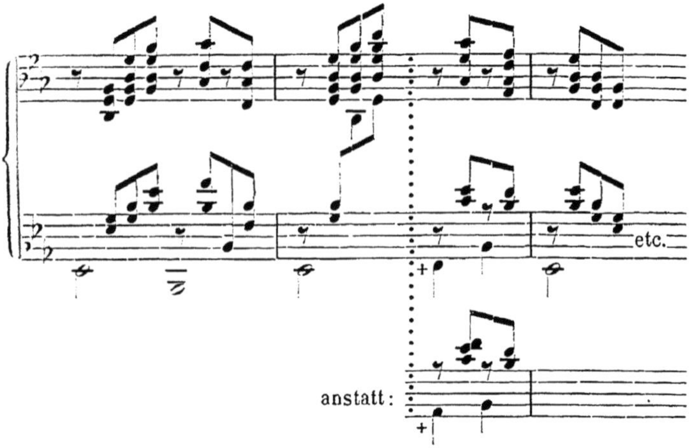

Wollen Sie mir bei der Correctur diese kleine Änderung überlassen?

164. An Justizrath Dr. Gille in Jena[1]).

Zürich, 14. November 56.

Sehr geehrter Freund,

Herzlich erfreut über die so ehrenvolle Bezeugung der Theilnahme und Anhänglichkeit unseres Circulus harmonicus Academiae Jenensis, welche mir zu dem 22ten October durch Ihre Güte bereitet wurde, sage ich Ihnen dafür meinen aufrichtigst ergebenen Dank, mit der Bitte, denselben unserm Freund Stade und Herrn Schäfer, deren Namen das Diplom bekräftigen, freundlichst übermitteln zu wollen.

1) Eifriger Freund Liszt's, Förderer musikalischer Bestrebungen, Mitbegründer und Vorstandsmitglied (Generalsecretär) des Allgem. deutschen Musikvereins; lebt — dem Liszt-Museum in Weimar vorgesetzt — als Geh. Hof- und Justizrath in Jena.

Dass Sie in diesem Diplom an die Graner Basilica und meine Missa solemnis anknüpfen, rührt mich inniglich. Sie können versichert sein, lieber Freund, dass ich mein Werk nicht componirt habe, etwa wie man ein Mess-Gewand anstatt eines Paletot anziehen möchte, sondern dass es aus wahrhaft inbrünstigem Herzens-Glauben, so wie ich ihn seit meiner Kindheit empfinde, entsprossen ist. »*Genitum, non factum*« — und daher konnte ich wahrgetreu sagen, dass ich meine Messe mehr gebetet als componirt habe. Bis zu Ostern wird das Werk, nach der wohlwollenden Anordnung S. E. des Ministers von Bach, auf Regierungskosten durch die k. k. Staats-Druckerei veröffentlicht werden, und ich behalte mir die Freude vor, dem Circulus harmonicus eins der ersten Exemplare zu verehren. Die Messe ist seit meiner Abreise ein zweites Mal in Prag aufgeführt worden, und wie mir Capellmeister Skraup schreibt, mit »gesteigerter Theilnahme«; ein paar andere Aufführungen in Wien etc. sind bevorstehend.

Entschuldigen Sie bestens, lieber Freund, dass ich Ihnen nicht früher meinen Dank ausgesprochen habe. Ihr Brief traf mich im Bett, wo ich noch durch eine ziemlich langwierige Krankheit verhalten bin, die meine Rückkehr nach Weymar um mehrere Wochen verspätet. Nächste Woche soll ich mich wieder an die Luft etwas gewöhnen und hoffentlich werde ich in etwa 10 Tagen von hier abreisen können. Anfangs December bin ich in Weymar und komme dann bald zu Ihnen nach Jena. —

Von Wagner erzähle ich Ihnen vieles mündlich. Wir sehen uns natürlich täglich, den ganzen lieben Tag hinan. Seine Nibelungen sind eine gänzlich neue und herrliche Welt, nach welcher ich mich längst gesehnt habe, und für die die besonnensten Leute sich noch begeistern werden, wenn auch dabei der Massstab der Mittelmässigkeit sich unzulänglich erweist! —

Freundschaftlichen Gruss und treu ergeben

F. Liszt.

165. An Dr. Adolf Stern in Dresden[1]).

Sehr geehrter Herr und Freund,

Ein langweilig und langwieriges Unwohlsein verhält mich im Bett seit 14 Tagen — und ich habe mich sehr bei Ihnen zu entschuldigen über die Verzögerung meines aufrichtigen Dankes für die so liebenswürdige Erinnerung, mit welcher Sie den 22. October schmückten. Das schöne, sinnreiche, mit zartmächtigem Flügelschlage hoch schwebende Gedicht geht mir sehr zu Herzen, und meine Träume belauschen Lehels Horn-Ton-Zauber hindurch den Reiz Ihrer Poesie! Vielleicht kann ich Ihnen bald erzählen, was ich gehört habe, wenn sich die vereinzelten Klänge harmonisch angezogen zu einem kunstgemässen Ganzen gefügt haben, wonach sich wohl ein 2ter Theil meiner Symphonischen Dichtung »Hungaria« bilden dürfte.

Einstweilen habe ich mir erlaubt, Ihr Gedicht an ein paar meiner Freunde nach Pest zu senden, welche sich mit mir darüber freuen sollen.

Ungeachtet meines Unwohlseins verlebe ich hier mit Wagner prächtige Tage und durchsättige mich an seiner *Nibelungen*-Welt, von welcher unsre Handwerker-Musiker und leeres Stroh dreschenden Kritiker noch keine Ahnung haben können. Hoffentlich wird dieses colossale Werk im Jahre 59 zur Aufführung gelangen, und meinerseits werde ich nichts vernachlässigen, um diese Aufführung (die freilich mancherlei Schwierigkeiten und Anstrengungen implicirt) baldmöglichst einzulenken. Wagner bedarf dazu eines ganz eignen Theaterbaus und eines nicht gewöhnlichen Darsteller- und Orchester-Personals. Selbstverständlich kann das Werk nur unter *seiner* eignen Leitung in die Welt treten, und falls dies, wie es so wünschenswerth ist, in Deutschland geschehen sollte, müsste vor allem seine Begnadigung erzielt werden. — Ich

1 Dichter und Literarhistoriker, jetzt Professor am Polytechnikum zu Dresden; seit 1867 Vorstandsmitglied des Allgem. deutsch. Musikvereins.

tröste mich mit dem Spruch: »Was sein soll, muss kommen!« Und so gedenke ich auch wieder bald auf meinem Beine ordentlich zu stehen und in den ersten Tagen Decembers in Weymar zurück zu sein. Sehr freundlich wird es von Ihnen sein, wenn Sie nicht zu lange Zeit vergehen lassen ohne mich zu besuchen. Für heute genehmigen Sie nochmals meinen herzlichen Dank nebst der Versicherung der freundschaftlichen Ergebenheit Ihres

Zürich, 14. November 56. F. Liszt.

166. An Louis Köhler.

Beifolgend, lieber Freund, ein Brouillon des Vorspiels zu dem Rheingold, welches mir Wagner für Sie eingehändigt hat und Ihnen gewiss Freude machen wird.

Nachdem ich ein paar Wochen im Bette zubringen musste, was meinen hiesigen Aufenthalt verlängert hat, mache ich mich jetzt bereit, übermorgen mit Wagner nach St. Gallen zu gehen, um dort ein paar meiner symphonischen Dichtungen mit einem sehr respectabeln Orchester-Personal (20 Geigen, 6 Contrabässe etc.) aufzuführen. Gegen Mitte December bin ich wieder in Weymar zurück und schreibe meinen Stiefel weiter! — Tausend freundschaftliche Grüsse.

Zürich, 21. Nov. 56. F. Liszt.

167. An Eduard Liszt.

St. Gallen, 24. November 56.

. —. In St. Gallen fand gestern ein ganz bedeutsames Conzert statt. Wagner dirigirte die Eroica-Symphonie, und ich liess ihm zu Ehren zwei meiner symphonischen Dichtungen aufführen. Letztere wurden vortrefflich gegeben — und aufgenommen. Die St. Galler Zeitung bringt mehrere Aufsätze darüber, die ich Dir zuschicke.

Bis zu Weihnachten werde ich Dir die neue Copie meiner Messe (die ich bei der letzten Revision noch wesentlich verbessert zu haben meine, namentlich durch die Schluss-Fuge im Gloria, und eine himmelanstrebende Steigerung des Satzes

einsenden.

Wahrscheinlich wird das Werk bis zu Ostern erscheinen können. Wenn Du mir mit umgehender Post schreibst, kannst Du mir die ministerielle Beantwortung meines Schreibens an Bach hierher adressiren. Der mir durch Dich mitgetheilte Inhalt *freut mich sehr* und ich rechne mit Zuversicht darauf, dass die Herausgabe der Partitur den Sinn und die Bedeutung meines Werkes in der öffentlichen Meinung feststellen wird. Dasselbe ist wahrlich »von reinem *musikalischen Wasser* (nicht im Sinne des üblichen *verwässerten* Kirchenstyls, wohl aber dem Diamant-Wasser vergleichlich) und tiefbeseeltem *katholischen Wein.*«

. —. Lebe bestens wohl, liebster Eduard, und verbleibe mir getreu im Geist und Herzen, so wie Dir Dein

F. Liszt.

168. An Alexander Ritter, Musikdirector in Stettin.

München, 4. December 56.

Lieber Freund,

Ihren Brief erhielt ich an einem Tage, wo ich wieder Ihre Gegenwart sehr vermisste. Wir waren mit Wagner zusammen in St. Gallen, und die dortige Musik-Gesellschaft hatte sich durch Herbeischaffung eines Orchesters von 10 ersten, 10 Secund-Geigen, 8 Violen, 6 Celli und Contrabässen ausgezeichnet. Wagner dirigirte die *Eroica* und ich zwei meiner symphonischen Dichtungen, *Orpheus* und *les Préludes.* Die Aufführung und Aufnahme meiner Sachen waren so recht nach meiner Freude, und die *Préludes* mussten (so wie in Pest) wiederholt werden. Ob eine ähnliche Production in Stettin zu ermöglichen wäre, dürfte ich ungeachtet Ihres freundschaftlichen Entgegenkommens sehr bezweifeln. Der offene, gerade Sinn des Publikums ist allenthalben noch so sehr in Schach gehalten durch die tagtäglichen Faseleien der Männer des »*Aber*« und »*Doch*«, die von der Kritik leben und es sich zur Aufgabe zu stellen scheinen, jedes lebendige Streben todt zu machen, um dadurch ihr Ansehen und ihre Wichtigkeit zu vermehren, dass ich die schnelle Verbreitung meiner Werke fast als eine Unvorsichtigkeit betrachten muss. Orpheus, Tasso und Festklänge verlangen Sie von mir, lieber Freund! Haben Sie *aber* auch überlegt, dass der Orpheus keinen eigentlichen *Durchführungssatz* enthält und ganz einfach zwischen Wonn und Weh, die Versöhnung in der Kunst aufathmend, dahinschwebt? Vergessen Sie doch nicht, bitte, dass der Tasso keinen *psychischen* Triumph feiert, was bereits ein geistreicher Kritiker daran gerügt hat (wahrscheinlich eingedenk des »*innerlichen Kameels*«, was Heine als ein unerlässliches Bedürfniss der deutschen Ästhetik bezeichnet!), und die *Festklänge* unserm Freund Pohl selbst zu ungestüm durcheinander klangen! Und dann was soll alle diese *Canaille* von Schlag-Instrumenten, Becken, Triangel und Trommel auf dem heiligen Gebiet der Symphonie zu schaffen haben? Das ist, glauben Sie mir, nicht nur Verirrung und Verwirrung der Begriffe, sondern auch Schändung der Gattung selbst!

Sollten Sie darüber anderer Meinung sein, so erlauben Sie mir wenigstens, Sie von einer zu argen Compromittirung, so nahe an den Pforten der Berliner unfehlbaren Kritik, abzuhalten und Sie nicht in das Verderbniss meiner gauklerischen Tongebilde mit hineinzuziehen. Ihre liebenswürdige Frau (welcher ich Sie bitte mich freundschaftlich zu empfehlen) könnte mir dafür böse werden, und ich möchte mich um keinen Preis ihrer Ungewogenheit aussetzen. Anstatt meine symphonischen Dichtungen aufzuführen, halten Sie doch lieber *Haus-Vorlesungen* des Geleits-Briefs der »Haus-Musik« von Riehl und beherzigen Sie recht die Mahnung der

»*Rückkehr zum Mass*«.[1])

---

1) Dabei wird natürlich das *Mass der Mittelmässigkeit* als einzig massgebend verstanden. [Anmerkung des Autors.]

Auf diesem Weg allein gelangen Sie bald zu einer Kapellmeister-Stelle und der Ihnen als Musikdirector gebührenden »*Ästime*« von Seiten der Musiker und Honorationen.

Im Übrigen würden Sie meinen guten Rath sehr missdeuten, wenn Sie darin blos einen Vorwand erblicken wollten, um mein früheres Versprechen, Sie in Stettin zu besuchen, nicht einzuhalten. Gewiss komme ich gelegentlich zu Ihnen und freue mich sehr, ein paar Tage mit so trefflichen Freunden zu verleben. Zunächst muss ich aber etwas stabil in Weymar verbleiben, um einige angefangene Arbeiten zu beenden und mein andauerndes Unwohlsein in Zürich ganz zu vergessen.

Mit Wagner habe ich herrliche Tage verlebt, und das »Rheingold« und die »Walküre« sind unglaubliche *vollendete Wunderwerke.*

Ihren Bruder Carl[1] habe ich zu meinem aufrichtigen Bedauern nur in den ersten Tagen meines Aufenthaltes in Zürich ein paarmal gesehen. Ich erzähle Ihnen mündlich, wie dies negative Verhältniss so ganz gegen meinen Wunsch und Erwarten durch eine gereizte Empfindelei Ihres Bruders eintrat. Dass ich durchaus keine ernstliche Veranlassung dazu gegeben habe, bedarf wohl keiner Versicherung Ihnen gegenüber. Fernerhin muss ich aber still abwarten, bis sich Carl eines Besseren und Richtigeren besinnt.

Leben Sie bestens wohl, lieber Freund, und lassen Sie bald wieder von sich hören.

Freundschaftlich ergeben F. Liszt.

Bronsart geht nächstens nach Paris, wo er einige Zeit verbleiben wird. Cornelius arbeitet in der Bernhards-Hütte an einer komischen Oper. Raff soll seinen *Samson* für Darmstadt ausarbeiten. Tausig gibt Conzerte in Warschau. Pruckner wird den Winter in Wien zubringen und in mehreren Conzerten auftreten. Damrosch componirte kürzlich eine Ouverture und Entreacts-Musik zur Jungfrau von Orleans. Stör versenkt sich in die Pflichten eines General-Musikdirectors. Soviel habe ich von unserm Neu-Weymar-Verein erfahren.

---

1 Musiker, Freund Wagner's.

169. An Professor L. A. Zellner in Wien[1].

Meinem gestrigen Briefe, lieber verehrter Freund, habe ich noch ein Post-scriptum beizufügen, die Anzeige Ihres neuen Abonnements[2] betreffend, in welchem mir der Name *Bertini* unter den Classikern auffällig war und sogar unpassend scheint. Soviel mir bekannt, ist Bertini noch am *Leben*.[3] und nach dem allgemeinen und schlechtweg festzuhaltenden Begriff können nur die *Todten* für classisch gelten und als classisch ausgerufen werden. So sind Schumann, der Romantiker, und Beethoven, der glorreich heilig Verrückte, Classiker geworden. Sollte Bertini schon gestorben sein, so nehme ich meine Bemerkung zurück, wenngleich für mich die Verlags-Popularität seiner Etuden kein genügendes Anrecht an die Classicität seines Namens ausmacht. — Moscheles' und Czerny's Etuden und methodische Werke hätten dafür weit berechtigtere Ansprüche, und Ihr Blatt insbesondere hat sich die Aufgabe zu stellen, der Verwirrung der Begriffe, woraus die Confusion und Verderbniss der Sache entsteht, prinzipiell und consequent entgegen zu arbeiten. Halten Sie also dieses Prinzip im Grossen und Kleinen zur leichteren Verständigung mit dem Publikum fest, dass nur die Anerkennung der Nachwelt die Classicität den Werken aufprägt, sowie es sich auch faktisch und geschichtlich nachweisen lässt; denn soviel ist gewiss, dass alle grossen Classiker zu ihrer Zeit als *Neuerer* und selbst *Romantiker*, wenn nicht gar als Pfuscher und verrückte Kerls gescholten worden sind, und Sie haben selbst diesen Satz mehrmals commentirt und beleuchtet. . — .

In Ihrer heutigen Nummer lese ich einen Auszug meines Briefes an Erkel,[4]) wobei aber die *Pointen* weggefallen sind. Erkel soll Ihnen gelegentlich den Brief mittheilen, da er ihn

---

1) Generalsecretär der »Gesellschaft der Musikfreunde« in Wien, Componist und Musikschriftsteller.

2) Die von Z. redigirten »Blätter für Musik, Theater und Kunst«.

3) Er starb erst 1876.

4) Bekannter ungarischer Componist (»Hunyadi Laszlo«).

schon nicht in seinem Pult hat ruhen lassen. Natürlich ist *kein* öffentlicher Gebrauch davon zu machen.

Tout à vous

2 Janvier 57. F. L.

170. An den städtischen Capellmeister von Turanyi in Aachen*).

Weymar, 3. Jan. 1857.

Sehr geehrter Herr Kapellmeister,

Durch ein andauerndes Unwohlsein noch im Bette verhalten, will ich doch nicht säumen, Ihnen meinen aufrichtigsten Dank zu sagen für Ihre regsamen freundschaftlichen Bemühungen, mein künstlerisches Bestreben in ein besseres Licht zu stellen, als ich es von anderer Seite in Ihren Gegenden zu erwarten hatte.

Das mir gestern durch den Brief des Comités der Nied.-Rh. Musikfeste notificirte Resultat meiner Wahl als Dirigent des diesjährigen Musikfestes in Aachen ist mir ein erfreuliches Zeichen der allmähligen Anerkennung, welche eine offen und ehrlich ausgesprochene, consequente und durchaus uneigennützige Ueberzeugung an verschiedenen Orten finden dürfte. Indem ich Ihnen besonders verbindlich bleibe, dieses Resultat herbeigeführt zu haben, spreche ich Ihnen zugleich meine thatsächliche Bereitwilligkeit aus, Ihrem für mich so schmeichelhaften Wunsche nach besten Kräften zu entsprechen, und die im Wege stehenden Hindernisse zu beseitigen, um die mir anvertraute Aufgabe zu erfüllen, wenn den hier folgenden Bemerkungen die Berücksichtigung von Seiten des Comité's zu Theil wird, welche ich für das Gelingen und selbst für die Bedeutung der Musikfeste als wesentlich erachten muss.

Meine Direction in Aachen kann hauptsächlich nur die Bedeutung und Berechtigung finden, welche den weniger bekannten, neueren, dem gegenwärtigen Kunst-Interesse näher

*) Abgedruckt in der »Allgemeinen Musikzeitung« 11. Juli 1890.

gerückten Werken innewohnen und durch deren vorzügliche Ausführung bekräftigt werden. Demgemäss war ich mit dem mir durch Ihre Freundlichkeit mitgetheilten Programme (mit Hinzufügung von 1 od. 2 Nummern) gänzlich einverstanden, sowie ich es mit dem andern Programme, in dem gestrigen Comité-Briefe enthalten, nicht sein kann. Letzteres lautet:

1ter Tag: Messias von Händel. — 2ter Tag: Messe (in D-dur) von Beethoven.

Das frühere:

1ter Tag: Messe von Beethoven (mit dem Vorangehen eines der kleineren Werke von Händel — oder vielleicht einer Cantate von Bach [?]).

2ter Tag: Schuberts Sinfonie (in C); ein grösseres Chorwerk von Schumann (etwa die Pilgerfahrt der Rose — oder eine der Balladen —) und, nach meinem Vorschlag, eine der längeren Scenen aus Berlioz's Faust, und die eine oder die andere von meinen symphonischen Dichtungen.

Sie werden von mir nicht verlangen, verehrter Herr Kapellmeister, dass ich mich in einem ausführlichen Panegyrikus Händel's ergehen soll, und wenn Sie mich auf dieser That ertappten, könnten Sie mich sofort mit den Worten des alten Griechen, der keines weiteren Lobes des Homer bedürftig war, unterbrechen — »Du lobst Ihn; wer aber denkt daran Ihn zu tadeln«. Die Fülle und Herrlichkeit dieser Musik-Majestät sind ebenso unbestritten, als die angenehme, emulirende, leicht praktische Ausführung des Messias, ein Meisterwerk, das seit vielen Jahren in England sowie in Deutschland so zu sagen das »tägliche Brod« der grösseren und kleineren Gesangsvereine geworden ist. Haydn's Schöpfung ausgenommen, dürfte kaum noch ein Werk dieser Gattung existiren, welches bei so unzähligen Aufführungen herhalten musste. Für meinen Theil wählte ich den *Messias* zur Wiederaufführung in Weymar (August 50) — theilweise auch aus dem Grunde, weil Herder sich an der deutschen Text-Bearbeitung betheiligt hatte — und im vorigen August feierte man damit das *Mittelrheinische* Musikfest in Darmstadt. Dieser letztere Umstand steigert mein allgemeines Bedenken über die künstlerische Zweckmässigkeit einer abermaligen Aufführung des Messias bis zu einem speciellen Gipfel-Punkt, das Aachener Musikfest betreffend, und ich möchte daher die Frage an das verehrliche Comité gerichtet wissen: ob es im Sinne des »frischeren Wiederbelebens der dortigen Musikfeste« erspriesslich sein kann, dass der Niederrhein es dem Mittelrhein nachmacht?

Zu einem anderen fast noch bedenklicheren Bedenken veranlasst mich die Stelle des Comité-Briefes, an welcher die Hoffnung gehegt und ausgesprochen wird »die gefeierte Frau *Lind-Goldschmidt* zu gewinnen.« —

Erschrecken Sie nicht, verehrter Herr, und befürchten Sie keineswegs, dass ich im üblichen Styl unserer wenig ritterlichen Don Quixote der musikalischen Kritik gegen die Windmühlen des Virtuosenthums ankämpfe. Billigerweise könnten Sie dies auch nicht von mir verlangen, denn ich habe nie verhehlt, dass, nachdem mir die Trauben der Virtuosität nicht versauert werden konnten, ich durchaus kein Vergnügen nehmen möchte, sie in anderem Munde sauer zu finden.

Frau *Lind-Goldschmidt* steht in ihrem glanzstrahlenden Sänger-Renommée ebenso unantastbar da, wie *Händel* in dem seinen als Componist, mit dem Unterschied, der obendrein zu Gunsten der Frau Lind ausfällt: dass Händel's Werke manche Leute langweilen und nicht immer genügen, um die Cassa zu füllen, während das einfache Auftreten der Frau *Lind* die vollständigste Wonne des Publikums, inclusive die des Cassirers, sichert. Wenn wir also die Angelegenheit der Musikfeste einfach auf das *vergnügliche* und *commerzielle Soll und Haben* stellen, so dürfte gewiss kein Künstler, und noch weit weniger irgend ein Kunstwerk wagen, mit dem hoch und höchst gefeierten Namen der Frau *Lind* zu concurriren und einen gleichzustellenden Magnet zu bieten. Ohne irgend eine Einwendung dagegen zu erheben, muss ich blos meine schlichte Meinung dahin aussprechen, dass mit diesem Magnet alles Andere, was mir doch nicht so gleichgültig sein kann, völlig überflüssig wird; denn so wie Ludwig XIV. den Staat darstellte, so bildet Frau *Lind* das eigentliche Musikfest. Dies

Bekenntniss (für welches ich zum mindesten die Steinigung mit den gebräuchlichen Ingredienzen derartiger Operationen in unserem civilisirten Jahrhundert verdiene, wenn es mir nicht bei der göttlichen *Diva* selbst Gnade erflehen dürfte) — dies Bekenntniss machte ich schon im vorigen Jahre bei Gelegenheit des Düsseldorfer Musikfestes gegen meinen so langjährig verehrten Freund *Ferdinand Hiller*. Zu was Orchester und Gesangspersonal, Proben und Vorbereitungen, Musikstücke und Programm, wo das Publikum nur die *Lind* hören will, und dann abermals hören — oder richtiger gesagt, *gehört haben muss*, um in seinem Kunst-Enthusiasmus behaglich zu schwelgen? Meine damalige Voraussicht bestätigte sich auch auf ein Haar, denn bekanntlich erwies es sich, dass die Theilnahme des Publikums sich nach dem Mass der Productionen der Frau *Lind* richtete, wodurch das sogenannte *Künstler-Conzert* am 3ten Tag das meist besuchte war, weil darin eine Arie aus »*Beatrice di Tenda*« und schwedische Lieder als Lockspeisen vorkamen —, bei welchen Wundern zweifelsohne die simpelste Clavierbegleitung ausreichte. — Sollte zufälligerweise das Aachener Comité gesonnen sein, das Motto der Hiller'schen Sinfonie »Es muss doch Frühling werden« in seinen künstlerischen Bestrebungen zu beherzigen und, wie Sie mir schreiben, auf das Ziel einer »frischeren Belebung der Musikfeste« loszusteuern, so werden wir leider darauf angewiesen sein, die schwedische Nachtigall und europäische Gesangskönigin zu entbehren.

In Kurzem gefasst ist für mich die Sachlage des diesjährigen Musikfestes in Aachen folgende:

Wird an dem Messias festgehalten, so bitte ich um Entschuldigung mich entschuldigen zu müssen.[1])

Genehmigt das Comité das vorher angedeutete Programm (Schubert'sche Sinfonie etc. mit Einschluss der letzten Nummern) für den 2ten Tag, so soll es für mich eine angenehme

---

1) Sein Bedenken gegen den »Messias« liess Liszt schliesslich doch fallen. Er brachte ihn bei dem von ihm geleiteten Musikfest zur Aufführung.

Pflicht sein, der ehrenvollen Einladung Folge zu leisten; vorausgesetzt, dass die nothwendigen Mittel zu einer glänzenden Aufführung der Beethoven'schen Messe und der übrigen Stücke vorhanden sind, wie das in Aachen nicht anders anzunehmen ist — wenn nicht etwa meine Betheiligung an dem Feste einigen Anstoss in benachbarten Städten gäbe; in welchem Falle ich mich selbstverständlich gerne und bescheidentlich zurückziehen würde, um in den Angewohnheiten der musikalischen Rheinlande keine Störung oder nicht genügend vorbereitete Dissonanz zu veranlassen. Ich glaube, nicht mehr betonen zu müssen, dass der musikalische Dirigent nicht jedwedes vorgelegte Programm blindlings unterschreiben kann, und hoffe, dass das verehrliche Comité keine übertriebene Anmassung in meinem Vorschlag finden wird, das Aachener Programm mehr in Einklang mit meinem gesammten Streben zu stellen.

An den Herrn Präsidenten *Van Houten* schreibe ich mit der nächsten Post einige Zeilen des Dankes für die mir erwiesene Auszeichnung mit Bezugnahme auf die in diesem Briefe enthaltenen Bedenken, welche ich Sie bitte demselben wörtlich mitzutheilen.

Die weiteren Benachrichtigungen von Seiten des Comité's ruhig abwartend, verbleibe ich Ihnen, verehrter Herr Kapellmeister, mit aufrichtiger Erkenntlichkeit und ausgezeichneter Achtung ganz ergebenst F. Liszt.

171. An General Alexis von Lwoff in St. Petersburg[1].

Excellence, et très honoré ami,

Permettez-moi de croire que je ne suis pas tout-à-fait effacé de votre souvenir et de profiter de l'intermédiaire de Mlle Martha de Sabinin pour m'y rappeler plus particulièrement. Son désir étant de se trouver en relation avec les plus

---

1) 1799—1877, war neben seiner militärischen Stellung ein gefeierter Violinist und Director der kaiserlichen Hofsänger in St. Petersburg.

notables représentants de la Musique à St Pétersbourg, il était naturel que je l'adresse en premier lieu à vous et vous la recommande d'abord comme étant la protégée de Sa Majesté Impériale Mme la Grande Duchesse Marie Pawlowna, ainsi que de Mme la Grande Duchesse régnante de Saxe-Weymar (au service de laquelle elle est depuis plusieurs années comme Pianiste de la Cour et Professeur à l'Institut des Demoiselles nobles), — ensuite en la qualité de femme d'esprit et d'excellente Musicienne-pianiste, qui après avoir fait les plus consciencieuses études, se trouve parfaitement en mesure d'en apprendre à autrui en lui étant parfaitement agréable. Elle excelle surtout dans l'exécution de la Musique classique et d'ensemble; ce beau genre étant de plus en plus cultivé à Pétersbourg, d'après ce que j'entends dire, et par vos soins, je me plais à croire que Mlle de Sabinin rencontrera aisément l'occasion de s'y produire avec tous ses avantages. J'ai beaucoup à regretter que jusqu'à présent vous avez négligé Weymar, depuis que j'y suis fixé. Il m'eût été agréable de mettre à votre disposition un personnel musical dont on fait justement l'éloge, pour l'exécution de votre »Stabat Mater« et de quelques autres de vos compositions, que nous aurions grand plaisir à applaudir. Laissez-moi espérer que vous ne nous tiendrez pas toujours ainsi rigueur, et veuillez bien agréer l'expression des sentiments de haute estime et considération avec lesquels vous me trouverez toujours, très honoré ami, de Votre Excellence,

le très empressé serviteur

Weymar, 10 Janvier 1857. F. Liszt.

172. An J. W. von Wasielewski in Dresden.

Geehrter Freund,

Ihr Brief traf mich nach einiger Verspätung in Zürich, wo ich mehrere Wochen im Bette zubringen musste — und heute schreibe ich Ihnen wieder in meinem Bette liegend und schmollend, dass die geographische Veränderung keine heilsamere in meinem pathologischen Zustand (der übrigens ohne alle Gefahr ist) hervorgebracht hat.

Wie geht es Ihnen, lieber Wasielewski? Haben Sie sich ein behagliches Etablissement in Dresden ausgemittelt? Musiciren Sie fleissig und ordentlich? — Wie weit sind Sie mit Ihrer Biographie R. Schumann's gelangt? In Bezug auf diese letztere, deren Herausgabe ich mit aufrichtigem Interesse entgegensehe, thut es mir leid, Ihrem mir so freundlich ausgesprochenen Wunsch nicht folgen zu können. Mehrere in viel früheren Jahren an mich gerichtete Briefe von Schumann sind mir abhanden gekommen, und seit meinem Weymarer Aufenthalt (vom Jahre 48 an) schrieben wir uns zwar von Zeit zu Zeit, aber nur wenn eine Art von geschäftlicher Veranlassung durch Conzert- oder Theater-Aufführungen seiner Werke dazu gegeben war. Weymar verdient nicht den Vorwurf, dabei zu sehr im Rückstand geblieben zu sein. Zur Goethe-Feier 49 liess ich die grosse Schluss-Scene des 2ten Faust geben, die dann später wiederholt wurde; Anfangs 52 kam die Musik zu Byron's Manfred, mit scenischer Darstellung des Dramas, so wie er es wünschte, mehrmals zur Aufführung, und meines Wissens hat bis jetzt noch keine andere Bühne diesen Versuch gemacht.[1]) Gleichfalls ist die Weymar'sche Bühne die einzige, die Schumann's *Genoveva* (hier zwar erst im April 1855 gegeben) auf ihrem Repertoir erhält. Wie selbstverständlich, sind auch während der Jahre meiner hiesigen Wirksamkeit die meisten seiner Werke im Kammerstyl, Quartetten, Trios, Sonaten — sowie seine Sinfonien, Ouverturen und Gesangs-Compositionen mit besonderer Bevorzugung und Liebe gepflegt und oftmalen in verschiedenartigen Conzerten gehört worden, mit Ausnahme eines der bedeutendsten; aber die geringe öffentliche Thätigkeit unserer Gesangvereine verhinderte bis jetzt die Aufführung der *Peri*, die übrigens schon zum Theil einstudirt, nächstens endlich dazu gelangen soll.

Als Beitrag zu Ihren biographischen Studien möchte ich

---

1) Liszt war in der That der Erste.

Ihnen, lieber Wasielewski, so recht sagen können, mit welch aufrichtiger, inniger und überzeugter Hochverehrung ich während 20 Jahren dem Schumann'schen Genius folgte und getreulichst anhing. Obschon ich annehmen muss, dass Sie, sowie alle, die mich etwas näher kennen, darüber keinen Zweifel hegen, so wandelt mich doch in diesem Augenblick das Gefühl an, dem ich nicht widerstrebe, meine Beziehungen mit R. Schumann, welche von dem Jahre 1836 datiren, genauer aufzuzeichnen und sie Ihnen hiermit schlechtweg *in extenso* mitzutheilen. Fassen Sie also ein wenig Geduld zur Lesung dieses Briefes, den ich keine Zeit habe kürzer zu fassen.

Nach dem Getöse und Gesumme, welches mein Aufsatz in der Pariser *Gazette musicale* über Thalberg (dessen Deutung, um es nebenbei hier zu sagen, eine ganz verdrehte geblieben ist) hervorrief, und das auch in deutschen Journalen und Salons nachhallte, ersuchte mich angelegentlich der damalige Eigenthümer der *Gazette musicale*, Maurice Schlesinger, einen sehr elogieusen Aufsatz über irgend eine neue Erscheinung der Kunstwelt in seinem Blatt einzurücken. Schlesinger schickte mir Monatelang zu diesem Behufe allerlei Nova, worunter ich aber nichts zu finden vermochte, was mir lobenswerth erschien, bis endlich mir am Comer See Schumann's *Impromptu* in C dur (eigentlich Variationen), die *Etudes symphoniques* und das *Concert sans orchestre* (später unter dem passenderen Titel Sonate in F moll in 2ter Auflage herausgegeben) zu Händen kamen. Beim Durchspielen dieser Stücke fühlte ich sogleich, welch musikalisches *Mark* darin steckte, und ohne von Schumann früher etwas gehört zu haben, noch zu wissen, wie und wo er lebte (da ich bis dahin nicht in Deutschland gewesen war und er in Frankreich und Italien ungenannt verblieb), schrieb ich die Recension, welche auch gegen Ende 37 in der *Gazette musicale* erschien und Schumann bekannt wurde.

Bald darauf, als ich in Wien zum erstenmal conzertirte (April—Mai 38) schrieb er mir und übersandte ein Manuscript, »Gruss an Franz Liszt in Deutschland« betitelt. Ich vergesse im Augenblicke, unter welchem Titel es später herauskam; die Anfangs-Takte sind folgende:[1])

Zur selben Zeit ungefähr erfolgte die Herausgabe der grossen *Fantasie* (C dur) in drei Sätzen, die er mir widmete; meine Gegenwidmung für dieses hehre und herrliche Werk kam erst vor 3 Jahren mit meiner *Sonate* in H moll.

Anfangs des Winters 40 reiste ich von Wien über Prag, Dresden, Leipzig nach Paris zurück. Schumann hatte die freundschaftliche Aufmerksamkeit, sogleich nach meiner Ankunft in Dresden mich dort zuerst zu bewillkommnen und wir reisten dann zusammen nach Leipzig. Sein nachheriger Schwiegervater Wieck processirte damals gegen ihn, um die Vermählung mit Clara zu verunmöglichen. Ich kannte Wieck und seine Tochter von Wien her und stand mit beiden in freundlicher Beziehung. Nichtsdestoweniger weigerte ich mich, Wieck in Dresden wiederzusehen, da er sich Schumann gegenüber so feindselig gestellt hatte, und allen weiteren Verkehr mit ihm abbrechend, nahm ich, wie es mir natürlich und geziemend erschien, gänzlich Partei für Schumann, was mir auch Wieck ohne Verzögerung reichlich vergolten hat nach meinem ersten Auftreten in Leipzig, wo er seiner Erbitterung gegen mich in mehreren Blättern Luft und Wind machte. Einer meiner früheren Schüler, Namens Hermann Cohen — aus Hamburg gebürtig, der in den letzten Jahren viel Aufsehen in Frankreich erregte und als Mönch (Carme déchaussé)[2]) den Namen *Frère Augustin* angenommen hat — ward in Leipzig der Sündenbock des von Wieck öffentlich angefachten Skandals, sodass derselbe einen Injurien-Process

---

1) Es ist der Anfang der 2. Novellette op. 21, aber vorstehend von Liszt nicht ganz richtig notirt.

2) Barfüssermönch.

gegen Wieck anhängig machen musste, welchen Process Hermann auch durch den Beistand des Rechtsanwalts Herrn Dr. Friederici gewonnen hat.

In Leipzig verkehrte ich mit Schumann tagtäglich und tagelang — und mein Verständniss seiner Werke wurde dadurch ein noch vertrauteres und innigeres. Seit meinem ersten Bekanntwerden mit seinen Compositionen spielte ich in den Privat-Cirkeln Mailands, Wiens etc. mehrere davon, ohne aber zu vermögen die Zuhörer dafür zu gewinnen. Sie lagen glücklicherweise der damalig absolut herrschenden flachen Geschmacks-Richtung viel zu ferne, um dass man sie in den banalen Kreis des Beifalls hätte hineinzwingen können. Dem Publikum schmeckten sie nicht, und die meisten Clavierspieler verstanden sie nicht. Selbst in Leipzig, wo ich in meinem 2ten Conzert im Gewandhaus den *Carneval* vortrug, gelang es mir nicht, den mir gewöhnlich zukommenden Applaus zu erringen. Die Musiker nebst denen, die als Musikverständige galten, hatten (mit wenig Ausnahmen) noch eine zu dicke Maske über den Ohren, um diesen reizenden, schmuckvollen, in künstlerischer Phantasie so mannigfaltig und harmonisch gegliederten Carneval zu erfassen. Späterhin zweifle ich nicht, dass dies Werk in der allgemeinen Anerkennung seinen natürlichen Platz zur Seite der 33 Variationen über einen Diabelli'schen Walzer von Beethoven (denen es meiner Meinung nach sogar an melodischer Erfindung und Prägnanz voransteht) behaupten wird. Das mehrmalige Misslingen meiner Vorträge von Schumann'schen Compositionen, sowohl in kleineren Cirkeln als auch öffentlich, entmuthigte mich, dieselben in meinen so rasch aufeinanderfolgenden Conzert-Programmen — die ich theils aus Zeitmangel, theils aus Nachlässigkeit und Überdruss meiner clavierspielerischen »Glanz-Periode« nur in äusserst seltenen Fällen selbst angab und bald diesem, bald jenem zur beliebigen Wahl überliess — aufzunehmen und festzuhalten. Das war ein Fehler, den ich später erkannt und wahrhaftig bereut habe, als ich einsehen gelernt hatte, dass für den Künstler, der dieses Namens würdig sein will, die Gefahr, dem Publikum zu missfallen, eine weit geringere ist als die, sich durch dessen Launen bestimmen zu lassen — und dieser Gefahr bleibt jeder ausübende Künstler insbesondere preisgegeben, wenn er nicht entschiedenst und prinzipiell den Muth fasst, für seine Überzeugung ernstlich und consequent einzustehen und die von ihm als die besseren erkannten Sachen vorzuführen, mag es den Leuten gefallen oder nicht.

Gleichviel also, in welchem Grade meine Zaghaftigkeit in Betreff Schumann's Clavier-Compositionen durch den alles beherrschenden Tages-Geschmack vielleicht zu entschuldigen wäre, habe ich, ohne es zu vermeinen, dadurch ein *schlechtes Beispiel* gegeben, welches ich kaum wieder gut zu machen im Stande bin. Der Strom der Angewohnheit und die Sklaverei des Künstlers, der zur Erhaltung und Verbesserung seiner Existenz und seines Renommées auf den Zuspruch und den Applaus der Menge angewiesen, ist so bändigend, dass es selbst den Besser-Gesinnten und Muthigsten, unter welche ich den Stolz habe mich zu rechnen, äusserst schwierig wird, ihr besseres *Ich* vor allen den lüsternen, verworrenen und trotz ihrer grossen Zahl unzurechnungsfähigen *Wir* zu wahren.

Es giebt in der Kunst ein verderbliches Verbrechen, an welchem die meisten unter uns durch Fahrlässigkeit und Wankelmuth Schuld tragen; ich möchte es das *Pilatus-Verbrechen* nennen. Das *Classisch-thuen* und *Classisch-spielen*, was seit mehreren Jahren zur Mode geworden und als eine Besserung unserer musikalischen Zustände im Allgemeinen anzusehen ist, maskirt bei manchen diese Schuld, ohne sie zu tilgen — worüber mehreres zu sagen wäre, was mich zu weit führen dürfte.

Für meinen Theil habe ich mir zum mindesten nicht den Vorwurf zu machen, meine Sympathie und Hochverehrung für Schumann je verleugnet zu haben, und hunderte von den jüngeren Kunstgenossen könnten durch alle Lande bezeugen, wie nachdrücklich ich auf ein eingehendes Studium seiner Werke stets hingewiesen und mich selbst dabei erstarkt und erfrischt habe.

Sollten Sie, lieber Wasielewski, diese Mittheilungen nicht langweilen, so bin ich gerne bereitwillig, weiter fortzufahren und Ihnen von meinem 2ten Aufenthalt in Leipzig (Ende 41), zu welchem mir Schumann die Veranlassung gab, bis zu meinem letzten Zusammentreffen mit ihm in Düsseldorf (51) zu erzählen. Freundschaftlichen Gruss von

Ihrem aufrichtig ergebenen

Weymar, 9ten Januar 57. F. Liszt.

173. An Johann von Herbeck in Wien[1].

[Am 12. Jänner 1857 angelangt.]

Sehr geehrter Herr,

Bei meiner etwas verspäteten Ankunft in Weymar treffe ich Ihr freundliches Schreiben, wofür ich Ihnen meinen aufrichtigen, verbindlichsten Dank sage. Dass es Ihrer sorgfältig verständigen Einstudirung gelungen ist, eine günstige Wirkung des Faust- (Studenten-) Chors zu erzielen, freut mich sehr von Ihnen zu vernehmen[2]. Dieser kleine Schwank wurde mehrmals mit ziemlichem Glück von Männergesangvereinen in Cöln, Berlin etc., ja selbst in Paris vorgetragen. Vor 15 Jahren, als ich ihn herausgab, war ich sehr wenig bedacht, der Trägheit der Sänger im Intoniren zu frommen. Heute, wo mich manche Erfahrung eines Besseren belehrt hat, würde ich wahrscheinlich die etwas steile und schlüpfrige Stelle folgenderweise schreiben:

---

1) Hofcapellmeister, ausgezeichneter Dirigent, (1831—1877). — Vorstehender Brief ist, gleich den nachfolgenden an den Adressaten, abgedruckt in: »Johann Herbeck. Ein Lebensbild von seinem Sohne Ludwig«. Wien, Gutmann 1885. — Datum von Herbeck's Hand.

2) Es war die erste Chorcomposition, die von Liszt öffentlich in Wien, und zwar vom Männergesangvereine, aufgeführt wurde, den Herbeck leitete.

Wahrscheinlich dürfte sich auch diese Version effectvoller machen — mit der Änderung im letzten Vers (der Prosodie zu Ehren!)

Nächstens werde ich mir erlauben, Ihnen, sehr geehrter Herr, ein paar andere Männer-Quartette (durch Herrn Haslinger) zur Durchsicht einzusenden. Finden Sie dieselben darnach, eine öffentliche Aufführung damit riskiren zu wollen, so stelle ich Ihnen dies gänzlich anheim. —

Mit der Messe[1]) hat es durchaus keine Eile, und ich muss befürchten, dass das Einstudiren dieses Werkes Ihnen und dem Gesangspersonal einige Mühe kostet. Vor allem bedarf es gänzlicher Sicherheit der Intonation, welche nur durch das Probiren der *einzelnen* Stimmen (hauptsächlich der Mittelstimmen 2. Tenor und 1. Bass) zu erlangen ist — und dann über Alles *religiöses* Vertiefen, Versenken, Aufgehen, Verklären, Umschatten, Beleuchten, Beschwingen, — mit einem Worte *katholische Andacht* und *Begeisterung*. Das Credo muss felsenfest wie das Dogma erklingen; das Sanctus geheimnissvoll und wonnig schwimmen; das Agnus Dei (wie das Miserere nobis im Gloria) sanft und tief elegisch accentuirt werden, mit dem innigsten Mitgefühl der *Passion* Christi; und das Dona nobis pacem ruhig, versöhnend und glaubensvoll dahinschweben wie duftender Weihrauch. Der kirchliche Componist ist auch Prediger und Priester, und wo das Wort für die Empfindung nicht mehr ausreicht, beflügelt und verklärt es der Ton.

Das wissen Sie zum Wenigsten eben so gut als ich, und ich muss mich entschuldigen, es Ihnen zu wiederholen. Falls es die Räumlichkeit des Chores gestattet, dürfte es vielleicht zweckmässig sein, noch einige Blasinstrumente (Clarinetten, Fagott, Hörner, ja selbst ein paar Posaunen) der Messe beizufügen, um den Gesang mehr zu stützen. Wären Sie dieser Ansicht, so bitte ich Sie, mir es durch ein paar Worte mitzutheilen, und ich sende Ihnen sogleich eine kleine Partitur der Blasinstrumente.[2]) Die Gesangsstimmen aus Jena erhalten

---

1) Für Männerstimmen. Liszt hatte Herbeck, gelegentlich der von ihm dirigirten Mozartfeier 1856 in Wien, Theile aus derselben vorgespielt, und Herbeck fühlte sich, wie er Liszt schrieb, vom »Geist dieses Werkes und seines Schöpfers elektrisch durchzuckt« und machte sich »gleichzeitig die würdige Wiedergabe dieses Hohenliedes zur künstlerischen Pflicht«.

2) Herbeck übernahm es selbst auf Liszt's Wunsch, (der ihn,

Sie nächstens. Für heute empfangen Sie nochmals meinen aufrichtigen Dank nebst der Versicherung der ausgezeichnetsten Hochachtung Ihres freundlich ergebenen F. Liszt.

174. An Professor Franz Götze in Leipzig[1]).

Verehrter Freund,

Einer Einladung der Direction zufolge werde ich die Ehre haben, mehrere meiner Compositionen in dem am 26ten Februar stattfindenden Orchester-Pensionsfond-Conzert in Leipzig zur Aufführung zu bringen, und *wünsche sehr*, dass Du mir die Freundschaft erweisest, zwei meiner Lieder (»Kling leise, mein Lied« — und »Englein du mit blondem Haar«) vorzutragen und das Publikum mit Deiner innigen, künstlerisch schönen Auffassung dieser kleinen Sachen zu erfreuen.

Fräulein Riese hat die Freundlichkeit, Dir die neue Auflage meiner 6 ersten Lieder (wobei das »Englein« in A-dur) zu überbringen — ein paar andre Hefte werden bald nachfolgen.

Gewähre mir meine Bitte, lieber Freund, und sei im voraus des besten Dankes versichert, mit welchem Dir verbleibt in aufrichtiger Freundschaft

verehrungsvoll und ergebenst

Weymar, 1ten Februar 57. F. Liszt.

175. An Dionys Pruckner in Wien.

11ten Februar 57, Weymar.

Von allen Seiten, liebster Dionysius, höre ich das Beste

wie er schrieb, mit Stolz und Freude erfüllte,) die Instrumentalbegleitung zur Messe zu schreiben.

1) Der berühmte Leipziger Gesangmeister (1814—88) war (Schüler Spohr's) als erster Violinist in der Weimarer Hofcapelle thätig, ging dann zur Bühne und leistete als lyrischer Tenor wie als Liedersänger Unvergleichliches. Er war der Erste, der für Liszt's Lieder öffentlich eintrat, worin ihm seine Schüler nachfolgten.

und Glänzendste von Ihnen. Ohne davon überrascht zu sein, erfreue ich mich aufrichtig dabei. Festen Fuss in Wien als Clavierspieler zu fassen ist keine geringe Aufgabe, besonders unter den jetzigen Umständen! Wenn dies gelingt, da kann man mit bester Zuversicht sich durch ganz Europa Geltung verschaffen. Sehr zweckmässig ist es für Sie, lieber Freund, oftmalen aufzutreten, um sich so recht mit dem Publikum zu Hause zu fühlen. Bei der Production hat letzteres viel mehr auf den Künstler zu achten, als dieser dem Publikum zu fröhnen, oder gar vor demselben in Befangenheit zu gerathen. *Zu Hause*, unser ganzes Leben durch, haben wir zu studiren, zu ersinnen, unsre Arbeit heranzureifen und dem Ideal der Kunst möglichst nahe zu kommen. Wenn wir aber in den Conzertsaal treten, darf uns das Gefühl nicht verlassen, dass wir eben durch unser gewissenhaftes, ernst anhaltendes Streben etwas höher stehen als das Publikum, und unseren Theil der »*Menschheits-Würde*«, wie Schiller sagt, zu vertreten haben. Lassen wir uns nicht durch *falsche* Bescheidenheit beirren und halten wir fest an der *wahrhaftigen*, welche weit schwieriger auszuüben und seltner zu finden ist. Der Künstler, in unserem Sinne, soll weder der Diener noch der Herr des Publikums sein. Er bleibt der Träger des *Schönen* in der unerschöpflichen Mannigfaltigkeit, die dem menschlichen Empfinden und Denken anberaumt ist — und dieses unverbrüchliche Bewusstsein allein sichert seine Berechtigung.

Durch Ihren Vater habe ich vernommen, dass Sie im Laufe des Frühjahrs nach München zu kommen gedenken. Meinerseits hatte ich auch die Absicht, Ihnen dort rendez-vous zu geben. Gestern aber acceptirte ich definitiv die Leitung des Niederrheinischen Musikfestes, welches dieses Jahr in Aachen zu Pfingsten am 31ten Mai stattfinden wird, und möchte nicht früher eine längere Reise antreten, um meine Arbeiten nicht zu sehr zu unterbrechen.

Anfangs September haben wir hier grosse Festlichkeiten zu Ehren des hundertjährigen Jubiläums von Carl August. Rietschel's Schiller und Goethe-Gruppe wird dann aufgestellt, und im Theater soll bei dieser Gelegenheit viel musicirt werden, wozu ich mich vorbereiten muss. Hoffentlich sehen wir uns früher.

Bronsart ist in Paris. Sein Trio erhalten Sie nächstens. Bülow spielt in Rostock, Bremen und Hamburg. Das Aachener Comité hat ihn auch zu dem Musikfest eingeladen. Singer geht nächste Woche nach Rotterdam, und am 26ten Februar werden ein paar meiner symphonischen Dichtungen im Gewandhaus (unter meiner Direction) aufgeführt. Mit einer neuen derartigen Partitur »*Die Hunnenschlacht*«, welche ich gelegentlich in Wien noch produziren möchte, bin ich gestern fertig geworden. Freundschaftlichst ergeben F. Liszt.

176. An Joachim Raff.

[Februar 1857.]

Sie können versichert sein, verehrter Freund, dass es mir sehr unwillkommen war, der freundlichen Einladung des Wiesbadener Conzert-Comités, die ich Ihrer Vermittlung verdanke, nicht nachzukommen, und Ihr Schreiben, worin Sie mir einige andere Umstände verdeutlichen, vermehrt noch mein aufrichtiges Bedauern. Für diesen Winter aber ist es mir geradezu unmöglich, derartigen Einladungen Folge zu leisten, und ich glaube Ihnen schon gesagt zu haben, dass ich mich an mehreren Orten (Wien, Rotterdam etc.) habe entschuldigen müssen. Selbst für Leipzig, was so ganz in meiner Nachbarschaft ist (obschon ich dort manchem etwas *weit hergeholt* erscheinen dürfte!) hatte es seine Schwierigkeit, einen mir passenden Tag zu finden. Am 26ten d. M. sollen »Préludes« und »Mazeppa« im Gewandhaus (Orchester-Pensionsfond-Conzert) unter meiner Direction aufgeführt werden. Vielleicht dient diese Aufführung als definitive *Warnung* für andre Conzert-Directionen, die noch gesonnen wären, meine so oft demonstrirte »*Unfähigkeit als Componist*« (vide Probenummer der »Illustrirten Monatshefte« von Westermann, Braunschweig, National-Zeitung und die »*tausend und drei*« competenten Richter, welche längst darüber ganz im Klaren sind!) zu bezweifeln.

Wie weit sind Sie mit Ihrer Oper gelangt? Wann kann man etwas davon sehen und hören? So wie mir gesagt wurde, beabsichtigen Sie, den »Samson« zuerst in Darmstadt aufzuführen. Wenn dies nicht in eine für mich zu unbequeme Zeit fällt, komme ich hin.

Nachdem ich zweimal auf die Ehre der Leitung des nächsten Niederrheinischen Musikfestes (dieses Jahr in Aachen abgehalten) Verzicht geleistet hatte, traf gestern eine Deputation des Comités hier ein. Procédé pour procédé werde ich also zu Pfingsten nach Aachen gehen, und vielleicht lassen Sie sich dann verleiten, mich dort zu besuchen. Bis dahin wird wahrscheinlich auch die Messe[1] schon erschienen sein, und Sie sollen sogleich ein Exemplar davon erhalten. Durch die mehrfachen Aufführungen, die mir bei diesem Werk sehr zu statten kamen, bin ich auch auf mehrfache Zusätze, Vergrösserungen und Detail-Ausführungen gerathen, welche die Wirkung des Ganzen noch erhöhen und einiges in der Ausführung erleichtern. Eine ganz neue Schlussfuge des Gloria mit diesem Motiv

dürfte Ihnen nicht missfallen.

Nächstens übersende ich Ihnen auch die drei noch fehlenden Nummern (1, 8 und 9) der Symphonischen Dichtungen, um dass Sie wieder etwas leichte Lectüre (für Sie) zum Ausruhen von Ihren Arbeiten haben, Die Berg-Symphonie wurde in ihrer jetzigen Gestaltung vor kurzem in dem Abschieds-Conzert von Bronsart aufgeführt. Bronsart spielte an dem-

1) Graner Festmesse.

selben Abend ein Trio seiner Composition in vier Sätzen, was ich als ein gelungenes und sehr respectables Werk schätze.

Haben Sie nochmals besten Dank für den neuen Beweis Ihrer freundschaftlichen Anhänglichkeit, den mir Ihr Brief gewährt, und lassen Sie nicht zu lange auf gute Nachricht warten

Ihren aufrichtig ergebenen F. Liszt.

177. An Concertmeister Ferdinand David in Leipzig*).

Leipzig, 26. Februar 57, 10 Uhr.

Bevor ich mich zu Bette lege, lassen Sie mich Ihnen, sehr verehrter Freund, meinen aufrichtigst gefühlten Dank sagen, zu welchem ich Ihnen für den heutigen Abend verpflichtet bin. Sie haben sich wieder bei dieser Conzertangelegenheit so ganz als vollkommener Gentleman und hochstehender Künstler bewährt!

Das ist nichts Neues bei Ihnen, es freut mich aber, als Ihr alter Freund Altes zu wiederholen, indem ich Ihnen stets verbleibe dankbar ergebenst Franz Liszt.

---

*) In Eckardt's »F. David und die Familie Mendelssohn«. Leipzig, Dunker & Humblot 1888 abgedruckt.

1) Citat aus Liszt's symphon. Dichtung »Mazeppa«, die er am selben Tag sammt den »Préludes« im Leipziger Gewandhaus vorgeführt und damit einen Misserfolg erlebt hatte. David, der als Concertmeister mitwirkte, »missbilligte« — wie Eckardt sagt — Liszt's compositorische Richtung, stand aber bis an sein Lebensende, von »Bewunderung für den unvergleichlichen Künstler und genialen Menschen erfüllt«, in freundschaftlichen Beziehungen zu Liszt.

178. An Wladimir Stassoff in St. Petersburg[1].

Une maladie peu dangereuse mais fort incommode, puisqu'elle m'oblige assez souvent à garder mon lit (comme en ce moment), m'a privé du plaisir de répondre plus tôt à votre très aimable lettre pour vous en remercier d'abord, et vous dire aussi combien je serai charmé de faire la connaissance des manuscrits de Mr Séroff, que vous voulez bien me recommander d'une manière si persuasive. Plusieurs personnes qui ont l'avantage de connaître Mr Séroff, entre autres Mr de Lenz et le Prince Eugène Wittgenstein, m'en ont parlé avec beaucoup d'éloge comme d'un artiste qui joint à un véritable talent une intelligence des plus consciencieuses. Il me sera d'un grand intérêt d'apprécier le travail auquel il s'est voué avec une si méritoire persévérance, et de profiter ainsi de l'occasion qu'il m'offre de m'édifier de nouveau à l'audition de ces œuvres sublimes de la *dernière période* (j'écarte à dessein le terme non approprié de *manière* et même celui de *style*) de Beethoven, lesquelles, quoiqu'en puisse dire Mr Oulibicheff et d'autres docteurs qui réussissent plus aisément à *verser* en ces matières qu'à y être versés, demeureront le couronnement de l'œuvre de Beethoven.

Relativement à l'édition de ces Partitions pour deux Pianos de Mr Séroff, je m'y employerai volontiers selon votre désir, tout en vous avouant que mon crédit sur les Editeurs n'est guère plus considérable que sur les Docteurs susmentionnés, ces derniers contribuant de leur mieux à maintenir en circulation toute sorte de coq à l'âne qui empêchent les Editeurs à se risquer dans des *entreprises folles*, comme il leur est si péremptoirement démontré! En sus vous n'ignorez pas que les arrangements pour deux Pianos — les seuls propres à rendre le dessin et le groupement des idées de certains ouvrages — sont peu en faveur auprès des marchands de Musique et d'un débit rare, la grande masse des Pianistes étant

1) Russischer Schriftsteller, Kunst- und Musikkritiker, jetzt Director der kaiserl. öffentlichen Bibliothek zu Petersburg.

à peine capable de *jouer sur* le Piano, et se souciant fort peu (si ce n'est parfois pour la forme et par respect humain) de l'intérêt d'intelligence et de sentiment qui pourrait se rattacher aux promenades de leurs doigts. Ce nonobstant, veuillez être persuadé que je ne négligerai rien pour justifier la confiance que vous me témoignez, Monsieur, et agréez, je vous prie, l'expression des sentiments très sincèrement distingués de votre tout dévoué

Weymar, 17 Mars 1857. F. Liszt.

J'attends avec impatience l'envoi que vous me promettez, en vous priant de grossir le plus possible le paquet, afin que je puisse prendre une connaissance complète du travail de Mr Séroff. En particulier veuillez bien ne pas oublier l'arrangement des derniers Quatuors de Beethoven.

179. An Wilhelm von Lenz in St. Petersburg.

De grâce, cher ami, ne me traitez pas comme Moscheles, ne me croyez pas mort, quoique je vous en ai quelque peu donné le droit par mon long silence. Mais il y a tant de demi-gens et de demi-habiles (lesquels sont pour l'art au moins aussi dangereux que l'est le *Demi-Monde*, selon la dénomination d'Alexandre Dumas pour les mœurs) qui disent des sottises si *entières* sur mon compte dans les journaux et ailleurs, que je ne voudrais vraiment pas mourir encore, ne serait-ce que pour ne pas interrompre leur belle besogne. Vous vous plaigniez déjà d'un seul *merle sifflant*, pastoralement perché sur votre livre — que dirai-je donc des croassements de cette nuée de corbeaux et »d'obliques hiboux« qui s'étend comme un »cordon épidémique« tout le long des partitions de mes Poèmes symphoniques? — Heureusement je ne suis pas de composition assez facile pour me laisser déconcerter par leur »concert« et continuerai fermement mon chemin jusqu'au bout, sans prendre d'autre souci que de faire ce que j'ai à faire — et ce qui sera fait, je vous le promets. La suite de votre »Beethoven« dont vous me parlez ne m'est point parvenue et depuis six mois je n'ai aucune nouvelle de B.

qui je le crains, se trouve aux prises avec des circonstances éditoriales assez difficiles, mais dont il aura, je présume, l'esprit de se bien tirer. — A propos de Beethoven. Voilà Oulibicheff qui vient de lancer un volume que je comparerais volontiers aux dragons et autres monstres sacrés en papier maché avec lesquels les braves Chinois essayèrent d'effrayer les Anglais lors de la dernière guerre. — Les Anglais ripostèrent simplement par des bombes, ce qui était le meilleur procédé. Si j'en trouve le temps dans le courant de l'été, je répondrai fort respectueusement à Oulibicheff par une brochure qui pourra prendre assez d'étendue. Pour le moment je suis encore cloué dans mon lit par une pépinière de clous, qui fleurissent maintenant sur mes jambes, et que je considère comme les portes de sortie pour le mal qui m'incommode assez violemment depuis la fin d'Octobre.

Mr Stassoff m'ayant écrit de la part de Mr Séroff, je lui ai répondu dernièrement que je trouverai un véritable intérêt à prendre connaissance de l'arrangement pour 2 Pianos des derniers Quatuors de Beethoven etc. Aussitôt qu'il me les aura fait parvenir je les examinerai avec toute l'attention que mérite un pareil travail, et lui écrirai avec sincérité mon opinion telle quelle. Quant à la question de l'édition, elle n'est pas si aisée à résoudre que vous paraissez le croire. J'ai écrit à Mr Stassoff que les arrangements pour 2 Pianos, les seuls appropriés à rendre l'idée de certains ouvrages, ont très peu de cours dans le public, attendu qu'il est très rare de rencontrer deux instruments chez la plupart des amateurs de musique. Ce nonobstant si, comme je suis disposé à le croire, le travail de Mr Séroff répond aux éloges que vous m'en faites, je tâcherai de lui trouver un éditeur et vous prie seulement d'engager Mr Séroff de me faire connaître quelles seraient ses prétentions d'honoraire? —

Pourquoi, cher ami, ne vous décidez-vous pas à faire une excursion en Allemagne et à venir me voir à Weymar? Je vous l'ai déjà demandé il y a 3 ans et vous assure de nouveau que ce voyage ne vous serait pas inutile. Vous et Oulibicheff avez beau énumérer les avantages et les améliorations de la Russie sous le rapport musical, les gens qui savent de quoi il s'agit n'auront garde de vous prendre au mot. L'art ne peut être à Pétersbourg de longtemps qu'un accessoire et comme une superfétation malgré la distinction très réelle et si vous voulez, même la supériorité de quelques personnes qui s'en occupent avec prédilection et qui y résident. Les preuves à l'appui de cette opinion abondent et ne sauraient être changées de sitôt.

Croyez-moi, mon cher Lenz, si vous voulez connaître le *cœur* de la question musicale, venez en Allemagne et venez me voir.

En attendant ne vous embarrassez pas plus que je ne le fais ni des »merles« ni »des obliques hiboux«, continuez à vous familiariser avec les regards et le sourire de la »*chimère*« et croyez-moi bien votre très sincèrement affectionné et dévoué

Weymar, 24 Mars 57. F. Liszt.

180. An Eduard Liszt.

Bester, vortrefflicher Eduard,

Endlich übersende ich Dir den Clavierauszug der Messe, den ich, so gerne ich es gewünscht, nicht früher in Ordnung bringen konnte, theils wegen der Unmasse von Sachen, Briefen, Beschäftigungen, die sich mir herandrängen, theils auch wegen meines Unwohlseins, was mich seit mehr als drei Wochen nöthigt im Bette zu verbleiben. Die Auflage betreffend, welche auf zweierlei Art bewerkstelligt werden kann, je nachdem man öconomischer oder luxuriöser dabei verfahren will, theile ich Dir das Nöthige auf dem beiliegenden Notenblatt (1te Seite der Partitur — von meiner Hand geschrieben) mit, und bitte Dich, bester Freund, Deine Vermittlung dahin zu wenden, dass mir baldmöglichst die Correctur zugesandt wird und das Werk erscheint.[1])

1) Die Graner Messe.

Dein letzter Brief hat mir wieder eine grosse Freude gebracht durch Dein liebevolles Verständniss meiner Werke. Dass ich bei dem Ausarbeiten derselben, so wie es mir meine Widersacher von so vielen Seiten zum Vorwurf machen, nicht ganz in's Blaue hineinschiesse und im Finstern herumtappe, werden unter ihnen allmählig diejenigen erkennen, welche ehrlich genug sein dürften, um sich durch vorgefasste *Absichten* die richtige *Einsicht* der Sache nicht durchaus versperren zu wollen. Meiner künstlerischen Aufgabe seit mehreren Jahren vollständig bewusst, soll es mir weder an consequenter Ausdauer noch ruhiger Besonnenheit bei Erfüllung derselben fehlen. Gottes Segen, ohne welchen nichts gedeihen und fruchten kann, möge auf meinem Werke ruhen! —

Die Besprechungen der Wiener Blätter, welche die Aufführung der Préludes und des Conzerts veranlasst, habe ich mit Aufmerksamkeit und Interesse gelesen. Wie ich es Dir im voraus gesagt hatte, konnte der doctrinäre Hanslick mir nicht günstig sein; sein Aufsatz ist perfid, aber im Ganzen anständig. Es wäre mir übrigens ein Leichtes, seine Argumentirung auf ein Null zu reduziren, und ich halte ihn für gescheidt genug, um dies auch zu wissen. Bei einer besseren Gelegenheit könnte man es ihm auch einmal besser beweisen, ohne dabei die Pretention zu haben, ihn zu bessern. Die Chiffre C. D. in der Wiener Zeitung bedeutet wohl Dörffl — oder Drechsler? Gleichviel von wem die Recension geschrieben ist, der Autor documentirt darin eine so überzeugende Bornirtheit, dass er vielen anderen weniger *Bornirten* sehr willkommen sein wird. Dergleichen ist schon oftmalen dagewesen, wird aber stets sehr verlangt. Der Musiker heut zu Tage kann alle dem Gesumse nicht aus dem Wege gehen. Vor zwanzig Jahren noch gab es kaum ein paar musikalische Blätter in Europa, und die politischen Zeitungen referirten nur in äusserst seltenen Fällen, und dann nur sehr aphoristisch über musikalische Angelegenheiten. Jetzt ist dies ein ganz anderes geworden, und über meine Préludes zum Beispiel (die, beiläufig gesagt, nur das *Vorspiel* zu meiner Compositions-Laufbahn bilden) sind schon mehrere Dutzend Kritiker *von Fach* hergefallen, um mich als Componisten von Grund aus zu ruiniren. Ich will keineswegs sagen, dass die jetzigen Zustände im Ganzen genommen für den Musiker ungünstiger sind als die früheren; denn alles dies Hin- und Herreden in hundert Blättern bringt auch manches Gute mit sich, was sonst nicht so leicht zu ermöglichen wäre — blos muss sich der denkende und schaffende Künstler davon nicht beirren lassen und, wie man von dem Hippopotam erzählt, seinen Schritt ruhig und ungestört vorangehen, trotz alle den Pfeilen, die auf seinem dicken Fell abprallen. Ein origineller Denker sagt: »Als unser Emblem und Familienwappen schlage ich einen vom Sturm heftig bewegten Baum vor, der dabei dennoch seine rothen Früchte auf allen Zweigen zeigt, mit der Umschrift: dum convellor mitescunt; oder auch: conquassatus sed ferax.

Meinem alten Freund Löwy bitte ich Dich gelegentlich meinen besten Dank zu sagen für die Zeilen, die er mir sogleich nach der Aufführung der Préludes geschrieben hat. Ich weiss, dass er es gut mit mir meint, *auf seine Art und Weise*, die leider nicht die meine sein kann, weil mir Freundschaft ohne Muth und Flamme etwas Fremdes bleibt, und ich z. B. nicht begreifen kann, warum bei dem besagten Conzert er *nicht* seinen gewöhnlichen Platz eingenommen und sich in einem Winkel verhalten hat, so wie er es mir erzählt. Wann habe ich ihm denn Veranlassung gegeben, sich meiner zu schämen? Stehe ich denn nicht in der ganzen Kunstwelt als ein nobler Kerl da, der seiner Überzeugung getreu, alle schnöden Mittel und gleissnerischen Umtriebe verachtend, ein hohes Ziel wacker und ehrlich anstrebt? Gesetzt den Fall, dass, getäuscht von meinen so vielseitigen Erfahrungen (die wahrlich nicht so gering anzuschlagen sind, denn ich habe die für die Musik so bedeutsamen Perioden von Beethoven, Schubert, Mendelssohn, sowie die Rossini's und Meyerbeer's miterlebt und durchgearbeitet), irre geführt durch mein seit 7 Jahren unaufhaltsames Arbeiten, ich gänzlich auf den Holzweg gerathen sei: wäre es die Aufgabe meiner *intimen* Freunde, vor der Opposition, die sich mir gegenüber stellt, weil ich

Neues bringe, zu erröthen, sich in einen Winkel zu verstecken und mich zu verleugnen? — Das hast Du anders und besser gemacht, liebster Eduard, und Dein Benehmen mit Castelli war abermals das richtige. Meine wenigen Freunde können sich an Dir ein gutes Beispiel nehmen, denn sie haben sich wahrlich nicht von dem *Conzert*, welches die Grossmäuler im Verbündniss mit den Maulaffen gegen meine Sachen erheben, einschüchtern zu lassen.

Deine musikalischen Bemerkungen und Bedenken habe ich mir abermals überlegt. Der 4. Satz des Conzerts[1] vom Allegro marziale

correspondirt mit dem 2. Satz Adagio

er ist nur eine gedrängte Recapitulation des früher Gebrachten mit erfrischten, belebteren Rhythmen und enthält *kein* neues Motiv, wie es Dir bei Durchsicht der Partitur gleich deutlich werden wird. Diese Art von *Zusammen*fassen und Abrunden eines ganzen Stückes bei seinem Abschluss ist mir ziemlich eigen; sie lässt sich aber von dem Standpunkt der musikalischen Form gänzlich behaupten und rechtfertigen.

Die Posaunen und Bässe

---

1) Nr. 1, Es-dur.

nehmen den 2. Theil des Motivs von dem Adagio (H-dur) auf:

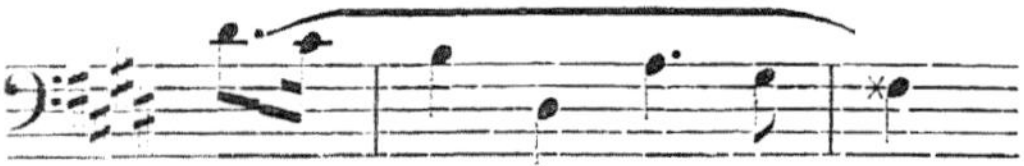

Celli

Die darauf folgende Clavierfigur

ist nichts anders als die Wiederbringung des Motivs, welches im Adagio durch die Flöte und Clarinett angegeben war,

Flöte

(Clavier-Triller auf G.)

so wie die Schluss-Passage eine Variante und Steigerung in Dur des Motivs des Scherzo,

bis endlich das erste Motiv

auf dem Pedal der Dominante *B* mit Trillerfiguration-Begleitung

eintritt und das Ganze abschliesst. —

Das Scherzo Es-moll vom Anbeginn des Triangels gebrauchte ich als vermittelnden Contrast.

Was den Triangel anbelangt, verhehle ich nicht, dass er Anstoss geben kann, besonders wenn er zu stark und nicht präcis geschlagen wird. Gegen den Gebrauch der Schlag-Instrumente herrscht überhaupt eine vorgefasste Abneigung und Perhorrescirung, die durch den häufigen Missbrauch derselben nicht ungerechtfertigt ist. Wenig Dirigenten sind auch umsichtig genug, um sie in den Compositionen, wo sie mit Bedacht verwendet sind, nach der Absicht des Componisten — ihr rhythmisches Element ohne die rohe Zuthat des plumpen Gelärms — zur Geltung zu bringen. Die dynamische und rhythmische Würze und Steigerung, welche die Schlag-Instrumente bewirken können, wäre in den meisten Fällen durch sorgfältiges Probiren und Proportioniren derartiger Ein- und Zusätze weit effectvoller herzustellen. Die ernst und gediegen scheinenwollenden Musiker aber ziehen es vor, die Schlag-Instrumente *en canaille* zu behandeln, die sich in der anständigen Gesellschaft der *Symphonie* nicht einfinden darf. Auch beklagen sie tief innerlich, dass Beethoven sich verführen liess, im Finale der 9ten Symphonie die grosse Trommel und den Triangel zu gebrauchen. Von Berlioz, Wagner und meiner Wenigkeit darf es nicht wundern; »gleich und gleich gesellt sich gern«, und da wir als impotente *Canaille* unter den Musikern behandelt werden, ist es ganz natürlich, dass wir uns mit der *Canaille* unter den Instrumenten gut vertragen. Allerdings ist es hier wie in allem das Richtige, das harmonische Mass zu treffen und festzuhalten. Dem hochweisen Bannspruch der doctrinären Kritik gegenüber werde ich aber eine Zeitlang noch die Schlag-Instrumente verwenden müssen und gedenke, ihnen noch einige wenig bekannte Effecte abzugewinnen.

Aus Paris erzählt man mir, dass dort an allen Strassenecken eine Brochure zu einem Sou verkauft wird, unter dem Titel: »le seul moyen de ne pas mourir le 13 Juin à l'apparition de la Comète«. Le seul moyen est de se noyer le 12 Juin. — Mancher gute Rath, der mir durch die Kritik ertheilt wird, ist diesem *seul moyen* sehr vergleichbar. Wir wollen uns dennoch nicht ersäufen — selbst nicht in dem lauen Gewässer der Recensionen, und auch fernerhin mit gutem Gewissen auf unsern Beinen feststehen bleiben.

Ich hätte Dir noch vieles andere zu sagen; der Brief ist aber so lang geworden, dass ich Dir nicht mehr Zeit wegnehmen möchte. Hoffentlich sehen wir uns im Laufe dieses Sommers, wo wir uns wieder so recht nach Herz und Gemüth ausplaudern können. Einstweilen danke ich Dir nochmals *inniglich* für Deine Freundschaft und verbleibe der Deine von Herzen. F. Liszt.

Was Du mir von Deiner Gesinnung für Daniel [1]) sagst, ist mir sehr wohlthuend und beruhigend. Ich werde die Fürstin bitten müssen, mit Dir über das darauf Bezügliche zu correspondiren. Mein Entschluss D. nach Wien zu schicken, um dort sein Jus zu absolviren, und ihn Deiner Obhut anzuvertrauen, steht ziemlich fest.

Weymar, 26. März 57.

In der nächsten Nummer der Brendel'schen Zeitung erscheint ein längerer Brief von R. Wagner über meine Individualität als Componist, der für Dich von Interesse sein wird.

181. An Georg Schariezer, Präses-Stellvertreter des Kirchenmusikvereins am Krönungsdome zu St. Martin in Pressburg*).

Hochgeehrter Herr,

Das freundliche Vorhaben des in so ausgezeichnetem Rufe

---

1) Liszt's Sohn.

*) Nach einer Abschrift von Hrn. Stadthauptmann Johann Batka in Pressburg. — Der seit 1833 bestehende Kirchenmusikverein, der sich die allsonn- und festtägige Aufführung classischer Instrumental-

stehenden Pressburger Kirchenmusikvereins, meine »Missa solemnis« zur Aufführung zu bringen, ist für mich ungemein erfreulich, und ich sage Euer Hochwohlgeboren insbesondere meinen Dank für das wohlwollende Schreiben, mit welchem Sie mich im Namen des Kirchenmusikvereins beehrten. So angenehm es mir wäre, Ihrem Wunsche ohne alle Umständlichkeiten nachzukommen und Ihnen sogleich Partitur und Stimmen zu übersenden, bin ich jedoch genöthigt, Sie um längere Verzögerung zu bitten, aus dem Grunde, weil die Partitur nebst dem Clavierauszuge noch mehrere Monate in der k. k. Staatsdruckerei in Wien verbleiben müssen, und ich die Stimmen erst nach der Herausgabe des Werkes im nächsten September neu ausschreiben lassen kann. Die in Gran und Prag gebrauchten Copien sind mir abhanden gekommen, und mehrere wesentliche Veränderungen, welche ich in der Partitur zuletzt getroffen habe, erheischen nothwendiger Weise eine neue Abschrift des Ganzen.

Hoffentlich aber erhalten Sie mir, hochgeehrter Herr, sowie der Pressburger K.-M.-V. Ihr gütiges Wohlwollen, wobei mir die Aussicht gestattet wird, dass die Messe später bei Ihnen zur Aufführung gelangt. Wenn ich mich nicht gänzlich täusche, so wird der kirchliche Sinn, sowie der musikalische Styl dieses Werkes durch mehrfache Aufführungen richtiger verstanden und geistiger empfunden sein, als es zuerst bei dem vorherrschenden Vorurtheile gegen meine neueren Compositionen und der systematischen Opposition der Routine und des Schlendrians, welche ich nach so manchen Seiten hin zu bestehen habe, der Fall sein konnte. So viel darf ich mit gutem Gewissen sagen, dass ich das Werk, vom ersten bis zum letzten Takt, als Katholik mit Inbrunst empfunden und als Musiker sorgfältigst ausgearbeitet habe, und somit es getrost der Zeit überlassen kann, ein übereinstimmendes Urtheil herbeizuführen.

Sobald die Partitur erscheint, werde ich die Ehre haben

messen während des Gottesdienstes zur Aufgabe stellt, brachte die grosse Messe Beethoven's schon 1835, wie seitdem des öfteren zur Aufführung und bringt Liszt's Graner Messe seit 1872 alljährlich zu Gehör.

Euer Hochwohlgeboren ein Exemplar zuzusenden, und wenn Ihr jetziges Vorhaben vielleicht im Frühjahre zur Ausführung kommen könnte, so soll es mich sehr freuen der Aufführung beizuwohnen und die letzten Proben selbst zu leiten.

Genehmigen Sie, hochgeehrter Herr, nebst meinem aufrichtigen Dank den Ausdruck der ausgezeichneten Hochachtung. Ihr ganz ergebener

Weymar, 25. April 1857. Franz Liszt.

182. An Eduard Liszt.

Liebster Eduard,

Über die Unterstützung der Gesangs-Stimmen durch einige Blas- und Blech-Instrumente in meiner männerstimmigen Messe habe ich hin und her gedacht, ohne mich entscheiden zu können, diese Begleitung aufzuschreiben. Eigentlich müsste ich den Wiener Chor hören, um die richtige Proportion zu treffen, die nach dem Verhältniss der Besetzung, der Räumlichkeit der Kirche und selbst der Gattung der Instrumente und der minderen oder grösseren Tüchtigkeit der Musiker sehr verschiedenartig sich herausstellt. Sehr angenehm wäre es mir daher, wenn Herbeck, der sich für mein Werk zu interessiren scheint, gänzlich nach seinem Dafürhalten die Entscheidung auf sich nähme und entweder blos die gedruckte Orgelbegleitung beibehielt, oder wenn er es für zweckmässig erachtet, die Gefälligkeit hätte, eine kleine Partitur zur Unterstützung der Stimmen hinzuzuschreiben. Im letzteren Falle möchte ich meinen, dass Hörner, Clarinetten, Hoboen und Fagott unentbehrlich wären, und wahrscheinlich auch Posaunen im Kyrie und Credo von guter Wirkung sein könnten.

Empfiehl mich Herbeck freundlichst und theile ihm mein Bedenken sowie meine Bitte mit. Bei dem Einstudiren der Messe wird er am sichersten herausfinden, welche Stellen einer Supplement-Begleitung am meisten bedürfen.

Sein Quartett, welches er so freundlich war mir zuzusenden, habe ich bis jetzt, wegen meines fortwährenden Unwohlseins, was mich nöthigt die meiste Zeit im Bette zu verbleiben, noch nicht hören können, will es aber nächstens unserm vortrefflichen Quartett-Verein (Singer, Cossmann. Stör, Walbrühl) zur Aufführung übergeben.

Mit der heutigen Post übersende ich Dir eine Veränderung im Agnus Dei meiner Graner Messe, die ich Dich bitte, dem Setzer einzuhändigen. Die Singstimmen bleiben wie früher, aber in den Zwischen-Pausen lass ich das Hauptmotiv durch die Bässe wiederkehren, was den Satz noch einheitlicher gestaltet. Der Setzer soll sich nach dieser Correctur für das ganze Agnus Dei richten und erst beim Eintritt des Dona nobis pacem (Allegro moderato) zur Hauptpartitur zurückkehren.

Wagner's Brief ist im Separat-Abdruck erschienen, und Du erhältst mehrere Exemplare davon, weil ich glaube, dass Du Freude daran hast und guten Gebrauch davon machen wirst.

Die Fürstin ist seit mehr als 3 Wochen bettlägerig und leidet an heftigen rheumatischen Schmerzen. Auch die Prinzess Marie war ziemlich unwohl, und somit ist das ganze Haus sehr trübselig geworden. Ich habe mich noch in den letzten Tagen zusammengerafft und meine Chöre zu Herder's Prometheus aufführen lassen, welche unerwarteter Weise einen sehr guten Eindruck machten und mit ganz ungewöhnlicher Sympathie aufgenommen wurden. Im Laufe des Sommers werde ich das ganze Werk in Stich geben. Mit dem verbindenden Text, der mit Geschick nach Herder und Aeschylos gefasst ist[1]), und der vorangehenden Symphonischen Dichtung (No. 5 der bei Härtel erschienenen) dauern die 8 Chöre ungefähr anderthalb Stunden. Wenn ich mich nicht täusche, so wird sich das Werk späterhin in grösseren Conzerten gut bewähren.

Gegen den 15ten Mai werde ich mich nach Aachen begeben, um dort das Musikfest zu Pfingsten zu leiten. Das ist wieder eine gute Gelegenheit für manche Blätter, auf mich zu schimpfen und ihre Galle loszulassen! — Wenn das Programm, welches ich vorschlagen werde, bei dem hiesigen Sep-

---

1) Von Richard Pohl.

tember-Feste sich realisirt, musst Du hierher kommen und die Sache mit anhören.

Von Paris schreibt mir meine Mutter, dass Blandine seit dem 20ten d. M. bei der Gräfin d'A. wohnt. Die Vermählung von Cosima mit H. von Bülow findet wahrscheinlich vor dem September statt. Über Daniel schreibt Dir die Fürstin ausführlicher, sobald sie besser ist.

Gott mit Dir und Deinem Dir von Herzen ergebenen

[Weimar,] 27. April 1857. F. Liszt.

183. An Frau von Kaulbach*).

Hochverehrte Frau,

Man macht mir Muth, Ihnen etwas zuzusenden, was Ihnen zwar angehörig ist, aber leider in so schlechter Bekleidung vor Sie treten muss, dass ich alle Ihre mir so oft erwiesene

---

*) Der Brief wurde in der »Täglichen Rundschau« und nach dieser in der »Neuen Berliner Musikzeitung« vom 19. März 1891 mit nachstehendem, aus der Mitte der fünfziger Jahre stammenden Schreiben Kaulbach's an Liszt mitgetheilt. Liszt empfing zu seiner »Hunnenschlacht« bekanntlich durch Kaulbach's berühmtes Gemälde im Treppenhause des Berliner Neuen Museums die Anregung. Er beabsichtigte, sämmtliche dort befindliche 6 Bilder Kaulbach's in ähnlicher Weise symphonisch zu bearbeiten, wahrscheinlich für Theateraufführungen in Weimar. Auch scheint Dingelstedt eine Nachdichtung in Versen geplant zu haben. Kaulbach's Brief an den Freund lautet: »Dein origineller und geistreicher Gedanke, die musikalische und dichterische Gestaltung der historischen Bilder im Berliner Museum, hat mich lebhaft ergriffen und beschäftigt. Sehr verlangt mich, von Dir und Dingelstedt die Ideen über dessen Ausführung zu hören. Die Darstellung dieser gewaltigen Gegenstände in poetischer, musikalischer und malerischer Form muss ein harmonisches, abgerundetes und sich gegenseitig ergänzendes Werk bilden. Das soll klingen und leuchten durch alle Lande!! — Ich eile also nach Weimar, sobald meine hiesige Beschäftigung mich frei lässt. — Mit den herzlichsten Empfehlungen an die Frau Fürstin, die wahrhaft begeisterte Kunstfreundin, und deren liebenswürdige Prinzessin Tochter von mir und meiner Frau, bleibe ich in unwandelbarster Verehrung und Freundschaft

Dein getreuer W. Kaulbach.«

liebenswürdige Nachsicht dafür anspreche. Gleichzeitig mit diesen Zeilen erhalten Sie also das Manuscript der 2 clavierigen Übertragung meiner symphonischen Dichtung (für grosses Orchester geschrieben und seit Ende Februar gänzlich fertig) »Die Hunenschlacht« und ich bitte Sie, hochverehrte Frau, dieses Werk als ein Zeichen meiner aufrichtigsten Hochverehrung und ergebensten Freundschaft für den Meister der Meister gütigst aufnehmen zu wollen. Vielleicht trifft sich später eine Gelegenheit in München oder Weymar, wo ich Ihnen das Werk mit vollem Orchester vorführen kann und das meteorische und solarische Licht, welches ich dem Gemälde entnommen und zum Schluss durch die allmählige Steigerung des katholischen Chorals »Crux fidelis« und den damit sich verschmelzenden meteorischen Funken einheitlich gestaltet habe, austönen lasse. Wie ich es Kaulbach schon in München andeutete, war ich durch die musikalischen Erfordernisse des Stoffes dahin geführt, dem solarischen Licht des Christenthums, personificirt durch den katholischen Choral »Crux fidelis«, verhältnissmässig mehr Platz einzuräumen, als es in dem herrlichen Gemälde der Fall sein durfte, um somit den Abschluss des Kreuzes-Siegs, den ich dabei sowohl als Katholik wie als Musiker nicht entbehren mochte, zu gewinnen und prägnant darzustellen.

Entschuldigen Sie freundlich diesen etwas dunkelnden Commentar der beiden gegensätzlichen Lichtströmungen, in welchen sich die Hunnen und das Kreuz bewegen; die Aufführung soll die Sache hell und klar machen, und wenn Kaulbach einigen Spass an dieser etwas gewagten Wiederspiegelung seiner Phantasie findet, wird es mich königlich freuen.

Durch Dingelstedt, den unser Grossherzog München entzieht, haben Sie das Neueste von Weymar gehört, und ich habe Ihnen leider nur Betrübendes von der Frau Fürstin W. zu melden. Seit mehreren Wochen ist sie im Bette durch sehr heftige rheumatische Schmerzen verhalten, und es ist kaum zu hoffen, dass sie vor meiner Abreise nach Aachen, gegen Mitte Mai, hergestellt sein wird.

Erlauben Sie mir, meine gnädige Frau, noch die Bitte,

Kaulbach meinen schönsten, herzlichsten Dank für die wundervolle Zeichnung des Orpheus, mit welcher er mich beehrt und erfreut hat, zu sagen, und indem ich abermals von Ihnen Verzeihung für die schlechte Kritzelei meines Manuscripts erflehe, verbleibt Ihnen in aufrichtiger Verehrung und devoter Freundschaft ergebenst

Weymar, 1. Mai 57. F. Liszt.

184. An den Kammersänger Fedor von Milde in Weimar[1].

Verehrter Freund,

Ich kann mir die Freude nicht versagen, Dir von dem wirklich ausserordentlichen, nicht gemachten, sondern gänzlich durchgreifenden und glänzenden Erfolg Deiner Frau[2]) zu berichten. Cöln, Düsseldorf, Bonn, Elberfeld und die ganze Gegend stimmt mit Aachen überein, dass Deine Frau das *Festliche* des Musikfestes bildete; und wenngleich der Erfolg nicht in der Regel als Massstab des künstlerischen Werthes gelten darf, so hat er doch, wenn er sich wie hier so reell und *de bon aloi* bezeugt und diesem künstlerischen Werth nachfolgt, etwas Erfrischendes und Befestigendes, woran wir uns im *Trio* aufrichtig erfreuen können.

Auf baldiges Wiedersehen und freundschaftlichen Gruss und Dank von

Deinem ergebenen

Aachen, Mittwoch, 3ten Juni 57. F. Liszt.

185. An Johann von Herbeck.

Weymar, 12. Juni 57.

Geehrter Herr und Freund,

Bei meiner Rückkehr von dem Aachener Musikfest, welches im Ganzen als gelungen zu bezeichnen ist, schon dadurch,

---

1) Vortefflicher Wagnersänger. Der erste Telramund im »Lohengrin«.

2) Rosa geb. Agthe, von Franz Götze gebildet.

dass die Gegner ihre Unzufriedenheit nicht verhehlen — finde ich hier Ihr werthes Schreiben, wofür ich Ihnen meinen aufrichtigst verbindlichen Dank sage. Mein vortrefflicher Cousin und Freund Dr. Eduard Liszt hatte mich bereits benachrichtigt von Ihrer Gewogenheit, die Harmonie-Instrumentirung meiner Vocal-Messe zu übernehmen: mit den verschiedenen Angaben, die Sie mir so freundlich in Ihrem Briefe mittheilen, bin ich *gänzlich einverstanden* und bitte Sie nur, geehrter Herr, diese Arbeit durchweg nach Ihrem besten Ermessen, ohne kleinliche Rücksichten zu vollziehen. Die Orgel möchte ich zwar dabei nicht vermissen; ganz richtig getroffen aber ist es, die Stellen im Kyrie, Suscipe deprecationem. Crucifixus und andere noch

ausschliesslich den Bläsern zu überlassen. Als ich zu meinem Cousin den Wunsch aussprach, die Instrumentirung der Messe in Ihre Hände zu legen, war es in der Vorausüberzeugung der Trefflichkeit Ihrer Bearbeitung; die Beispiele, die Sie in Ihrem Briefe anführen, bestätigen dass ich mich nicht geirrt, und ich freue mich wahrhaftig auf den Moment, wo wir zusammen die ganze Partitur durchmachen. Gegen Ende August beabsichtigt Eduard mich hier zu besuchen, und wenn es Ihnen möglich ist, gleichzeitig mit ihm in Weymar einzutreffen und einige Tage in meinem Hause zu verweilen, so wird mir dies sehr angenehm sein.

Am 3., 4. und 5. September finden hier die Jubiläums-Festivitäten des Grossherzogs Carl August statt, bei welcher Gelegenheit ich mehrere meiner neueren Orchester-Compositionen und auch den Chor »An die Künstler« aufzuführen gedenke. Eduard wird Ihnen später ein genaueres Programm der Feste mittheilen. Sollten Sie übrigens abgehalten sein, denselben beizuwohnen, so bedarf es wohl keiner besonderen

Versicherung, dass mir Ihr Besuch an jedem Tag sehr erfreulich sein wird und ich mein Bestes thun will, um dass Sie in Weymar keine Langweile erleiden.[1])

Darf ich Sie noch bitten, mir die Stimmen Ihres mir sehr zusagenden und in der Stimmung sowohl als in der Stimmführung so ausgezeichnet edel und fein gehaltenen Quartetts[2]) gelegentlich und wenn möglich recht bald zukommen zu lassen? Falls Sie über die Abschrift der Stimmen nicht verfügen könnten, wird es mir ein Vergnügen sein, dieselben hier copiren zu lassen. Unser Weymarer Quartett, die Herren Singer, Stör, Walbrühl und Cossmann, ist diesem Werke gewachsen, und Sie werden hoffentlich mit der Ausführung zufrieden sein. Leider verhinderte in den letzten Monaten das Unwohlsein Cossmann's unsere gewöhnlichen Quartett-Productionen, und Cossmann konnte sich auch nicht an dem Aachener Musikfest betheiligen. Gestern sagte er mir aber, dass er in einigen Tagen seinen Bogen wieder führen wird, und da wünsche ich, dass die Herren sogleich Ihr Werk in Angriff nehmen.

Auf baldiges Wiedersehen also und nochmals herzlichen Dank von Ihrem aufrichtig freundschaftlich ergebenen

F. Liszt.

186. An Gräfin Rosalie Sauerma geb. Spohr.

Vos lignes me font grand plaisir, chère Comtesse et admirable artiste, et quoique je sois encore obligé de garder mon lit (que j'ai si peu quitté durant tout l'hiver) je m'empresse de vous rassurer complètement sur mon état de santé. De fait je n'ai jamais fait à mon mal si tenace l'honneur de le prendre au sérieux et maintenant moins que jamais, car je compte en être entièrement quitte à la fin de la semaine. N'en parlons donc pas davantage et laissez-moi vous dire tout d'abord que je me réjouis sincèrement de vos projets

---

1 Herbek folgte der Einladung.

2 D-moll, unveröffentlicht.

de quasi voisinage à Dresde; car il me semble que parmi les villes d'Allemagne, c'est celle où vous rencontrerez le plus d'agrément. Je viendrai certainement vous y faire ma visite dans le courant de l'hiver, et j'espère aussi que vous n'oublierez pas tout à fait vos amis de Weymar.

Quand vous reviendrez ici vous y trouverez peu de changement; mais seulement trois Weymarois de plus: Goethe, Schiller et Wieland, dont on inaugurera les statues en Septembre prochain lors de la célébration des fêtes du jubilé du Grand Duc Charles Auguste. On projette même de la Musique pour ce moment et je vous prédis à l'avance que vous pourrez lire toute sorte de choses peu flatteuses sur ce sujet, puisque la musique en question sera en grande partie de ma composition. Quoi qu'il en soit, je tâcherai d'avoir toujours quelque chose de mieux à faire que de m'inquiéter de ce qu'on dit ou imprime sur mon compte.

Combien je serai charmé de vous réentendre et de me bercer comme dans un hamac au son de vos arpèges. Vous n'avez pas rompu, j'en suis sûr, avec vos belles habitudes de travail, et votre talent est certainement plus magnifique que jamais. Tout dernièrement Mme Pohl qui a très joliment joué la Fantaisie d'Obéron de Parish Alvars, réveilla très vivement le souvenir des heures charmantes d'Eilsen et de Weymar, et que j'espère bientôt reprendre à Dresde... Soyez assez bonne pour vous charger de mes meilleurs compliments pour votre mari et les vôtres et veuillez bien agréer, je vous prie, chère Comtesse, l'expression des hommages les plus sincères et affectionnés de votre tout dévoué

Weymar, 22 Juin 57. F. Liszt.

Mme la Princesse W. a été très gravement malade pendant plus de deux mois; elle est à peine entrée en convalescence et me charge de ses meilleurs souvenirs pour vous.

187. An Ludmilla Schestakoff, geb. Glinka in St. Petersburg [1]).

Madame,

Je voudrais pouvoir vous dire combien la lettre que vous m'avez fait l'honneur de m'adresser m'a vivement touché. Merci de vous être souvenue de moi comme d'un des plus sincères et des plus zélés admirateurs du beau génie de votre frère, si digne d'une noble gloire par cela même qu'il était au dessus des succès vulgaires. Merci encore de votre gracieuseté de vouloir bien inscrire mon nom sur une de ses œuvres orchestrales auxquelles une estime et une sympathie de prédilection sont assurées de la part des gens de goût.

J'accepte avec une véritable reconnaissance la Dédicace dont vous m'honorez, et ce me sera à la fois un plaisir et un devoir de contribuer de mon mieux à la propagation des œuvres de Glinka, pour lesquelles j'ai toujours professé la plus franche et admirative sympathie dont je vous prie, Madame, de trouver ici une nouvelle assurance et d'agréer l'expression des plus respectueux hommages

de votre tout dévoué

Weymar, 7 Octobre 1857. F. Liszt.

Par la même poste j'écris à Mr Engelhardt à Berlin pour le remercier de sa lettre et lui dire que je suis tout-à-fait flatté de voir mon nom joint à une Partition de Glinka.

188. An Carl Haslinger? *)

Lieber Freund,

Das *Notenschreiben* entzieht mich mehr und mehr dem Briefschreiben, und meine Freunde müssen mir schon in letzterem Bezug vieles nachsehen. Bei allem guten Willen meinen Ver-

1) Schwester des berühmten russischen Componisten Glinka.

*) Autograph ohne Adresse im Besitz des Hrn. Alfred Bovet in Valentigney. — Empfänger vermuthlich der Obengenannte.

bindlichkeiten Genüge zu leisten, ist es mir doch durch die unzähligen Ansprüche, die an mich gemacht werden, unmöglich die gehörige Zeit dazu zu gewinnen. Schelten Sie mich also nicht, lieber Freund, wenn ich Ihre letzten Briefe unbeantwortet liess. Ich hatte mir viel mit einigen Manuscripten zu thun gemacht; insbesondere haben mich die letzten Revisionen der *Faust*- und der *Dante*-Symphonie, die nun bald gestochen werden sollen, weit länger aufgehalten als ich es vermuthete. Die beiden Werke sind jetzt so gut vollendet als ich es im Stande bin, und werden auch hoffentlich *Stand* halten.

Zur Aufführung Ihrer Oper gratulire ich Ihnen freundschaftlichst. Sie dürfen zwar dabei auf mancherlei Unannehmlichkeiten rechnen, die von dem musikalischen Handwerk nicht zu trennen sind. Die Hauptsache ist nur, dass man dabei guter Dinge bleibt und etwas Ordentliches leistet. Das Übrige hole der Kukuk! —

Die Zellner'sche Angelegenheit erlauben Sie mir mit Ihnen in Wien zu besprechen, wenn, wie es darnach aussieht, ich Ende Mai dahin kommen soll zur Aufführung meiner Messe. Einstweilen danke ich Ihnen bestens für Ihre Bemühungen um die Correctur-Bogen dieses langwierigen Werkes, und möchte wünschen, dass das Ganze bis zu meiner Ankunft in Wien erscheinen könnte.

Tausig, der sich Anfangs Januar in Berlin produziren wird, kommt wahrscheinlich mit mir. Das ist wieder so ein rechter »Eisen-Fresser«, wie Hummel von mir sagte, als er mich in den zwanziger Jahren in Paris hörte.

Wollen Sie so freundlich sein einliegende Zeilen an Winterberger und Rubinstein zu besorgen. Wie macht sich unser Freund Winterberger auf dem wenig bequemen Wiener Boden? Geben Sie mir gelegentlich davon Nachricht. Tout à vous

Weymar, 5ten December 57. F. Liszt.

189. An Hofcapellmeister Stein in Sondershausen*).

Lassen Sie mir Ihnen nochmals meinen herzlichen Dank sagen, verehrter Freund, für den schönen Tag, der mir durch Sie in Sondershausen zu Theil wurde und nachhaltig so anregend in meiner Erinnerung fortklingt. Die seltene Vollendung, mit welcher Ihre Kapelle eine der schwierigsten Aufgaben gelöst und »was man auf den Bergen hört«[1]) zum eindringlichen Verständnisse der Ohren *im Thal* (wenn nicht gar *unter Wasser* und schlimmer noch) gebracht, bestärkt mich in meinen höheren Anstrebungen — und Sie haben, lieber Freund, einen Theil der Verantwortlichkeit zu tragen, wenn ich ferner noch mehr solch »confuses«, »formloses« und für die alltägliche Kritik gänzlich »bodenloses« Zeug fortschreibe.

Singer[2]) bedarf keiner weiteren Empfehlung meinerseits, da er Ihnen bereits als eminenter Virtuos bekannt ist. Insbesondere treten seine feinen und glänzenden Eigenschaften bei Hofconzerten in ihr vortheilhaftestes Licht.

Wenn es Ihnen möglich ist, meinen lieben und *ausserordentlichen* Sprössling Carl Tausig[3]) bei Hofe gelegentlich zu produziren, so garantire ich, dass er Ihrer Empfehlung Ehre machen wird.

In aufrichtiger Hochschätzung und Ergebenheit verbleibt Ihnen freundschaftlich

Weymar, 6. December 57. F. Liszt.

190. An Alexander Ritter in Stettin.

Lieber Freund,

Ihre Kunde lautet ebenso unglaublich als angenehm. Ich

---

*) Autograph im Besitz von Hrn. Alfred Bovet in Valentigney. — Adressat, trefflicher Dirigent (geb. 1818) seit 1853 in Sondershausen, † 1864.

1) Liszt's Bergsymphonie.

2) Ein Schreiben des ausgezeichneten Violinisten steht mit dem Liszt's auf demselben Blatt.

3) »Der letzte der Virtuosen« wie Weitzmann ihn nannte; geb. 1841 in Warschau, gest. 1871 in Leipzig.

muss also annehmen, was mir längst erwiesen, dass Sie ein sehr wackerer und vortrefflicher Freund sind und durch das Gelingen Ihres gewagten Unternehmens glänzend Ihre Freundschaft bethätigen. Insbesondere sage ich Ihnen besten Dank für die prägnante und poetische Fassung, die Sie dem Programm zu Tasso gegeben. Späterhin, da Sie das Eis so glücklich gebrochen, können wir auch mit[1])

und anderem derartigen verderblichen Zeug in Stettin vorrücken! —

Ihren Brief in Angelegenheit der *Stimmen* des fliegenden Holländers konnte ich erst nach meiner Rückkehr in Weymar besorgen. Herr von Dingelstedt äusserte mir ein Bedenken in Bezug des Honorars für Wagner (von Seiten der Stettiner Direction), und die an Sie gerichtete Antwort des Secretärs Jacobi wird auch in diesem Sinne lauten. Wenn, wie ich es vermuthe, Sie dahin wirken, dass dieses Bedenken gehoben wird und Wagner sein Honorar erhält, so sollen Ihnen die hiesigen Stimmen übersandt werden.

Ihre liebenswürdigen Schwestern habe ich in Dresden oftmalen besucht und herzliche Plaudereien mit ihnen gepflegt.

In den Sonaten von Carl[2]), die ich mit vielem Interesse gelesen, steckt ein tüchtiger musikalischer Kern; blos wünsche ich, dass allmählig noch saftigere Frucht hinzuwächst.

Cornelius bringt seine *fertige* Oper Ende dieses Monates nach Weymar zurück[3]). Lassen, der an der seinen (»Frauenlob«) sehr rüstig fortschreitet, hat in den Zwischenpausen mehrere *prächtige* Lieder componirt. »Landgraf Ludwig's Braut-

1) Anfang der symphonischen Dichtung »Festklänge«.
2) Carl Ritter.
3) Wol »Der Barbier von Bagdad«.

fahrt[1]) wird nächsten Sonntag wieder gegeben, und Lassen von Neujahr (58) an als Grossherzoglich Weimar'scher Musikdirector fungiren. Götze tritt in Ruhestand, und Ihr Freund Stör übernimmt seinen Posten als erster Musikdirector. Damrosch, Ihr Nachfolger, hat ein ganz merkwürdiges Violin-Concert componirt mit einer Polonaise-Finale, woran Sie Vergnügen finden werden.

Empfehlen Sie mich freundschaftlich dem Angedenken Ihrer Frau, als Ihren in aufrichtiger Anhänglichkeit und Ergebenheit verbleibenden

7. December 57. Weymar. F. Liszt.

191. An Capellmeister Max Seifriz in Löwenberg*).

Sehr geehrter Herr Kapellmeister,

Meinem verbindlichsten Dank für Ihr freundliches Schreiben füge ich nach Ihrem Wunsch die Partitur der *Prometheus-Chöre* bei. Vor der Hand bedarf ich das Werk nicht und überlasse es Ihnen gerne, um es mit aller Bequemlichkeit durchzulesen. Leider befürchte ich, dass die Schwierigkeit einiger Intonationen in den 1ten Chören das Einstudiren Ihnen etwas umständlich machen dürfte. Dergleichen Verdriesslichkeiten haften unglücklicherweise an allen meinen Werken; das *Ave Maria* nicht ausgenommen, welches ich mir dennoch erlauben möchte Ihnen zunächst anzuempfehlen, wenn Sie die Absicht haben ein Vocalstück meiner Composition in Löwenberg aufzuführen. Dasselbe ist bei Breitkopf und Härtel (Partitur und Stimmen) erschienen und bei verschiedenen Aufführungen ziemlich günstig aufgenommen worden.

An Seine Königliche Hoheit habe ich gestern geschrieben und meinen besonderen Dank für die liebenswürdige Aufmerk-

1) Ungedruckte Oper Lassen's.

*) Autograph im Besitz von Hrn. Alexander Meyer Cohn in Berlin. — Adressat (1827—85) seit 1854 Capellmeister des Fürsten Hohenzollern-Hechingen in Löwenberg in Schlesien bis zu dessen Tode 1869; dann Hofcapellmeister in Stuttgart.

samkeit, Hern von Bülow während meines Aufenthalts in L. einzuladen, ausgesprochen. Ich freue mich aufrichtigst auf diese Tage, zu welchen es uns an *musikalischem Stoff* nicht fehlen wird. Empfehlen Sie mich bestens einstweilen Ihrer Kapelle, die ihren ausgezeichneten Ruf so vortrefflich bewährt. und genehmigen Sie, sehr geehrter Herr, die Versicherung der aufrichtigen Hochschätzung, mit welcher Ihnen verbleibt

freundlichst ergeben

Weymar, 24ten Dec. 57. F. Liszst.

In den ersten Tagen Aprils erhalten Sie Nachricht von meiner Ankunft in Löwenberg.

192. An Alexander Séroff.

Mon cher Monsieur,

Par ce que j'ai dit au jour de l'an dans la »Neue Zeitschrift für Musik«[1]) de vos remarquables articles sur Oulibicheff, vous aurez vu à quel point je tiens compte de vos idées et combien nous nous trouvons rapprochés par nos convictions musicales. Aux très sincères éloges que j'ai pris plaisir à vous adresser en public, il me reste à ajouter ceux que je vous dois pour le consciencieux travail que vous avez eu la bonté de me communiquer en m'envoyant la Partition de Piano du Quatuor en *ut dièze mineur* de Beethoven. Sans rien exagérer, je crois qu'on ne pouvait mieux faire en ce genre, tant par l'intelligente répartition des parties entre les deux Pianos, que par l'habileté avec laquelle vous avez approprié sans rien forcer ni défigurer, le *style* de ce Quatuor au Piano.

Il y a sans doute dans cette dernière tâche des impossibilités qu'on ne saurait méconnaître, et quelqu'effort que nous fassions, nous ne parviendrons jamais à rendre sur notre instrument ni l'intensité, ni la délicatesse de l'archet. De même aussi le coloris et les nuances intimes du Violon, de

1) 1858, Nr. 1. In dem Artikel: »Ulibischeff und Séroff«.

l'Alto et du Violoncelle nous échapperont toujours — mais ce nonobstant on vous doit cette justice de reconnaître que votre travail s'identifie autant que possible avec le sentiment et la pensée de l'original, et que vous avez souvent réussi à suppléer aux pénuries et défectuosités inhérentes à un pareil arrangement.

Il y a six semaines environ j'ai envoyé votre manuscrit à Mr Schott à Mayence, Editeur — propriétaire de ce Quatuor de Beethoven, en lui recommandant de publier votre arrangement. Jusqu'à présent je n'en ai point reçu de réponse, ce qui me paraît plutôt bon signe. Aussitôt que je serai informé de sa détermination je vous la communiquerai. Peut-être dans le courant de l'été trouverez-vous quelques semaines de loisir pour faire un voyage dans ces contrées et nous apporter la collection complète de vos arrangements des dernières œuvres instrumentales de Beethoven. Dans ce cas, permettez-moi de vous prier, mon cher Monsieur, de ne pas m'oublier et d'être assuré à l'avance du vif intérêt que je prendrai à votre travail qu'il me serait doublement agréable de parcourir avec vous. L'original en regard, nous trouverions probablement à deux quelques détails à modifier avant la publication définitive.

Pour aujourd'hui laissez-moi, mon cher Monsieur, vous remercier encore très cordialement de m'avoir associé par la pensée à votre beau travail, et veuillez bien agréer l'expression des sentiments les plus sincèrement distingués et affectueux de votre tout dévoué

Weymar, 8 Janvier 1858. F. Liszt.

193. An Basil von Engelhardt[1]).

Monsieur,

En vous faisant mes très sincères remercîments pour votre obligeant envoi des Partitions de Glinka publiées par vos amis, il m'est très agréable de vous informer en même temps que le Capriccio sur le thême de la »Jota Aragonese« vient

1) Ein sehr verständnissvoller Musikliebhaber, Freund Glinka's und Herausgeber mehrerer seiner Werke.

d'être exécuté (le jour de l'an) à un grand Concert de la Cour avec le plus complet succès. Déjà à la répétition, les musiciens intelligents que je m'estime heureux de compter parmi les membres de notre Orchestre, avaient été à la fois frappés et charmés de la vive et piquante originalité de ce ravissant morceau, taillé à si fines arêtes, proportionné et parachevé avec tant de goût et d'art! — Quels délicieux épisodes, ingénieusement rattachés au motif principal (Lettres A et B)! Quelles fines nuances et coloris répartis entre les divers timbres de l'orchestration (Lettres C—D)! Quel entrain d'allure rhythmique d'un bout à l'autre! Comme les plus heureuses surprises ressortent abondamment de la logique des développements! et comme tout y est à sa place, en tenant l'esprit incessamment en éveil, caressant et incitant tour à tour l'oreille sans un seul instant d'assoupissement ou de fatigue! — Voilà ce que nous ressentions tous à cette répétition, et le jour après l'exécution, nous nous sommes bien promis de la réentendre prochainement et de faire au plus tôt connaissance avec les autres œuvres de Glinka.

Veuillez bien, mon cher Musicien, avoir la bonté de renouveler à Madame Schestakoff l'expression de ma reconnaissance pour l'honneur qu'elle a bien voulu me faire en me dédiant cet ouvrage, et quand vous en trouverez le loisir venez l'entendre de vos oreilles à Weymar. Je puis vous assurer que vous n'aurez pas lieu de regretter les ennuis d'un petit voyage, et ne serait-ce que le rhythme

que cela suffirait pour vous dédommager amplement.

Agréez, Monsieur, je vous prie, l'assurance de mes sentiments les plus distingués et affectueux.

Weymar, 8 Janvier 1858. F. Liszt.

P.S. Je vous serai obligé de m'envoyer de chacun des ouvrages de Glinka *deux parties* supplémentaires du Quatuor (1r et 2d Violon, Viola et Basso).

194. An Felix Dräseke[1].

Ihre so allseitig *anregenden* Aufsätze[2], mein verehrter und tapferer Freund, haben uns auf der Altenburg viel Freude gebracht. Meinen Dank hoffe ich Gelegenheit zu finden, Ihnen in an- und fortdauernder Weise zu bezeugen. Einstweilen nehmen Sie mit dem guten Gewissen vorlieb: dass Sie einen redlichen Menschen in seinem besseren Vorhaben bestärkt und aufrecht gehalten.

Durch Brendel ist mir eine Einladung nach Prag zugekommen, der ich Anfangs März wahrscheinlich Folge leisten werde. Ich freue mich sehr, Sie, lieber Freund, bei meiner Durchreise in Dresden wieder zu sehen, und vielleicht können Sie es möglich machen, mich bis nach Prag zu begleiten. Die *Dante-Sinfonie* und die *Ideale* sollen dort wieder aufgeführt werden, und wenn ich nicht irre, so dürfte Ihnen das erste Werk in seiner jetzigen Gestaltung ziemlich zusagen. Die Dresdner Aufführung war mir *nothwendig*, um darüber zur Objectivität zu gelangen. So lange man nur mit dem todten Papier zu thun hat, verschreibt man sich leicht. Musik verlangt nach Klang und Wiederklang! — Auf »*durchgreifende*« Erfolge darf ich zunächst nicht prätendiren, weil ich auf zu viel Widerspruch stossen muss. Die Hauptsache wäre, dass sich meine jetzigen Werke als *ein*greifend in die musikalische Sache erweisen und zur Beseitigung der Fäulniss etwas beitragen...

Was macht Reubke[3], und wie behagt er sich in Dresden?

---

1) Jetzt Professor am Conservatorium in Dresden, bekanntlich bedeutender Componist, auch Musikschriftsteller (geb. 1835).

2) In der von Brendel gegründeten Zeitschrift »Anregungen« erschienen.

3) Schüler Liszt's.

— Bringen Sie ihm meine freundschaftlichsten Grüsse. Nebenbei ersuchen Sie ihn auch, mir (durch Herrn Menert) sehr baldige Nachricht über die Abschrift der Orchester-Stimmen des Rubinstein'schen Oratoriums »das verlorne Paradies« zu geben — und Herrn Menert zu veranlassen mir diese Stimmen spätestens Ende dieses Monates nach Weymar zu senden. Hoffentlich wird Reubke nicht wie Pohl die Partitur in seinem Koffer gelassen haben! Falls er aber ein solches Vergehen begangen hätte, bitte ich ihn es schleunigst zu repariren.

Fischer (der Organist) schrieb mir neulich, um von mir ein Testimonium seiner musikalischen Tüchtigkeit, welches er in Chemnitz vorzeigen wollte, zu verlangen. Entschuldigen Sie mich freundlichst ihm gegenüber, wenn ich seinen Wunsch nicht erfülle — möglicherweise, bei den Anfeindungen, die ich allerorts zu erleiden habe, könnte ihm ein ähnliches Document mehr schaden als nützen; abgesehen davon, dass ich mich sehr ungern anschicke, dergleichen Zeugnisse auszufertigen. Er soll mir aber diese Abneigung nicht übel deuten, und von meiner Bereitwilligkeit, ihm dienlich zu sein, überzeugt bleiben. —

Auf das Conzert von Bronsart in Leipzig mache ich Sie noch aufmerksam. Es wird in den nächsten Tagen stattfinden, und wenn Sie sich frei machen können, so lade ich Sie dazu ein. Bronsart ist mir ein sehr lieber Freund; ich schätze ihn als Charakter und als Musiker. Wenn Sie nach Leipzig gehen, besuchen Sie ihn; er wird Ihnen zusagen und Ihnen freundschaftlichst entgegen kommen. Mit Bülow ist er befreundet. Beide Namen haben dieselben Initialen: Hans von B., und längere Zeit unterzeichnete Bronsart seine an mich gerichteten Briefe »Hans II.« —

Als Virtuosen hörten wir kürzlich hier mehrmals Sivori und Bazzini. Letzterer befindet sich jetzt in Dresden; ich sagte ihm, dass ihn vielleicht Reubke besuchen würde. Veranlassen Sie Reubke dazu, und versichern Sie ihm, dass er freundlichst empfangen sein wird. Ein bekanntes Stück von Bazzini »la ronde des lutins« wurde durch einen Druckfehler als *»ronde des crétins«* betitelt! Welch unabsehbares Publikum zu einer solchen »Ronde«! Möchte sich nur die Hälfte davon als Abonnenten der »Anregungen« melden!

Nochmals tausend Dank, lieber Freund, für Ihr muthvolles Vorkämpfen; meinerseits will ich trachten, dass wir uns nicht mit gar zu übermässiger Bescheidenheit zu bescheiden haben! Aufrichtig ergeben

[Weimar] Sonntag 10. Januar 58. F. Liszt.

195. An Louis Köhler.

Lieber verehrter Freund,

Vor wenig Tagen erhielt ich einen Brief aus Königsberg, von einem mir unbekannten Herrn unterzeichnet. Zufällig ging dieser Brief verloren, und ich kann mich selbst auf den Namen nicht genau erinnern. Da aber der Ihrige darin genannt war, erlaube ich mir, Sie zu bitten, Herrn *** gefälligst mittheilen zu wollen, dass ich das von Zellner in Wien bearbeitete Arrangement des 2ten Satzes meiner Faust-Symphonie für Clavier, Violine, Harfe und Harmonium *nicht besitze* und folglich ihm nicht zustellen kann. Ausserdem erachte ich eine solche fragmentarische Aufführung meiner in so schlechtem Credit bei der Kritik stehenden Werke für ziemlich ungeeignet, und möchte es keinem Conzertgeber, noch weniger einer Conzert-Direction zumuthen, meinen als Componist perhorreszirten Namen in ein Programm einzuschmuggeln. Wie lange diese curiose Recensenten-Comödie dauern wird, kann ich nicht bestimmen; jedenfalls bin ich gefasst, mich durch das Zetergeschrei, welches sich gegen mich erhoben, nicht beunruhigen zu lassen und auf meinem Weg consequent unaufhaltsam voranzuschreiten. Ob *ich* den Skandal zu verantworten habe, oder meine Gegnerschaft sich im Skandal verwickelt, wird sich später erweisen. Einstweilen mögen sie zischen und schmieren, so viel es ihnen beliebig ist. Im Laufe des Sommers erscheinen bei Härtel meine Faust- und meine Dante-Symphonie nebst ein paar neuen Symphonischen Dichtungen. Die Faust-Symphonie ist

Berlioz, und der Dante Wagner gewidmet. Ich sende sie Ihnen, lieber Freund, mit den 2clavierigen Arrangements auf das Risiko hin, dass Ihnen daran nichts zusagt, was uns im Übrigen nicht hindern soll, gute Freunde zu verbleiben. Sie können versichert sein, dass ich Ihnen stets Dank wissen werde für das Freundschaftliche, was Sie mir in den vergangenen Jahren erwiesen haben, und niemals versuchen möchte, Sie mit meiner *Zukunft* zu compromittiren. Für letztere kann und muss ich allein Sorge tragen.

Entschuldigen Sie mich also bestens bei Herrn ***, dessen freundliches Schreiben mir leider viel unnützes Nachsuchen gekostet, und erhalten Sie Ihr *persönliches* Wohlwollen Ihrem, obgleich in musikalische Acht und Bann verfallenen, stets aufrichtig ergebenen Freund

Weymar, 1ten Februar 58. F. Liszt.

196. An Professor L. A. Zellner in Wien.

Sie können mir glauben, lieber Freund, wenn ich Ihnen sage, dass alles das Unangenehme und Verdriessliche, was Ihnen die Vorbereitungen zur Aufführung meiner Messe [1]) zuziehen, mir selbst am empfindlichsten ist. Halten Sie es wirklich für zweckmässig, dergleichen Lumpereien entgegenzutreten und offen zu bekämpfen? Ich möchte darüber nicht *à distance* entscheiden; verspreche Ihnen aber, dass ich Sie nicht im Stich lassen werde, wenn schliesslich die unerlässliche Einladung an mich erfolgt. Das Prager Conzert soll am 12ten März stattfinden — und ich lade Sie dazu ein. Je nachdem kann ich dann mit Ihnen am 14ten nach Wien reisen oder nach Weymar zurückkehren. Hoffentlich aber ersteres. Gegen die Einladung der Pester Sänger habe ich durchaus nichts einzuwenden, weil mir die 4 Persönlichkeiten in freundschaftlicher Erinnerung geblieben sind. Jedoch muss ich bemerken, dass die Ausführung der Solo-Partien meiner Messe keine be-

1) Graner Festmesse.

sondern Schwierigkeiten bietet, folglich ganz bequem und ausreichend von Wiener Sängern besetzt werden könnte, was jedenfalls einfacher und angenehmer erscheinen dürfte. Herr Dr. Gunz, Herr Panzer und Fräulein Huber sind mir als Solisten sehr willkommen, sowie auch Fräulein Friedlowsky, von welcher ich als Elisabeth das beste Lob gehört habe. Der Tenor und Alt sind am meisten betheiligt, da ihnen das Hauptmotiv im Kyrie und *Benedictus* zukömmt. Mit zwei Clavier-Proben, die ich mir ein Vergnügen mache, mit den Herrschaften selbst abzuhalten, sind wir vollständig im Klaren; und wenn die Sänger einmal die Gewissheit haben mit ihrem Part zu effectuiren, geht die Sache von selbst.

In Betreff der Chöre und des Orchesters behalte ich mir vor, meinen Dank an Hellmesberger und den Chor-Dirigenten schriftlich auszusprechen, sobald ich bestimmte Nachrichten erhalten. Ihnen aber, lieber Freund, kann ich nur wiederholen, dass wer mich versteht, mich auch liebt — und Ihnen in aufrichtiger Freundschaft ergeben verbleiben

Weymar, 8ten Februar 58. F. Liszt.

197. An Peter Cornelius in Mainz.

[Weimar.] 19ten Februar 58.

Das wird doch sehr arg, liebster Cornelius, dass Sie uns so lange verlassen! — So sehr ich auch Ihren Entschluss, Ihre Oper[1]) gänzlich fertig zu schreiben, billigen muss, so thut es mir doch herzlich leid, Sie so viele Monate zu vermissen. Am 18ten Februar hoffte ich bestimmt, dass Sie wieder mit uns sein würden; jetzt melden Sie sich für Mitte März, zu welchem Moment ich wahrscheinlich nicht hier bin. Am 12ten März dirigire ich ein Conzert in Prag, wo die *Ideale* und die *Dante-Sinfonie* aufgeführt werden. Von da begebe ich mich nach Wien und später nach *Löwenberg* (in Schlesien) zu meinem hohen, äusserst liebenswürdigen Gönner, dem Fürsten Hohenzollern-Hechingen, welcher, der Mediati-

1 »Der Barbier von Bagdad«.

sirung ungeachtet, seine Hechinger Kapelle nicht nur beibehalten, sondern auch mit frischen Kräften vermehrt hat.

Gerne möchte ich Ihnen, bester Freund, Besseres von meiner Arbeitsamkeit melden als ich es vermag. Die letzten Monate sind verstrichen, ohne dass ich mich ordentlich an mein Schreib-Pult setzen konnte. Ich habe blos skizzirt und geflickt.

Bis zum Mai erscheinen: eine neue Auflage des Künstler-Chors (mit einigen wesentlichen Erleichterungen und Besserungen) und bald darauf der Band meiner gesammelten Lieder (30 ungefähr), wovon Ihnen ein paar nicht missfallen werden. An die Ausarbeitung der *Elisabeth* kann ich mich erst bei meiner Rückkehr von Wien machen.

Die 3 Lieder (der Prinzess Marie[1]) gewidmet) sind reizend — und vortrefflich. Es ist dabei ein so feines richtiges Mass mit so inniglicher Wärme und Stimmung verbunden, dass man sie, wie den Autor, lieb haben muss.

Um meiner angewohnten Düftelei keinen Abbruch zu thun, bemerke ich, dass im 5ten Takt des ersten Liedes

as mir genehmer als *g*.

Die Weiterführung des Motivs im 2ten Lied

etc.

(letzte Zeile Seite 2 und folgende Seite 3) ist Ihnen sehr gelungen — ebenso der *Mondschein*-Schluss desselben

1) Prinzessin Wittgenstein, jetzt Fürstin Hohenlohe in Wien.

und die poetische Zeichnung des letzten Verses im 3ten Lied, (wo die Pausen im Gesang und das durch den Rhythmus[1]) erfrischte Motiv in der Begleitung vorzüglich wirken)

»Wenn mein Lied zu Ende geht,
Sing ich's weiter in Gedanken,
Wie's im Wald verschwiegen weht,
Wie die Rosen sich umranken!«

Schön und gut, liebster Cornelius, und nun bald mehreres, rufe ich Ihnen zu! Machen Sie keine zu grossen Fermaten 𝄐 mehr in Ihrer Einsiedelei, und gewähren Sie uns Ihnen zu sagen und erweisen, wie aufrichtig wir Sie lieben.

F. Liszt.

P. S. Vor 2 Monaten ungefähr sandte ich endlich an Schott die Correcturen des 2ten Jahrgangs der *Années de Pèlerinage*, nebst dem Manuscript von Séroff's Arrangement für 2 Pianoforte von Beethoven's Cis moll-Quartett. Wollen Sie so gut sein, Schott zu veranlassen, mir über das Schicksal des Cis moll-Quartetts Nachricht zu geben? Obschon 2clavierige Arrangements ziemlich undankbare Verlags-Artikel sind, so lässt sich vielleicht doch Schott herbei dieses Quartett herauszugeben, was mir angenehm wäre.

Vergessen Sie nicht, liebster Freund, ihn daran zu erinnern, dass er mein Schreiben in dieser Angelegenheit bis jetzt unbeantwortet gelassen — und ich gerne Séroff etwas Bestimmtes wissen lassen möchte.

198. An Dionys Pruckner in München.

Lohengrin sei Dank, dass ich wieder etwas von Ihnen, lieber Dionysius, erfahre, und Ihnen sage ich besten Dank,

1) Hier folgt im Original ein unleserliches Zeichen. Im Liede treten hier an Stelle der bisherigen durchgehenden Achtelbewegung in der Begleitung lang ausgehaltene Accorde, die durch Achtelbewegung auf's Neue unterbrochen werden.

dass Sie mir sogleich nach der ersten Vorstellung geschrieben und somit frische gute Kunde gebracht.[1] Was die *Kritik* nachträglich darüber expectoriren wird, kümmert mich wenig — in unseren jetzigen Verhältnissen besteht ihre Stärke hauptsächlich in der Furcht, die man vor ihr hat, und da die Herren in Augsburg Verzicht leisten, uns »*belehren zu wollen*«, so bleibt uns nichts anderes übrig, als uns selbst besser zu belehren, als sie es vermögen.

Ad vocem der gestrengen Herrn von Augsburg werde ich Ihnen in wenig Tagen die Brochüre von Bronsart »Musikalische Pflichten«[2] (in Beantwortung der »Musikalischen Leiden«[3] etc.) zusenden. Die A[llgemeine] Z[eitung] nahm nur ein paar Stellen daraus in ihre Spalten auf, denen auch die Spitze abgebrochen war. Trefflich zeiht Bronsart unsre Gegner der »*Böswilligkeit*, *Unredlichkeit* und *Verleumdung*«. Nachdem es ihnen nicht gelungen, uns vornehm *todtzuschweigen*, wollen sie uns unvornehm *todtschlagen*, wozu aber noch andere Waffen nöthig wären, als die, welche ihnen zu Gebot stehen.

Einstweilen wird Ihnen Bronsart's Argumentirung eine angenehme Stunde bereiten, und wenn Sie, wie Sie es mir sagen, in München ein paar Gesinnungsgenossen gefunden, lassen Sie die »Musikalischen Pflichten« in Ihrem Kreis empfohlen sein.

Possirlich schien mir unter anderm die Annahme des Referenten der A. Z., dass Wagner selbst nie besser seinen Lohengrin dirigirt hätte, als Franz Lachner. Allbekanntlich hat Wagner dieses Werk *nie gehört*, geschweige dirigirt! — Derartiges Ignoriren ist übrigens nicht das Schlimmere auf der anderen Seite, wo absichtliche und unwillkürliche Ignoranzen und *Lügen* (um das wahre Wort nicht zu scheuen) fortwährend gegen uns gekehrt sind.

Genug davon. Gehen wir nur einfach unseren geraden

---

1) Nämlich nach der ersten Aufführung des »Lohengrin« in München am 28. Februar 1858.

2) Leipzig, Matthes. 1858.

3) In Nr. 353—55 der Beilage der Augsburger Allgem. Zeitung 1857.

und ehrlichen Weg weiter, und lassen wir links und rechts die zahmen oder wilden Bestien sich nach Belieben geberden! —

Ihren früheren Brief (während meines Dresdner Aufenthalts) habe ich nicht erhalten. Bis zum 25ten d. M. adressiren Sie an Haslinger in Wien. Ich werde dort Anfangs nächster Woche eintreffen und am 22. und 23sten die Graner Messe im grossen Redouten-Saal dirigiren. Nächsten Donnerstag werden die *Dante-Sinfonie* und die *Ideale* hier aufgeführt — und Sonntag der *Tasso* (in einem *Conservatoriums-Conzert*). Tausig und Pflughaupt[1]) spielen meine beiden Conzerte.

Bei dem Es dur (Nr. 1) habe ich jetzt den Ausweg getroffen, den Anstoss und Ärgerniss erregenden Triangel durch eine *Stimmgabel* ganz leise schlagen zu lassen — und im Finale (Marcia) zumeist gänzlich wegzustreichen, weil die gewöhnlichen Triangel-Virtuosen in der Regel falsch einsetzen und roh draufschlagen.

Vor meiner Abreise haben mich Rubinstein und Dreyschock in Weymar besucht. Letzterer hat die Absicht nach München zu gehen. Bringen Sie ihm einen Gruss von mir und besuchen Sie ihn.

Schreiben Sie mir, lieber Dionysius, ob ich Ihnen in irgend etwas angenehm oder nützlich sein kann, und verfügen stets freundschaftlich über

Ihren aufrichtig ergebenen

Prag, 9ten März 58. F. Liszt.

P. S. Geben Sie einige Auskunft über Ihr Münchner Verhalten. Mit wem verkehren Sie da zumeist? Sehen Sie mehrere meiner dortigen Freunde — Kaulbach, Frau Pacher etc.? Geben Sie Stunden? Gedenken Sie dort festen Fuss zu fassen oder beabsichtigen Sie eine Conzertreise und wohin? — Schreiben Sie mir auch Ihre genaue Adresse.

---

1) Ein verstorbener Schüler Henselt's und Liszt's (1833—71).

199. An Eduard Liszt.

Liebster Eduard,

Herzensdank für Deine Zeilen.

Der Einladungsbrief ist mir noch nicht zugekommen. Es versteht sich von selbst, dass ich *acceptire* und, sobald ich weiss, in welcher Form und an *wen* ich zu antworten habe, sogleich schreiben werde. Vorläufig gedenke ich Montag oder spätestens Dienstag in Wien einzutreffen. Nach dem morgigen Conzert (mit *Dante* und den *Idealen*) findet noch ein Conservatoriums-Conzert am Sonntag Mittag hier statt, in welchem ich die Symphonische Dichtung *Tasso* dirigire und auch mein 1tes Conzert von Herrn Pflughaupt gespielt wird. Entweder reise ich an demselben Abend gleich nach Wien, oder Dienstag früh. Willst Du so gut sein, mir wie früher im Hôtel zur Kaiserin von Oesterreich Quartier zu bestellen? — Ich bringe Tausig mit, der Dir eine angenehme Bekanntschaft sein wird.

Dein in Geist und Blut getreuer

Prag, Mittwoch früh 10ten März 58. F. Liszt.

Die 500 Gulden habe ich richtig erhalten — und so auch den grossen Zettel, der mir eine freudige Überraschung brachte; denn als ich Weymar verliess, war ich gefasst, auf die Sache Verzicht zu leisten. Nun da sie da ist, soll es auch etwas Ordentliches sein! — Das verspreche ich Dir, dass wir uns keine Schande machen werden und selbst die Erwartungen unsrer sehr wenigen Freunde übertreffen! —

200. An Frau Dr. Steche in Leipzig.

Wien, 20ten März 58.

Wie sehr habe ich mich bei Ihnen zu entschuldigen, hochgeehrte Frau und Gönnerin, ob all der Mühen und Unannehmlichkeiten, welche Ihnen die »Préludes« veranlassten! Wahrlich kann ich mir es kaum verzeihen, dass ich das Stück geschrieben! — Als mich die Frau Fürstin von Ihrer freundlichen Absicht benachrichtigte, schrieb ich ihr, dass eine Aufführung von meinen Undingen in Leipzig mir *unzeitig* erscheint und ich darauf gefasst bin die Sachen lieber in Vergessenheit gerathen zu lassen, als meine Freunde damit zu behelligen. Daher die Verschiedenartigkeit der an Sie, hochgeehrte Frau, gerichteten Briefe und Depeschen — die ich Sie bitte freundlich zu entschuldigen. Aufrichtig gesagt, bleibe ich der Meinung, dass es besser ist, die *Préludes* jetzt *nicht* in Leipzig zur Aufführung zu bringen; [1]) nichtsdestoweniger aber sage ich Ihnen meinen aufrichtigsten Dank für das gütige Interesse, welches Sie meinen Compositionen — ungeachtet ihres schlechten Rufes — gewähren, und wiederhole Ihnen bei dieser Gelegenheit den Ausdruck der Hochschätzung und freundschaftlichen Ergebenheit, mit welcher Ihnen verbleibt

F. Liszt.

201. An Professor L. A. Zellner in Wien.

Pest, 6ten April 58.

Verehrter Freund,

Mit dem

soll für diesmal in Wien abgeschlossen sein! Wir dürfen *gewissen Herren* nicht die Veranlassung bieten, sich etwa einzubilden, dass mir mehr an ihnen liegt, als es eben der Fall ist. *Faust* und *Dante* können ruhig das ihnen gebührende Verständniss abwarten. Zunächst muss ich sie an Härtel abschicken, um dass die Herausgabe bis Ende dieses Jahres erfolgt. Sagen Sie Hellmesberger meinen verbindlichsten Dank für sein wohlwollendes Entgegenkommen; er wird mich entschuldigen, wenn ich es für jetzt nicht zu Nutzen bringe. Unter den gegebenen

---

1) Da eine solche im Gewandhaus bereits am 26. Febr. 1857 vorausgegangen war, kann es sich hier wol nur um eine Aufführung in den »Euterpe«-Concerten handeln.

Umständen ist es für mich rathsam und angemessen »mein höheres Ziel, unbekümmert der misslichen Verhältnisse und der kleinen Leute, mit ernstlicher Consequenz zu erstreben.«

Ich gehe Ende nächster Woche nach Löwenberg und von da nach Weymar zurück. Kein Conzert also in Wien während dieser Saison; — was später geschehen kann, bleibe einstweilen dahingestellt.

Das Pester Conzert unterbleibt gleichfalls: möglicherweise dürften aber meine Symphonischen Dichtungen in Pest früher als in Wien zur Aufführung gelangen, weil ich dafür hier weit mehr Empfängniss zu erwarten habe. Wenn ich meine Oper [1] fertig geschrieben, muss ich jedenfalls ein paar Monate hier verweilen — und bei dieser Gelegenheit kommt es vielleicht dazu, dass ich in 3—4 Conzerten meine symphonischen Dinge vorbringe. Dies hat jedoch keineswegs Eile; — die *Elisabeth* und die Oper sollen früher vollendet sein. . . .

Meine Absicht war, gestern in Wien einzutreffen und meinen Besuch in Pest nur unsern 4 Solo-Sängern und dem Grafen Raday als Dank gelten zu lassen. Von allen Seiten aber wurde ich auf so freundliche Weise aufgefordert, die Graner Festmesse wieder hören zu lassen, dass ich mich gerne darein gefügt. Die Aufsätze der Oesterreichischen Z[eitung]. und Ihre Brochüre haben das meiste beigetragen, den allgemeinen Wunsch rege zu machen. Publikus ist schon einmal so, dass es nur dann weiss, was es von einem Werk zu halten hat, wenn es schwarz auf weiss gedruckt steht! — Sie haben's also zu verantworten, wenn die Messe noch zweimal hier zur Aufführung kommt — Freitag Nachmittag im Museum-Saal (zum Besten des Conservatoriums) und Sonntag in der Pfarrkirche. Montag Abend bin ich in Wien. An Tausig schrieb ich gestern, dass wir den Abend unsres musikalischen Zusammenkommens bei Ihnen nach dem von der Gräfin Banffy für ihre Soirée (wo Tausig spielen wird) gewählten bestimmen werden. Wenn ich davon etwas Näheres erfahre, soll es Ihnen Tausig sogleich mittheilen, sodass Sie Ihre Einladungen

1) Wol Sardanapal.

zum voraus machen können. Donnerstag oder *spätestens* Sonnabend reise ich von Wien ab. Weiteres und Ausführlicheres mündlich. Tout à vous F. Liszt.

Die Idee eines *geheimen* Conzertes ist nicht ohne. Ich will Ihnen sagen, auf welche Weise ich sie ein andermal realisiren könnte — und mir bei Ihnen Rath und Zustimmung dafür einholen.

202. An Eduard Liszt.

Liebster Eduard,

Nicht genug dass ich hier schon wieder in allerlei *trouble* gerathen, gelegentlich der beiden Aufführungen der Graner Messe, welche nächsten Freitag und Sonntag stattfinden (wozu wenigstens 4 bis 5 Proben unerlässlich) — auch die Wiener Post bringt mir noch Nachwehen, auf welche ich zwar gefasst sein musste, die mir aber nichtsdestoweniger keineswegs erwünscht sind. Von unserm Freund Z. erhielt ich gestern einen längeren Brief, den ich in Bezug einer nahe bevorstehenden Aufführung meiner *Symphonischen Dichtungen* in Wien entschieden *abschläglich* beantwortete. Für diesmal soll es bei den 2 Aufführungen der Graner Messe verbleiben — keine Note mehr und keine Note weniger. Späterhin wollen wir uns überlegen, auf welche Art und Weise wir uns bei der nächsten Gelegenheit zu verhalten haben, und ich werde mir darüber bei Dir Rath einholen, weil Du mir die Überzeugung gegeben, dass Du es nicht nur am *Besten* und *Liebsten*, sondern auch am *Verständigsten* mit mir meinst und hältst! —

Montag Abend bin ich in Wien zurück — und erwarte Dich gleich nach meiner Ankunft zu Hause. Wenn es möglich, reise ich Donnerstag Abend von Wien ab — spätestens aber Sonnabend früh. An Tausig habe ich geschrieben, dass er mir mein altes Quartier bestellt. So gerne ich auch zu Dir kommen würde, ist es für diesmal einfacher, wenn ich im Gasthof verbleibe.

Auf baldiges Wiedersehen, was leider durch so vielerlei

Durchkreuzungen uns sehr verkümmert wird. In Wien aber geht es schon nicht anders. Deswegen musst Du bald wieder nach Weymar kommen, wo wir uns selbst angehören können.

Herzlichst grüsst Dich in aufrichtiger Freundschaft und liebevoller Ergebenheit

Pest, 7. April 58. F. Liszt.

203. An Orgelbaumeister Adolf Reubke in Hausneinsdorf am Harz[1].

Verehrter Herr,

Dem Gedicht von Cornelius[2], welches unserer schmerzhaften Empfindung so angemessene Worte verleiht, erlauben Sie mir noch diese Zeilen der aufrichtigsten Theilnahme beizufügen. Wahrlich dürfte Niemand den Verlust, den die Kunst an Ihrem Julius erlitten, mehr fühlen als eben derjenige, welcher sein edles, stetiges und gedeihenvolles Streben in den letzten Jahren mit bewundernder Sympathie verfolgte und seiner Freundschaft stets getreu und eingedenk verbleiben wird, als Ihr mit vorzüglicher Hochachtung aufrichtig ergebener

Weymar, 10. Juni 58. F. Liszt.

204. An Fürst Constantin von Hohenzollern-Hechingen*).

Monseigneur,

Alors que Votre Altesse voulut bien s'ouvrir à moi au sujet de son noble dessein de patronner d'une manière exceptionnelle le progrès de l'art musical et me questionner sur le

---

1) Geschrieben beim Tode von dessen Sohn Julius Reubke († 3. Juni 1858), Lieblingsschüler Liszt's.

2) »Beim Tode von Julius Reubke«. Cornelius, Gedichte. Leipzig, 1890.

*) Autograph im Besitz von Hrn. Alxander Meyer Cohn in Berlin. — Der sehr musikliebende Fürst war Liszt's langjähriger Gönner und sah ihn häufig in seiner schlesischen Residenz Löwenberg, wo er eine Capelle unterhielt, zu Gaste.

meilleur emploi à faire d'une certaine somme d'argent, destinée à ce but, je crois vous avoir nommé Mr Brendel, rédacteur de la »*Neue Zeitschrift für Musik*«, comme l'intermédiaire le mieux désigné pour faire fructifier la libéralité de vos intentions. Tant par la parfaite droiture de son caractère à l'abri de tout reproche, que par l'importance et la continuité des services que sa feuille et d'autres de ses travaux rendent à la *bonne cause* depuis nombre d'années, j'estime Mr Brendel comme tout à fait digne de fixer votre confiance.

Ce n'est point à la légère que j'avance cette opinion — et j'ose me flatter que mes antécédents seront pour Votre Altesse une garantie suffisante, qu'en cette circonstance comme en d'autres où je pourrais avoir l'honneur de lui soumettre quelque proposition, je ne saurais suivre d'autres influences, d'autres conseils, que ceux d'une *scrupuleuse conscience*. Les considérations de vanité ou de profit égoïste, étrangères au but mises à l'écart, mon sincère et exclusif désir est de donner aux intentions et au capital de Votre Altesse le meilleur et le plus effectif *rapport* possible. C'est dans ce sens que j'en ai franchement parlé à Brendel dont la lettre que je me permets de joindre ci-après correspond, ce me semble, avec le Programme des choses en question.

J'ose vous prier, Monseigneur, d'en prendre attentivement connaissance et de me faire savoir si vous accordez à Brendel la permission de vous entretenir plus explicativement de ces matières en vous écrivant directement. Dans le cas que les propositions contenues dans sa lettre obtiennent, ainsi que je me plais à l'espérer, l'assentiment de Votre Altesse, il serait désirable qu'elle veuille bien l'informer sans trop de retard de la manière dont vous jugeriez à propos de réaliser votre patronage.

La »Neue Zeitschrift für Musik« pour remplir sa tâche de progrès, n'a pu épargner à son rédacteur ni les efforts ni les sacrifices. Par cela même qu'elle représente avec talent et conscience les opinions et les sympathies de mes amis et les miennes, elle est au poste le plus avancé, par conséquent le plus périlleux de notre situation musicale; aussi nos adversaires ne négligent-ils aucun moyen de lui susciter des difficultés. Nos opinions et nos sympathies se soutiendront, je n'en doute point, de par leur valeur et leur conviction; mais si Votre Altesse daigne venir à notre aide, nous en serons heureux et fiers — et c'est du côté de la propagation de nos idées par la presse qu'il est opportun de fortifier notre position.

En d'autres termes, je suis convaincu qu'en accordant votre confiance à Mr Brendel, la somme que Votre Altesse daignera affecter à son patronage sera employée de la manière la plus probe et la plus utile au progrès de l'art — et qu'il en reviendra toute la part d'honneur et de reconnaissance que mérite votre munificence — ainsi que le désire celui qui a l'honneur d'être, Monseigneur, de Votre Altesse le très dévoué et reconnaissant serviteur

Weymar, 18 Août 1858. F. Liszt.

205. An Frau Rosa von Milde[1].

25. August 58. Weymar.

Sehr geehrte und liebe Freundin,

Wenn auch die äusserlichen Dinge, deren Sie in Ihrem lieben Brief erwähnen, nicht eben der Art sind, meinen Wünschen für Sie zu entsprechen, so bin ich doch Egoist genug, mich an dem mir zukommenden freundschaftlichen Inhalt desselben sehr zu erfreuen. Haben Sie herzlichen Dank dafür — und lassen Sie mich Ihnen sagen, wie sehr ich mich bewerben möchte, dass Sie mich eigentlich so recht gerne hätten, und dies zu verdienen verlange — insoweit es sich verdienen lässt; denn das Beste einer harmonischen Intimität verbleibt immer ein freiwilliges Geschenk.

Die »leichtfertigen, lumpigen Gewänder der Muse«, von welchen Sie mit strammem Edelmuth sich abwenden, prunken

---

1) Weimarische Hofopernsängerin, geb. Agthe, die erste Elsa im »Lohengrin«, eine feine, poetische Künstlerin.

und gefallen fast allenthalben. Ihr lüsterner Reiz ist mir nicht unbekannt geblieben; doch glaube ich sagen zu können, dass es mir gegeben war, ein höheres und reines Ideal zu erfassen und ihm mein ganzes Streben seit mehreren Jahren zu geloben. Sie, liebe Freundin, haben mich oftmalen singend, ohne daran zu denken, am Besten hierzu geleitet. Dabei thut es mir immer so wohl, wenn wir uns im Einklang auf demselben Pfad begegnen. —

Durch eine Unmasse von Besuchen (unter welchen manche von gewichtigem Interesse, wie Kaulbach, Varnhagen, Carus etc.) bin ich in der Ausarbeitung der *Elisabeth* sehr gestört worden. Doch hoffe ich bis zum Februar damit fertig zu sein. Sie werden dann wieder das Beste daran thuen und Werke der künstlerischen Barmherzigkeit ausüben müssen! — Was nützt alles auf dem Papier Geschriebene, wenn es nicht durch die Seele aufgefasst und lebendig mitgetheilt wird? — Unter den Werken der Barmherzigkeit möchte ich aber nicht, dass Sie dabei ein todtgebornes Oratorium zu begraben hätten! —

Meinen herzlichen Doppelgruss an Milde, als Freund und Künstler. Die Partie des Landgrafen Ludwig schreibe ich für ihn — und nebenbei, da der Landgraf sehr bald aus dem Weg geschafft wird, will ich ihn bitten, noch zwei andere Partien (die eines ungarischen Magnaten und eines Bischofs) zu übernehmen.

Übermorgen begleite ich die Frau Fürstin nach den Tyroler Bergen und Cascaden. Auf der Rückkehr werden wir ein paar Tage in München verweilen und Ende September wieder hier eintreffen. Die *Alceste* erlauben Sie mir am 2ten October zu dirigiren? — Sobolewski's *Comala* ist für den 12ten angesetzt. Ich werde unserm gemeinschaftlichen Freund Lassen (dem ich Sie bitte mich bestens zu empfehlen) die Clavier-Proben während meiner Abwesenheit übertragen.

Stärken Sie sich bestens und lassen Sie sich es wohlgefallen am Meeres-Strand, verehrte Freundin, und kommen Sie uns wohlgemuth zurück nach Weymar, wo Sie ganz unentbehrlich Ihrem Sie aufrichtig verehrenden und ergebenen

F. Liszt.

P.S. Möglicherweise kommt Fräulein *** (deren Namen ich jetzt vergessen) aus Berlin während meiner Abwesenheit nach Weymar. Ich empfehle sie wiederholt Milde und Ihnen. Preller wird sie Ihnen vorstellen, und ich bitte Milde, ihr mit guter Lehre behülflich zu sein. Wenn ich mich nicht täusche, könnte sie sich in Mezzosopran-Partien gut bewähren.

Von dem glänzenden Erfolg der 1ten Vorstellung des *Lohengrin* in Wien (am 19ten d. M.) habe ich zuverlässige Nachricht. Der *Rienzi* wurde auch dieser Tage wieder wie früher aufgenommen.

206. An Dr. Franz Brendel.

Lieber verehrter Freund,

Das *Memorandum* ist vortrefflich und ich bin in allen Punkten damit einverstanden. Nach Ihrem Wunsch habe ich auch dies am Schluss durch die Worte *vu et approuvé* (eine französische ganz richtige Formel) angemerkt. Die Adresse des Fürsten ist folgende:

An Seine Hoheit den Fürsten Constantin Hohenzollern-Hechingen. Löwenberg. Schlesien.

Einen Pariser Correspondenten wüsste ich Ihnen vor der Hand nicht ausfindig zu machen. Wie ich aber vernommen, beabsichtigt Bülow im Laufe dieses Winters nach Paris zu gehen und würde Ihnen dann am besten einen dortigen Mitarbeiter bezeichnen können. Der Aufsatz über Theater-Vorhänge pressirt nicht. Sobald ich etwas aus der Unmasse von rückständigen Correspondenzen herausgekommen bin, werde ich Ihnen denselben gelegentlich zuschicken; ob noch zeitig genug, um in dem 1ten Heft der Anregungen zu erscheinen, kann ich nicht bestimmen.

Pohl habe ich gestern gesagt, dass ich wünsche, die Dresdner Weber-Conzert-Angelegenheit möchte einstweilen in der Zeitschrift *unerwähnt* bleiben. Die Sache hat momentan einen sonderlichen Verlauf genommen, den ich Ihnen später erzählen werde. Vor der Hand ist darüber nichts von unsrer

Seite zu sagen, selbst wenn andre Blätter sich unbefugter Weise darein mischten. Wahrscheinlich wird sich der Winter hinziehen, bevor das beabsichtigte Conzert zu Stande kommt.[1])

Zur 2ten Vorstellung der *Comala*[2] will Sobolewski (der diesmal durch seine Theater-Beschäftigungen in Bremen abgehalten war) hierher kommen. Ich werde Sie davon avisiren. Das Werk ist der Mühe werth dass Sie sich dafür interessiren und es hören. Durch das doppelte Gastspiel des Ehepaars Schmidt ist die 2te Vorstellung bis gegen Mitte dieses Monates hinausgeschoben.

An Riedel werde ich den Clavier-Auszug meiner Messe nächstens einsenden.

Mit herzlichem Gruss der Ihrige

2. Nov. 58. F. Liszt.

207. An Johann von Herbeck.

Verehrter Freund,

Ihre drei prächtigen Kerle, meine hochsinnigen und hochgeborenen Zigeuner[3] sind auf der Altenburg trefflichst einquartiert. Zuerst wurde der Gesang auf der Violine gespielt, dann mit Cello — ein andermal versuchte ich es allein, und gestern sang mir Caspari das markig schöne und gehaltvolle Lied zu unser aller und meiner besonderen Freude. Es soll ein *Repertoir*-Glanzstück bei uns bleiben, und nächstens will

---

1) Wie M. M. v. Weber in der Biographie seines Vaters (Bd. II, S. 721) erzählt, beabsichtigte die Dresdner Theater-Direction zum Besten des zu errichtenden Weber-Denkmals ein Concert zu veranstalten. Liszt wünschte gleichfalls, sich für den von ihm hochgehaltenen Meister öffentlich zu bethätigen; aber »weil man sich nicht darüber einigen konnte, ob er im Concert der Direction oder das Personal der königl. Oper in seinem Concerte wirken sollte, unterblieben beide Concerte«.

2) Oper von Sobolewski.

3) »Die drei Zigeuner« (v. Lenau) für eine Singstimme mit Clavierbegleitung (Wien, Spina) hatte Herbeck Liszt gewidmet.

ich es Tichatschek bringen, der es gewiss mit Begeisterung auffassen und propagiren wird. Entschuldigen Sie bestens, verehrter Freund, dass ich Ihnen nicht früher meinen aufrichtigen Dank ausgesprochen. — Ich bin erst seit einigen Wochen von meiner Tyroler und Münchener Reise heimgekehrt und kaum zu meinem Schreibtisch gelangt bei alle dem Geschäftlichen, was mich von so vielen Seiten bedrängt. Wenn auch Lessing sagt: »man muss nicht müssen«, so bleibt nichtsdestoweniger für gewöhnlich der Spruch des Kladderadatsch »Bien muss« weit gültiger — und bei diesem Bienenzwang wird man zuletzt aus Überdruss ganz müssig!

Ihr Manuscript der Partitur der männerstimmigen Messe übersende ich Ihnen mit der ersten Gelegenheit nach Wien. Das Gloria, welches bei der Jubiläumsfeier der Universität Jena letzten August aufgeführt wurde, machte sich sehr wirkungsvoll mit Ihrer vortrefflichen Instrumentirung. Am Schlusse werden Sie eine kleine Änderung (6 Tacte anstatt 5, und eine weniger riskirte Modulation) bemerken, die ich Sie bitte, bei einer etwaigen Aufführung in Wien beizubehalten.

Die Chöre des Prometheus betreffend, gestehe ich Ihnen offen, dass so sehr ich Ihnen Dank weiss, auf dieselben zu reflectiren, es mir doch gerathener erscheint, damit noch etwas zu warten. Ich habe keineswegs Eile in das Publikum zu dringen und kann ganz ruhig das Gefasel über meine *verfehlte Compositionssucht* sich weiter ergehen lassen. Nur insofern als ich Dauerndes zu leisten vermag, darf ich darauf einigen bescheidenen Werth legen. Dies kann und wird nur die Zeit entscheiden. Vorläufig möchte ich aber keinem meiner Freunde die Unannehmlichkeiten aufbürden, welche die Aufführung meiner Werke, bei den allerwärts sich breit machenden Voraussetzungen und Vorurtheilen dagegen, mit sich führen. In einigen Jahren, hoffe ich, steht es um die musikalische Sache etwas besser, verständiger und gerechter.

Bis dahin wollen wir gelassen und beschaulich fortschreiten! Nochmals besten Dank und Gruss vom Ihrem freundschaftlich ergebenen

22. November (Cäcilientag) 58. Weymar. F. Liszt.

208. An Felix Dräseke.

Lieber verehrter Freund,

Anbei der Clavierauszug der beiden ersten Acte des Sigurd.[1]) — In der Voraussetzung, dass Sie auch der Partitur des 1ten Acts, welche hier zurückgeblieben, bedürfen könnten, füge ich sie bei, so ungern ich mich von diesem *monumentalen* Werk trenne. Unter den jetzigen hiesigen Verhältnissen, welche sich meinerseits ebenso auf das *passive, negative* gestellt, wie ich es Ihnen nach Aufführung der Oper von Cornelius angedeutet, ist leider keine Aussicht vorhanden, den Sigurd in Scene zu bringen. Ich verspreche *mir* aber selbst die Freude und Genugthuung alle Ihre *Tamtis* und *Beckis* erklingen zu lassen, wenn ich meine Bethätigung an der Weymarer Bühne wieder aufgenommen, wozu sich wahrscheinlich Veranlassung in der nächsten Saison finden dürfte.

Nach Ihrer Abreise von Weymar hatten wir noch eine Art von Seitenstück oder Supplement zu der Vorstellung des *Barbier von Bagdad*, bei Gelegenheit des Gastspiels von Frau Viardot, zu verschlucken. Ich will Sie aber mit Erzählungen unsrer Local-Miseren und crassen Unschicklichkeiten nicht langweilen. Nur so viel sei angedeutet, dass bei dem jetzigen intendantlichen Régime, zu *meinem Leidwesen*, das Gastspiel der Frau Schröder-Devrient von vornherein auf fast unüberwindliche Hindernisse stösst. Theilen Sie dies unserm vortrefflichen Freund Bronsart mit und sagen Sie ihm obendrein, dass ein Conzert (im Stadthaus-Saal), worin er und Frau Devrient ohne alle andre Mitwirkung auftreten würden, gewiss dem Publikum sehr willkommen sein wird, und ich dies jedenfalls als eine praktische Einleitung zu dem Gastspiel ansehe. Letzteres liegt ausserhalb meines derzeitigen Einflusses, es versteht sich aber von selbst, dass ich nicht ermangeln werde, meine geringe Einwirkung auf eine günstige Lösung der Angelegenheit verspüren zu lassen. —

---

1) Oper von Dräseke.

Vorgestern hörte ich in Gotha die neue Oper Ihres Landesherrn (Diana von Solange) zum zweiten mal. Das Werk wurde sehr beifällig aufgenommen und soll nächstens in Dresden gegeben werden, wo Sie es selbst am besten beurtheilen können. Mitterwurzer und Frau Ney finden darin sehr effectvolle Momente.

Die Conzerte der vereinigten Weymarer und Gothaer Kapelle (eine Sache, die ich längst angeregt) kamen wieder zur Besprechung, und möglicherweise dürfte diesen März ein Versuch davon gemacht werden. Einstweilen sorgen wir für unsre *Magen-Stärkung* »mentre che il danno e la vergogna dura«, wie Michel Angelo sagt. —

Freundschaftlichen Gruss von Ihrem getreu und herzlich ergebenen

12. Januar 59. F. Liszt.

An Bronsart übergeben Sie die einliegenden Zeilen.

209. An Heinrich Porges in Prag[1].

Geehrter Herr und Freund,

Durch Ihr liebevolles Verständniss von dem, was ich in der *Dante-Sinfonie* und den *Idealen* angestrebt, haben Sie ein besonderes Anrecht an beide Werke. Erlauben Sie mir, Ihnen dieselben zu offeriren als Zeichen meiner aufrichtigen Anhänglichkeit, sowie auch der dankbaren Erinnerung, die mir von der Prager Aufführung geblieben.[2]) Ihre Gefälligkeit noch in Anspruch nehmend, bitte ich Sie, die beiden anderen Exemplare an Herrn Professor Mildner und Herrn Dr. Ambros mit meinem besten Dank zu übergeben.

---

1) Jetzt königl. Musikdirector und Leiter eines ausgezeichneten Gesangvereins, auch Musikschriftsteller in München, wo er (1837 geb.) seit 1867 lebt.

2) Auf Porges' Antrieb hatten die »Mediciner« (Studirende) Liszt 1858 zu einem Concert eingeladen, in dem seine Dante-Symphonie und die »Ideale« zur Aufführung kamen. 1859 wurde auch Bülow auf Porges' Veranlassung berufen.

Hoffentlich wird sich das diesjährige Mediziner-Conzert eines günstigen Erfolges zu erfreuen haben. Mein tapferer Schwiegersohn H. v. Bülow kann nicht verfehlen, als eminenter Musiker und vorzüglicher Character bei Ihnen anerkannt zu sein. Ich danke Ihnen und Herrn Musil (dem ich mich freundschaftlichst zu empfehlen bitte), die Veranlassung für Bülow zu bieten, sich in Prag zu bethätigen. — Zweifelsohne wird er allen Ihren Erwartungen entsprechen.

Für das nächste Mediziner-Conzert stelle ich mich Ihnen mit Vergnügen zur Disposition. Vielleicht dürfen wir bei dieser Gelegenheit die symphonische Dichtung No. 1 — »*ce qu'on entend sur la montagne*« — den Chor »*an die Künstler*« und die *Faust-Symphonie* riskiren? — Die verehrlichen Mediziner würden somit die *Initiative* der neuen musikalischen *Pathologie* ergreifen! —

Zur *Tonkünstler-Versammlung* etc. Anfangs Juni in Leipzig erwartet Sie Dr. Brendel, und ich freue mich sehr Sie dort wiederzusehen. Wenn die Sache in ihrem natürlichen Gang nicht zu sehr durch locale Miseren und Böswilligkeiten gehemmt wird, so kann sie zur Verbesserung unserer leidigen musikalischen Zustände vieles beitragen. Jedenfalls wollen wir das Unsrige dabei nicht unterlassen. —

Mit ausgezeichneter Achtung freundschaftlich ergeben

Weymar, 10. März 1859. F. Liszt.

210. An Capellmeister Max Seifriz in Löwenberg*).

Verehrter Freund,

An Ihren trüben Tagen in Löwenberg nehme ich herzlichen Antheil und hoffe mit Ihnen, dass sie nicht mehr zu lange währen. Zu einer gelegenen Stunde überbringen Sie unserm Fürsten den Ausdruck meiner innigen, dankbaren Anhänglichkeit. Sagen Sie mir dann ganz *offen* und *unumwunden*, ob mein Besuch in Löwenberg — im Laufe nächsten

---

* Autograph im Besitz von Hrn. Alexander Meyer Cohn in Berlin.

Monates — genehm ist und keine Störung verursacht. Ich hatte mir vorgenommen die Osterwoche dort zu verweilen. und erwarte nur vorläufige Nachricht von Ihnen, um mich brieflich bei seiner Hoheit anzumelden. Dr. Brendel wünschte auch gleichzeitig dem Fürsten seine Aufwartung zu machen. Seine jetzt insbesondere überhäuften Beschäftigungeu erlauben ihm nur ein paar Tage bei Ihnen zu bleiben; für meinen Theil aber, wenn mir die Gewissheit gegeben, dass ich nicht unbequem falle, möchte ich gerne meinen Aufenthalt etwas verlängern. Vielleicht, da Sie die freundliche Absicht haben Damrosch einzuladen, lässt es sich so einrichten, dass er zur selbigen Zeit kommt. Es würde mich sehr freuen, den muthigen Kunstgenossen und Freund bei Ihnen wiederzusehen.

Für die wohlwollende Aufmerksamkeit, welche Sie meinen Werken angedeihen lassen, sage ich Ihnen wiederholt meinen verbindlichsten Dank. Die vielen Angriffe, die ich erleiden muss, erhöhen noch den Werth, welchen ich auf die Sympathie und Beistimmung meiner Freunde lege.

Mit der heutigen Post übersende ich Ihnen die vor kurzem erschienenen Partituren der Dante-Sinfonie, der »Ideale« und des Goethe-Marschs. Erstere blos zum Durchlesen (als Erinnerung an die Dresdner Aufführung, die mir nur als *Probe* diente, wonach ich manche Veränderung in der Partitur getroffen) — die beiden andern aber dürften zu einer Aufführung mit Ihrer wackeren Kapelle, der ich Sie bitte mich freundlichst zu empfehlen, nicht ganz ungeeignet sein.

Mögen Ihnen, verehrter Freund, die Dinge willkommen sein, als Zeichen der aufrichtigen Hochschätzung Ihres freundschaftlich ergebenen

22 Mars 59 — Weymar. F. Liszt.

211. An Eduard Liszt.

Innigsten Dank für alles, was Du gethan, gesagt, empfunden, liebster Eduard. Hoffentlich gehe ich Dir nur um ein paar Schritte voraus, und wird Dir in ein paar Jahren dieselbe Auszeichnung zu Theil, woran ich dann dieselbe Freude haben werde, die Dir heute gewährt ist[1]).

Anbei mein Dankschreiben an S. E. von Bach.[2]) Vielleicht findest Du es angemessen, den Brief selbst zu übergeben. Empfiehl mich bei dieser Gelegenheit Wurzbach, der es stets sehr freundschaftlich mit mir gemeint.

An Daniel schreibe ich in den nächsten Tagen. Die Frau Fürstin geht morgen nach München, wo Kaulbach das Portrait der Prinzess Marie malt. Am 30ten d. M. mache ich wieder einen Besuch beim Fürsten Hohenzollern in Löwenberg (Schlesien) und nehme dann bald darauf Einquartierung in Leipzig, wo wir ziemlich heisse Tage am 1ten, 2ten und 3ten Juni zu erleben haben. Es sind übrigens ganz gute Aussichten für uns dort vorhanden, und selbst wenn die *Unredlichkeit* und *Böswilligkeit* die äussersten Anstrengungen machen (wie es zu erwarten), so kann uns dies nur geringen Schaden (wo nicht sogar Nutzen) bringen.

Dass die Schillerfeste in Weymar durch die Unvorsichtigkeit Dingelstedt's vereitelt sind, hast Du vielleicht schon erfahren. Nichtsdestoweniger componire ich das Festvorspiel von Halm, was wohl seine Verwendung hierorts oder anderwärts finden kann.

Es grüsst Dich mit herzlichem Dank Dein

[Weimar,] 5. April 59. F. Liszt.

212. An Musikdirector N. N. in Weimar*).

Geehrter Herr Musik-Director,

Zufällig erfahre ich heute von den Massnahmen, welche *a posteriori* gegen das von Herrn Götze[3]) dirigirte und veranstaltete Conzert gerichtet sind, und bedauere aufrichtig, dass ein

---

1) Wol die Verleihung des Adel's an Liszt, der ihn aber bekanntlich nie führte.

2) Österreichischer Minister des Innern.

*) Autograph im Besitz von Hrn. Geheimrath Gille in Jena.

3) Carl Götze, Chorist, später Musikdirector.

Weymarer Musik-Director und *Weymarer* Hof-Musiker solche für angemessen erachten können.

Bei meinem ausnahmsweisen und seltnen Verkehr mit der hiesigen Kapelle bleibt mir nichts andres übrig, als Sie aufmerksam zu machen, wie sehr dergleichen Vorfälle der geziemenden Anständigkeit und noch mehr dem edleren Künstler-Sinn, der *hier* nicht unbekannt verblieben sein dürfte, beklagenswerth entgegenstehen.

Mit vollkommener Achtung zeichnet

17. April 59. F. Liszt.

213. An Peter Cornelius in Wien.

Weymar, 23. Mai 59.

Liebster Freund,

Aus Ihrem Brief (der sich mit meinen Löwenberger Zeilen gekreuzt) ersehe ich mit Freude, dass es Ihnen in Wien wohl und behaglich zu Muthe ist. Voraussichtlich wird sich Ihr dortiger Aufenthalt, wenn Sie einmal rechten Fuss gefasst, sehr erspriesslich gestalten — und was ich dazu beitragen kann, soll gewiss geschehen. Anbei ein paar Zeilen an Herrn von Villers, Secretär bei der sächsischen Gesandtschaft (wo Sie seine Adresse erfahren). Er ist einer meiner älteren, mir sehr lieb gebliebenen Freunde. In seinem feinen poetischen und musikalischen Sinn werden für Sie manche verwandte Töne anklingen. Erzählen Sie ihm von Weymar und spielen Sie ihm einiges aus dem *Barbier*[1]). Obgleich er ziemlich *à part* lebt, kann er Ihnen in manchem angenehm sein: zunächst durch seinen persönlichen Verkehr — dann auch durch seine Relationen mit Baron Stockhausen (hannövrischer Gesandte), wo öfters ganz ernstlich musicirt wird, etc. — Versäumen Sie also nicht Villers aufzusuchen.

Für heute muss ich Sie noch bitten, den Prolog für die Leipziger Tage[2]) *sobald als möglich* fertig zu machen. Ich

1) Cornelius' Oper.

2) Die Leipziger Tonkünstler-Versammlung, aus der der »Allgemeine deutsche Musikverein« hervorging.

werde mich Ende dieser Woche (Sonnabend) in Leipzig einquartieren — *Hôtel de Pologne.* Sehr liebenswürdig wäre es von Ihnen, wenn Sie mir den Prolog binnen 8 Tagen nach Leipzig senden möchten. Adressiren Sie an Brendel, Mittelstrasse 24.

Von meiner Messe besitze ich noch kein einziges Exemplar, weil ich die paar, die mir vorläufig zugesandt waren, zur Einstudirung des Werkes an M[usik]-D[irector]. Riedel sogleich übergeben. Mein Cousin Dr. Eduard Liszt wird sich aber gewiss ein Vergnügen daraus machen, Ihnen *Ihr* Exemplar augenblicklich einzuhändigen. Sagen Sie blos Daniel, er soll es Ihnen bringen, wenn Sie nicht Zeit finden sollten Eduard zu besuchen.

Frau von Milde, Bülow, Bronsart, Dräseke, Lassen, etc. etc. etc. kommen nach Leipzig von Montag 30ten Mai an bis Sonnabend 4ten Juni. *Sie dürfen* nicht fehlen, liebster Freund, und wir erwarten Sie mit offenen Armen und getreuen Herzen. Ihr F. Liszt.

Die Frau Fürstin verweilt noch in München und trifft erst gegen Ende dieses Monats in Leipzig ein.

Empfehlen Sie mich verehrungsvoll und freundschaftlich an Hebbel.

Besten Gruss an Catinelli.

Bitte nochmals um den Prolog.

214. An Dr. Franz Brendel*).

Umgehend Beantwortung der 9 Punkte Ihres heutigen Briefes, lieber verehrter Freund[1]).

1. Milde's haben Urlaub genommen von Montag 30ten April an bis Freitag 3ten Juni inclusive. Ihr Programm bleibt wie

---

*) Autograph im Besitz von Hrn. Buchhändler O. A. Schulz in Leipzig.

1) Bezieht sich auf die Leipziger Tonkünstler-Versammlung im Juni 1859.

früher bestimmt. Duett aus fliegendem Holländer, Cellini-Arie, Lieder von Franz und Schumann etc. ad libitum).

2. Alle hier vorhandenen Orchester-Stimmen bringe ich mit, oder noch besser, ich schicke Ihnen den ganzen Pack morgen. Zu Tasso reichen dieselben vollständig aus — aber zu dem Duett des Holländers, der Cellini-Arie und Ouverture wird es nothwendig sein, in Leipzig das Quartett noch ein paarmal ausschreiben zu lassen.

3. Ouverture zu Corsar[1]) besitze ich nicht (auch möchte ich nicht zur Aufführung rathen), und das Vorspiel zu Tristan wird Bülow besorgen.

4. Von Bülow erwarte ich genauere Nachricht im Laufe der Woche.

5. An Cornelius schreibe ich heute in der Prolog-Angelegenheit.

6. Anbei der deutsche Text der Messe[2]), der in derselben Weise wie in Wien, nämlich mit Beifügung des lateinischen Textes, in Leipzig abgedruckt werden soll und zu dem *General-Programm* des Festes gehört. Dieses wollen wir zusammen bestimmen und redigiren *nächsten Sonntag*.

7. Der Urlaub für Frau Pohl wird besorgt sein.

8. Die Bestimmung der Pianisten, welche die Begleitung der Balladen und den Clavierpart des zur Aufführung gelangenden Trios übernehmen, *behalte ich* mir vor. Wo möglich wünsche ich, dass Bronsart dabei betheiligt ist.

9. Die definitive Einladung an die hohen Herrschaften werde ich nächsten Sonntag (spätestens) von Leipzig aus nach Gotha und Meiningen richten.

Ich komme Sonnabend Nachmittag 21. Mai[3]) zu Ihnen — und verbleibe dann in Leipzig bis zu Ende des Festes. Vorläufig genügt mir ein *anständiges* Zimmer (ohne Salon), und bitte Sie diese Bestellung *im Hôtel de Pologne* für *Sonnabend* zu machen. Mein dienstbarer Geist möchte nebenan seine Stube

1) Von Berlioz.
2) Liszt's Graner Festmesse.
3) Muss 28. Mai heissen, da der Brief vom 23. datirt ist.

haben, weil mir das Suchen und Rufen äusserst unangenehm ist.

Auf Wiedersehen Sonnabend. Ihr

Montag 23. Mai 59. F. Liszt.

P. S. Die Aufführung des Judas Maccabäus (zur Händel-Feier) ist auf nächsten *Mittwoch* 25ten Mai hier angesagt. Morgen Dienstag gleichfalls *Händel-Feier* in Erfurt mit der Aufführung des Messias. Frau von Milde singt dort die Sopran-Partie. Benachrichtigen Sie Pohl davon — vielleicht bekommmt er Lust den Judas zu hören.

Die Proben der kleinen Oper von Rietz sind im Gange, und Pasqué (der das Libretto dazu gemacht) sagte mir gestern, dass die 1te Aufführung nächste Woche stattfinden wird. Wahrscheinlich übernimmt Rietz die Direction derselben, so wie ich es vorgeschlagen.

215. An Felix Dräseke.

Woher, mein lieber vortrefflicher Freund, kommen Sie auf die absonderliche Idee, ich könnte *Ihnen* böse sein? Wie dies anzufangen wäre, wüsste ich wahrlich nicht. Sie sind mir viel zu gut und werth, um dass ich Ihnen nicht in allen Dingen auch sehr gut bleiben müsste! —

Anbei einige Zeilen für Wagner, deren Sie übrigens gar nicht bedürfen. Es freut mich, dass Sie diese Reise nicht länger aufschieben. Bevor Sie sich aber auf den Weg machen, *schreiben* Sie an Wagner (zum Überfluss fügen Sie meine Zeilen Ihrem Brief hinzu) und fragen Sie an, ob er in der nächsten Zeit in Luzern verbleibt und Ihre Schweizer Wallfahrt nicht vergebens wäre. — Gewiss erhalten Sie umgehend Antwort von Wagner und sind somit Ihres Zweckes sicher.

Schuberth meldet mir, dass »König Helge« baldigst in seinen Verlag hereinreiten wird ... zu *Sigrun*, die immer blutende wonnigliche Wehmuth! — Wie verächtlich wird König Helge »ohne Gruss und Dank« auf die übrigen Verlagsartikel in Schuberth's Krämer-Bude herabschauen! Ungefähr wie das

Nil-Pferd auf Kröten und Frösche. — Es ist aber ganz wohl gethan, die Ballade erscheinen zu lassen, und ich erwarte mit Ungeduld mein Exemplar[1]. —

Hoffentlich wird es mir möglich sein, Ende August nach Luzern zu kommen. Lassen Sie aber früher von sich hören Ihren aufrichtig getreuen

[Weimar] 19. Juli 59. F. Liszt.

216. An Peter Cornelius in Wien.

Liebster Freund,

Sie haben ganz Recht, auf die Wahl und Zusammenstellung der 3 Sonaten Werth zu legen. Die Idee ist eine vortreffliche, und Sie können sowohl meiner Dienstbereitwilligkeit zur Verwirklichung Ihres Vorhabens, als meiner Verschwiegenheit bis dahin gänzlich versichert sein. Wenn Bronsart sich entschliessen möchte nach Wien zu gehen, wäre seine Mitwirkung allerdings in jedem Bezug eine sehr erspriessliche. Schreiben Sie ihm darüber nach Danzig, wo er jetzt bei seinem Vater (General-Commandant von Danzig) verweilt. Tausig, der noch einige Wochen im Bad Gräfenberg (bei I. D. der Frau Fürstin von Hatzfeld) bleibt, würde sich der Sache auch gut anpassen und sich wahrscheinlich besser in Ihre Ansichten einzufinden wissen, als Sie es zu vermuthen scheinen. Was Dietrich anbetrifft, befürchte ich fast, dass er für Wien nicht genügende Brillanz besitzt — dies könnte aber unter gewissen Umständen fast ein Vorzug sein. Op. 106 und die Schumann'sche Sonate spielt er vortrefflich — desgleichen die berüchtigte »Herausforderung zum Zischen und Pochen«, wie Gumprecht meine Sonate qualificirt. Dietrich befindet sich immer im Hause des Fürsten Thurn und Taxis in Regensburg. Gewiss wird er mit Freude und Eifer auf Ihren Vorschlag eingehen, und die geringe Entfernung von Regensburg

1) Liszt gestaltete aus Dräseke's Gesangscomposition nachmals das gleichbenannte Melodram.

macht es ihm nicht zu beschwerlich. Sie müssten es nur so einrichten, dass die Vorlesungen rasch auf einander folgen.

Wo Sasch Winterberger steckt, habe ich nicht erfahren. Manches vorausgesetzt, könnte er gleichfalls Ihrem Zweck förderlich sein.

Um Ihnen Zeit und Mühe zu ersparen, übersende ich Ihnen bei nächster Gelegenheit Ihre Analyse meiner Sonate, die Sie auf der Altenburg zurückgelassen.

Dräseke kommt nächstens von Luzern über Weymar. Ich will ihm vertraulich Ihren Wunsch mittheilen. Sehr möglich, dass er gerne für einige Zeit nach Wien kommt.

An dem Gelingen Ihrer Vorlesungen, verbunden mit der musikalischen Aufführung der Werke, hege ich gar keinen Zweifel — blos möchte ich Ihnen rathen, Werke, die allgemein bekannt sind, in Ihr Programm zu stellen, wie z. B. mehrere Bach'sche Fugen (aus dem wohltemperirten Clavier), die 9te Symphonie — die grossen Messen von Beethoven und Bach, welche Sie so genau studirt haben, etc.[1])

Nun, das wird sich allmälig finden. Zunächst muss der Anfang gemacht werden, und dieser ist ganz glänzend mit den 3 Sonaten. Später mustern wir Quartetten, Symphonien, Messen und Opern nach der Reihe durch!

Ad vocem von Opern, wie steht es mit der Umarbeitung des Barbier und der Herausgabe des Clavier-Auszugs? Schuberth sagte mir ganz bestimmt, der Druck würde mit der Einsendung des Manuscripts sofort beginnen. Zögern Sie nicht zu lange, liebster Freund — und glauben Sie mir, wenn ich Sie abermals versichere, dass das Werk ein ebenso vorzügliches als die Intrigue, der es hier momentan unterliegen musste, eine niederträchtige war.

Schuberth hat Ihnen wohl gesagt, dass ich eine Transscription des *Salamaleikum* zustutzen will. Vergessen Sie aber nicht, dass eine andre Ouverture unumgänglich *nothwendig*, ungeachtet der feinen, meisterhaften Contrapunktik und Ornamentik der 1ten. Das Hauptmotiv

---

1) Die geplanten Vorlesungen kamen nicht zu Stande.

muss anfangen — und das Salamaleikum schliessen. Wenn möglich, bringen Sie die beiden Motive etwas zusammen (*zuletzt*).

Falls Sie nicht mehr aufgelegt sein sollten das Ding zu schreiben, mache ich es Ihnen mit Vergnügen — aber zuerst schicken Sie mir den *fertigen Clavier-Auszug* für Schuberth. Die neue Oper kann dann *Weile* haben wie »gut Ding« — nur Langeweile soll immer fern bleiben! — Um dass Sie keine Anwandlung davon beim Lesen dieses Briefes überkömmt, will ich Ihnen gleich den Zauber-Namen *Rosa*[1]) nennen...

Einer insinuirenden Andeutung unsrer gemeinschaftlichen Gönnerin zufolge, habe ich noch sehr nachträglich unsern wackeren Freund Brendel bei Ihnen zu entschuldigen. Gelegentlich erzähle ich Ihnen mündlich die Prologs-Wirren bei der Leipziger Tonkünstler-Versammlung. Pohl hatte auch einen geliefert — Frau Ritter aber blieb die Wahl überlassen — und sie wählte ihren guten *Stern*, dessen Prolog übrigens ganz gelungen und von guter Wirkung war. Thuen Sie mir aber die Liebe und tragen Sie Brendel nichts nach, und halten wir stets hoch in Ehren den Verfasser von »Liszt als Symphoniker«! —

Tausend herzliche Grüsse von Ihrem getreuen

23. August 59. Weymar. F. Liszt.

Prinzess Marie wird Ihnen selbst danken für die Sonette und gleichzeitig von den musikalischen Aufführungen am 15ten August berichten. Insbesondere schön gelungen war das Lied von Lassen, wozu Sie ihm das Gedicht früher gegeben: »Ave Maria«. Die Quartette

»Elfen, die kleinen,
»wollen dich grüssen,
»wollen erscheinen
»zu deinen Füssen«

---

1) Rosa von Milde, die von Cornelius auch poetisch gefeierte Freundin und Künstlerin.

(von Lassen componirt) und

»Wandelnde Blume, athmender Stern,
»Duftende Blüthe am Baum des Lebens«

(von Damrosch componirt), die wir vor 2 Jahren zusammen gesungen hatten, erfreuten uns diesmal auf's neue und innigst.

217. An Dr. Franz Brendel.

Verehrter Freund,

Ihr Programm-Entwurf[1] ist *vortrefflich,* und wenngleich ich gegen das ganze Projekt einige Bedenken beibehalte, so

---

1) In Bezug auf Theater-Concerte, die nach Brendel's Absicht veranstaltet werden sollten. Der Entwurf lautet:

»1.	Concert.	Paradies und Peri.
2.	»	Eroica. Prometheus.
3.	»	Ouverture von Wagner. Solo (Bronsart). Ouverture von Beethoven. 2. Theil: Kindheit Christi von Berlioz.
4.	»	Festgesang von Liszt. Solo. Dräseke, Chöre für Männerstimmen aus seiner Oper. 2. Theil: Walpurgisnacht von Mendelssohn.
5.	»	Ouvertüre von Berlioz, Wagner oder Beethoven. Solo. Präludien. 2. Theil: Manfred.
6.	»	Ouverture. Solo. Tasso. 2. Theil: B-dur Symphonie.«

Dazu bemerkt Liszt ausser (einigen Notizen über Beschaffung der Stimmen zu Nr. 5: »Ein Orchester-Werk von Hans von Bülow (etwa die Cäsar-Ouvertüre) wäre passend für dieses Conzert. Auch die Frühlings-Phantasie von Bronsart möchte ich empfehlen in einem der Programme aufzunehmen.

Von Berlioz' Werken möchte ich als die dankbarsten zur Aufführung anrathen:

Fest bei Capulet (Romeo),
Pilger-Marsch (aus Harold),
Sylphen-Chor und -Tanz (Faust)
Terzett und Chor (aus Cellini) mit dem Künstler-Schwur,
Ouverture zu Lear.

NB. Das Terzett aus Cellini können wir bei der nächsten Tonkünstler-Versammlung produziren. Es ist ein ganz bedeutsames und effectvolles Stück.

scheint mir doch der von Ihnen gemachte Programm-Vorschlag der passendste, sowohl was die Wahl der Werke anbetrifft, als die Folge und Zusammenstellung derselben. Hinsichtlich meiner mehrmals erwähnten Bedenken bemerke ich blos im Allgemeinen, dass eine Concurrenz in Leipzig mit dem Gewandhaus manches Risico mit sich bringt, und für diesen Winter eine *passive* Haltung unsrerseits *unsre Sache* nicht besonders beeinträchtigen würde (nach meiner Meinung wenigstens). Ob Wirsing und Riccius den Theater-Conzerten den gehörigen Halt zu geben vermögen, oder selbst dazu gewillt sind, kann ich nicht entscheiden, weil mir das Leipziger Terrain in manchen Dingen zu fern abliegt. Ich verlasse mich hierin gänzlich auf Ihre Ein- und Umsicht, lieber Freund. Falls Sie sich schliesslich für die Affirmative entscheiden, will ich gerne auch dabei etwas mitmachen und z. B. die Direction des Prometheus übernehmen. Auf viel mehr möchte ich mich nicht einlassen, weil mir Directionen überhaupt mit jedem Jahre lästiger werden, und mein Ansinnen gar nicht dahin geht, dem schlechten Ruf, der mir als Dirigent gemacht worden, weiterhin thatsächlichen Widerspruch zu leisten. Wahrlich weiss ich es meinem Freund Dingelstedt sehr Dank, dass er mir (ohne es vielleicht ganz so zu wünschen) die Möglichkeit gab, mich von dem hiesigen Operntaktiren zu befreien, und bin fest entschlossen, anderwärts nur in unabweislichen Fällen den Taktstock herumzudrehen! Bülow soll zunächst das Dirigenten-Pult öfters besteigen. Er hat Sinn, Lust, Talent und Beruf dazu. Wenn sich die Theater-Conzerte arrangiren, versichern Sie sich seiner oftmaligen Mitwirkung. Er bringt gewiss frisches Leben in die ganze Sache und besitzt die gehörige Dosis von Erfahrung und *aplomb*, um sie fest zu vertreten.

An Klitzsch[1]) habe ich soeben geschrieben und ihm versprochen, den *Prometheus* in Zwickau zu dirigiren. Das Conzert wird Ende October stattfinden (vielleicht am 22ten, mein Geburtstag). Obschon Sie die Prometheus-Chöre in Dresden

1) Musikdirector in Zwickau.

gehört, wünsche ich sehr, dass Sie diesmal nach Zwickau kommen. Ich habe an dem Werk noch sorgfältig nachgearbeitet, manches erweitert, anderes leichter und sanglicher eingerichtet etc. Hoffentlich ist es jetzt vollends stand- und stichhaltig. Kommen Sie also nach Zwickau.

Noch eine Bitte habe ich an Sie heute zu richten, lieber Freund. P. Lohmann[1] war vor mehreren Wochen so freundlich mir seine Dramen zu schicken. Den »Sieg der Liebe« habe ich mit Interesse gelesen; zu den anderen konnte ich aber noch nicht gelangen, und ebensowenig [dazu] ihm meinen Dank schriftlich abzustatten. Übernehmen Sie freundschaftlich meine Entschuldigungen und sagen Sie ihm, dass mich sein Brief und seine Sendung auf das verbindlichste für ihn stimmen. Bei Gelegenheit meiner Zwickauer Reise will ich Lohmann in Leipzig aufsuchen und ihm persönlich den Eindruck, den mir seine Dramen geben, aussprechen. Von seinem Aufsatze in der Zeitschrift nehme ich besonders Notiz.

Für die Freundlichkeit, die Sie B. erweisen, danke ich Ihnen bestens. Er ist in manchem ziemlich unbeholfen, unpraktisch — und sieht fast so aus, als könnte er sich nicht zu einer ausgiebigen, consequent durchgeführten Thätigkeit eignen. Nichtsdestoweniger steckt in ihm ein gewisser Inhalt und Werth, welche sich in einer etwas geregelteren Stellung, als er sie bis jetzt erreichen konnte, eine vortheilhaftere Geltung verschaffen würden. Nebenbei dürften einige Utensilia wie *Seife*, *Zahn-* und *Nagel*-Bürsten ihm zu öfterem Gebrauch anempfohlen werden! — Von Ihrer Einwirkung auf B.'s fernere Arbeiten und Lebensgeschick erwarte ich viel Gutes und will hoffen, dass Ihr *Schatz* von Geduld durch ihn nicht zu sehr in Anspruch genommen wird.

Mit herzlichem Gruss Ihr

2. Sept. 59 — Weymar. F. Liszt.

Anbei der Programm-Entwurf mit ein paar Nebenbemerkungen. Erwägen Sie nochmals die Vor- und Nachtheile der

---

1) In Leipzig lebender Mitarbeiter der »Neuen Zeitschrift für Musik«.

Sache und halten dabei die richtige *Balance* zwischen dem Risico und dem möglichen Gewinn. *Motto:* Erst wieg's, dann wag's! —

.—. Ich habe in der letzten Zeit so viel Noten zu schreiben, dass sich meine Lettern-Schrift dadurch noch verschlimmert hat. Wo Sie mich aber nicht lesen können, errathen Sie mich desto leichter! —

218. An Louis Köhler.

Verehrter Freund,

Ihr Brief hat mir eine wahre Freude gebracht, wofür ich Ihnen herzlichen Dank sage. Sie sind ein viel zu ehrlicher, wackrer und prächtiger Musiker, um dass unsre Wege lange getrennt bleiben dürften. Eben deswegen, weil man mich nicht (wie Sie so witzig bemerken) sogleich »regelrecht registriren, categorisiren und in einen vorhandenen Schubkasten stecken kann«, hoffe ich, dass mein Streben und Wirken sich als zeitgemäss und befruchtend schliesslich herausstellen wird. Auch verspreche ich Ihnen, dass ich es an Fleiss und Mühe nicht fehlen lasse, meinen Freunden zu Ehren. Freilich aber kann ich nicht als solche Schwächlinge und Hasenfüsse anerkennen. Nur mit hochherzigen, tapferen und wahrhaftigen Genossen kommen wir vorwärts, gleichviel ob die Zahl eine geringe bleibt. In Sachen der Intelligenz folgt die Majorität immer der Minorität, wenn diese Stand und Stich zu halten ermächtigt ist. — Seien Sie mir also, lieber Freund, aufrichtigst willkommen. Wenn es auch manchen Skandal noch jetzt giebt, was wir ruhig und unverdrossen erdulden müssen, so wollen wir dabei keineswegs zu Schanden werden!

An Härtel habe ich sogleich geschrieben, dass Ihnen die gewünschten Arrangements der Symph. Dicht. für 2 Pianoforte zugesandt werden. Für die Partituren aber findet sich ein besserer Weg als der des Buchhandels. Fräulein Ingeborg Stark geht am 20. d. M. nach Petersburg und verweilt einen Tag in Königsberg. Sie wird Ihnen die *Dante-Symphonie* etc.

überbringen und, wenn sich dazu Gelegenheit findet, mit Bronsart (der auch zur selben Zeit nach Königsberg kommt) die Dinge durchspielen. Als eine ganz ausserordentlich begabte Künstlernatur, habe ich Fräulein Stark sehr lieb gewonnen. Dasselbe wird Ihnen passiren, wenn Sie ihre merkwürdige Sonate hören. Obendrein componirt Ingeborg allerlei Fugen, Toccatas etc. Ich bemerkte ihr neulich dass sie eigentlich gar nicht darnach aussähe. «Es ist mir auch ganz recht, keine Fugenmiene zu besitzen«, war ihre treffende Antwort.

Pohl's sind beide noch in Baden-Baden (von wo man mir mit Begeisterung von den Stücken aus der Manuscript-Oper Berlioz' »Les Troyens« berichtet. Mme Viardot sang eine grosse Scene und ein Duett daraus in dem von Berlioz dirigirten Conzert) — und Fräulein Emilie Genast bleibt noch ein paar Wochen bei ihrer Schwester Frau Raff in Wiesbaden. Bei ihrer Rückkehr werde ich Ihren Gruss bestellen, und Emilie wird sich gewiss freuen, das Conzert-Lied, welches Sie ihr anmelden, zu propagiren. In ihrem Vortrag spiegelt sich eine schöne und sympathische »Melodie der Sprache«. Da ich dieses Wort gesagt, knüpfe ich gleich den Wunsch daran, Sie möchten, lieber Freund, einiges in meinen *Gesammelten Liedern* finden, was sich Ihrer Empfindungsweise, die Sie in der »Melodie der Sprache« so geistreich dargestellt, anpasst. Sie erhalten ein Probe-Exemplar von den 6 Heften gleichzeitig mit der Dante-Symphonie. Die letzte Nummer »Ich möchte hingehn« (Gedicht von Herwegh) wollte ich Ihnen speziell widmen, und wenn Sie gelegentlich wieder nach Weymar kommen, suche ich Ihnen das Manuscript vor, wo Ihr Name darauf steht. Da ich aber bei dieser Gesammtausgabe alle übrigen Dedicationen weggelassen, behalte ich mir vor, Ihnen später etwas anderes, vermuthlich Dickeres und Längeres, zu widmen.

Von Dräseke ist soeben eine Ballade »König Helge« erschienen, die mir ausserordentlich zusagt. Sehen Sie dieses wundersame Opus 1 genau an.

Schliesslich noch eine Bitte, lieber Freund. Thuen Sie

mir die Liebe und verfahren Sie in der Besprechung meiner Werke gänzlich frei, offenherzig und rücksichtslos. Glauben Sie ja nicht, dass mich irgend welche Eitelkeit anwandelt oder antreibt. Darüber bin ich längst weg und hinaus. Sobald Sie mir, wie ich es nach Ihrem Brief annehme, die gehörigen musikalischen Voraussetzungen, um künstlerisch frei zu gestalten, zuerkennen, kann ich Ihnen für alles Übrige, sei es auch herber Tadel, nur dankbar sein. Ich habe mich öfters meinen Freunden gegenüber dahin ausgesprochen, dass wenn selbst alle meine Compositionen verfehlt wären (was ich weder bejahen noch verneinen darf), sie deswegen doch nicht ganz unnütz verblieben durch die Anregung und den Anstoss, den sie zur Fortentwicklung der Kunst geben. Dieses Bewusstsein genügt mir vollkommen, um consequent auszuharren und weiteres zu schaffen.

In aufrichtiger Verehrung und Ergebenheit verbleibt Ihnen freundschaftlichst

3ten September 59. Weymar. F. Liszt.

Wenn die Königsberger Akademie vor meinem Namen nicht zurückscheucht (wozu allerdings so vieles albernes Geschwätz der Kritik es an anderen Orten gebracht hat), könnte man später dort die Prometheus-Chöre versuchen. Sie werden nächstens (Ende October) in Zwickau aufgeführt und wahrscheinlich später in Leipzig, wo ich sie dann auch herausgeben werde.

In Sachen der Preisaufgabe wollen wir abwarten, was da kömmt. Sehr richtig bemerken Sie, dass sich's jetzt um die Enharmonie dreht. Schade, dass Sie nichts bringen. Vielleicht finden Sie noch Zeit dazu.

219. An Dr. Franz Brendel.

Verehrter Freund,

Ich bitte Sie mir mit *umgehender* Post ein Exemplar der verworrenen Biographie (*Liszt's Leben und Wirken* — wenn ich nicht irre —) von Gustav Schilling zu übersenden. Siegel und Stoll in Leipzig haben das Werk von dem Stuttgarter Verleger übernommen, und es wird gewiss auf irgend eine Weise ein Exemplar in Leipzig aufzutreiben sein. Ersuchen Sie Kahnt, mir die Gefälligkeit des Nachsuchens und der sofortigen Zusendung *per Post* zu erweisen, denn ich bedarf des Werks wegen einer besonderen und pressanten Anfrage, die ich am besten durch ein Citat aus Schilling's Buch beantworten kann.

Mit freundschaftlichstem Gruss Ihr

8. Sept. 59. Weymar. F. Liszt.

Warum sendet mir Schuberth nicht *mein* Widmungs-Exemplar von Dräseke's Ballade *König Helge*?

220. An Johann von Herbeck.

Verehrter Freund,

Schönsten Dank für Ihre ebenso beharrliche als wohlwollende Theilnahme.

Dass Sie die Aufführung der Messe für Männerstimmen am 23. October bewerkstelligen, ist mir sehr erfreulich und hoffentlich, da Sie es einmal »durchgesetzt«, werden wir auch nicht durchfallen. Das »schleichende Gezücht« (wie Sie die Leute vortrefflich bezeichnen) mag immerhin nach Belieben schimpfen. Was bekümmert uns dies, so lange wir nur unserer Aufgabe getreu und gerecht bleiben? — Im vorigen Jahre bei der Aufführung in Jena (zur Säcularfeier der Universität) hatte ich Gelegenheit mich zu überzeugen, wie vortrefflich Ihre Instrumentirung der Messe klingt, und ich bitte Sie noch insbesondere, kein *Jota* in den Hoboen oder Posaunen davon wegzulassen. Die Orgel allein genügt nicht, zumal bei einer grossen Besetzung des Chores, und die Vervollständigung der Begleitung könnte nicht besser erzweckt werden, als Sie es gethan.

N. B. Bei der Jenaer Aufführung habe ich folgende Änderungen am Schlusse des Gloria getroffen:

Sind Sie damit einverstanden, so lassen Sie diese Vereinfachung auch für Wien gelten. Die Partitur und Stimmen der Prometheus-Chöre kann ich Ihnen erst gegen Mitte November zusenden, weil Klitzsch (in Zwickau) eine Aufführung dieses Werkes am 12. bis 14. November veranstaltet und ich ihm bereits die Stimmen zur Verfügung gestellt habe. Wenn diese Verspätung Ihrer freundlichen Absicht, die Prometheus-Chöre in Wien zur Aufführung zu bringen, nicht hinderlich ist, so schicke ich sogleich nach dem Zwickauer Conzert das ganze Paquet Stimmen an Ihre Adresse *franco* nach Wien. Für das verbindende Gedicht, welches ich auch beifügen werde, ist es wünschenswerth, dass Sie einen *entsprechenden* tragischen Declamator gewinnen. In Dresden übernahm Davison diese Aufgabe, und in Zwickau wird es Frau Ritter sprechen. An Herrn von Bülow schreibe ich noch heute, zweifle aber fast, dass er für diesen Winter Ihrer Einladung Folge leisten kann. So wie er mir kürzlich mittheilte, beabsichtigt er nach Warschau und Paris im späteren Winter zu gehen. Über die etwaige Wahl des Stückes können Sie übrigens die gestrengen Herren des Comités beruhigen. Falls Bülow sich in dem philharmonischen Conzerte produziren sollte, wird er auf meinen Rath hin nicht *mein* A-dur-Conzert (oder sonst eine *meiner* Compositionen) spielen, sondern einfachst irgend ein *Bach*'sches oder *Beethoven*'sches Conzert. Meine näheren Freunde wissen zuversichtlich, dass es keineswegs in meinem Ansinnen liegt, mich in irgend welches Conzertprogramm hinein zu drängen ... In Betreff der Partituren und Stimmen, die Sie wünschen, notire ich auf einem Separatblatt, *welche* mir zur Disposition stehen, und *von wo* Sie sich die übrigen verschaffen können. Schliesslich erlauben Sie mir noch die Bitte, mich durch ein paar Zeilen von der Aufführung der Messe freundlichst benachrichtigen zu wollen. Vielleicht fällt Ihnen dabei manches auf, was sich noch ändern und erleichtern liesse. Entziehen Sie mir nicht, verehrter Freund, Ihren gütigen Rath, den ich gern benützen möchte bei der Partitur-Ausgabe der Messe, die bald erfolgen soll. Selbstverständlich wird Ihr Name auf dem Titel stehen und die Verantwortlichkeit der Instrumentirung Ihnen überlassen bleiben.

Mit freundschaftlichem Dank und ausgezeichneter Hochachtung bleibt Ihnen aufrichtig ergebenst

Weymar, 11. October 59. F. Liszt.

221. An Felix Dräseke.

Lieber vortrefflicher Freund,

Ihre Zuversicht, dass ich jetzt nicht von Weymar abgehen konnte, war ganz richtig empfunden. Zwar ist die Altenburg sehr vereinsamt, da Prinzess Marie gleich nach ihrer Vermählung am 15ten October wegreiste, und die Fürstin gestern auf mehrere Tage nach Paris ging — doch will ich meinen *Herd* nicht so bald verlassen, wenngleich meine äusserliche Thätigkeit fernerhin (wie ich es Ihnen schon angedeutet) hier und auch anderwärts sich sehr beschränken dürfte. — Ich bedarf meiner ganzen Zeit für meine weiteren Arbeiten, welche unaufhaltsam vor sich gehen müssen — folglich habe ich mich entschlossen, alle *Annehmlichkeiten* der Capellmeisterei ferne zu halten und den Taktirstock ebensowohl ruhen zu lassen als das Clavier. —

Am 9ten November wird das Festspiel von Halm »vor hundert Jahren« mit der Musik, die ich dazu componirt, hier aufgeführt — und am 11ten soll der »Künstler-Chor« die Fest-Rede von Kuno Fischer in Jena einleiten. Von Berlin schreibt mir auch Damrosch, er beabsichtige den Künstler-Chor in das Programm der dortigen Schillerfeier aufzunehmen. Das Zwickauer Conzert ist für den 15ten November festgestellt — und ich freue mich dort mit Ritter's zusammen zu treffen. Beiläufig gesagt, bin ich der Meinung, dass Sasch[1]) 2 Nummern des Programms übernimmt und Klitzsch's Wunsch durch die *Chaconne* sowohl als den meinen mit dem Original-Conzert, an demselben Abend erfüllt. Zwickau gehört zufällig zu den wenigen Städten, wo die *Chaconne* (wie mir Klitzsch schreibt) nie öffentlich gehört wurde. Sasch kann diesem Umstand Rechnung tragen, und ohne sich irgend etwas zu vergeben, dem Publikum einen *Chaconne*-Genuss gewähren. Der gesicherte Beifall, den man ihm dafür spenden wird, dürfte nebenbei auch günstig auf die Receptivität des Auditoriums in Bezug seines Conzerts einwirken. Theilen Sie dies unserm lieben Freund mit unter dem Vorbehalt, dass, wenn er nur eine Nummer des Programms übernehme, ich ihm jedenfalls rathe, sein Conzert zu wählen. Das Stück hat vieles Interessante und Effectvolle an sich, und es wird Sasch von Nutzen sein, das Verhältniss des Orchesters zu der Solo-Partie durch eine öffentliche Production zu erproben. Nöthigenfalls also *nöthigen* Sie ihn dazu, in meinem Auftrag.

Die Motivirung und Entschuldigungen, Ihre angebliche »Halsstarrigkeit, Rechthaberei« und imaginäre »Arroganz« anbetreffend, bitte ich Sie, liebster Freund, gänzlich versichert zu sein, dass Sie nie einem ähnlichen Verdacht bei mir begegnen können. Was Sie denken, empfinden, componiren, ist edel und grossartig — darum nehme ich einen sympathischen Antheil daran. — Bei unserm nächsten Zusammensein will ich blos versuchen, Ihnen die »Amputationen« durch Chloroformirung erträglicher zu machen! —

---

1) Sasch, d. i. Alexander, der Vorname Ritter's.

In aufrichtiger Hochschätzung verbleibt Ihnen freundschaftlich ergeben

[Weimar.] 20ten October 59. F. Liszt.

222. An Heinrich Porges in Prag.

Verehrter Freund,

Ihr Schreiben zum 22ten October hat mich herzlich erfreut — und Sie dürfen nicht in Zweifel sein ob der Richtigkeit der liebevollen und tiefen Auffassung meines Strebens, welches »sowohl als Freiheits- wie als Liebesbedürfniss des Menschen hervorgegangen« und *von* und *mit* Gottes Gnade sich zum »Göttlichen« zu erheben angetrieben ist. — Ich kann darüber nicht viel sagen; mögen nur meine Werke kein stummes Zeugniss verbleiben, und Ihr inniges Verständniss derselben Ihnen einige Befriedigung gewähren.

Anbei übersende ich Ihnen das Festlied von Dingelstedt zur *Schiller-Feier*, welches ich absichtlich in sehr *einfacher, volksthümlicher* Weise componirt habe. Vielleicht findet sich Gelegenheit, das kleine Ding während der Schiller-Feier in Prag zur Aufführung zu bringen. Fragen Sie bei Apt an, ob er dazu geneigt wäre. Das Einstudiren würde gar keine Mühe machen. Es bedarf nur eines Baryton oder Bass für die Solostimme, und gewöhnlichen Männerchors ohne alle Begleitung. —

Indem ich Ihnen gänzlich anheimstelle, darüber nach *Ihrem Dafürhalten* zu verfügen und die Aufführung entweder zu bezwecken oder zu unterlassen, verbleibt Ihnen, mit bestem Dank und ausgezeichneter Hochschätzung ergebenst

30ten October 59. F. Liszt.

Meine Composition des Festspiels von Halm ist durch H. von Dingelstedt an Herrn Thomé zugesandt, und kommt wahrscheinlich am 9ten oder 10ten November zur Aufführung.[1]) Schreiben Sie mir, wie die Sache vor sich gegangen ist.

---

1) Das Festspiel wurde unter dem Theaterdirector Thomé in Prag aufgeführt. Die Musik zu demselben ist nie erschienen. Das Weimarer Archiv besitzt vermuthlich die Partitur.

223. An Ingeborg Stark.[1]

Il est très charmant et très gracieux à vous, chère Mademoiselle Inga, de vous souvenir si aimablement du 22 Octobre. et je vous aurais remerciée plus tôt de votre lettre qui m'a fait un très sincère plaisir, si je n'avais été retenu près d'une semaine au lit par suite de beaucoup d'émotions et de fatigues.

Par notre ami Bronsart j'ai eu préalablement de vos très bonnes nouvelles; vous avez rempli, on ne saurait mieux, votre rôle de *charmeresse*, et Bronsart abonde en ravissements exaltés à votre égard. Mais c'est déjà de l'histoire ancienne pour vous; quelque chose comme un chapitre de Rollin sur l'histoire des Mèdes; — après lesquels viennent les Perses, les Grecs et les Romains...

Pour maintenant c'est le tour de la Russie, que vous êtes en veine de conquérir et je vois d'ici l'enchantement de vos admirateurs de Pétersbourg, qui sont tout oreille et tout regard autour de votre Piano où vous trônez.

Veuillez me rappeler affectueusement au bienveillant souvenir du Prince Odoyewski et vous acquitter d'un amical *shake hand* de ma part pour Mr Martynoff. Quant à notre cher *Tartare*[2], dites-lui bien combien je lui reste affectionné; il en sera plus agréablement persuadé si vous le lui assurez. Demandez-lui aussi de m'écrire après votre premier Concert, car je ne voudrais pas m'exposer à blesser votre modestie au point de vous prier de me faire un compte rendu de vos succès indubitables. Mais pour cela je n'entends pas vous laisser chômer épistolairement, et vous me ferez par exemple grand plaisir en me continuant la narration des *prouesses* musicales de Rubinstein (que vous avez si bien commencée).

Vous savez que je m'intéresse sincèrement à ce qu'il fait, attendu qu'il a tout ce qu'il faut pour faire de bonnes et

---

1) Schülerin Liszt's, nachmals mit seinem Schüler Hans von Bronsart, jetzt General-Intendant des Weimarer Hoftheaters, vermählt; ist auch als Componistin hervorgetreten.

2) Der Componist Alexander Séroff.

belles choses, pourvu qu'il ne s'obstine pas à trop écrire au courant de la plume et se mette un peu en garde contre l'excès de ces grandes qualités même.

L'Océan que Rubinstein a chanté, pourrait lui servir de modèle en cela; il sait contenir ses flots dans leur liberté et leur puissance — et j'espère que Rubinstein ne trouverait pas la comparaison offensante! — Informez-moi donc de ses faits et gestes artistiques dont, je le présume, il aura tout lieu d'être satisfait et glorieux.

Notre petit Weymar est resté comme de coutume passablement terne depuis votre départ; mais dans une huitaine de jours nous célébrerons ici aussi le centième anniversaire de la naissance de Schiller avec tout l'enthousiasme dont nous sommes susceptibles (ce qui n'est pas beaucoup dire).

Le 9 Novembre on exécutera au théâtre la Musique que j'ai composée pour le »*Festspiel*« de Halm: »*Vor hundert Jahren*«, et Jena a mis sur son Programme de Fête mon Chœur: »an die Künstler« qui terminera la Cérémonie du 11. (Vendredi prochain.)

De plus vous trouverez dans la *Schiller-Nummer* de l'Illustrirte Zeitung de Leipzig qui paraît le 12 Nov., un *Festlied* »*im Volkston*« de ma façon. Ne soyez pas choquée de l'extrême simplicité de ce Lied; il ne s'agissait pas là de faire étalage de savoir musical — mais simplement d'écrire une quarantaine de mesures qui pussent être très aisément chantées et retenues par *tutti quanti*. A cet effet il m'a fallu habiller ma Muse *en blouse*, ou si vous préférez une comparaison plus allemande »ich habe der Dame eine bayrische Joppe angezogen!«

Où en êtes-vous de vos Variations *sérieusement* Samsoniques — et de votre Fugue *Martha*? *Martern* Sie sich nicht zu sehr damit et réservez-y aussi la meilleure part . . . celle de Marie.[1])

1) Sie hatte eine Fuge über die musikalischen Buchstaben der Namen Martha und Maria—Namen ihrer Freundinnen, der Schwestern von Sabinin, geschrieben.

Puisque j'ai prononcé ce nom, je vous dirai que la Princesse Marie Hohenlohe passera son hiver à Vienne.

Pour moi je ne bougerai pas de l'Altenburg, où je compte achever ma *Elisabeth*, et vivre plus que jamais en reclus — voire même un peu en ours — mais non pas à la manière de ceux de ces estimables citoyens des libres bois, que des *impresarii* des menus plaisirs du populaire dégradent en les faisant danser aux sons de leurs flûtes et tambours sur les marchés! Je choisirai mieux un modèle idéal d'ours, croyez-le bien, et les flûtes et tambours qui m'induiraient désormais en tentation d'un entre-chat quelconque restent encore à inventer.

Soyez assez bonne, chère Mademoiselle Inga, pour présenter mes très affectueux respects à Madame votre mère, ainsi que mes meilleurs souvenirs et compliments à la *Sagesse* Olivia[1]) — et croyez-moi bien très invariablement

votre tout dévoué

2 Novembre 59. Weymar. F. Liszt.

224. An Johann von Herbeck.

Verehrter Freund,

Vor einigen Stunden von Zwickau zurückgekehrt, treffe ich Ihr freundliches Schreiben und muss mich leider entschuldigen, Ihrem Wunsch in Bezug der Schubert'schen Märsche nicht so schnell Folge zu leisten, als ich mir es vorgenommen hatte. Diese mir sehr unliebsame Verzögerung veranlasste ein Unwohlsein, welches mich nöthigte, Ende October eine ganze Woche im Bett zu verbleiben. Darauf machten mir es die Weymarer und Jenenser Schillerfeier gänzlich unmöglich, an die Instrumentirung der Märsche zu schreiten. Doch verspreche ich Ihnen, dass Sie die Partitur spätestens bis zu Weihnachten erhalten werden.

Prometheus wird sich schon Ende dieses Monates bei Ihnen präsentiren. Wenn Sie, verehrter Freund, nach Durchsicht

1) So nannte Liszt die Schwester der Adressatin.

der Partitur das Werk zu einer Aufführung in Wien geeignet finden, wird es mich freuen. Wo nicht, bitte ich Sie, mir es ganz *unumwunden freundschaftlich* und ohne den geringsten Scrupel, dadurch etwa meine Eitelkeit zu verletzen, zu sagen. Ob der *Magen* der Kritik und des Publikums eine derartig vom Geier ausgehackte Leber wie die meines Prometheus verdaulich finden dürfte — ob nicht gleich bei den ersten Takten alles verloren ist, kann ich nicht bestimmen; noch weniger aber möchte ich Ihnen überflüssige Unannehmlichkeiten durch die Aufführung meiner von vornherein übel berüchtigten »*Tonschmiererei*« bereiten!

Entscheiden Sie also darüber gänzlich nach Ihrem einsichtsvollen Dafürhalten — und wie es auch kommen mag, seien Sie jedenfalls versichert von der aufrichtigen Erkenntlichkeit und Hochachtung, mit welcher Ihnen verbleibt freundschaftlich ergeben F. Liszt.

18. November 59.

225. An Dr. Franz Brendel.

Verehrter Freund,

Unter den 3 Preisschriften (welche ich Ihnen anbei zurückerstatte) ist meines Erachtens die mit dem Motto »Prüfet Alles und das Beste behaltet« ganz bedeutsam und für die definitive Lösung der Frage massgebend. Der Verfasser entwickelt seine Thesis mit einer so sicheren, richtigfassenden und weitgreifenden Logik, dass die jetzt unumgänglich nothwendig gewordene Praxis in vollem Einklang mit den Ergebnissen der Theorie überzeugend daraus erhellt. Hoffentlich wird unser verehrter College und Freund Lobe sein gewichtiges Urtheil auch zu Gunsten dieser Preisschrift abgeben und wissenschaftlich motiviren — denn ich könnte nicht annehmen, dass Lobe mit den Gegnern der Enharmonik, deren Theorie uns eine musikalische Kasteiung aufnöthigen möchte, übereinstimmt.

In den zwei anderen Schriften mit den Mottos »Sehen thun unsre Augen, aber sie bedürfen dazu der Helle« und »Sehet an, das hat der Mensch gethan!« findet sich manches

Zutreffende und zu Erwägende (insbesondere in der ersteren), was nach Durchlesung der sämmtlichen eingesandten Schriften hervorgehoben sein dürfte.

Über die schliessliche Redaction der Motivirung der Preisvertheilung verständigen Sie sich wohl mit Lobe zunächst und theilen mir dann das Conzept derselben mit. — Es kann nur erspriesslich sein, wenn die Sache etwas ausführlich und eingehend behandelt wird, was Sie, verehrter Freund, in Gemeinschaft mit Lobe und Weitzmann, viel besser zu thuen vermögen, als meine Wenigkeit; da ich, wie Hauptmann richtig bemerkt, zu sehr befangen durch meine eigene Praxis erscheinen würde. In Sachen der Harmonie wie in anderen, grösseren, glaube ich auch, dass die Natur in ewigem Bunde mit dem Genius steht.

»Was der eine verspricht, leistet die andre gewiss.« Und Beethoven hatte wohl Recht, *sein Recht* zu behaupten, das von Kirnberger, Marpurg, Albrechtsberger etc. Verbotene zu erlauben! — Die Wissenschaft soll nur immer mehr die Natur der Dinge und die Freiheit des Genius erforschen, und deren Weiterentwicklung gerecht werden. — — — — —

Getreu ergebenst

[Weimar] 1. December 59. F. Liszt.

Mit Ihrem Vorhaben, 2 *Preise* zu vertheilen, bin ich ganz einverstanden. Der oben erwähnten Abhandlung kommt der 1te Preis zu, wenn nicht, was ich bezweifle, eine noch vollständiger gelungene eingesandt wird.

226. An Anton Rubinstein.

Certes, mon très honoré ami, je ne discontinuerai pas de prendre une très sincère et loyale part au déploiement de la carrière que vous parcourez avec une si rare vaillance, et tout ce que vous me direz de votre activité de composition et de direction musicale, m'intéressera toujours vivement. Merci donc de votre bonne lettre qui contient aussi une promesse qu'il me sera très agréable de vous voir accomplir: celle de votre visite au printemps prochain, en compagnie de votre opéra en 4 actes — et probablement en plus, de votre »*Cantique des Cantiques*« (»Hohes Lied«), dont vous ne me parlez pas, mais que je n'en suis pas pour cela moins désireux de connaître.

Avez-vous jugé à propos de faire exécuter votre »Paradis perdu« à Pétersbourg? Je vous y engagerais fort, car c'est un ouvrage capital, qui vous fait grandement honneur, et dont la place me semble marquée dans vos concerts. Et à ce sujet permettez-moi de vous faire très sincèrement compliment sur l'idée (d'autant moins fréquente qu'elle est juste) qui a présidé à la répartition du programme de ces concerts. Si elle continue de prédominer et si effectivement on s'avise à St. Pétersbourg de faire droit, comme vous me l'écrivez, »à tous les maîtres de toutes les écoles et de tous les temps« (sans en excepter le nôtre!), le fameux vers:

»C'est du Nord que nous vient aujourd'hui la lumière«

se trouvera justifié, même de par la Musique! En France et en Allemagne nous sommes loin de là — et le *Pharisaïsme* classique y grossit sa voix pour faire diversion au *mercantilisme*, ce *riche honteux*, qui réussit parfaitement à faire danser aux sons de sa flûte stridente les grands journaux et leurs nombreux lecteurs, tandis que son antagoniste (le *Pharisaïsme*) n'aboutit qu'à des »*Improperia*« et des »*Jérémiades*«...... *non composées* par Palestrina!

Votre choix de l'introduction du 2d acte du »Fliegender Holländer« me paraît excellent, et je vais faire copier la partition (de cette scène) pour vous, attendu qu'il est très difficile de se procurer la partition complète de l'opéra, et que je n'en possède que *l'autographe*, dont je me ferais conscience de me déssaisir. Dans une quinzaine de jours je vous expédierai ce qu'il vous faut pour votre Programme.

Madame la Princesse Marie Hohenlohe est actuellement à Pétersbourg, et sera très charmée de vous y revoir. Son mari s'est assez occupé de musique et joue fort agréablement plusieurs »Lieder ohne Worte« de sa composition. Lui et sa femme se feront sûrement un plaisir d'être au premier rang du public applaudissant, lors des représentations de votre opéra à Vienne. A revoir donc, mon cher Rubinstein, au printemps — et toujours

bien à vous, de sincère estime et affection

Weymar, 3 Décembre 59. F. Liszt.

P.S. Quand vous verrez Mlle Ingeborg Stark, veuillez bien lui faire mes très affectueuses amitiés. Si sa route de Paris la reconduisait par Weymar, elle serait sûre de m'y rencontrer; car malgré le dire des journaux, qui entre autres fantaisies ont celle de me faire voyager de ci et de là, je ne bougerai pas d'ici pendant plusieurs mois, continuant de travailler de mon mieux — ne serait-ce que pour prouver à la »critique bienveillante« et aux badauds, qu'il est bien regrettable que je me sois mis en tête de *devenir* un compositeur! — Ceci rappelle le proverbe: On devient cuisinier, mais on *naît* rôtisseur! —

227. An Dr. Franz Brendel.

Verehrter Freund,

Es ist mir sehr daran gelegen, die Herausgabe meiner gesammelten Lieder nicht länger zu verzögern. Entschuldigen Sie daher, wenn ich Ihrer Freundschaft heute etwas lästig falle. . — .

Am Zweckmässigsten erscheint mir, dass Sie, *bevor* Sie mit Herrn Schulze conferiren, mit *Klemm* zuerst Rücksprache nehmen und sich mit ihm über die ganze Angelegenheit verständigen.[1]) Ersuchen Sie ihn auch in meinem Namen, dem Werke eine freundliche Theilnahme zu erweisen. Die Lieder in ihrer jetzigen Gestaltung können sich behaupten (ohngeachtet der unausbleiblichen Kritik unserer verbissenen und sich die Zähne abbeissenden Gegnerschaft!), und wenn sich einige Sänger, nicht *roher* und *oberflächlicher* Art, finden liessen, welche getrosten Muthes es wagten, Lieder von dem

1) Liszt wollte die Lieder augenscheinlich erst selbst stechen lassen und Klemm in Commission geben.

berüchtigten *Nicht-Componisten* Franz Liszt vorzutragen, so würden sie auch wahrscheinlich ihr Publikum finden.

Ich glaube Ihnen erzählt zu haben, dass ein paar Nummern davon, als *Nachlass von Schubert* produzirt, in einigen mir sehr übel gewogenen Salons *Furore* gemacht, und da capo verlangt wurden! — Natürlich habe ich die Sängerin sehr gebeten, den guten Witz weiter fortzuführen.

Klemm braucht sich also wahrlich nicht zu schämen, die Expedirung des Werkes in verbindlicher Weise zu besorgen.

Zum voraus besten Dank für Ihre freundschaftliche Bemühung in dieser Sache — und stets treu ergeben

6. December 59. Weymar. F. Liszt.

P. S. Soeben erhalte ich Ihren Brief. Die beiden K — Kömpel und Kahnt sollen bestens willkommen sein. Pohl hatte mir schon Kahnt angemeldet; es wird mir angenehm sein, ihm seinen hiesigen Besuch nicht zu *verlangweilen* (wenn dies Wort auch nicht ganz deutsch, so halte ich es doch für verständlich!). Julius Schuberth hatte gleichfalls die Absicht, von Kühn[1]) einiges abzujagen.[2])

Ihre Idee, Bronsart an die Direction der Euterpe-Conzerte zu stellen, ist eine ganz vortreffliche. Der Brief, den ich an P. Fischer darüber geschrieben (an Ihre Adresse), ist wohl richtig angekommen (?). Vorgestern benachrichtigte ich auch Bronsart, dass sich vielleicht einige günstige *Chancen* für ihn in Leipzig eröffneten, und empfahl ihm, sie nicht zu vernachlässigen. Bronsart käme ganz an seinen richtigen Posten *in Leipzig*, und ich zweifle nicht, dass er ihn in jedem Bezug auf das ehrenvollste behaupten würde. Dabei wäre es mir besonders angenehm, mit ihm, als nächstem Nachbar, in stetigerem Verkehr zu sein. Er arbeitet jetzt an seiner Oper und schickte mir vor kurzem das Textbuch, was er sich dazu selbst ausgearbeitet, und mir in den wesentlichsten Scenen, sowie auch im Dialog, sehr gelungen scheint.[3])

---

1) Musikverleger.
2) Nämlich Liszt'sche Compositionen.
3) Es wurde später von seiner Gattin componirt (»König Hiarne«).

Ihren Brief adressiren Sie »an Herrn von Bronsart bei dem Herrn General von Bronsart, Commandant von Danzig. Danzig.«

In Folge der Aufführung meiner Messe in München (am Geburtstage des Königs, Ende November), welche, wie man mir mehrfach berichtet, gut ausgeführt und, was wunderlich erscheint, von vielen dortigen Musikern als ein bedeutsames Werk anerkannt wurde — sodass sich selbst Lachner günstig darüber ausgesprochen — speit die »Allgemeine Zeitung« wieder Gift und Galle (Beilage vom 3ten December), ohne die »Neue Zeitschrift für Musik« dabei zu vergessen. An dieses Gepack von Kritikern, wie die W., B., G., B. und wie alle die Helfers-Helfer heissen, möchte ich gelegentlich folgenden Gedanken als *Xenie* fassen:

»Ihr brecht den Stab über mich; wohl aber ist euer Stab längst morsch geworden von alle dem Staub und Koth, die daran kleben; kaum taugt er mehr zu euren Lufthieben!« — Theilen Sie den Gedanken Lohmann mit — vielleicht findet er einen glücklichen Reim dafür.

Über Pohl kann ich Ihnen nichts Besseres sagen, als was Sie mir mittheilen. —

Anbei zu Ihrem Privat-Vergnügen die Abschrift einiger Zeilen aus meinem Brief an Herrn Gustav Eggers (in Berlin), Bruder des bekannten *Kunstblatt*-Eggers, jetzt bei der preussischen Zeitung sehr betheiligt. Gustav E. war bei den September-Festen (57) hier, wo er die *Faust-Symphonie* hörte, und sandte mir neulich einige ganz hübsche Liederhefte mit der Bitte, dieselben an Härtel zu empfehlen. — Senden Sie mir das kleine Blatt nächstens zurück.

228. An Eduard Liszt.

Durch die liebevolle Freundschaft, welche Du mir insbesondere während des letzten Jahrzehnts, wo mir so mannigfache Prüfungen auferlegt wurden, bezeugtest, hat sich unsre innige Herzens- und Charakter-Verwandtschaft für immer fest geschlossen, liebster Eduard. Du bist und bleibst mir eine

Stütze und ein ermuthigender Trost in den Kämpfen und Bedrängnissen meines Lebens. Gott verleihe mir die Gnade, dieselben als getreuer Knecht der Wahrheit in Christo, ohne Wanken zu bestehen!

Auf das Richtigste und Geziemendste hast Du die Anordnungen der Todtenfeier meines Sohnes getroffen.[1] Die Wahl des Requiems von Terziani war unter dem gegebenen Verhältniss eine sehr passende. Ich danke Dir von ganzer Seele für alles! —

An Herbeck schreibe ich morgen ein paar Zeilen und sende ihm gleichzeitig die Partitur und Stimmen des Prometheus, sowie auch 2 Märsche von Schubert, die ich für ihn instrumentirt habe. Die Expedition dieses Noten-Paquets ist durch den Umstand verspätet worden, dass es nothwendig war, die ganze Partitur des Prometheus *neu* abschreiben zu lassen und in den Stimmen einige Veränderungen vorzunehmen. Die frühere Partitur genügte zwar für mich — aber ein fremder Dirigent könnte sich darin kaum zurecht finden. Mit der Instrumentirung der Schubert'schen Märsche wird hoffentlich Herbeck zufrieden sein. Diese kleine Arbeit ist mir, glaube ich, gut gelungen, und ich werde sie weiter fortsetzen, da sie mir manches Anziehende darbietet. Nächstens folgen die 4 anderen Märsche, welche das halbe Dutzend voll machen sollen.

Cornelius ist vorgestern hier angelangt. Seine freundschaftliche Anhänglichkeit für Dich ist eine sehr warme und aufrichtig ergebene. Auf mich wirkt das lautere Gemüth, die grundehrliche Gesinnung Cornelius' immer wohlthuend; insbesondere ist es mir aber jetzt willkommen, von Dir Näheres durch ihn zu vernehmen und dadurch gleichsam mehr mit Dir zu sein.

Bleib mir gut, wie Du mir von Herzen lieb!

28. December 59. Weymar. F. Liszt.

---

1) Er starb in Wien, wo er Jus studirte.

229. An Josef Dessauer*).

Lieber verehrter Freund,

Möglich dass Dir die Zartheit Deiner Empfindungsweise manches Trübsame zugefügt hätte; sie sichert Dir aber eine weiche Stätte in der besseren Region des Herzens Deiner Freunde. Dies liessen mir wieder Deine lieben Zeilen so recht durchfühlen.-

Nimm also den herzlichsten Dank Deines alten Freundes, dessen »männlich gefasstes Wesen« sich auch fürder bewähren soll; er hat noch manche Pflichten zu erfüllen und mehr als einen Kampf zu bestehen. Das Kreuz bleibe seine Stütze, seine Kraft und sein Hort!

Welches Verhängniss auch über mich walten mag, sei überzeugt von der getreuen Anhänglichkeit Deines

30ten December 59. Weymar. F. Liszt.

Das Crucifix von Dir (nach der Graner Messe) ist mir noch vertrauter geworden! —

Wenn ich mit einigen Arbeiten, die ich nicht länger aufschieben kann, fertig bin, soll Daniel sein *Requiem* erhalten.

230. An Wilkoszewski, Secretär der Hofcapellen-Concerte in München**).

Geehrter Herr,

Die Aufführung neuerer Werke von Seiten einer so ruhmreichen Kapelle wie die Münchner bleibt stets für die Componisten eine auszeichnende Aufmerksamkeit. Noch höher aber

---

*) Autograph im Besitz von Hrn. Maler van Haanen in Venedig. — Adressat (»Maître Favilla«, wie George Sand ihren Freund nannte) als Componist feiner Lieder bekannt (1798—1876). Drei derselben hat Liszt (1847) transscribirt. (Berlin, Schlesinger).

**) Nach einer (den Briefen an Brendel beiliegenden) eigenhändigen Copie Liszt's.

muss ich es erkennen, dass bei dem heftigen Vorurtheil gegen meinen Namen eine meiner *berüchtigten* »symphonischen Dichtungen« in das Programm der Münchner Hofkapellen-Conzerte aufgenommen wurde.

Tauben Ohren ist bös predigen, und bekanntlich giebt es keine schlimmere Taubheit als die der Leute, welche nicht hören wollen. Dadurch sind die »Festklänge« so gut als die Messe und alles, was ich und Bessere als meine Wenigkeit componiren könnten, zum voraus verurtheilt. Allein je ungeziemender und böswilliger die Parteisucht sich gegen neuere Werke geberdet, desto mehr bin ich zu aufrichtigem Dank denjenigen verpflichtet, welche nicht die mir zugefügte Unbill als ihre künstlerische Richtschnur annehmen.

Die Zeit richtet alles, und ich kann ruhig abwarten, dass man sich mehr damit beschäftigt, meine Partituren kennen und hören zu lernen, als dieselben zu verwerfen und auszuzischen. Niederträchtige Strassenjungen-Streiche, wenn auch in Conzertsälen und Zeitungsreferaten ausgeführt, sind keine Argumente, die eine dauernde Geltung verdienen.

Indem ich Sie bitte, geehrter Herr, insbesondere dem Herrn General-Musikdirector Lachner meinen besten Dank für die mir bezeugte wohlgemeinte Gesinnung zu übermitteln, verbleibt Ihnen mit ausgezeichneter Achtung freundlich ergeben

Weymar, 15. Januar 60. F. Liszt.

231. An Johann von Herbeck.

[Laut Empfänger, am 26. Januar 1860 angelangt.]

Verehrter Freund,

Von Berlin gestern Abend zurückgekehrt, treffe ich Ihren Brief, der mir eine besondere Freude gemacht durch die Zusicherung, dass die Prometheus-Chöre und die Instrumentation der Schubert'schen Märsche Ihrer Erwartung entsprechen. Nächstens erhalten Sie noch 2 Schubert'sche Märsche (den Trauermarsch Es-moll und den ungarischen C-moll aus dem ungarischen Divertissement[1])). Die beiden könnten unmittelbar aufeinander folgend aufgeführt werden.

Die Prometheus-Chöre nebst der symphonischen Dichtung, welche vorangeht (und als No. 5 bei Härtel erschienen ist), wurden im Juli 1850 zu dem Herderfest componirt und Ende August, am Vorabend der Herderfeier im hiesigen Theater aufgeführt. Mein Puls war damals in fieberhafter Aufregung, und der dreimalige *Weheruf* der Oceaniden, der Dryaden und der Unterirdischen ertönte mir von allen Bäumen und Gewässern unseres Parks.

Bei meiner Arbeit strebte ich nach einem Ideal der Antike, welches nicht als archaisirendes Skelett, wohl aber lebendig geformt und sich bewegend, hingestellt sein sollte. Ein schöner Vers von André Chenier:

»Sur des pensers nouveaux faisons des vers antiques!«

galt mir als Regel — und wies mich zu musikalischer Plastik und Symmetrie hin. — — —

Die günstige Meinung, die Sie beim Durchlesen des Werkes bekommen, ist mir ein Zeichen, dass es nicht ganz verfehlt — hoffentlich wird die Aufführung Ihre Sympathie dafür nicht verkümmern. Ich lege die Direction mit vollstem Vertrauen gänzlich in Ihre Hände. — Sie treffen schon überall das Richtige und überschiffen glücklich mit Ihrem ganzen Personal die einzelnen Schwierigkeiten der dissonirenden Einsätze und des pathetischen Vortrags, welcher an manchen Stellen durchaus nöthig. Sehr angenehm wäre es mir allerdings, verehrter Freund, wenn ich der Aufführung am 26. Februar in Wien beiwohnen könnte, um mich an Ihrer verständnissvollen, begeisterten Wirksamkeit zu erfreuen; doch bin ich davon durch mancherlei Umstände und Verhältnisse (deren Erörterung zu weitläufig wäre) abgehalten.

Ich bitte Sie daher, die Conzert-Direction *nicht* zu veranlassen, mich einzuladen, eben weil ich mich nicht in der Lage befinden möchte, mit Entschuldigungen zu antworten. Übernehmen Sie also das Amt, den Prometheus in Wien zu *ent-*

1) Op. 40, Nr. 5 und Marcia aus op. 54.

fesseln; diese Herkules-Arbeit steht Ihnen gut an.[1]) Gewaltige Adler, die dem Titan die Leber zerhacken und zerfleischen, giebt es zwar nicht — dafür aber ein ganzes Heer von Raben und wurmendem Ungeziefer. — Wiederholt besten Dank und Gruss von Ihrem Sie aufrichtig hochschätzenden und freundschaftlich ergebenen F. Liszt.

232. An Dr. Franz Brendel.

So ist es ganz recht gekommen, dass der Verleger der »Neuen Zeitschrift« auch der Verleger meiner »Gesammelten Lieder« geworden. Besten Dank, verehrter Freund, für Ihre hinzu fördernde Vermittlung. Kahnt hat sich blos mit Schlesinger zu verständigen; meinerseits habe ich gar keine Einschränkung seines Eigenthums zu wünschen. Ob sich dieses oder jenes der Lieder zur Transcription eignet, weiss ich nicht; wenn dies der Fall sein sollte, so ersuche ich blos Kahnt, mir die etwaige Transcription, bevor er sie erscheinen lässt, mitzutheilen, weil es mir zunächst nicht angenehm sein könnte, wenn gar zu stümperhafte Arrangements herumspazierten. Dies ist nur Sache der künstlerischen Rücksicht — im Übrigen habe ich weder einen Vorbehalt noch Einwendungen dem Conzept des Verlagsscheins beizufügen. Sobald Kahnt mit Schlesinger in Ordnung ist, bin ich mit allem zufrieden. Dieses oder jenes Lied mag dann einzeln erscheinen oder für Guitarre oder Zither transcribirt werden; desto besser, wenn Kahnt dabei seine Rechnung findet. NB. Bei der Einzel-Ausgabe möchte ich gerne, dass der Umschlag der Gesammt-Ausgabe beibehalten bleibe, wegen des Inhaltsverzeichnisses. Wahrscheinlich wird Kahnt nichts dagegen einwenden, da die

1) Es geschah am 26. Febr. 1860. Herbeck berichtet darüber in seinem Tagebuch: »Prometheus, symphonische Dichtung, ziemlich gefallen. Chor der Tritonen sehr gefallen. Chor der Winzer, Schnitter, Schlusschor gefallen, natürlich mit förmlich organisirtem Oppositionszischen. Man hatte dieser Musik, ohne noch eine Note zu kennen, den Untergang geschworen«.

Rückseite des Umschlags als Prospectus der ganzen Liedersammlung gilt.

Gestern Abend sang Fräulein Berghaus (eine Tochter des Potsdamer Professors) in einem Conzert, von Singer und Cossmann veranstaltet, zwei Nummern »Freudvoll und leidvoll« und »Es muss ein Wunderbares sein« (6tes Heft). Ich hatte ihr es zwar verboten, weil ich überhaupt diesen Winter hier meinen Namen auf kein Conzert-Programm gesetzt haben will — doch versöhnte mich ihr reizender Vortrag dieser Lieder, welche auch beifällig aufgenommen wurden.

Im letzten Hof-Conzert in Berlin wählte Fräulein Genast[1]) die Loreley als Schluss-Nummer, und die Frau Prinzess Victoria äusserte sich darüber sehr günstig mit der Bemerkung, dass in der Composition ein Schubert'scher Geist wehe. Dieser Tage singt Fräulein Genast abermals die Loreley in dem philharmonischen Conzert in Hamburg. Otten hat sie besonders darum gebeten. Derselbe Herr schrieb vor ungefähr 18 Monaten an Frau von Milde: dass er bemerken müsse »in Bezug der Wahl der vorzutragenden Compositionen sei Robert Schumann der äusserste Grenzstein seines Programmes!« —

Ich erinnere mich nicht genau, ob ich Götze ein Exemplar meiner Lieder zugesandt. Fragen Sie ihn, und wenn ich es bis jetzt versäumt hätte, so schreiben Sie es mir. Götze besitzt ein besonderes Anrecht darauf; denn er hat in früheren Jahren den Muth gezeigt, mehrere von meinen *Undingen* zu singen — und ich will ihm sogleich sein Exemplar zukommen lassen. Bei derselben Gelegenheit fragen Sie auch Fräulein Götze, ob sie die Abschrift der Ballade *Leonore* erhalten hat.[2]) Es sind mir von vielen Orten (noch kürzlich von Carlsruhe und Braunschweig) *Bestellungen* dieser Ballade zugekommen, welche mir, unter uns gesagt, nicht bequem fallen. Mein Copist hat bereits wenigsten 9 Abschriften davon machen müssen, was eine ziemliche Ausgabe veranlasst. Nichts-

1) Geniale Liedersängerin, nachmals Frau Dr. Merian in Weimar.

2) Liszt hatte dies Melodram für Auguste Götze componirt und führte es, ebenso wie seine späteren Melodramen, oft mit ihr aus.

destoweniger soll gerne eine 10te angefertigt werden, falls die, welche für Fräulein Götze bestimmt war, ihr nicht zu Händen gelangt wäre, worüber ich eben in Zweifel geblieben bin durch die verschiedenen Anforderungen, die mir die Leonore zugezogen und die mich etwas confus gemacht haben.

Eigentlich wäre es mir am bequemsten, wenn mich Kahnt oder Schuberth durch die Herausgabe der Leonore der Mühe weiterer Abschriften enthöben. Ich möchte den Verleger damit aber keineswegs incommodiren und überhaupt nichts anbieten, ohne zu wissen, dass es willkommen ist. Unter den vorhandenen Umständen ist mir eine sehr ausgesprochene Zurückhaltung zur Regel geworden. Meine Sache ist einfach unablässig weiter zu arbeiten und das Übrige ruhig abzuwarten.

Demgemäss füge ich mich ohne Schwierigkeit Ihrer Redacteur-Erfahrung in Bezug meines Münchner Briefs[1] — obschon ich einige Gründe für die Veröffentlichung desselben geltend machen könnte. Allerdings bleibt es immer *vornehm*, gewisse Dinge und Leute ganz und gar zu ignoriren. Sie mögen also Recht haben, von allem Übrigen abzusehen, und da ich von Ihrer aufrichtigsten Freundschaft überzeugt bin, überlasse ich Ihnen gerne zu bestimmen, ob mein Auftreten in ähnlichen Dingen von Nutzen ist oder nicht. In dem Fall, dass Sie es für gut befunden hätten, dass mein Brief in der »Neuen Zeitschrift« abgedruckt werde (was ich Ihnen anheim gestellt), musste es nothwendigerweise ohne die geringste Wortänderung geschehen, weil ich ihn absichtlich eben so *deutlich* an Herrn W. gerichtet habe, und eine Änderung daran als eine Zaghaftigkeit (die mir sehr ferne liegt) gedeutet werden könnte. Wahrscheinlich ist es aber besser, die Sache einstweilen auf sich beruhen zu lassen, und bei einer anderen Gelegenheit noch etwas derber vorzugehen. Das Lumpenpack hat es reichlich verdient, als Lumpenpack behandelt zu werden!

Heute Abend ist Wagner's 1tes Conzert in Paris. Ich

---

1) An Wilkoszewski.

erwarte wenig Erfreuliches für ihn davon und erachte ein derartiges Auftreten von Wagner als einen Fehlgriff. In Folge dieser Ansicht ist unsre Correspondenz zeitweilig suspendirt. Mündlich mehreres darüber — sowie auch über Tristan und Isolde. Die Oper wurde zur Aufführung am 8ten April (Geburtstag der Frau Grossherzogin) gewünscht — respective anbefohlen. Frau von Milde kann aber die Hauptpartie nicht übernehmen — und desshalb werden die uns von Carlsruhe zugesandten Stimmen und Partitur nächstens wieder zurückgeschickt werden!

Hat Wagner etwas Näheres über eine Tristan-Aufführung in Leipzig vernehmen lassen? Können Sie mir seine Briefe mittheilen?

Mit herzlichem Gruss Ihr

25. Januar 60 — Weymar. F. Liszt.

Wenn Sie Schuberth begegnen, sagen Sie ihm, dass ich ihm einiges mitzutheilen hätte, was sich vielleicht der Mühe lohnte, dass er mich auf ein paar Stunden hier besucht. In der nächsten Zeit habe ich keine Aussicht nach Leipzig zu kommen. Sagen Sie ihm, dass mich ähnliche Verzögerungen »*nervös*« machen. (Er weiss schon, was das Wort »*nervös*« bei mir bedeutet.)

233. An Friedrich Hebbel*).

Die Worte, die Sie mir zurufen, tragen die doppelte Beredsamkeit des ruhmwürdigen *Vor*mannes in der Kunst, und des mir aufrichtig lieb gewordenen, hochverehrten Freundes. Nehmen Sie meinen herzlichen Dank dafür und entschuldigen Sie gütig, dass ich Ihnen nicht früher geschrieben habe, wie sehr Ihre Zeilen auf mich bekräftigend und heilsam eingewirkt. Allerlei Geschäftliches und eine längere Abwesenheit von hier veranlassten diese Verzögerung. In der Zwischenzeit war ich oft in Gedanken bei Ihnen; vorgestern noch las ich der Frau Fürstin Ihre herrlichen 2 Sonette *an den Künstler* »Ob Du

*) Mitgetheilt nach dem Original von Dr. Felix Bamberg.

auch bilden magst, was unvergänglich« — »Und ob mich diese Zweifel brennen müssen?« —

Von Weymar habe ich Ihnen weder Interessantes noch besonders Angenehmes zu melden. Dieser Winter wird sich ziemlich still und unbedeutsam hinziehen; im Theater mit Repertoire- und Cassen-Stücken, in der Gesellschaft mit den angewöhnlichen Vergnügungen. Ein neues Drama von Rost »Ludwig der Eiserne« hat, wie es den hier sehr volksthümlichen Producten dieses durch *Bummelei* populär gewordenen Autors eigenthümlich bleibt, etwas Spectakel gemacht. Die Adeligen sollten darin in Pflug gespannt erscheinen; auf Anrathen von Dingelstedt hat jedoch Rost diese Inscenirung gemildert! — Eine Übersetzung von Frau Schuselka (die hier einigemal aufgetreten) des »Père prodigue« von Dümas fils hatte Aussicht auf die Bretter zu kommen; es scheint aber, dass man Bedenken trägt dem sittlichen Verdauungsvermögen unserer wenig verschwenderischen Familien-Väter gar zu ominöse Zumuthungen zu stellen! Unter anderen Übelständen enthält das Stück auch *Logarithmen*, denen der ehrenwerthe deutsche Philister nicht anzukommen vermag.

Was mich anbetrifft, so warte ich ruhig den Frühling ab, um dann wahrscheinlich weiter zu ziehen — natürlich nicht um in München, Berlin oder anderwärts, wie es heisst, meine gerne aufgegebene Kapellmeister-Thätigkeit aufzuwärmen, — wohl aber zu dem mir wichtigeren Zweck, meine Arbeiten ungestörter fortzusetzen, als es mir in Weymar möglich ist.

Empfehlen Sie mich dem freundlichen Wohlwollen Ihrer Frau, und seien Sie überzeugt, dass ich in treuester Anhänglichkeit verharre als Ihr unwandelbar ergebener

Weymar, 5. Februar 1860. F. Liszt.

234. An Dr. Franz Brendel.

[Februar 1860.]

Verehrter Freund,

Obschon ich im Allgemeinen der Ansicht bleibe, dass sich die Neue Zeitschrift nicht hin und her auf Polemisiren einzulassen hat, so scheint mir doch die kleine Notiz, welche Hanslick in No. *49, Samstag den 18. Februar*, der Wiener »*Presse*« bringt, derartig gefasst, dass man dieselbe nicht zu ignoriren braucht.

Die »Presse« ist ein äusserst verbreitetes Blatt in der Monarchie, und Hanslick zählt zu den Coryphäen unsrer Gegner; es würde sich desshalb der Mühe lohnen, bei dieser Gelegenheit *ausnahmsweise* aufzutreten, *wenn nicht* (wie ich es vor der Hand nicht annehmen kann) Ihr Wiener Referent sich wirklich des leichtfertigen Verfahrens schuldig gemacht hat, was Hanslick in so derber Weise hinstellt. Dieser Punkt ist zuerst in's Klare zu bringen: ob in dem 3ten (oder etwa einem früheren) Conzert des Herrn Boskowitz eine Verwechslung zwischen einem Schumann'schen und Liszt'schen Stück vorgefallen ist[1]. Möglicherweise gebrauchte auch Ihr Referent den Ausdruck die *Wiener Presse* im Allgemeinen und nicht speziell auf das Blatt »die Presse« angewandt[2], oder bezog sich auf anderwärtige Äusserungen Hanslicks...

Es ist dies seit vielen Jahren nur das 2te mal, dass ich Sie, verehrter Freund, auf Zeitungs-Notizen aufmerksam mache. Bei der ersten Gelegenheit, als die *Augsburger Allgemeine* diese infame Correspondenz über die *Venalität* der *Neuen Zeitschrift* brachte, hat Ihre schlagende Entgegnung den überzeugendsten Beweis geliefert, welche Rolle die Herren Opponenten zu spielen beflissen sind! — Hoffentlich wird es möglich sein die Notiz Hanslick's (die ich Ihnen beifüge) in ähnlicher Weise abzufertigen. Es ist aber nothwendig, dass man der *Wahrheit* genau auf die Spur kommt, bevor man loszieht — denn Hanslick ist kein bequemer Gegner, und wenn man ihn einmal angreift, so muss es mit den gehörigen Waffen und

---

1) Statt des auf dem Programm stehenden Liszt'schen »Au bord d'une source« hatte Boskowitz das »Jagdlied« aus Schumann's »Waldscenen« gespielt, was einen Referenten, (nämlich den der »deutschen Musikzeitung«, wie die N. Zeitschr. v. 24. Febr. 1860 berichtigt) nicht hinderte, an der vermeintlich Liszt'schen Composition weidlich zu mäkeln«.

2) So war es thatsächlich.

schonungslos geschehen. Die Worte »Denunciations-Verfahren«, »Gessler-Hüte der Zukunfts-Partei« und insbesondere der Schlusssatz: »So lange Herr Brendel etc.« sind eine Herausforderung, welche etwas mehr als eine zaghafte Rüge verdienen! Auch möchte ich Ihnen rathen, Ihre Entgegnung im Duplicat an die *Presse* in Wien einzusenden, gleichzeitig als sie in der *Zeitschrift* veröffentlicht wird. Die Redaction der *Presse* wird sie zwar zurückweisen, nach der angewohnten Methode der *Cliquen*-Unparteilichkeit dieser Herren. Dadurch selbst aber werden die scandalösen Beispiele letzterer um eins vermehrt.

Es ist übrigens vorauszusehen, dass es Hanslick nicht bei dieser ersten Notiz bewenden lassen und die Polemik fortsetzen wird.

Herzlichen Gruss. F. L.

P. S. Falls *Ihr* Wiener Referent vollständig in seinem Unrecht wäre, ist es gerathener, einfach zu schweigen und eine bessere Gelegenheit abzuwarten.

235. An Dr. Franz Brendel.

[März oder April 1860.]

Verehrter Freund,

Verargen Sie mir es nicht, wenn ich diesmal Pohl's Beispiel folge und auf den angemeldeten Aufsatz warten lasse. Ich habe daran ziemlich anhaltend vorige Woche gearbeitet; auch ist er im Abriss ganz fertig; doch bin ich damit gar nicht befriedigt, und Berlioz und Wagner gegenüber muss ich das Gehörige auf sehr gehörige Weise sagen.[1] Diese Verpflichtung nöthigt mich mehr Zeit darauf zu verwenden, und leider kommt mir in dieser Woche so vieles zusammen, dass es mir kaum möglich ist, mich mit Polemik zu beschäftigen. Morgen ist wieder grosses Hof-Conzert; Bronsart und Fräulein

1) Ein derartiger Aufsatz von Liszt ist in dem betreffenden Jahrgang der »Neuen Zeitschrift« nicht enthalten; er blieb wol unvollendet.

Stark sind gestern angelangt; Frau von Bülow kommt heute und Hans erwarte ich Sonnabend. Überdies giebt es für mich noch weit Wichtigeres, was mich bis Ende dieses Monates gänzlich in Anspruch nimmt.

Nun will ich zusehen, dass womöglich Berlioz und Wagner nicht vergessen bleiben!

Zunächst beantworte ich Ihre Anfragen.

Ob es füglich ist, die 2te Tonkünstler-Versammlung dieses Jahr zu halten, habe ich Ihnen bereits bei unserer letzten Begegnung anheim gestellt zu bestimmen. Meines Erachtens könnten wir, ohne die *Sache* zu beeinträchtigen, bis nächstes Jahr warten.[1]). Doch lässt sich manches für eine baldige Zusammenkunft sagen. So lange ich selbst in Weymar nicht sicheren und festen Fuss gefasst habe, kann ich Ihnen nicht anbieten die Versammlung hierher einzuberufen. Wenn Sie den Datum des 17., 18., 19ten Juni festhalten, so sind wir an Leipzig gebunden, wo ich Ihnen dann mit Gewissheit sagen kann, ob für die nächste Versammlung Weymar sich eignet.

Selbstverständlich haben Sie, verehrter Freund, über alles, was ich bei der Tonkünstler-Versammlung übernehmen und leisten kann, zu verfügen. Nur meine persönliche Mitwirkung als Dirigent bleibt davon *ausgenommen*. Bei unserer nächsten Besprechung werden wir uns leicht verständigen über die zweckmässigste Wahl eines oder mehrerer Dirigenten.

Als unumgänglich nothwendig bezeichne und betone ich die Aufführung neuer Werke von Bülow, Dräseke, Bronsart, Singer, Seifriz etc. Die *Programmkunst* glaube ich meisterhaft zu verstehen und handzuhaben. Wenn die Angelegenheit einmal so weit geschritten, will ich mit Ihnen das Programm der 3 Aufführungen feststellen.

Mit der Wahl des Prometheus bin ich einverstanden — und bei der kirchlichen Aufführung, wenn dieselbe nicht durch ein einziges grosses Werk ausgefüllt wäre, möchte ich Ihnen fast die *Seligkeiten*, oder den 13ten Psalm (erstere dauern ungefähr 10 Minuten, der letztere 25) vorläufig andeuten.

---

1) Dies geschah.

Entscheiden Sie also definitiv über das Stattfinden der Tonkünstler-Versammlung in diesem Jahre und den dazu angemessensten Datum, worüber ich nicht weiter mitzusprechen habe. Das Übrige wollen wir dann zusammen einleiten und anordnen.

Meine Anmerkungen zu dem Statuten-Entwurf finden Sie auf den letzten Seiten desselben.

Mit herzlichem Gruss Ihr F. Liszt.

P. S. A. Die Leonore-Revision soll sogleich besorgt sein.

B. Fräulein Brauer werde ich freundlichst empfangen.

C. Pasqué und Regierungsrath Müller's Manuscript-Angelegenheiten empfehle ich Ihnen wiederholt. Haben Sie Müller geantwortet?

Anbei ein Brief von Weitzmann (14ten Juni 59), worin Sie manches zu Erwägende und Verwendbare finden.

Wichtig! NB. Wenn Sie die *Tonkünstler-Versammlung* einberufen, fügen Sie sogleich hinzu: »zur *Gründung des allgemeinen deutschen Musik-Vereins*«. Dieses ist der Hauptzweck, zu dem wir uns hinaufzuarbeiten haben.[1]

236. An Louis Köhler.

Mein verehrter, vortrefflicher Freund,

Sie haben mir eine seltene Freude bereitet. Ihre Aufsätze über meine Gesammelten Lieder sind eine von Geist und Gemüth durchdrungene *Reproduction* dessen, was ich leider weithin mehr empfinde und ertragen muss, als niederzuschreiben vermag! Dergleichen Recensionen sind nicht Sache der gewöhnlichen Recensenten — auch darf man *Sie* nicht mit solchem Titel beschimpfen.

Nehmen Sie meinen herzlichsten Dank dafür und erlauben

1) Wie die Fürstin Wittgenstein d. Herausgeb. ausdrücklich mittheilte, war Liszt der eigentliche Gründer des »Allgemeinen deutschen Musikvereins«. Er fasste die Idee und den Plan desselben und nur auf seinen Wunsch gab Brendel seinen Namen dazu, übernahm das Präsidium etc.

Sie mir, Ihnen anbei ein paar kleine gesangliche Dinge im Manuscript zu verehren. Dieselben sind nach Lectüre Ihrer Aufsätze notirt, und wenn ich mich nicht täusche, entspringen sie der *Melodie der Sprache*. Jedenfalls, lieber Freund, haben Sie ein besonderes Anrecht daran — sowie an die aufrichtige Hochschätzung und getreue Ergebenheit, mit welcher Ihnen verbleibt

5. Juli 60. Weymar. F. Liszt.

Gegen Ende October kommen bei Härtel die zwei noch zu erscheinenden Symphonischen Dichtungen N°. 10 und 11 — *Hamlet* und *Hunnenschlacht* — und somit sind alle die zwölf Ungethüme heraus. Bald darauf soll der *Faust* folgen, die Chöre zu Prometheus, ein paar Psalmen und ein neues Heft Lieder. Ich schicke Ihnen alles das Zeug. Wo möglich aber richten Sie sich so ein, dass wir bald wieder zusammen treffen — am spätesten bei der nächsten Tonkünstler-Versammlung künftiges Jahr, wo wir Sie durchaus nicht entbehren können.

237. An Eduard Liszt.

Liebster Eduard,

Du bleibst beständig am Herd meines Herzens; zwar nicht in zahlreicher, aber um desto auserwählterer Gesellschaft. Wenn ich glaube etwas ziemlich Gutes gethan zu haben, gedenke ich Dein und freue mich daran, dass es Dir Freude machen wird — und zu den Stunden, wo mich Trübsal und Leid erfassen, bist Du mir wieder Trost und Stärkung durch Dein liebevolles Einkehren in mein innerstes Wollen und Sehnen! Hab Dank, reinsten und wahrhaftigsten Dank für alle die stützende und mildernde Freundschaft, die Du mir bewährst. Sie ist mir ein besonderes Zeichen des Himmels Güte für mich, und ich bete zu Gott, dass er uns ewig in Ihm vereinigt! —

Cornelius schreibt mir, dass Du wahrscheinlich gegen Ende des Sommers nach Weymar kommst. Dies wird mir eine grosse Freude sein; es drängt mich oftmalen mit Dir so recht aus Herzenserguss zu sprechen — denn mit dem Schreiben komme ich eigentlich, wie Du weisst, gar nicht *vom Fleck*. Bis Mitte August ungefähr erwarte ich die Fürstin. Einstweilen erhalte ich gute, befriedigende Nachrichten von Rom. Hoffentlich wird alles zum Besten gedeihen.

In den letzten Wochen war ich durch meine Notenschreibereien gänzlich absorbirt. Wenn ich mich nicht täusche, so steigert sich meine Productionskraft wesentlich, indem sich manches in mir läutert und anderes noch mehr concentrirt. Bis Ende October erscheinen die 2 letzten von den 12 Symphonischen Dichtungen (»Hamlet« und »Hunnenschlacht«). Dann kommen die Psalmen, die Du noch nicht kennst und die ich Dir gerne mittheilen möchte — und auch ein neues Heft Lieder, welches *Dir* gefallen wird. — An dem Oratorium »Die heilige Elisabeth« will ich nächstens, ausschliesslich alles anderen, fortarbeiten und es vor Ende des Jahres fertig schreiben. Gott nehme mein Streben in Gnaden auf! —

Mit Deinem Vorhaben für Deinen Sohn möchte ich mich von vornherein nicht überaus einverstanden erklären, obschon ich Deine Anschauung der jetzigen Lage der Dinge keineswegs eine unrichtige finde. Auch bin ich überzeugt, dass bei der definitiven Entscheidung die Anlagen und Befähigungen, sowie die Gemüths-Richtung Deines Kindes für Dich massgebend sein werden. Hat der Junge Lust zur Uniform, wohlan so geschehe es. Sich mit dem Säbel im Leben durchzuhauen ist wahrlich zumeist bequemer als auf andre Weise ...

Das geschäftliche Document für die Frau Fürstin bewahre ich auf bis zu ihrer Rückkehr, wenn Du mir nicht schreibst, dass ich es ihr nach Rom schicken soll.

Darf ich Dich mit einem *Provisions*-Auftrag belästigen? Entschuldige, dass ich Dich zu allerlei missbrauche; ich möchte aber gar zu gerne Bülow einen kleinen Spass machen und habe jetzt Niemand in Wien, der mir dazu behülflich sein könnte als eben Du. Es handelt sich um eine ziemlich beträchtliche Sendung von ungarischer *Paprika* und einem Fässchen *Pfefferoni* (ungarische kleine *grüne* Pfefferpflanzen, in Essig eingemacht). Sei so freundlich und ziehe Kapellmeister Doppler zu Rath, wo diese Dinge am ächtesten zu beziehen sind, und schicke sie mir so bald als möglich nach Weymar. Ich verhehle Dir nicht, dass ich mit Bülow zu *theilen* gesonnen bin, weil mir auch *Paprika* und *Pfefferoni* besonders schmecken. Sorge also dafür, dass eine genügende Portion expedirt wird und in gutem Zustand ankömmt. — Und da Du bei dieser Veranlassung zu Doppler kommst, sage ihm meinen *freundschaftlichen Dank* für die Instrumentirung des *Pester Carnevals* (wo es an musikalischem Paprika und Pfefferoni nicht fehlt). Sie ist ihm wieder vortrefflich gelungen, und ich beabsichtige die Herausgabe der 6 Rhapsodien für Orchester im Herbst zu betreiben, wozu mir allerdings die Erlaubniss oder der Consens von 3 verschiedenen Verlegern (Schott, Senff, Haslinger) nothwendig ist — ein Umstand, der noch eine Verzögerung mit sich bringen dürfte; insonders wenn die Herren sich meinem Wunsch gegenüber so verhielten, wie es in unangenehm überraschender Weise Spina in Bezug der Instrumentirung der Schubert'schen Märsche gethan. Um Dir diesen Zwischenfall in Kürze mitzutheilen: ich schrieb an Dachs, Spina in meinem Namen zu ersuchen, entweder die 3 Märsche in Partitur selbst herauszugeben — ohne Honorar für mich! — oder mir die Erlaubniss zu ertheilen, dieselben bei einem anderen Verleger zu veröffentlichen. Die Antwort Spina's, so wie sie mir Dachs mitgetheilt, lautete: Er könnte sich weder zu dem einen noch dem anderen meiner (gewiss sehr billigen!) Vorschläge entschliessen! Und so muss ich abwarten, dass Spina sich eines Besseren besinnt! Gelegentlich werde ich mir erlauben, mich an ihn direct zu wenden.

Für jetzt, in Anbetracht, dass Paprika und Pfefferoni sehr durstig machen, würde mir ein Fass *Gumpoldskirchner* (etwas bittren, blumigen Nachgeschmacks) sehr willkommen sein, wenn Du es zufällig von guter Sorte und billig ausfindig machen kannst. — Pardon für all diese Lucullischen Ausschweifungen! —

An Cornelius schreib' ich nächstens. Sag' ihm meine herzlichen Grüsse. Auch Dr. Kulke bitte ich Dich, mich bestens zu empfehlen. Ich werde ihm gelegentlich meinen Dank für seine Prometheus-Aufsätze brieflich melden, wie ich es schon durch Cornelius thuen wollte, wenn er nicht so plötzlich abgereist wäre. —

Nun lebe bestens wohl, liebster Eduard. Schone und pflege Deine Gesundheit. Versichere Deine gute Frau meiner herzlichsten Ergebenheit und küsse Deine Kinder für Deinen getreuen

Weymar, 9ten Juli 60. F. Liszt.

238. An Ingeborg Stark.

[Sommer 1860.]

Si une sorte d'idiosyncrasie contre les lettres ne me tenait, il y a longtemps que je vous aurais dit combien vos charmantes lignes de Paris m'ont fait plaisir et quelle sincère part j'ai prise à vos derniers succès, chère enchanteresse. Mais vous devez savoir tout cela beaucoup mieux que je ne réussirais à vous l'écrire.

Parlons donc d'autre chose: par exemple de l'Ouverture du Baron Vietinghoff[1] que vous avez eu l'obligeance de me communiquer et que j'ai parcourue avec B[ronsart] durant son petit séjour à Weymar — trop court à mon gré, mais sans doute beaucoup trop long au vôtre! — L'Ouverture en question ne manque ni d'imagination ni de verve. C'est l'œuvre d'un homme musicalement bien doué, mais qui n'a pas encore suffisamment manié la pâte . . . Quand vous en aurez l'occasion veuillez faire mes meilleurs compliments à l'auteur et lui communiquer aussi la petite échelle d'accords que je joins ci-après. Ce n'est qu'un développement très simple de la Gamme *terrifiante* pour toutes les oreilles bombées et allongées:

que Mr de Vietinghoff emploie dans le dernier Presto de son Ouverture (Page 66 de la Partition).

1) Er nahm das Pseudonym Boris Scheel an und führte 1885 in Petersburg seine Oper »Der Dämon« auf, die 20 Jahre vor der Rubinstein's entstand.

Tausig dans son »*Geisterschiff*« en fait déjà passablement usage, et dans les classes du Conservatoire où l'art relevé du *chien enragé* sera dûment enseigné, les exercices élémentaires des Méthodes de Piano actuelles

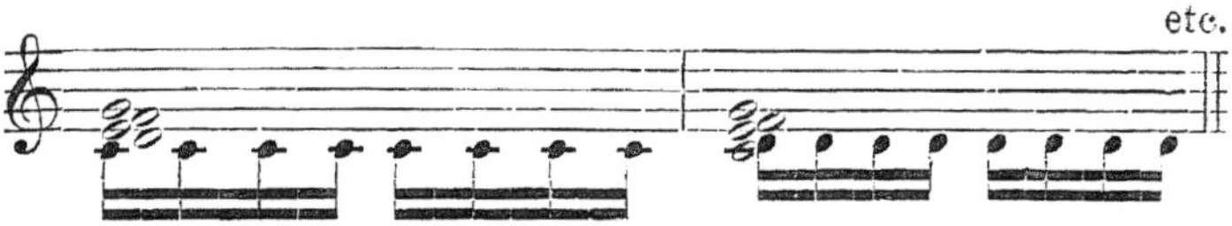

qui sont d'une sonorité aussi *désagréable* qu'*incomplète*, devront être remplacés par celui-ci

lequel formera aussi la base unique de la Méthode d'harmonie, tous les autres accords, usités ou non, ne pouvant s'effectuer que par le retranchement *arbitraire* de tel ou tel intervalle.

Bientôt enfin il faudra compléter le système par l'admission des quarts et demi-quarts de ton en attendant mieux! —

Voilà l'abîme du progrès dans lequel les abominables *Musiciens de l'avenir* nous précipitent!

Prenez garde de ne pas vous laisser contagier par cette peste de l'art!'

Depuis une huitaine de jours il ne fait que pleuvoir ici, et j'ai été obligé d'allumer les cheminées et les poêles de la maison. Si par hasard vous étiez favorisée par une température pareille à Schwalbach, je vous engage à en profiter pour confectionner quelques nouvelles *Fugues* et à vous dédommager par de longues *Pédales* des exercices *pédestres* dont vous seriez forcément privée.

B. auquel je vous prie de faire mes cordiales et vives amitiés, m'a fait espérer que vous vous arrêteriez une couple de jours à Weymar après votre cure. Si cela peut s'arranger ainsi j'en serais très charmé pour ma part et vous chercherais querelle (serait-ce même une querelle *d'allemand!*) dans le cas où vous n'en seriez pas complètement persuadée!

Rappelez-moi très affectueusement au bon souvenir de la *Sagesse* et faites-moi l'amitié de compter en toute circonstance sur

votre très sincèrement dévoué F. Liszt.

239. An Dr. Franz Brendel.

Verehrter Freund,

Ihr letzter Vorschlag ist der beste. Kommen Sie einfachst zu mir *nach Weymar*. Da ich jetzt allein zu Hause bin, können wir auf der Altenburg am bequemsten unsre Conferenz tagen und tafeln lassen. Ich schreibe gleichzeitig an Bülow nach Wiesbaden (wo er morgen Freitag noch conzertirt), um ihn zu ersuchen, sich mit Ihnen zu verständigen über den Tag, an welchem die Zusammenkunft hier stattfinden soll. Sie beide haben diesen zu bestimmen. Selbstverständlich quartieren Sie sich bei mir ein. Auch für Kahnt soll ein Zimmer in Bereitschaft sein.

Wagner's Begnadigung anbetreffend, erwarte ich nächstens zuverlässige Nachricht. Sonderlich erscheint es, dass die *Dresdner* Blätter nicht zuerst die offizielle Anzeige davon gebracht, und ein Gnadenact S. M. des Königs von Sachsen durch die »*Bohemia*« (in Prag) verbreitet wird. Wagner hat mir bis jetzt nicht geschrieben.

Auf baldiges Wiedersehen. Herzlich Ihr

9ten August 60. F. L.

240. An die Fürstin Caroline Sayn-Wittgenstein*).

Den 14. September 1860, Weymar.

Ich schreibe dieses nieder am 14. September, am Tage, wo

*) Wie vorstehend, fragmentarisch abgedruckt »Neue Zeitschrift für Musik« 4. Mai 1887.

die Kirche das Fest der Kreuzerhöhung feiert. Die Benennung dieses Festes ist auch die des glühenden und geheimnissvollen Gefühls, welches mein ganzes Leben wie mit einem heiligen Wundenmal durchbohrt hat.

Ja »Jesus-Christus am Kreuze«, das sehnsuchtsvolle Verlangen nach dem Kreuze und die Erhöhung des Kreuzes: das war immer mein wahrer, innerer Beruf; ich habe ihn im tiefsten Herzen empfunden seit meinem siebzehnten Jahr, wo ich mit Thränen und demüthig bat, man sollte mir erlauben, in das Pariser Seminar einzutreten; damals hoffte ich, es würde mir vergönnt sein das Leben der Heiligen zu leben und vielleicht selbst den Tod der Märtyrer zu sterben. — So ist es leider nicht gekommen — aber doch nie ist mir — ungeachtet der Vergehen und der Verirrungen, die ich begangen habe und wegen deren ich eine aufrichtige Reue und Zerknirschung empfinde, — das göttliche Licht des Kreuzes ganz entzogen worden. Manchmal sogar hat der Glanz dieses göttlichen Lichtes meine ganze Seele überfluthet. — Ich danke Gott dafür und werde sterben, die Seele an das Kreuz, unsere Erlösung, unsere höchste Seligkeit, geheftet, und, um meinen Glauben zu bekennen, wünsche ich vor meinem Tode die heiligen Sakramente der katholischen, apostolischen und römischen Kirche zu empfangen und dadurch die Vergebung und die Erlassung aller meiner Sünden zu erlangen. Amen.

— — — — — — — — — — — — — — — — —

Ich danke mit Verehrung und zärtlicher Liebe meiner Mutter ihre beständigen Beweise von Güte und Liebe. In meiner Jugend nannte man mich einen guten Sohn; es war gewiss kein besonderes Verdienst meinerseits, denn wie wäre es möglich gewesen, kein guter Sohn mit einer so treu aufopfernden Mutter zu sein. — Sollte ich vor ihr sterben, so wird ihr Segen mir ins Grab folgen.

— — — — — — — — — — — — — — — — —

Mein Vetter Eduard Liszt (Dr. und K. K. Landgerichtsrath in Wien) hat ein Recht darauf, dass ich ihm hier meine lebhafte und dankbare Zuneigung betheure und ihm danke für seine Treue und standhafte Freundschaft. Durch seine

Verdienste, seine Fähigkeiten und seinen Charakter macht er dem Namen, den ich trage, Ehre, und ich bitte Gott um seinen Segen für ihn, seine Frau und seine Kinder.

— — — — — — — — — — — — — — — — — —

Es giebt in unserer zeitgenössischen Kunst einen Namen, der jetzt schon ruhmreich ist und der es immer mehr und mehr werden wird — Richard Wagner. Sein Genius ist mir eine Leuchte gewesen; ich bin ihr gefolgt — und meine Freundschaft für Wagner hat immer den Charakter einer edlen Leidenschaft beibehalten. Zu einem gewissen Zeitpunkt (vor ungefähr zehn Jahren) hatte ich für Weymar eine neue Kunstperiode geträumt, ähnlich wie die von Carl August, wo Wagner und ich die Coryphäen gewesen wären, wie früher Goethe und Schiller, — aber ungünstige Verhältnisse haben diesen Traum zu Nichte gemacht.

— — — — — — — — — — — — — — — — — —

Meiner Tochter Cosima vermache ich die Zeichnung von Steinle, meinen Schutzpatron, den heiligen Franziscus von Paula, darstellend: er schreitet auf den Wellen, seinen Mantel unter den Füssen ausgebreitet, in der einen Hand eine glühende Kohle haltend, die andere erhoben, entweder um den Sturm zu beschwören, oder um die bedrohten Schiffer zu segnen, den Blick gen Himmel, wo in einer Glorie das erlösende Wort: »Caritas« leuchtet, gerichtet. — Diese Zeichnung hat immer auf meinem Schreibtisch gestanden. Daneben befindet sich eine alte Sanduhr in geschnitztem Holz mit vier Gläsern, die auch für meine Tochter Cosima bestimmt ist. Zwei andere Gegenstände, die mir gehört haben, sollen als Andenken meinem Vetter Eduard Liszt und meinem sehr geliebten und tapferen Schwiegersohn Hans von Bülow gegeben werden.

Ein Andenken an mich sollen auch einige Mitglieder unserer Verbindung der »Neudeutschen Schule« — denen ich herzlich ergeben bleibe — bekommen: Hans von Bronsart, Peter Cornelius (in Wien), E. Lassen (in Weymar), Dr. Franz Brendel (in Leipzig), Richard Pohl (in Weymar), Alex. Ritter (in Dresden), Felix Draeseke (in Dresden), Professor Weitzmann (in Berlin), Carl Tausig (aus Warschau) — entweder einen Ring mit meinem Namenszug, Portrait oder Wappen. — Mögen sie das Werk fortsetzen, was wir begonnen haben — die Ehre der Kunst und der innere Werth der Künstler verpflichtet sie dazu. Unsere Sache kann nicht untergehen, sollte sie auch gegenwärtig nur wenige Vertheidiger haben. —

— — — — — — — — — — — — — — — — —

Eines meiner Kleinode als Ring gefasst soll Frau Caroline d'Artigaux, geborene Gräfin von St. Criq (in Pau, Frankreich) gesendet werden. — Der Fürstin Constantin Hohenlohe (geborene Prinzessin Marie Wittgenstein) vermache ich das elfenbeinerne Crucifix (cinque-cento), welches mir von meinem wohlwollenden Gönner, dem Fürsten von Hohenzollern-Hechingen, geschenkt worden ist — auch ein paar Knöpfe mit fünf verschiedenen Steinen, die die fünf Buchstaben meines Namens bilden.

— — — — — — — — — — — — — — — — —

Und nun knie ich noch einmal nieder um zu beten: »Zu uns komme Dein Reich; Dein Wille geschehe wie im Himmel also auch auf Erden; vergieb uns unsere Schuld, wie wir vergeben unseren Schuldigern und erlöse uns vom Uebel. Amen.«

F. Liszt.

Geschrieben den 14. September 1860 — am Feste der Erhöhung des heiligen Kreuzes.

Nachtrag.

Herrn Grosse, Mitglied der grossherzoglich Weymarschen Hofkapelle (Posaunist und Contrabassist), der seit einer Reihe von Jahren das Abschreiben meiner Werke und das Ordnen der Orchester- und Gesangsstimmen derselben in der Bibliothek der Altenburg besorgt hat, vermache ich ein Geschenk von 100 Thaler für die treuen, ergebenen Dienste, die er mir geleistet hat.

Den Namen meiner Freunde aus der Neudeutschen Schule ist noch Einer beizufügen, oder vielmehr hätte ich ihn zuerst nennen sollen, es ist der des Herrn Gaetano Belloni (in Paris). — Er ist mein Sekretär während der Periode meiner Conzertreisen in Europa, von 1841 bis 1847, gewesen und war stets mein treuer und ergebner Diener und Freund. Er darf nicht vergessen werden. Uebrigens, gern oder ungern, gehört er zu der Neudeutschen Schule, durch seine Anhänglichkeit an mich, und auch durch seine spätere Betheiligung an den Berlioz- und Wagner-Conzerten.

Ich wünsche einfach begraben zu werden, ohne Pomp, und wo möglich Nachts. — Möge das ewige Licht meiner Seele leuchten.

241. An Dr. Franz Brendel.

[20. September 1860.]

Verehrter Freund,

Durch unsern Freund Lassen[1]) übersende ich Ihnen ein kleines Paquet Lieder (8 Nummern) mit der Bitte, dasselbe Kahnt zu übergeben. Von mehreren habe ich keine Abschrift zurückbehalten — und ich empfehle deshalb Kahnt sie nicht zu verlieren. Was die Nummerirung (Reihenfolge) anbetrifft, so soll sie so beibehalten bleiben, wie ich es früher notirt habe (auf einem kleinen Blatt, welches ich Kahnt bei seinem Hiersein eingehändigt).

Auch ein *Männer-Quartett* füge ich bei. Es ist das Vereins-Lied »Frisch auf zu neuem Leben«, für den Neu-Weymar-Verein von Hoffmann von Fallersleben gedichtet. Die Stelle »trotz Philister-Geschrei« wird Ihnen wahrscheinlich Spass machen, und das Ganze ist ziemlich populär und leicht ausführbar gehalten. Wenn es keine Umstände macht, so lassen Sie es gelegentlich in Leipzig probiren.

NB. Falls Sie die Bezeichnung auf dem Titel »für den Neu-Weymar-Verein gedichtet und componirt« anstössig finden, so kann sie wegbleiben, und der Titel einfach lauten: »Vereins-Lied« von Hoffmann von Fallersleben für Männer-Chor componirt von F. L.

1) Geb. 1830, wurde 1858 Hofmusikdirector, nach Liszt's Rücktritt (1861) Hofcapellmeister in Weimar; als Liedercomponist gefeiert.

Jedenfalls wird es mir angenehm sein, wenn Kahnt das kleine Ding *bald heraus giebt*, und etwa dazu ein *illustrirtes*, dem Sinn des Gedichtes entsprechendes Titel-Blatt spendirt.

Die Anmerkungen, die ich mit Bleistift hinzugefügt, sollen mit gestochen werden. Der Stecher wird hoffentlich meine schlechte Schrift lesen können — wenn nicht, so sind Sie wohl so freundlich und klären ihn darüber auf.

Nach Wien schreibe ich noch heute. Die Prometheus-Stimmen nebst Partitur werden Ihnen sogleich zugesandt werden.

Bronsart erwarte ich hier Ende dieses Monates. . — .

Ihr Statuten-Entwurf ist in allem Wesentlichen ebenso einsichtsvoll als praktisch. Er bietet eine sichere Operations-Basis bei der nächsten Tonkünstler-Versammlung, wo gewiss die grosse Majorität der Mitglieder Ihren Vorschlägen beistimmen wird. Dann handelt es sich darum, an die Ausführung kräftig zu schreiten, und das viele »Faule im Staate Dänemark« zu beseitigen.

Bevor die Conzerte der Euterpe beginnen, sehe ich Sie jedenfalls. Nächsten Sonntag gehe ich nach Sondershausen, wo Berlioz's Harold, ein neues Hoboen-Conzert von Stein, Schumann's Genoveva-Ouverture, das Vorspiel zu Tristan und Isolde und mein Mazeppa aufgeführt werden. Letzteres Stück ist nämlich populär..... in Sondershausen! —

Sehr *sonderhäuslich*, nicht wahr?

Herzlichen Gruss an Ihre Frau von Ihrem

F. Liszt.

P.S. Das 9te Lied *von Cornelius* fehlt noch.[1]) Einstweilen kann aber der Stich betrieben werden. Die 9 Nummern bilden das 7te Heft der »Gesammelten Lieder«. Nach Belieben von Kahnt kann jedes Lied einzeln erscheinen, insbesondere die *Zigeuner*, *Nonnenwerth*, etc.

Dräseke ist bei mir seit ein paar Tagen und kommt nächstens zu Ihnen. Seine Werke fesseln mich in ganz besonderem Grad, und persönlich gewinne ich ihn sehr lieb,

---

1) Das mit Vorliebe gesungene »Wieder möcht' ich Dir begegnen«.

was zwar schon früher der Fall war, diesmal aber noch mehr. Capacität und Charakter sind da vorhanden in reichlichem Mass.

242. An Eduard Liszt.

20ten September 1860. Weymar.

Der treue und liebevolle Charakter Deines ganzen Wesens sowie Deiner Briefe, liebster Eduard, berührt mich immer erfreuend und bestärkend; bei Deinen heutigen Zeilen mischt sich jedoch etwas Betrübendes hinzu. Begreiflicherweise wirkt die Ebbe der mailändischen und ungarischen Justiz-Beamten mit ihrem Rückschlag auf Wien hemmend auf Deine berechtigtsten und begründetsten Beförderungs-Aussichten. Es ist dies um so bedauerlicher, als seit Jahren schon, wie mir von sehr zuverlässiger offizieller Seite mehrmals versichert wurde, Deine Befähigungen und Verdienste die amtliche Stellung, die Du bekleidest, entschieden überragen. Ohne Dir unpassend etwas vorpredigen zu wollen, lass mich Dich meiner aufrichtigen Theilnahme an den Widerwärtigkeiten, die Du so unverdient zu ertragen hast, versichern und Dich nebenbei daran erinnern, wie es zumeist in dieser Welt den *Besseren* und *Besten* schlimm gehen muss. Man soll sich daher durch bittere Erfahrungen nicht *verbittern* lassen und allerlei Verdruss *unverdrossen* erdulden.

Ein drolliges Wort des General Wrangel will ich Dir zu Deinem Zeitvertreib noch wiederholen. »Man ärgere sich nie; — wenn es schon durchaus Ärger geben soll, so ärgere man lieber andere!« — Das beste Mittel, im äussersten Nothfall andre zu ärgern, besteht eben in dem unstörbaren Ertragen mancher Unbill und Unannehmlichkeit — unbeschadet der gelegentlichen Wehr und Abhülfe, wo sich die Opportunität dafür zeigt — denn um uns zu verschlafen sind wir ja nicht geboren! —

Dem Entschluss, Deinen Sohn mit 11 Jahren in die Militär-Akademie eintreten zu lassen, ist unter den gegebenen Verhältnissen nur beizupflichten. Möge Dir dieser junge Franz alle die Freuden bringen, die Dir vom Innersten des Herzens Dein älterer Franziskus wünscht. —[1])

In Erwartung dessen wollen wir getrost Pfefferoni und Paprika nebst Gumpoldskirchner verschlucken. Habe ich Dir schon gesagt, wie mir letzterer, von Dir nach *richtiger* Wahl zugesendet, vortrefflich schmeckt?....

B.'s Angelegenheit ist es fast unmöglich zu fördern. Du meinst, es wäre gerecht, sein Drama von einem »Sachverständigen« prüfen zu lassen. Allerdings; aber damit ist ihm nicht geholfen, so lange dieser *Sachverständige*, der als massgebend hierorts nur Dingelstedt sein kann, nicht weiter helfen mag. So viel ich unsern Intendanten kenne, wird er sich *nicht* herbeilassen den »König Alfonso« aufzuführen; nichtsdestoweniger will ich Dingelstedt darüber sprechen und ihn zunächst veranlassen an B., so wie es die Regel der Höflichkeit bedingt, einige Zeilen zu schreiben. Etwas mehr auszurichten hoffe ich kaum, so angenehm es mir wäre, wenn es zuträfe; denn Du weisst, dass ich mich gerne gefällig zeige. Auch ist zu bezweifeln, dass B. bei anderen Intendanten viel bessere Chancen findet — denn wie es scheint, hat der gute Mann *entschiedenes* Pech. Entschuldige mich bestens bei ihm, wenn ich sein freundliches Schreiben nicht anders beantworte als durch eine stillschweigende *condoléance* (auf deutsch Beileidsbezeugung!) — Es ist heut zu Tage grässlich schwer geworden, auf den Brettern, »die die Welt bedeuten«, Boden zu fassen — insbesondere für classische Trauerspiel-Dichter, deren Loos ein weit mehr *trauerndes* als *spielendes!* — Den meisten Opern-Componisten geht es freilich nicht viel besser, obgleich dieses Genre das dankbarste von allen ist. Ohne eine starke Dosis von Hartnäckigkeit und Resignation ist gar nicht mehr auszukommen. Trotz dem tröstenden Sprüchwort »geduldige Schafe gehen viele in den Stall« giebt es für die Mehrzahl und geduldigsten der Schafe keinen Platz mehr im Stall, geschweige

---

1) Es wurde kein Militär aus ihm, sondern der jetzt an der Universität Halle lehrende renommirte Professor der Rechte.

denn Fütterung! — Somit wird das Problem des litterarischen und künstlerischen Proletariats von Jahr zu Jahr klaffender.

Dein Orchesterconzert-Plan hat mich sehr überrascht, und ich danke Dir herzlich für diesen neuen Beweis Deiner Energie und Zuneigung. Doch für *dieses Jahr* erachte ich es für zweckmässiger noch zu *pausiren*, aus verschiedenen Gründen, die auseinanderzusetzen mich etwas weit führen würde und die ich deshalb lieber für unsre mündliche Besprechung vorbehalte. Sie beziehen sich: A. auf meine persönliche Stellung und einiges, was damit gesellschaftlich im *Connex* steht; B. auf den Stand der musikalischen Sache in der Künstlerschaft und in der Presse, welche das Publikum nicht nur beeinflussen, sondern einschüchtern, ausser Fassung bringen und ihm Ohren aufschwatzen, mit denen nicht zu hören ist. Diesen zeitweilig sehr schlimmen Stand glaube ich leider *ganz richtig von jeher* erkannt zu haben, und wenn ich mich nicht sehr täusche, so *muss* er sich aber bald um ein Fühlbares zu unseren Gunsten modifiziren. Unsre Gegner »triumphiren viel mehr als sie uns besiegen«, wie Tacitus spricht. Sie werden ihre beschränkte, gehässige, negative und unproductive Thesis gegen unser ruhiges, überzeugtes, *positives* Vorschreiten in Kunstwerken nicht lange mehr halten können. Ein beruhigendes und bedeutsames Symptom dafür ist, dass sie ihre Anhänger unter den lebenden und fortcomponirenden Componisten nicht mehr zu stützen vermögen und sie kritisch auffressen bei der Theilnahmlosigkeit des Publikums. Das *Resumé* der ganzen oppositionellen Kritik lässt sich in diese paar Worte fassen: »Alle Kunstheroen der vergangenen Zeit finden leider in der unsrigen keine würdigen Erben.« Unsre Zeit aber wird ihr Recht nicht aufgeben — und die rechtlichen Erben werden sich als solche erweisen!

Gelegentlich noch Ausführlicheres darüber. Du hast wohl vernommen, dass in Leipzig ein ähnlicher Plan wie der Deine im Gange ist. Mein Freund Bronsart übernimmt für diesen Winter die Direction der Euterpe-Conzerte, und es wird dabei einigen Rumor geben. Wir wollen das Resultat abwarten; wenn es auch nicht befriedigend ausfällt, so ist die Sache doch so gestellt, dass es uns keinen beträchtlichen Schaden bringen kann. Was Wien anbetrifft, so halte ich es für das Gerathenste, diesen Winter vorübergehen zu lassen, ohne uns darum zu bekümmern. Die Herren B., V. B. und Consorten mögen nur ruhig Symphonien und andre Werke dort aufführen lassen und sich gegenseitig beräuchern.

Eine Bitte habe ich noch heute an Dich zu richten, liebster Eduard. Veranlasse Herbeck, *sogleich* Partitur und Chor- und Orchester-Stimmen meines Prometheus an den Musik-Verleger *C. F. Kahnt* in Leipzig zu senden. Das Werk ist zur Aufführung in einem der Euterpe-Conzerte bestimmt, welches noch vor Weihnachten dieses Jahr statt findet: es ist also nothwendig, dass die Chöre bei Zeiten einstudirt werden. Kahnt hat bereits an Herbeck geschrieben und so auch an Spina — aber bis jetzt weder eine Antwort noch die verlangten Stimmen und Partitur des Prometheus erhalten.

Bei derselben Gelegenheit sage auch Herbeck, dass es mir angenehm wäre, die 4 Schubert'schen Märsche, die ich für ihn instrumentirte, einmal zu hören, und ich ihn bitte, mir die Partitur davon nach Weymar einzusenden.

Entschuldige bestens, dass ich Dich immer mit allerlei Aufträgen belästige — meine Wiener Bekannten sind aber so lässig und unzuverlässig, dass mir nichts andres übrig bleibt, als Dich überall anzuspannen. . — .

Herzlichen Gruss an Deine Frau und Kinder von Deinem getreuen und dankbaren

F. Liszt.

P.S. An Cornelius habe ich einiges über meine letzten Compositionen geschrieben, was er Dir mittheilen wird.

Die Frau Fürstin erwarte ich erst im October hier. Über ihren Aufenthalt in Rom werde ich Dir später manches mittheilen, worunter einiges Erfreuliche.

243. An Hoffmann von Fallersleben.

Mein verehrter lieber Freund,

Die niederschlagende Trauerkunde wurde mir durch Gräfe

Montag Abend (im Neu-Weymar-Verein) mitgetheilt.[1] Sie hat uns alle auf das Schmerzlichste betroffen, und es bedarf wohl keiner weiteren wörtlichen Versicherung, um Dich von meiner herzlichsten Theilnahme an Deinem Leid zu überzeugen! — Hab Dank dass Du meiner gedachtest. Die Fürstin, welche Deiner lieben guten Frau so anhänglich verblieben, ist noch nicht von Rom zurück — und ich erwarte sie erst gegen Ende November. Leider muss ich durchaus bis dahin *hier* verbleiben — sonst würde ich gewiss gleich zu Dir kommen.... Verzeihe mir also, dass ich Dir nur aus der Ferne sagen kann, wie aufrichtig und wahrhaft ich Dir verbleibe Dein getreu ergebener Freund

30. Oct. 60. F. Liszt.

An die Frau Fürstin habe ich Deine liebenswürdige Festgabe am 22. October (Text und Musik) gesandt.

244. An Professor Franz Götze in Leipzig.

Lieber verehrter Freund,

Finde es nicht indiscret, wenn ich Dir etwas sage, was Du selbst besser wissen musst. Die künstlerische Begabung Deiner Tochter ist eine eben so seltene als ausgesprochene. Ich habe sie mehrmals in den letzten Tagen singen und declamiren gehört — und jedesmal mit gesteigertem Interesse. Willst Du ihr nicht *carte blanche* geben und zu ihrer natürlichen, fast unabweislichen künstlerischen Laufbahn Deinen Consens ertheilen?[2] Ich weiss, dass dies kein leichter Entschluss für Dich sein dürfte, — doch, so sehr ich mich in der Regel alles dergleichen Rathes enthalte, kann ich nicht anders, als in diesem Falle eine Ausnahme zu machen und das öffentliche Auftreten Deiner Tochter bei Dir zu befür-

---

1) Hoffmann verlor, nachdem er seit Mai 1860 als Bibliothekar des Herzogs von Ratibor zu Schloss Corvey bei Höxter a. d. Weser angestellt war, seine Gattin.

2) Liszt befand sich, gleich Anderen, aus hier nicht zu erörternden Gründen in dem Irrthum, dass Götze die künstlerische Laufbahn seiner Tochter, die er selber gesanglich und dramatisch ausgebildet hatte, nicht beabsichtigt habe.

worten — weil ich überzeugt bin, dass es Dich nicht gereuen wird, ihr darin väterlich willfährig beizustehen.

Dr. Gille wünscht sehr Deine Tochter für das nächste Conzert in Jena zu gewinnen. Ich glaube, dass dieses *Debut* jedenfalls unschädlich sein würde. Späterhin will ich Dich fragen, ob Du es erlaubst, dass Auguste hier nächstens in einem Hofconzerte sich produzire.

Entschuldige meine Dazwischenkunft in einer so delicaten Angelegenheit durch das aufrichtige Interesse, welches ich für Deine Tochter hege, und die getreue Freundschaft, mit welcher Dir unveränderlich verbleibt aufrichtig ergeben

4. November 60. Weymar. F. Liszt.

Antworte telegraphisch an Gille — wo möglich »Ja«, da das Conzert nächsten Sonntag stattfindet.

245. An Dr. Franz Brendel.

Verehrter Freund,

. —. An dem bis jetzt im Ganzen günstigen Fortgang der Euterpe-Conzerte nehme ich aufrichtigen Antheil; Sie haben daran das grösste Verdienst, eben weil es Ihnen zusteht, das Missliche und Widerwärtige dabei zu neutralisiren.

Dass Bronsart meinen Erwartungen vollkommen entspricht, freut mich sehr. Er ist ein Dirigent-Gentleman. Durch Weissheimer,[1] der sich für übermorgen hier angemeldet, werde ich nähere Nachrichten über die Conzerte erhalten — bis jetzt ist mir erst gestern durch Fräulein Hundt[2] einiges darüber zugekommen.

Mit bestem Gruss freundschaftlich ergeben

16. Nov. 60 — Weymar. F. Liszt.

Sein Sie so gefällig und senden mir sogleich ein paar Exemplare der neuen Brochüre von Müller.

---

1) Componist, eine Zeitlang bei den Euterpe-Concerten als zweiter Dirigent thätig.

2) Componistin, damals in Weimar; inzwischen verstorben.

. —. Wenn es sich thun lässt die Herausgabe meines siebenten Liederheftes zu beschleunigen, wird es mir angenehm sein. Ebenso das »Vereins-Lied«.

An Götze überbringen Sie meinen freundschaftlichen Gruss — und melden ihm zugleich, dass seine Tochter (an deren bedeutsamer künstlerischer Befähigung nicht zu zweifeln ist mit grösstem Erfolg in Jena vorigen Sonntag gesungen und declamirt hat. Die Gesangs-Nummern waren »2 Lieder von Schumann», wovon das eine Da capo verlangt — und am Schluss des Conzerts declamirte sie die Ballade »Lenore« (mit meiner melodramatischen Clavier-Begleitung).

Haben Sie etwas von Wagner gehört? — Der Rienzi wird hier einstudirt und ich habe die Leitung der Proben übernommen. Betreffs der Aufführung habe ich sogleich entschieden erklärt, dass mich *nichts* zu einer ausnahmsweisen Direction veranlassen kann — folglich wird Musikdirector Stör dieselbe führen.

246. An Dr. Franz Brendel.

Verehrter Freund,

Nachdem ich nochmals Rücksprache angelegentlich der Tonkünstler-Versammlung in Weymar nächsten August genommen habe, ist es mir angenehm Sie zu benachrichtigen, dass sich nicht nur kein Hinderniss dagegen stellt, sondern auch manche Förderung der Sache hier erwarten lässt. In Ihrer nächsten Kundgebung der Neuen Zeitschrift über die Tonkünstler-Versammlung sind Sie also gänzlich autorisirt, die Bereitwilligkeit der hiesigen und benachbarten künstlerischen Kräfte (Jena, Eisenach, Sondershausen etc.) im Vocalen und Instrumentalen, sowie die *Wohlgeneigtheit* Seiner Königlichen Hoheit des Grossherzogs für die Sache anzudeuten. Dieser letzte Punkt muss mit einigem Formalismus erwähnt werden, sodass ich Ihren Aufsatz meinem gnädigen Herrn unterbreiten kann.

Es wäre nach meiner Meinung angemessen, wenn Sie dabei die musikalischen Antecedenzien Weymars (Aufführungen von Wagner, Berlioz, *Schumann*) und selbst die kürzlich erfolgte Gründung der Maler-Akademie durch den Grossherzog und das von S. K. H. übernommene Protectorat der allgemeinen deutschen Schiller-Stiftung (zu deren *Vorort* für die nächsten Jahre Weymar gewählt ist) berührten.

Freundschaftlich ergebenst

2. December 60. F. Liszt.

P. S. Mit der nächsten Tonkünstler-Versammlung verbinde ich drei Hauptsachen.

1° Gründung und Feststellung des Tonkünstler-Vereins.

2° Die Theilnahme der Staaten (nach Ihrem Sinne) an den zunächst zu stützenden musikalischen Interessen.

3° Die Einleitung und Vorlagen zu der projektirten Musikschule. [1])

247. An den Musikverleger C. F. Kahnt in Leipzig [2]).

Geehrter Herr,

Die Correctur des 7ten Heftes meiner Lieder und des Männerchors *Vereins-Lied* übersende ich Ihnen anbei. Mit dem neuen Haupt-Titel-Umschlag, der auch jedem einzelnen Lied beigegeben wird, bin ich einverstanden. Er ist besser als der frühere — nur wird es mir angenehm sein, wenn auf der Rückseite keine anderweitigen Annoncen stehen, und dieselbe leer bleibt.

Am 17. d. M. beabsichtigt der Neu-Weymar-Verein eine kleine Beethoven-Feier zu veranstalten, und das »Vereins-Lied« ist in dem Programm mit aufgenommen. Ich bitte Sie daher, mir bis zum 12ten December einige Correctur-Abzüge der Stimmen zuzusenden — wenn es nicht möglich wäre die Auflage so bald zu besorgen. .—.

---

1) Liszt strebte damals die Gründung einer Musikschule in Weimar an.

2) Mehr denn 30 Jahre (seit 1855) war K. Verleger der »Neuen Zeitschrift f. Musik«, auch Verleger vieler Liszt'scher Compositionen, Mitbegründer und langjähriger Cassirer des »Allgem. deutschen Musikvereins«; seit 1873 Weimar'scher Commissionsrath.

Die 3 Chansons und Umarbeitung der 3 Männer-Quartetten in Basel verlegt) habe ich im Kopfe fertig — Sie sollen sie Ende der Woche als neues Manuscript erhalten. Mit der Herausgabe der Chansons und Quartette (wahrscheinlich werde ich sie so betiteln: »Aus dem Zelt« — oder »aus dem Lager«[1]) 3 Gesänge etc.) hat es keine Eile. Da sie aber so freundlich sind, meinen Gesangs-Compositionen einiges Zutrauen zu schenken, möchte ich Ihnen zunächst einen kleinen Wunsch anheimstellen — die baldige Herausgabe meines *Schiller-Liedes* (welches in der *Illustrirten* im vorigen November erschien) und auch eines ziemlich dankbaren (etwas süsselnden!) Männerquartetts mit Tenor-Solo »Hüttelein, still und klein«. Dasselbe ist mit Erfolg von dem Wiener Männer-Gesangverein und einigen Liedertafeln bereits gesungen worden. Ich füge die beiden Manscripte dem Paquet Correcturen bei — vielleicht versuchen Sie gelegentlich die beiden kleinen Dinge im kleinen Kreise. Wenn Herr Professor Götze die Freundlichkeit hätte, den Solopart im »Hüttelein« zu übernehmen, würde ich es ihm Dank wissen. Den Bariton-Solopart im Schiller-Lied könnte Herr Wallenreiter zur Geltung bringen.

Falls Sie geneigt sind auf meinen Wunsch einzugehen und die paar Männer-Chöre in Ihren Verlag zu nehmen, würde ich Ihnen vorschlagen, sie als die Anfangs-Nummern einer kleinen Reihenfolge von »*Compositionen für Männergesang*« zu veröffentlichen und gleichfalls, wie bei den *Liedern*, mit einem *Umschlags-Titel* (mit Angabe der verschiedenen Nummern — wo die Basler Quartetten auch hinzukommen dürften: also bis jetzt 6 Nummern) zu bekleiden. Befürchten Sie nicht, geehrter Herr, eine allzugrosse Productivität meinerseits in diesem Genre! Sollte aber zufällig die eine oder die andere Nummer dieser Quartetten einige Verbreitung finden, so möchte ich nicht ungern noch ein paar dazu schreiben, weltlicher oder geistlicher Art. In letzterer hoffe ich, dass der Psalm »Die Himmel erzählen«, der nächsten Sommer bei einem

1) Sie erhielten den Titel »Geharnischte Lieder«.

grösseren Gesangsfest aufgeführt werden soll, eine gute Wirkung hervorbringt.

Entschuldigen Sie bestens meine Weitläufigkeit; es ist sonst nicht meine Sache, mich in überflüssigen Worten zu ergehen; und empfangen Sie, geehrter Herr, die Versicherung der bekannten Gesinnung, in welcher Ihnen verbleibt achtungsvoll, freundlichst

2. December 60 — Weymar. F. Liszt.

Die 1te Aufführung des Rienzi ist für den 2ten Weihnachts-Feiertag angesagt. Ich habe mich verpflichtet die Proben davon zu leiten, aber gleichzeitig auf das entschiedenste die Direction der Aufführungen abgelehnt. Herr Musikdirector Stör übernimmt dieselbe.[1]

248. An Dr. Franz Brendel.

Verehrter Freund,

Ihr Aufsatz »zum neuen Jahr« ist ganz vortrefflich und Ihrer würdig. An drei Stellen möchte ich mir blos erlauben kleine Änderungen vorzuschlagen. Sie finden Sie mit + und Buchstaben A, B, C, bezeichnet.

Bei + A wäre es den Zuständen angemessen so zu sagen: »Conzertsäle und Theater, der Tummelplatz der handgreiflichsten Speculation, persönlichen Leidenschaften und Sonderbestrebungen«. Oder, wenn Sie das Wort *handgreiflichsten* zu derb finden, setzen wir ein anderes wie: der gewöhnlichsten, oder der merkantilischen Speculation u. s. w.

+ B. Anstatt *Meinung* »die angenommene Anmassung« (?). Es kann hier nur mehr von einer *Anmassung* als einer *Meinung* die Rede sein. Wenn *angenommen* zu ähnlich mit *Anmassung* klingt, setzen wir »die verbreitete Anmassung«.

+ C. Anstatt »äussere Mächte« hätte ich lieber ein anderes Wort, wie »Potenzen«, »Factoren«, »Hebel« oder irgend ein

---

1) Nach der Opposition einer ihm feindlichen Coterie, der Cornelius' »Barbier von Bagdad« bekanntlich zum Opfer fiel, hatte Liszt den Taktstock im Theater endgültig niedergelegt.

besseres. Ich weiss nicht, warum mir die »Mächte« hier nicht ganz am Platze scheinen.

Endlich + D halte ich es für gerathen, den kleinen Satz: »Ja, es möchte nicht zu viel gesagt sein, wenn man die Behauptung aufstellen wollte, dass sie in manchen Kreisen die Religion vertritt«, abgesehen davon, ob derselbe richtig oder nicht, schonungslos *zu streichen*, weil zumeist die *Männer des Staats* daran Anstoss nehmen müssen. »Wie«, werden sie sagen, »Ihr wollt, dass wir eine Richtung unterstützen, welche auf nichts Geringeres hinzielt, als die Verdrängung der Religion?« — und da ist wieder ein Popanz fertig, und die gesundesten und richtigsten Bestrebungen sind für mehrere Jahre gehemmt! —

Mit allem Übrigen bin ich vollkommen einverstanden, die Parenthese ausgenommen, mit * bezeichnet: »ohne dabei, wie bisher oftmals, in's Unpraktische zu verfallen, dem Publikum Dinge zu octroyiren, die es nicht mag, und die *Einnahmen zu verringern.*« Denn beiläufig, auch zwischen Parenthesen gesagt, wenn ich dies nicht mit sehr resolutem Bewusstsein mehrere Jahre lang gethan hätte, könnte Wagner in seinem Brief an Villot (Seite 40 der französischen Ausgabe seiner Übersetzung der 4 Opern) wahrlich nicht sagen: »Tout à coup mes relations avec le public prirent un autre tour sur lequel je n'avais pas compté le moins du monde: mes opéras se répandaient.«

Schon deshalb und auch aus anderen Gründen halte ich diese Parenthese für gefährlich — und dürfte sie keineswegs unterschreiben!

Mit freundschaftlichstem Gruss ergebenst

19. December 60. F. L.

An Kahnt habe ich heute einen langen Brief geschrieben. Falls er meine Schrift nicht lesen kann, sein Sie so freundlich ihm auszuhelfen.

249. An den Musikverleger C. F. Kahnt.

. —. In Betreff der Herausgabe meiner Männergesänge will ich Sie, geehrter Herr, keineswegs beeilen — doch wäre es mir angenehm, wenn Sie die Dinger bald *annonciren* möchten — und vielleicht schon auf der Rückseite des Titels meiner Lieder (?), wenn Ihnen dies nicht unpraktisch vorkömmt. Die beiden Sammlungen (Lieder und Männergesänge) stehen in einem gewissen Zusammenhang; daher gerath ich auf diesen Vorschlag, über welchen Sie zu entscheiden haben. Vor ein paar Monaten schrieb mir Louis Köhler in seiner geistreich-freundschaftlichen Weise: »Sie wären uns eigentlich einige Männer-Quartetten schuldig, welche *Bierbrüder* zu Halb-Göttern umwandelten!« und schon bei Herausgabe der Lieder beabsichtigte ich, die Männergesänge bald darauf folgen zu lassen. Da die meisten dieser letztern ziemlich kurz gehalten sind, denke ich, dass die Partitur der 12 nicht mehr als 40 bis höchstens 50 Platten (kleines Format) gebrauchen wird. Bei der Herausgabe der Stimmen könnte die Ökonomie getroffen sein, dieselben schön *autographiren* zu lassen. Der Stich bleibt freilich immer das beste; doch möchte ich Sie nicht in zu ruinöse Ausgaben stürzen — und wenn die Autographie von einem geschickten Schreiber besorgt wird, so sieht es ganz gut aus und liest sich bequem.

An Schuberth schreibe ich mit der nächsten Post, um ihm zu melden (was er ohnedem wissen könnte), wie ungern und selten ich mich auf Dedicationen einlasse — zumal schon gar Dedicationen an mir ganz unbekannte Leute und Gesellschaften, so wie er es wünscht! Bei meinen ziemlich zahlreichen Werken, die in den letzten Jahren erschienen sind, werden Sie sehr wenig Dedicationen vorfinden. Die 12 Symphonischen Dichtungen haben keine. Auch die Graner Messe nicht — und bei den Liedern habe ich die frühere Dedication weggelassen. Bevor ich also die Methode, welche ich in Europa fast aufgegeben, in Amerika versuche, kann noch etwas Zeit verstreichen. Schuberth meint es zwar ganz gut mit mir, wofür ich ihm Dank weiss, — aber er meint es eben auf *seine* Weise, die nicht immer die meinige sein kann.

Darf ich Sie noch um eine kleine Gefälligkeit ersuchen? Im Hofconzert am 1ten Januar möchte ich gerne den von mir instrumentirten *Reiter-Marsch* F. Schubert's (nicht Julius!) aufführen lassen, und ich besitze weder Partitur noch Stimmen mehr davon. Sie würden mich verpflichten durch baldige Zusendung derselben. Ich habe das Stück nie gehört, und da es bereits in Wien und Leipzig beifällig aufgenommen wurde, darf ich der hiesigen Gesellschaft fast zumuthen, dass sie sich so weit erkühnen dürfte, halbwegs desgleichen zu thun! —

Möglicherweise versuche ich auch den Mephisto-Walzer an demselben Abend und ein paar von mir instrumentirte Lieder. (Beiläufig gesagt, habe ich 6 Schubert'sche Lieder — »Erlkönig, Gretchen, junge Nonne, Doppelgänger, Mignon und Abschied« — und 3 von den meinen »Loreley, Mignon und die 3 Zigeuner« instrumentirt. Letztere 3 möchte ich Ihnen später, wenn Sie einmal eine schwache Stunde überfällt, gerne in Partitur *aufbinden* — Sie sollen sie aber früher hören.)

Tausend Entschuldigungen über all dies Componisten-Gefasel — und besten Gruss von Ihrem freundlichst ergebenen

19. December 1860. Weymar. F. L.

250. An Felix Dräseke.

Sie haben mich wieder gehoben und erfreut, mein vortrefflicher Freund, durch Ihre liebevolle Auffassung meines Sinnens und Trachtens in der Dante-Sinfonie.

Herzlichsten Dank abermals dafür. Späterhin, wenn *Hamlet* und die *Hunnenschlacht* erschienen sind, versagen Sie mir wohl nicht die besondere Genugthuung, Ihre sämmtlichen Aufsätze über die Symphonischen Dichtungen als Brochüre herauszugeben? Wir besprechen dies noch mündlich, und vielleicht könnten bei den früheren einige Noten-Beispiele hinzugefügt werden.

Wie weit sind Sie mit der Loreley gelangt? — Fassen Sie

nur die Hexe mit gewaltsamer Zärtlichkeit an. — Geibel hat seinen Operntext der Loreley vor kurzem herausgegeben, und mehrere Componisten haben sich bereits drüber oder drunter gemacht. Bei der jetzigen Bewandtniss der Dinge lässt sich nicht viel von derartigen Ergiessungen und Velleitäten erwarten. Dagegen aber verspreche ich mir Grosses, Schönes und Zauberhaftes von Ihrer symphonischen Gestaltung dieses Stoffes, der ebenso leicht spröde und langweilig wird, als er zerfliessen kann. Sehen Sie zu, dass wir Ihr Werk bei der nächsten Tonkünstler-Versammlung (im Juli—August) hier zur Aufführung bringen.

O. Singer's »entschwundenes Ideal« ist voll Musik: edel in der Empfindung und kräftig ausgeführt. Ich werde ihm nächstens darüber schreiben und mein 7tes Liederheft zuschicken, da Sie mir sagten, dass die früheren ihm ziemlich gefielen. — Von unserm Freund Weitzmann liegt wieder ein treffliches Werkchen vor: »Die neue Harmonielehre im Streit mit der alten«. Die »Albumblätter zur Emancipation der Quinten« als Anhang sind rührend, und die »Anthologie classischer Quintenparallelen« mit Citaten von Hiller und Hauptmann besonders lehrreich. In der Harmonie, wie in anderen Sachen, handelt es sich nicht mehr um Abschaffung des Abgethanen; wohl aber um *Vollbringung* des Gesetzes. — — —

Zu jedem Tage sind Sie, mein vortrefflicher Freund, herzlichst willkommen Ihrem dankbar ergebenen

30. December 60. F. Liszt.

Nach Mitte Januar gehe ich zum Besuch meiner Mutter (die noch immer leidend ist) auf ein paar Wochen nach Paris.

251. An Dr. Franz Brendel.

[Anfang Januar 1861.]

Verehrter Freund,

Tausend Dank für Ihre Briefe, und noch mehr Entschuldigungen, dass ich so lange gezögert mit der Antwort. Am Neujahrstag hatten wir grosses Hofconzert — worauf eine

Schmauserei im Erbprinzen, die sich bis 4 Uhr Morgens ausdehnte. Die anderen Tage allerlei Diners und Soupers, wobei ich auch sein musste. Obendrein beschäftigte mich sehr die letzte Revision meines 2ten Conzerts (und ein paar kleinerer Clavierstücke). Schott hat die Herausgabe übernommen, und ich möchte ihm nicht die Unannehmlichkeit bereiten, die ziemlich zahlreichen Änderungen, die daran zu machen sind, erst auf den gedruckten Correcturen vorzunehmen etc. etc.

Von allen den Transitionen und Verbindungssätzen (die ich in dem Conzert sehr sorgfältig jetzt ausarbeite) gehe ich gleich ohne Transition auf die Beantwortung Ihrer Anfragen über.

1. Bronsart's. Engagement für das nächste Jahr mit 400 Thaler halte ich für zweckmässig. —

2. Wenn Weissheimer sich wirklich unmöglich gemacht hat, wäre zunächst auf Damrosch zu reflectiren — als College von Bronsart. Diese Angelegenheit hat keine Eile und wir wollen sie noch mündlich besprechen. —

3. Die restirenden 100 Thaler für X. sende ich Ihnen Ende dieses Monats zu. Falls Sie sie früher brauchen, schreiben Sie mir ein paar Zeilen.

4. Die Urlaubsfrage ist nicht leicht zu erledigen, *so lange* kein bestimmter Datum für das Conzert festgestellt. Frau Pohl zum Beispiel hatte schon einmal Urlaub erhalten — da wurde aber der Tag des Conzerts geändert und folglich der gegebene Urlaub unnütz. Übrigens zweifle ich nicht, dass Frau Pohl ihren Urlaub abermals für einmal bekömmt — nur bitte ich Sie, mir den Tag bestimmt zu bezeichnen — um dass ich dann Dingelstedt davon benachrichtigen kann.

5. Betreffs der Mitwirkung der H. H. v. Milde und Singer hat es seinen Haken. Beide sind nicht ohne Bedenken der *Euterpe* gegenüber, welche, wenngleich auch nicht so ausgesprochen, sich ungefähr dahin zusammenfassen liesen: »Wenn wir in der Euterpe mitwirken, verschliessen wir uns die goldnen Pforten des Gewandhauses — und schaden uns auch in anderen Städten, wo die Norm des Gewandhauses geltend bleibt. Ergo, ist es für uns gerathener, *klug* (!) zu ver-

fahren«... Das Übrige fügt sich von selbst hinzu. Milde klagt über das wenig Dankbare der Partie in *Sängers Fluch*[1]), die grimmige Kälte der Winter-Jahreszeit, die Unbequemlichkeiten, welche mit der Urlaubsfrage in Verbindung stehen etc. Singer weiss nicht recht, welche Pièce er wählen sollte, auch ist die E-Saite seiner Violine nicht ganz sicher und dergleichen mehr.

6. Fräulein Genast ist noch in einer schlimmeren Lage, da sie von den classischen Einschüchterungen ihres Vaters nicht ganz unabhängig und ausserdem für eines der nächsten Conzerte im Gewandhaus (zur Partie der *Rose* in Schumann's Pilgerfahrt) engagirt ist. Nichtsdestoweniger sagte sie mir von vornherein, dass sie gänzlich bereit sei das zu thuen, was ich ihr als angemessen vorschlagen würde. Bei dieser Voraussetzung muss ich mich natürlich um desto vorsichtiger verhalten. Sie singt am 22. in Zwickau, am 24. (wahrscheinlich) im Gewandhaus, am 31. in Aachen. Ich habe ihr also gerathen, sich mit Ihnen am 23ten in Leipzig persönlich zu verständigen und *vorzugsweise* als Lieder-Sängerin in der *Soirée* der Euterpe am 29ten (mit Clavier-Begleitung) mitzuwirken. Gestern Abend bezeichnete ich ihr folgende 3 Lieder als die passendsten dafür.

A. Die Wallfahrt nach Kevlaar (von Hiller für E. Genast kürzlich componirt und noch Manuscript).

B. Ein Lied von Rubinstein; zum Beispiel »Ach! wenn es doch immer so bliebe!« (Zarte Anspielung auf das Gewandhaus!)

C. Die 3 Zigeuner (von mir).

Die 3 Lieder würden 2 Nummern des Programms ausmachen. —

Insbesondere bitte ich Sie, verehrter Freund, gegen das Lied von Hiller keinen Protest einzulegen. Das einfach Gerechte und Billige, was nichts gemein hat mit dem »*hohen Rechten*«, dem Kapellmeister Rietz und Consorten ausschliesslich zugewandt sind (wie es die Leipziger Universität ausgesprochen),

---

1) Von Schumann.

besteht einfach darin, Niemandem den Weg der Öffentlichkeit zu versperren, oder ihn heimtückisch und hinterlistig mit Steinen und Koth zu bewerfen. Ungeachtet wir nicht zu erwarten haben, dass man von der anderen Seite uns Reciprocität darbietet, müssen wir pflichtgetreu dieses *einfach Gerechte und Billige* consequent durch- und vollführen und nebenbei den Herren demonstriren, wie sich Leute von ehrenhafter Gesinnung und anständiger Bildung benehmen. Sie erinnern sich vielleicht an meine mehrmals ausgesprochene und bethätigte Meinung darüber — speciell bei der Tonkünstler-Versammlung, wo Frau Dr. Reclam den (ziemlich mittelmässigen) Psalm von Hiller sang, und ... etc.

Darnach stimme ich besonders für die Aufführung eines grösseren Werkes von *Rubinstein*, wie die in Vorschlag gebrachte Sinfonie, und bitte Sie, Bronsart dahin zu bestimmen. — Es würde mich zu weit führen, Ihnen meine Ansicht im Detail zu motiviren; dass ich dabei keine *Concessionen* oder *Liebäugeleien* im Sinne habe, versteht sich von selbst.

7. Die Mitwirkung des von Schuberth empfohlenen Violinisten ist nach Massgabe seines Talents zu berücksichtigen und selbst zu bevorzugen.

8. Tasso kann ganz gut *ohne* Harfe aufgeführt werden. Ein Pianino genügt dazu, und ich bitte Sie *inständigst*, sich meiner Sachen wegen keine Ungelegenheiten zu machen. Ich habe in meinen Orchester-Werken den höheren Massstab der Instrumentirung (Paris, Wien, Berlin, Dresden — oder wenn Sie lieber Personen-Namen wollen, Meyerbeer, Mendelssohn, Wagner, Berlioz) angenommen; trotzdem aber sind die meisten davon in kleineren Verhältnissen aufzuführen, wie es sich z. B. in Sondershausen am schlagendsten erweist. Die Hauptsache ist vor allem der *Dirigent*; — wenn dieser ein zuverlässiger, ordentlicher Musiker, lässt sich dann auf verschiedene Weise mit den Dingen gut wirthschaften — und zumal im *Tasso* ist die Harfe fast unnütz. Bekümmern Sie sich also nicht mehr weiter darum und beschwichtigen Sie Bronsart.

Somit, wenn ich nicht irre, sind die wesentlichen Fragen Ihrer Briefe erledigt. Was einiges Persönliche darin anbelangt, wollen wir nächstens besprechen. An Schuberth schreibe ich in den nächsten Tagen (sobald ich mit meinen Revisionen für Schott fertig bin). Er hat mir einen Vorschlag gemacht, den ich anzunehmen gesonnen bin[1].

252. An Dr. Franz Brendel.

Verehrter Freund,

Die Lieder, welche Fräulein Genast in der Euterpe-Soirée singen wird, *wünsche* ich ausdrücklich von *Weissheimer* begleitet. Ich habe ihm speciell den Auftrag gegeben, Ihnen diesen Wunsch nöthigenfalls noch deutlicher zu motiviren. Über die definitive Wahl der Lieder selbst werden Sie sich leicht mit der liebenswürdigen Sängerin verständigen. Meinerseits bleibe ich aber der Meinung, dass die *Wallfahrt nach Kevlaar* von Hiller zu dem Programme gut passt.

Die Faust-Sinfonie muss noch einmal ganz rein abgeschrieben werden, bevor ich sie Schuberth zusende. Bis 15ten Februar wird er das Manuscript erhalten — nebst ein paar Zeilen für Dörffel — der mir als Corrector *dieses* Werkes fast unentbehrlich ist.

Ich habe in den nächsten Tagen über Hals und Kopf zu arbeiten, um das Nöthige zu besorgen vor meiner Pariser Reise, welche ich wahrscheinlich am 20ten Februar antreten werde.

Herzlichen Dank für die berichtigende Mittheilung Ihres letzten Briefes. Es steht noch vieles, ja fast das Meiste sehr schlimm — worüber wir uns keine Illusionen machen können, noch dürfen; — doch wenn wir *Stand* halten, so wird es sich auskommen lassen.

Vor und nach Löwenberg (Mitte Februar) besuche ich Sie in Leipzig.

Einstweilen herzlichen Gruss und Dank von Ihrem

20ten Januar 61. F. L.

Die kleine Summe für X. erhalten Sie im Laufe der Woche.

---

1) Das Weitere fehlt.

253. An Dr. Franz Brendel.

Verehrter Freund,

Mit der gestrigen Post sandte ich Ihnen:

A. Die Partitur des 2ten Actes des fliegenden Holländers — und 2 Orchester-Stimmen des Duetts (letztere, um dass sich der Copist beim Ausschreiben darnach richten kann und nicht den *Terzett-Schluss*, wie er in der Partitur steht, mit hinzufügt — Weissheimer wird Thümler den Sprung genau angeben —). Ersuchen Sie Thümler, mir die Partitur bald zurückzusenden, da sie möglicherweise zu Ostern im Theater gebraucht wird.

B. Den letzten Theil (Mephistopheles und Schluss-Chor) der Faust-Symphonie in Partitur — und das vollständige Arrangement für 2 Pianoforte derselben Symphonie.

Sie sind wohl so freundlich diese Manuscripte *Schuberth* zu übergeben. Hoffentlich wird er sein Versprechen halten und mit der Herausgabe des Werkes nicht zögern. Ende dieser Woche schicke ich Schuberth die Partitur und das 4händige Clavierarrangement der zwei *Faust-Episoden* (»der nächtliche Zug« — und »Mephisto-Walzer«). Es wäre mir angenehm, wenn diese beiden Dinge auch noch im Laufe dieses Jahres erschienen.

C. Für *Kahnt*: die kleine Partitur des Chores »Die Seligkeiten«, dessen *baldige Herausgabe* ich gleichfalls wünsche. Riedel ist gesonnen, das Stück gelegentlich in einem seiner Kirchen-Conzerte aufzuführen. Es wurde hier ein paarmal in der Schlosskapelle und der Stadtkirche gemacht — und, wie man mir mehrfach gesagt, ausnahmsweise günstig besprochen. Ich habe weniges geschrieben, was mir so aus der innersten Seele gequollen.

Bis nächsten Sonnabend gedenke ich mit der Revision der Prometheus-Partitur fertig zu sein. Von dem Schnitter-Chor habe ich bereits 2 Arrangements (für 2 und 4 Hände — *nicht* 2 Pianoforte) gemacht, die ich Kahnt gratis zustelle. Er erhält den ganzen Pack spätestens Montag früh. Weissheimer sagt mir, dass bis Mitte Juli die Auflage der Partitur bereit sein soll. Wenn Kahnt es vorzieht, den Prometheus *autographiren* zu lassen, so habe ich nichts dagegen einzuwenden; blos bitte ich dass er in diesem Fall einen sehr geschickten und *genauen* Copisten aussucht — und wie ich es ihm schon gesagt, das *Format der symphonischen Dichtungen* beibehalten bleibt.

NB. Die Theilung und Eintheilung der Partitur — so dass möglichst wenig unnütze Pausen vorkommen, und, wo es thunlich (z. B. Anfangs des Chors der Tritonen, Schnitter-Chor etc.) *zwei* Systeme auf eine Seite gebracht werden, bitte ich Herrn Dörffel anzuvertrauen. Das Werk soll auch nicht im Äusseren einer *Kapellmeister-Partitur* ähnlich sein! — und bevor es dem Stecher oder Autographisten übergeben wird, ist es *nothwendig*, dass die Stellen, wo 2 Systeme auf dieselbe Seite kommen, genau bezeichnet werden. Mein hiesiger Copist hat die Prometheus-Partitur sehr nachlässig hingeschmiert; ich habe ihm auch desshalb andere Arbeiten entzogen und ihn gehörig ausgezankt. Es ist aber keine Zeit mehr eine neue Partitur schreiben zu lassen — und so muss also Dörffel tüchtig mit- und aushelfen.

NB. Der Clavier-Auszug *muss* unter der Partitur so wie im Manuscript stehen.

Das Arrangement des Schnitter-Chors mag Kahnt nach Belieben früher oder später veröffentlichen.

Der Datum der Tonkünstler-Versammlung kann auf den 5ten August festgestellt bleiben. Als zweckmässig erachte ich, dass Sie nächstens nach Weymar kommen (zu Ostern vielleicht) und sich mit Dingelstedt, dem M[usik] D[irector] Montag und einigen anderen von den Personen, welche sich am meisten bei der Sache zu betheiligen haben, direct verständigen.

Als *Jurist* und eifrigen Mitarbeiter in dieser Angelegenheit möchte ich Ihnen Dr. Gille in Jena vorschlagen. Er ist sehr dienstbereitwillig und zuverlässig. —

Sind Sie wirklich der Meinung, den Prometheus bei der Tonkünstler-Versammlung noch aufzuführen? Mit der Faust-Symphonie (die ich jedenfalls wünsche) würde er sich zwar nicht übel vertragen — doch befürchte ich dass damit zu viel des Argen und Ärgsten auf einmal hereinbricht.

Wir sprechen noch darüber.

Weissheimer wird Ihnen einiges Programmatische mittheilen.

Beethoven's Messe sollte Riedel dirigiren.

Mit herzlichem Gruss Ihr

4ten März 1861 — Weymar. F. L.

P. S. Empfehlen Sie nochmals Schuberth, das Heft der Lieder von Lassen *sofort* herauszugeben — wie er mir es versprochen hat.

254. An Peter Cornelius in Wien.

Ihre Briefe, liebster Freund, sind mir immer eine Herzensfreude, so auch diesmal am 2ten April.[1]) Obschon an *dem* Tag die Abwesenheit der Fürstin am empfindlichsten und die Altenburg für mich gleichsam verstört war, berührte mich doch die liebevolle Anhänglichkeit einiger Freunde tröstlich und milde. Verbleibt mir, wie ich euch verbleibe — herz- und standhaft, auf Gott vertrauend! —

Leider habe ich diesen Winter nur sehr wenig arbeiten können. Revisionen und Correcturen nahmen fast meine ganze Zeit in Anspruch. Die 2 letzten Symphonischen Dichtungen »Hamlet« und »Hunnenschlacht« erscheinen nächstens. Ich schicke sie Ihnen nebst einem Dutzend Männer-Quartetten, welche Kahnt herausgiebt. Bis Ende Juli erscheinen auch die Chöre zu »Prometheus« und die Faust-Symphonie. Wenn wir uns nicht früher sehen sollten, zähle ich bestimmt auf Ihr Hierherkommen bei Gelegenheit der Tonkünstler-Versammlung (5., 6., 7ten August), wozu ich Sie, liebster Cornelius, *insbesondere* einlade. Hoffentlich kommen auch Eduard[2]), Tausig, Porges, Laurencin[3]), Kulke, Doppler[4]) — und ich bitte Sie,

1) Liszt's Namenstag.
2) Liszt's Vetter.
3) Graf Laurencin, Musikschriftsteller in Wien.
4) Franz D. (1821—83) Flötenvirtuos, Musikdirector an der

denselben vorläufig meine Einladung anzumelden. Das Programm bringt die nächste Nummer der Brendel'schen Zeitschrift — mit Vorbehalt des 3ten Tages, worüber erst später bestimmt werden kann. Vielleicht überlassen Sie uns ein Fragment Ihres *Cid*. Jedenfalls wünsche ich, dass Ihr Name dabei nicht fehlt, und wenn Sie nichts andres in Bereitschaft hätten, sollen ein paar Nummern aus dem Abul Hassan Ali Eber Barbier gemacht werden. Der reizende Canon Anfangs des 2ten Actes dürfte sich am besten eignen.

Es freut mich, dass Sie sich in *Tristan* einige Zeit gänzlich absorbirt. Das Werk und der *Ring des Nibelungen* bilden entschieden Wagner's Gipfelung!

Der bei Schott erschienene Clavier-Auszug des *Rheingoldes* ist Ihnen wohl zugekommen? Wenn nicht, sende ich ihn Ihnen. Sie könnten sich durch eine Besprechung dieses wundervollen Werkes ein grosses Verdienst erwerben. Erlauben Sie mir, dass ich Sie dazu aufmuntere. Die Sommertage gestatten Ihnen jetzt mehr Arbeitsstunden, verwerthen Sie einige davon mit dem Rheingolde. Die Aufgabe ist für Sie weder schwierig noch undankbar; sobald Sie die *personifizirenden* Haupt-Motive und ihre Verwendung und Wiederbringung erfasst haben, ist die Arbeit zum grösseren Theil fertig. Lasst uns also singen mit Peter Cornelius:

»O Lust am Rheine,
Am heimischen Strande!
In sonnigem Scheine
Erglühen die Lande;
Es lachen die Haine,
Die Felsengesteine
Im Strahlengewande
Am heimischen Strande,
Am wogenden Rheine!«

Am 30ten d. M. begebe ich mich auf ein paar Wochen nach Paris — und gegen Ende Mai treffe ich mit meiner Tochter Cosima in Reichenhall zusammen, wo sie die Molken-

Wiener Hofoper; er bearbeitete mit Liszt einige von dessen »ungarischen Rhapsodien« für Orchester.

Cur gebrauchen muss. Gott sei Dank ist sie wieder auf dem Weg der Genesung angelangt! Sie können sich denken, welche Trübsal mich ergriff, als ich Cosima im vorigen Winter an einem ähnlichen Übel wie Daniel leidend traf! —

Von der Frau Fürstin erhalte ich befriedigende Nachrichten aus Rom. Das Clima wirkt sehr wohlthuend auf ihre Nerven ein — und sie fühlt sich in jedem Bezug weit heimischer dort als in Deutschland. . . .

Über die letzten Cartons von Cornelius[1]) schreibt sie mir Wunder, und ihre persönlichen Beziehungen mit dem Grossmeister haben sich sehr freundschaftlich gestaltet.

Was mit mir im späteren Laufe des Sommers geschehen soll, lässt sich nicht bestimmen. Halten wir aber fest an unserm Wiedersehen hier Anfangs August.

Bien à vous de cœur

18. April 61. F. Liszt.

Tausend herzliche Grüsse an Tausig.

255. An Hoffmann von Fallersleben.

Lieber vortrefflicher Freund,

Von der Frau Fürstin erhalte ich einliegendes Briefchen für Dich. Es soll Dir mit meinem herzlichsten Gruss zukommen. Entschuldige bestens, dass ich Dir diesmal am 2ten April[2]) nicht gratulirt; so lange aber die Abwesenheit der Fürstin andauert, kenne ich nur Trauer-Tage und keine Feste mehr. Indessen sei versichert, dass ich Deiner stets in getreuer Freundschaft gedenke und Dir herzlich ergeben verbleibe.

18. April 61. F. Liszt.

P.S. Anbei das *Vereins-Lied* — und 3 andre Deiner Lieder.

---

1) Der berühmte Maler war der Onkel des Adressaten.

2) Hoffmann's Geburtstag und zugleich eben Liszt's Namenstag.

256. An Peter Cornelius.

Liebster Cornelius,

Unterzeichnen Sie schnell die beiliegende Anmeldung zur »Tonkünstler-Versammlung« mit Ihrem schönen guten Namen. Sie dürfen mir bei dieser Gelegenheit in Weymar nicht fehlen!

Und noch eine Bitte, liebster Freund. Besuchen Sie F. Doppler und sagen Sie ihm, dass ich sehr wünsche, er möchte mit Ihnen am 4ten August *spätestens* eintreffen. Hoffentlich wird er mir diese Freude nicht versagen — und wenn es ihm nicht besonders ungelegen ist, wird er auch seine Flöte mitbringen und die Partie in *Faust* übernehmen. Betreff der Reisekosten habe ich bereits an meinen Cousin Eduard geschrieben; er soll Ihnen ein paar hundert florins zur Disposition stellen, denn selbstverständlich ist es weder Ihnen noch Doppler erlaubt, einen Groschen aus Ihrer Cassa für die Reise auszugeben.

Eduard treffen Sie hier — und auch Wagner, Hans, Dräseke, Damrosch, Tausig, Lassen und meine Tochter (Mme Ollivier).

Auf Wiedersehen also, mein bester Cornelius! Bringen Sie Ihren Cid mit, soweit er fertig ist, und schenken Sie freundschaftlich einige Tage Ihrem von Herzen ergebenen

12. Juli 61. Weymar. F. Liszt.

P.S. Bald nach der Tonkünstler-Versammlung verlasse ich Weymar auf längere Zeit. —

257. An Alfred Dörffel.

Sehr geehrter Herr,

Für Ihre sorgsamen Bemühungen um die *Faust*-Partitur [1]) Ihnen meinen aufrichtig verbindlichsten Dank sagend, habe ich schliesslich noch eine Bitte beizufügen.

---

1) Als Corrector.

Die Prosodie der Stelle im *Tenorsolo:*

wünsche ich beidemale dahin zu modifiziren, wie ich es auf dem beifolgenden Notenblatt aufgeschrieben habe. Wenn ich mich nicht täusche, so ist sie in dieser Weise sangbarer und *weiblicher*.

Empfangen Sie, sehr geehrter Herr, die Versicherung meiner ausgezeichnetsten Achtung und freundlichsten Ergebenheit.

F. Liszt.

18. Juli 61. Weymar.

P.S. Die Faust-Symphonie soll am 6ten August hier aufgeführt werden. Vielleicht ist es Ihnen möglich diesem Concerte beizuwohnen und mir das Vergnügen Ihres Besuchs zu gewähren.

258. An Hofconcertmeister Edmund Singer in Stuttgart.

Geehrter Freund,

Der Aufsatz der Allgemeinen Zeitung »von der Tonkünstler-Versammlung« (12ten August) ist ein Ereigniss, und ich danke Ihnen aufrichtig für den Antheil, den Sie daran genommen. [1]

Obschon, wie Sie es wissen, ich mich prinzipiell unbekümmert der Kritik gegenüber verhalten muss, da ich ihr von vornherein nicht das erste Wort in Sachen der Kunst zugestehen kann, so war es doch längst mein Wunsch, die »systematische Opposition« gegen die jetzige unabweisbare Richtung (besser gesagt »Entwicklung«) der Musik nicht ausschliesslich in der Allgemeinen Zeitung vertreten zu sehen. Eben weil dieses Blatt kein locales, sondern ein europäisches und culturhistorisches verbleibt, erschienen mir darin die localen Gehässigkeiten und die Diatriben der Insel »*Borneo*« weit unzu-

1) Er war von Singer geschrieben.

lässiger als in anderen Zeitungen. Der Referent der Tonkünstler-Versammlung hat einen bedeutsamen Schritt zur Verständigung gethan; möge er mit uns weiterhin fortwirken!

Seit vorigem Sonntag ist die Altenburg geschlossen und versiegelt — und in wenig Stunden verlasse ich Weymar auf *längere* Zeit. Zunächst werde ich einige Wochen bei meinem Gönner, dem Fürsten Hohenzollern (der musikalisch sehr wohlgesinnt!) in Löwenberg verweilen. Ich beabsichtige dort meine zu lange unterbrochenen Arbeiten wieder aufzunehmen und ruhig weiterzubringen. Die Herrn Stark[1]) versprochenen Beiträge zu der Claviermethode sollen auch bald vorgenommen werden. Empfehlen Sie mich einstweilen bestens Herrn Lebert[2]) und versichern Sie ihm, dass es mir daran gelegen ist, die mir zugetheilte Aufgabe befriedigend zu lösen.

Pohl hat mir versprochen, dass er Ihnen die gewünschten Prometheus- und Faust-Notizen bald zusenden wird. Übrigens bedürfen Sie darüber keine weitere Aufklärung, um das Publikum genügend von diesen Dingen zu unterrichten.

Durch die Zeit gedrängt, sage ich Ihnen für heute nun nochmals meinen besten Dank und verbleibe Ihnen

freundschaftlich ergeben

17. August — 61. F. Liszt.

Meine freundlichsten Grüsse an Ihre Frau.

259. An den Musikverleger C. F. Kahnt.

Erschrecken Sie nicht, geehrter Herr! Abermals kommt Ihnen ein Manuscript von mir zu.

»Ich glaube, die Wellen verschlingen
Am Ende Schiffer und . . . Kahnt!«

Die Clavier-Transcription der *Loreley* hat mir mehr Mühe

---

1) und 2) Professoren des Stuttgarter Conservatoriums. Für die von beiden herausgegebene grosse Pianoforte-Schule schrieb Liszt die Concertetüden »Waldesrauschen« und Gnomenreigen«.

gekostet als ich es vermuthete. Dafür aber hoffe ich, dass sie nicht misslungen ist. Lassen Sie eine saubere und correcte Abschrift von einem zuverlässigen Musiker (vielleicht Corno?[1]) anfertigen, bevor Sie das kleine Stück dem Stecher übergeben. NB. Der Text soll mit gestochen werden, wie in der Wiener Auflage meiner Transcriptionen der Schubert'schen Lieder.

Was die Edirung der Partituren meiner 3 Lieder — »Loreley«, »Mignon« und die »Zigeuner« — anbetrifft, so stelle ich dieselbe gänzlich Ihrem Belieben oder Nichtbelieben anheim, so wie auch das Format der Auflage (etwas grösser oder kleiner — *keinesfalls* aber ganz gross). —.

Bis zum 8ten September werde ich in Löwenberg verweilen.

Die letzte Correctur der *Loreley* bitte ich Sie Herrn von Bülow zuzuschicken — und auch die 2te Auflage der *Mignon* im $^6/_4$ Takt, welche nach der bei Brendel zurückgelassenen Partitur zu stechen ist — für Gesang und Clavier-Begleitung (ohne Instrumentirung) zunächst — wie Sie die Freundlichkeit hatten mir es zu versprechen.

Mit bestem Gruss ergebenst

27. August 61. Löwenberg. F. Liszt.

260. An Dr. Franz Brendel.

Verehrter Freund,

Ein versprochenes Notengeschreibsel, was ich hier beendigen wollte, und mehrere kleine Excursionen in die Umgebung haben mich abgehalten, Ihren Brief früher zu beantworten.

Der Fürst[2]) bezeugt mir stets dieselbe freundschaftliche Liebenswürdigkeit, so dass es mir schwer fällt Löwenberg zu verlassen. Seifriz wird Ihnen ein paar Wochen voraus

---

1) August Horn in Leipzig, den Liszt als »sehr genau und zuverlässig« rühmte.

2) Von Hohenzollern-Hechingen.

schreiben, zu *welchem* Conzert Ihr Hieherkommen am erspriesslichsten sein dürfte. Die Conzert-Saison beginnt erst im November, und ausserhalb der Wintermonate, wo die musikalischen Aufführungen stattfinden, ist ein grosser Theil der Kapell-Mitglieder abwesend. Seine Hoheit halten immer sehr fest und treu zu den Bestrebungen der »neudeutschen Schule« und sind gewillt, dieselben weiterhin zu unterstützen. Desswegen scheint es mir angemessen, *Seifriz* zum Vorstands-Mitglied des Allg. Deutsch. Musikvereins zu wählen. Insbesondere stimme ich auch für Stein (Sondershausen), Eduard Liszt, Herbeck, Ambros, David — ohne gegen die übrigen Namen, die Sie vorschlagen, etwas einzuwenden.

Über die anderen Punkte Ihres Briefes Folgendes:

1⁰ N's Zuverlässigkeit und ausreichende Einwirkung in Sachen des Mozart-Vereins halte ich für ziemlich hypothetisch. Erproben Sie genauer, was er zu leisten vermag.

2⁰ Die Prüfung der Manuscripte und Bestimmung der aufzuführenden Werke bei den Generalversammlungen übernehme ich mit Vergnügen — aber bitte mir nicht den Titel Präsident zu ertheilen, sondern einfach den eines *Referenten* oder *Chefs* der musikalischen Section.

3⁰ Mit der Gratis-Vertheilung der Brochüre von Pohl[1]) an die Mitglieder des Vereins bin ich gänzlich einverstanden. Selbstverständlich sollen die beiden *Vorträge* von Ihnen und Dräseke darin enthalten sein. Sollte es nöthig sein, bin ich gerne bereit, einige Thaler zur Herausgabe beizusteuern.

4⁰ Das Protectorat des Vereins ist meiner Ansicht nach dem Grossherzog erst dann anzutragen, »wenn alles fertig ist«. Nach dem, was Er mir gesagt, ist seine Annahme unzweifelhaft; doch bleibt es unerlässlich, dass Sie an S. K. H. darüber schreiben. Pohl und Gille können am besten mit Ihnen den Brief an den Grossherzog abfassen und vielleicht auch mit unterzeichnen.

---

1) Über die Tonkünstler-Versammlung in Leipzig 1859.

Späterhin werden wir zu besprechen haben, in welcher Art und Weise andere deutsche Fürsten zur Unterstützung des Vereins aufzufordern sind — oder nicht.

5⁰ Wagner's Photographie ist leider gegen meinen Wunsch auf der Altenburg verschlossen und versiegelt geblieben. Ich kann also nicht damit dienen — und Ihnen nur vorschlagen an Wagner selbst zu schreiben, um Auskunft darüber zu erhalten, welches seiner Portraits sich am besten zur Herausgabe in der Modenzeitung qualifizirt.

.—. Ich werde übermorgen Abends in Berlin eintreffen und wahrscheinlich bis zum 24.—26. d. M. dort verweilen. Darf ich Sie auch noch bitten, Pohl an sein Versprechen zu erinnern, mir mein Arrangement des Sylphen-Tanzes (aus Berlioz' Faust) zuzuschicken? Ich bedarf jetzt dieses kleinen Stückes, wovon ich keine Abschrift zurückbehalten. Ebenso geht es mir mit meinem Arrangement der Tannhäuser-Ouvertüre, welches ich Pflughaupt zurückgelassen habe. Veranlassen Sie Pohl, mir sobald als möglich den Sylphen-Tanz und die Tannhäuser-Ouvertüre nach Berlin an Bülow's Adresse zu übersenden. Ich will ihm dann dafür schriftlichen Dank abstatten und den Catalog der von meiner Bibliothek bei ihm deponirten Musikalien (den er mir einige Tage nach meiner Abreise schicken wollte!) ruhig abwarten.

Wie steht es mit Damrosch's Conzertmeisterschaft in Weymar? Pohl soll mir darüber das Gehörige mittheilen.

Hat die Vermählung von Bronsart schon statt gefunden? —

Wenn es Ihnen nicht zuviel Mühe macht, so wird es mir angenehm sein, die mit Rothstift angemerkten Brochüren von Bronsart, Laurencin, Wagner und Ambros in Berlin zu erhalten. Die Herausgabe der Zellner'schen Faustbrochüre soll einstweilen der Genialität und Munificenz Schuberth's anheimgestellt bleiben. A propos, von Lassen's Liedern (mit deren *schleuniger* Edirung Schuberth sich noch am letzten Abend bei Ihnen so sehr rühmte!) ist nur das erste Heft — sage *drei Lieder!* — und nicht das zweite herausgekommen; obgleich mir Schuberth *zwei Hefte* einreichte, auf meine Zerstreutheit und Boston-Eingenommenheit sich verlassend! Er hat aber in solchen

Pfiffen eine so aussergewöhnliche Virtuosität, dass es fast schade wäre, wenn er sie nicht ab und zu zur Ausübung brächte! .—.

Mit freundschaftlichstem Gruss an Ihre Frau treulichst

Löwenberg, 16ten Sept. 61. F. Liszt.

* * *

Bald darnach brach Liszt von Löwenberg auf. Er ging den Weg, den die Fürstin Wittgenstein ihm vorangegangen war, und begab sich über Paris nach Rom.

1195442R0

Printed in Germany by
Amazon Distribution
GmbH, Leipzig